진보의 예수 보수의 예수

진보의 예수
보수의 예수

인간은 예수를 어떻게 읽어왔는가

초판 1쇄 발행 | 2015년 3월 16일

지은이	주원규
책임편집	김원영
디자인	김한기, 김수정

펴낸곳	바다출판사
발행인	김인호
주소	서울시 마포구 어울마당로5길 17(서교동, 5층)
전화	322-3885(편집), 322-3575(마케팅)
팩스	322-3858
E-mail	badabooks@daum.net
홈페이지	www.badabooks.co.kr
출판등록일	1996년 5월 8일
등록번호	제10-1288호

ISBN 978-89-5561-756-6 93230

진보의 예수
보수의 예수

인간은 예수를 어떻게 읽어왔는가

주원규 지음

바다출판사

차례

제8부 예루살렘을 향하여 예수의 유대 사역 I

제12부 십자가 위에서

예수는 어디에서 와서,
어디에 있으며, 어디로 가고 있는가

예수는 복잡한 해설이 필요한 사람이다. 그는 유대인으로서 그 당시 유대인의 전통과 시대 상황 속에서 살아온 시대의 산물이다. 따라서 그의 모든 말과 행동, 즉 언행은 당시 유대 지역의 사회적 맥락 속에서 파악되어야 마땅하다.

하지만 그는 신성의 담지자인 우주적 존재이기도 하다. 우주적 존재라 함은 예수, 그 자신이 당시의 역사적 상황에서뿐만 아니라 모든 인류에게 보편적이고도 신비스러운 영혼의 울림을 일으키는 존재임을 뜻한다.

두 측면 모두 예수를 말하는 데 있어 빼놓을 수 없는 주제다. 놀라운 것은 예수의 존재에서 역사적 배경만으로는 해명될 길 없는 신비가 추출된다는 점이다. 어디 그뿐인가. 우주적인, 이른바 신앙 대상으로 예수를 종교적으로 바라보는 시선에서 예수의 인간적 진면목이 노출되기도 한다.

하여, 예수를 제대로 이해하기 위해서는 정치적, 사회·경제적, 종교적 배경을 살펴봐야 함은 물론, 인간이 예수를 어떻게 해석해왔는지 대략의 관점을 살펴보아야 한다. 어느 한 관점에 얽매이지 않고 포괄적으로 살펴야 예수를 더욱 풍성하게 이해할 수 있다.

예수 시대의 정치적 상황

예수가 살던 당시 시대는 한마디로 못 가진 자, 기득권과 거리가 먼 자들의 '홀로코스트'였다. 힘없는 자는 살 수 없는 참혹한 세상이었다.

기원전 63년 유대인이 살던 팔레스타인 지역은 로마 제국의 식민지가 되었다. 로마의 아우구스투스 황제는 기원전 37년 유대인 통치자로 헤롯을 임명했지만, 그는 명목상의 왕이었을 뿐 실제 권력은 로마 총독에게 있었다.[1] 아우구스투스 황제는 황실 권한을 강화하고 유대 지역을 원활히 통치하기 위해 본디오 빌라도를 유다, 사마리아, 이두메 지역을 다스릴 총독으로 임명했다. 빌라도, 그는 간교한 기질의 소유자로 잔인한 기질이 타의 추종을 불허하는 인물이었다. 그는 수로를 만들기 위해 성전 수입을 빼돌리며 팔레스타인 사람들을 착취했고, 율법에 우상 숭배가 금지되어 있음에도 예루살렘 거리에 티베리우스 황제상을 세웠다.[2] 예수 역시 빌라도 밑에서 고난을 겪다가 십자가 죽임을 당했다.

친로마주의자들의 완악함과 이를 지켜보던 로마 황제와 권력자들의 포악함은 성서에 나오는 유명한 일화에서도 드러난다. 사실 여부가 확실치는 않지만, 헤롯 왕이 아기 예수를 죽이려고 베들레헴의 2세 미만 남자아이를 모두 살해하라고 했다는 기록은 당시 사회 분위기가 어떠했는지를 짐작하게 한다.

이렇듯 예수가 살던 당시 이스라엘 민족의 정치적 상황은 매우 불안정했다. 로마 제국의 정치, 경제, 종교적 탄압과 착취는 일상이었고, 로마에 기생하고 야합한 이스라엘 지도층의 횡포와 오만함은 극에 달했다. 특히 이스라엘 지도층이 보인 매국적 행위는 백성들이 끊임없는 반란과 봉기를 일으키게 만든 직접적 원인이 되었다. 그러한 산발적인 반란과 봉기로 인해 유대 백성들은 로마 군인들과 헤롯의 뒤를 이어받은 포악한 세 아들의 먹잇감이 되기에 충분했다.

헤롯 왕이 죽은 다음 유다 지역 통치를 맡은 헤롯 아켈라오는 종교적 탄압에 저항하는 유대인 2천여 명을 군인과 기마병을 풀어 살해하는 참극을 벌였다.[3] 어디 그뿐인가. 시리아 지역을 다스리던 로마 황실 총독 바루스는 유대인들의 반란을 진압하고 질서를 바로잡는다는 명목을 내세우며 막강한 기마병과 군대를 앞세워 유대 회당에 불을 지르고 수많은 유대인을 죽이고 성전 보물을 약탈하는 등 악행을 일삼았다. 그때 바루스 군대에 의해 죽임당한 이들만 2만 명이 넘는다는 기록이 남아 있을 정도다.[4]

팔레스타인의 수많은 농민은 빈곤에 찌들고 빚을 모두 청산할 수 없는 절대 극빈 상황에 놓였다. 그들은 자연 농토를 포기하고 산적의 무리에 가담했다. 그러면 이스라엘 지도층은 정국을 안정시키겠다며 더 가혹하게 민중을 탄압하는 악순환이 이어졌다. 유대 사회는 붕괴 직전에 다다른 정국불안 극한의 시대였다.

예수 시대의 사회·경제적 상황

이러한 정치적 혼란은 이스라엘 사회의 정서적 불안과 경제적 빈곤을 심화시켰다. 백성들은 주로 농업, 어업, 목축업, 수공업, 상업 등에 종사했다. 갈릴리 호수 주변에 사는 사람들은 고기잡이로 근근이 연명했고, 요단 강 주변에 사는 주민들은 포도나무나 무화과나무 등을 재배하기도 했다. 하지만 유대교 정결법을 지킬 수 없었던 피혁공이나 로마 총독의 임명을 받아 세금을 징수하는 세리 등은 부정한 직업으로 간주되었다.[5] 또한 로마 군인들에게 성을 상납하는 창녀를 바라보는 시선은 두말할 것 없이 차가웠다.

헤롯 왕과 그의 아들들은 수많은 건축 사업을 벌였는데, 도시의 가난한 백성들에게 일자리를 만들어준다는 명분이 있기는 했지만 실제 목적은 자신들의 부동산 축재에 있었다. 설사 일자리를 구하더라도 높은 세금이 부과되었고, 더 많은 도시인은 세금조차 내지 못하는 무직 상태에서 허덕였다.

농민들 역시 절대 빈곤의 늪에서 절대 헤어 나올 수 없었다. 세금은 물론 로마에 많은 곡물을 바쳐야 했다. 거기에 수년간 가물어 상황은 더 심각해졌다. 땅을 뺏기지 않기 위해서 귀족 계급에 돈을 융통했지만, 터무니없이 높은 이자를 감당하지 못해 결국 땅을 빼앗겼다. 농민들은 수입의 약 60퍼센트를 세리와 고리대금으로 내야 했다.[6] 본래 이자를 붙이는 금전 대여, 고리대금업은 유대교 율법에 의하면 철저히 금지되어야 했다. 하지만 자신들에게 유리한 율법만 지키는 고위 성직자나 권력층에게 이런 율법은 눈에 들어오지 않았다. 그로 인해 농민들이 빚을 갚지 못하는 일이 속출했고, 변제 능력이 없는 채무자들은 부채가 청산될 때까지 자신은 물론 그의 처와 자식 등 그가 가진 모든 것을 약탈당하는 인신매매적 수탈이 일상적으로 벌어졌다.

거기에 종교 관련 세금이 무겁게 더해졌다. 유대인들은 개개인에게 부과된 성전세는 물론, 레위인을 부양하기 위해 모세가 만든 십일조와 가난한 사람들을 위한 십일조도 내야 했다. 하지만 재정 투명성은 바닥이었다. 고위 성직자들은 대다수 유대인에게 받아낸 세금을 개인의 욕심껏 착복했다.[7]

그로 인해 중산층은 붕괴하였다. 가난과 절대 빈곤에 시달리는 이들이 절대다수인 사회에는 가는 곳마다 정신이상자, 귀신 들렸다고 비난받는 이가 많았다. 또한, 치료비가 없어 제때 치료받지 못하는 병든 자들이 골목과 거리에 가득했다. 집뿐 아니라 의복까지 저당 잡히다 마지막에는 자식들까지 팔아넘기고 고리대금업자들의 종으로 전락한 과부들의 앓는 소리가 거리에 울려 퍼졌다. 빈민들은 이러한 억압과 소외를 견디지 못하고 도적이 되었고, 그로 인해 치안 상태는 극도로 좋지 않았다.

하지만 이러한 상황은 극소수의 권력자들에게는 역설적이게도 엄청난 축재의 기회가 되었다. 예루살렘에 거주하는 소수의 권력층, 갈릴리의 대지주들은 엄청난 호사를 누렸다. 부와 재물은 모두 지배계층, 그들만의 왕국이 세워진 예루살렘으로 집결되었다. 예루살렘의 지배계층은 겉으로는 종교적 정결을 내세우지만 속으론 자기네들만의 세력을 형성하기 위해 패거리 문화를 키웠다.[8] 계층 간 이동은 좀처럼 허용되지 않았다. 그들은 신분과 재산 수준이 맞는 이들과 결혼 및 출산을 반복하며 계급 사회를 심화시켰다. 가난한 이들은 절대 빈곤에 허덕였지만 왕을 중심으로 한 소수 관료와 고위 성직자들의 재산은 상상을 초월할 정도로 불어났다.

예수가 태어난 시대, 예수가 활동한 시대는 바로 이런 모양새였다. 신자본주의가 해일처럼 지구촌을 휘어감은 오늘날의 시대 상황과 다르지 않다고 보는 것은 지나친 동일시일까. 그렇지 않다고 본다.

예수 시대의 종교적 상황

기원전 587년에 이스라엘 유대인들은 나라를 잃었다. 지도자들은 강대국 바빌론의 포로로 끌려갔으며, 백성들은 식민지 생활을 해야 했고, 예루살렘 성전은 무참히 파괴되었다. 그 암흑 시기에 아모스, 호세아, 이사야, 예레미야 같은 유명한 예언자들은 이스라엘의 멸망과 포로 생활의 원인을 자국 백성의 불복종에 대한 신의 심판이라며 회개와 각성을 촉구했다. 이런 사람들은 관용이나 화합보다는 배타적태도를 보이기 마련이다. 포로 생활을 끝내고 돌아온 유대인들은 배타적인 유대주의를 강하게 내세웠다. 그들은 철저히 율법으로 복귀하는 것이 이스라엘의 민족적 기초를 회복하는 유일한 길이라고 '천명'했다.

민족 주체성을 고취하기 위해서는 자신들이 하나님의 선택된 백성임을 분명히 해야 할 기준이 필요했다. 그들은 이제 다른 신을 섬겨서는 안 되며, 생각해서도 안 되고 이방 외국인과 결혼해서도 안 되었다. 안식일에 일하는 것 또한 철저히 금지했다.

이렇게 배타적인 유대교의 종교 정신은 예수가 생존하던 당시까지 더욱 심화되고 있었다. 물론 예수 당시의 유대인 사회는 여러 종파로 구성되어 있었지만, 어떤 종파에 속하든 모든 유대인이 공유하고 있던 공통분모는 단 하나, 율법이었다. 율법은 하나님의 선택을 받은 백성으로서 그들의 정체성을 지탱하는 핵심 요소였다. 율법은 계약 백성에 대한 하나님의 가르침으로, 모세 오경을 비롯해 구약에 포함된 모든 책을 가리킨다.

율법은 선택된 백성에 대한 하나님의 자기 표현이다. 하나님은 율법을 통해 유대인 공통의 신앙과 행위의 기반을 결정했다. 율법은 그들이 어디에 있든 그들을 결속시켜주는 내적 지주였다. 그들은 율법을 지킴으로써 생활의 모든 것을 하나님에게 봉헌하고자 했다. 하지만 오경의 613가지 율법만으로는 일상의 복잡다단한 상황에 모든 판단 근거를 마련하기 어려웠다.[9] 그런 상황을 극복하기 위해 율법을 일상생활에 적용하는 해석자가 필요했고, 율법학자라는 이름의, 제사장이라는 이름의, 학자라는 이름의 해석자가 나오기 시작했다. 그들은 율법에 담겨 있는 하나님 뜻을 이해하고 해석하는 일이 하나님 예언을 계승하는 일이라 생각했고, 그로 인해 자연스럽게 고위 성직자들의 권위는 신의 권위 바로 아래까지 높이 상승하였다.

다양한 종파 중 유대 사회를 사실상 지배하던 이들은 사두개파였다. 그들은 철저한 현실주의자였다. 모든 정치권력을 인정했고, 엄격한 율격주의를 반대하고 부활과 영생, 천사와 영을 부인했다. 또 로마에 대한 유대인들의 적개심 완화에 심혈을 기울였다.

그와는 반대 지점에 '구별된 자'란 뜻의 바리새파가 존재했다. 그들은 하나님의 율법을 정치적 도구로 사용하는 것을 철저히 거부하고 세속 안에서의 경건을 주장했다. 그들의 정결에 대한 강조는 지나칠 정도였다. 바리새파는 자신들이 세운 엄격한 율법의 기준에서 이탈된 이들을 '죄인들' '율법 없는 자들'로 서슴지 않고 정죄했다.

한편 '젤롯'으로 알려진 열심당원들의 생각은 이 두 종파와 현저히 달랐다. 그들은 종교의 정치적 변혁에 무게중심을 두었다. 그들은 철저한 민족주의자들로서, 로마 황제의 통치를 거부하고 메시아의 구원은 저항과 폭력을 통해 로마의 지배에서 해방될 때 이루어진다고 여겼다. 기원후 70년 로마 티투스 장군에 의해 진압당할 때의 일이다. 저항하던 약 960명의 젤롯당원들이 예루살렘을 빠져나와 유대 광야에 있는 마사다 요새에서 3년 가까이 저항하다 끝내 집단 자결을 택했다는 일화는 그들의 민족 해방의 열망을 단적으로 말해주는 사건이다.[10]

하지만 예수 시대의 종교적 상황은 혼란에도 불구하고 율법, 더 나아가 배타적인 유일신론의 공통분모를 갖고 있었음이 분명하다. 예수는 이 혼란의 한복판에서 풍운아로서의 기질을 유감없이 드러냈다. 예수의 언행에는 당대의 분위기, 당시 시대 상황과 깊게 연관되어 있으면서도 어느 것 하나에도 얽매이지 않는 아나키스트적 면모가 곳곳에서 드러난다. 그는 한마디로 문제적 인물이었다. 예수는 종교적 경건주의자들에게는 율법 파괴자로 읽혔으며, 행동주의자들에게는 철저한 내세주의자로 읽혔다. 고위 성직자들에게는 예수는 듣도 보도 못한 변방 갈릴리의 촌놈이었고, 이스라엘 기득권층에게는 민중 선동가였다. 민족주의자에게는 역사 변혁에 좀처럼 힘쓰지 않는 기괴한 몽상가였고, 예수를 따르는 제자들에게는 한없이 무정한 스승이었다. 이렇듯 다양하게 읽히는 예수의 언행은 오늘날까지도 풀리지 않는 강고한 심오함으로 인류의 사상과 삶의 궤적을 가로지른다.

예수를 보는 두 가지 관점

2천 년의 세월 동안 그리스도교에 대한 관심은 그야말로 강하고도 또렷하게 지속되어 왔다. 그리스도교라는 종교적 위세는 전 세계 인구의 30퍼센트가 넘는 신자를 양산했고, 그리스도교의 경전인 성서는 2,400개 이상의 언어로 번역, 보급되었다. 이렇게 널리 전파된 만큼 그리스도교의 종파도 세분되었다. 알려진 종파만 해도 수천 개에 이를 정도이며, 예수라는 종교 대상을 자신들의 교리에 맞게 재구성한, 이른바 유사 기독교로 알려진 신흥 종교 숫자까지 합치면 그 수는 훨씬 더 많아진다.

하지만 이렇게 다양한 입장이 있음에도 예수를 보는 신학적 관점은 크게 두 줄기로 나뉘는 양상을 보인다. 그 하나는 우주론적 시선으로 예수를 바라보는 보수적 관점이며, 또 하나는 인문학적 시선으로 예수를 바라보는 진보적 관점이다. 이를 두고 흔히 보수 신학과 진보 신학이라 부른다. 물론 성서의 모든 대목에서 보수와 진보라는 두 가지 관점이 명확하게 대립하지는 않는다. 하지만 그 경향이 있음은 분명히 부정할 수 없다. 보수와 진보의 구분은 이렇듯 정치 분야에서뿐만 아니라 종교 분야에서도 이루어져 왔다. 그리고 이는 경제, 문화, 역사 인식에도 영향을 미쳤다.

보수 신학이라 부르는 우주론적 관점의 핵심은 예수를 신으로 보는 것이다. 우주론적 시각에서 바라본 신은 인간과 끝없는 평행선을 그을 수밖에 없는 저 높은 곳에 존재하는 초월자이다. 신은 영원히 존재하지만 인간은 유한하고 사멸한다. 신은 변화하지 않으며, 인간은 변화한다. 인간은 하늘에 속한 존재가 아니라 땅에 속한 존재이며, 신은 고통을 당하지 않지만, 인간은 고통을 당하며 살 수밖에 없는 허무한 존재이다.

신과 인간의 완벽한 차이 속에서 인간이 자신에게 주어진 죽음의 운명에서 벗어나기 위한 길은 무엇일까? 바로 신적 존재에 참여하는 것이다. 고대 희랍 철학에서부터 근대 서양 철학에 이르기까지 종교와 철학의 핵심 주제는 인간의 유한성을 어떻게 극복해 영원한 이데아에 도달할 것인가였다. 보수 신학에서는 예수와 하나님을 믿음으로써 인간이 영원성과 불멸성의 편린을 넘어서는 생명을 얻을 수 있다고 말해왔는데, 이것이 곧 구원이다.

기독교는 구원의 종교다. 우주론적 관점에서 예수는 인간이 신의 존재에 참여하여 구원을 얻게 하기 위해 인간의 본성을 취한 신이다.[11] 예수는 태초부터 하나님과 함께 있었으며, 그는 하나님과 태초부터 함께 존재한 불멸의 말씀, 곧 로고스이다. 영원한 로고스가 인간과 같은 존재가 되기 위해 인간의 몸을 취하여 이 땅에 왔다. 그를 통해 이제 인간은 눈으로 볼 수 없고, 인식조차 할 수 없던 신, 하나님을 말씀이 몸이 된 존재를 통해 인식하고, 하나님의 본성에 참여할 수 있게 되었다. 구원이란 그리스도 안에 나타나는 신적 본질과 광채를 인식하고, 그 인식 과정에 참여함으로써 신격화되는 것이다.[12)]

보수 신학은 인간의 참여를 믿음으로 대신한다. 우주론적 관점에서 인간은 본질적으로 죄를 지니고 있다. 그것을 단적으로 보여주는 증거가 바로 십자가다. 예수의 십자가는 인간인 하나님을, 그의 신적 본성을 인간의 생각과 의지로는 도저히 깨우칠 수 없음을 보여주는 상징이다. 예수의 십자가 죽음을 통해 인간은 자기 지식이나 지혜, 명상과 관조로써 신적 본성을 회복하는 참여의 행위가 교만이며, 허위임을 고백하게 된다. 대신 그리스도 예수의 십자가와 부활에 대한 믿음을 통해 구원에 이를 수 있다고 믿음으로써 하나님을 이해할 수 있다는 것이 보수 신학의 구원론이다.

이러한 접근을 무슨 이유로 '보수'라 부르는가? 사실 이 '보수'라는 단어에는 어떤 편견도 존재하지 않는다. 단지 관점의 성질을 묘사한 것뿐이다. 우주론적 관점에서 보면 예수의 가르침은 신약성서를 통해 구체화되었고, 이 가르침은 신적 가르침, 신적 영감으로 에워싸여 있다. 그러므로 성서에는 인간이 생각하는 오류가 있을 수 없다. 신의 가르침이 이해 가능한 언어로 주어진 상태, 그 상태의 신비만이 있을 뿐이다.[13)] 이러한 관점이 '보수'인 이유는 주어진 것을 보존하여 후대에 계승하는 태도 때문이다. 경전에 담긴 예수 그리스도에 대한 기록이 신의 영감에 의해 기록된 절대 무오의 기록이라 굳게 믿고 이를 최대한 훼손하지 않는 범위 내에서 하나님의 뜻을 전파해야 한다고 보기 때문에 보수라 부르는 것이다. 보수 신학의 주장을 가장 타당성 있게 뒷받침해 주는 명제는 바로 다음 문장이다. "인간은 변할 수 있으나 신은 변하지 않는다."

보수의 가치를 말하면 필연적으로 그 반대 지점의 가치를 이야기할 수밖에 없다. 바로 진보의 가치, 진보 신학의 관점이다. '진보'의 관점은 '보수'와 따로 떼어놓고 생각하기 어렵다. 그렇다고 '진보'가 '보수'의 종속변수라는 말은 아니다. 예수의 의미를 적극적으로 찾는 것이 진보와 보수 모두에게 주어진 몫이라는 데에는 의심의 여지가 없다. 그런데 보수 신학에서는 예수가 하나님과 동일한 신적 존재라고 생각하는 반면, 진보 신학에서는 예수의 인간적 가치에 주목한다는 점에서 행동양식이나 인식의 층위가 나뉜다.

진보 신학은 인문학적 관점에서 예수 그리스도를 읽고자 한다. 진보 신학은 근대의 세계관 속에서 태동했다. 근대에 들어서면서 인간이 스스로 운명을 극복하고 인간이 역사의 주인이 될 수 있다고 생각할 수 있게 되었다. 이로써 인간은 자기 바깥에 있는 모든 것을 대상화시키고 자기를 주체로 인식한다. 이것이 이른바 '인간 주체성의 원리' '대물화의 원리'이다.[14] 이러한 근대적 세계관이 퍼지면서 예수를 하나님의 신적 본성을 가진 신으로만 보던 관점에서 벗어나 예수를 인간적 존재로 파악하는 관점을 얻게 되었다. 예수를 신성과 인성을 가진 영원한 로고스이자 하나님의 영원한 아들로만 생각하지 않고, 모든 인류가 지향해야 할 완전한 인간의 모범으로도 보기 시작한 것이다.

19세기와 20세기를 풍미한 칸트 철학과 헤겔 철학을 신학적 원리에 흡수한 신학의 흐름은 바로 예수를 인간으로서 바라보고, 그로써 인류의 원초적 근원을 발견하려는 이 시도와 맞물려 있다. 이러한 맥락에서 성서를 인식함으로써 보수 신학과 결정적인 차이를 낳으며 생긴 관점이 바로 진보 신학이다.

진보의 관점에서 성서는 인간의 책이자 인간의 기록이다. 수많은 저자가 여러 시대에 걸쳐 기록한 결과물로, 유한한 역사적 배경 속에서 시대적, 언어적, 사상적 한계를 안고 있는 편집의 결과이다. 그래서 문맥, 문장, 이야기를 각 시대에 맞춰 새롭게 읽어야 하고, 역사적 사실 여부도 의심해야 한다. 이런 맥락에서 보자면 현대를 살아가는 인간은 각자의 입장에서 성서를 새로이 해석해야 한다. 성서는 신의 영감으로 기록된 신의 기록이 아닌 인간의 책, 시대적 상황의 산물임을 인정하는 '아래에서부터 위'로의 탐색이기 때문이다.[15]

지금 우리에게 예수는 어떤 의미인가

21세기를 지배하는 신학적 관점은 무엇일까? 보수일까, 진보일까? 이제 두 강력한 기축이 힘의 균형을 유지하던 시대는 지났다. 정치에서 어제의 보수가 오늘의 진보가 되고, 오늘의 진보가 내일의 보수가 되는 경우가 있듯 종교에서도 이와 비슷한 양상이 전개되고 있다.

성서의 절대 무오와 예수의 절대성을 강조하던 보수 신학의 분위기 안에서도 새롭게 예수를 봐야 한다는 주장이 제기되고 있다. 또한 예수를 인간으로 보는 진보 신학 내부에서도 예수의 신성은 불가피한 신의 역설이라는 주장이 제기되고 있다. 다양성이 공존하는 사회는 윤리의식, 공동체성, 이념 등이 통일되지 않고 분화되어 있다는 특성이 있다. 진보 신학 내부에서도 갖가지 다양한 신학적 주장이 전개되고 있다. 성서 안에 내재한 가부장제의 신화를 벗겨 내는 여성 신학에서부터 차별받는 인종차별의 요소를 제거하려는 흑인 신학, 성소수자의 권리를 보편적 인류애로 승화시키는 성소수자 신학, 자연의 파괴를 경고하는 신의 메시지를 전달하고자 하는 생태 신학까지, 다양한 신학적 견해가 보수와 진보의 가치를 때로는 횡단하고 때로는 융합하며 새로운 관점을 낳고 있다.

이렇듯 새로 태어난 관점들의 구심력은 진보와 보수의 관점에 있다. 그리고 이렇게 다양하게 해석될 수 있는 근거는 바로 문제적 인물, 예수의 언행에 있다. 예수의 언행은 어느 한 관점으로만 일관하기 힘들게 만드는 미묘한 긴장을 품고 있다. 이는 어디에도 속하지 않겠다는 회색주의자의 언동과는 차원이 다르다. 그것은 예수가 신의 아들이면서 동시에 사람의 아들이기에 가능한 일이다.

우리는 지금까지 예수가 어디에서 왔으며, 어디에 있고, 어디로 가고 있는지를 정치, 사회, 경제적 배경 및 종교적 상황과 예수 해석에 관한 두 가지 큰 줄기를 살펴보았다. 이제 우리에게 질문이 돌아온다. 지금 우리는 예수를 어떻게 읽고 있는가? 우리에게 예수는 어떤 의미인가? 그 답을 어떻게 내릴지에 대한 선택은 우리의 몫이다. 《진보의 예수 보수의 예수》는 이제부터 그 답 찾는 데 길잡이가 되어줄 것이다.

이 책은 마가복음, 마태복음, 누가복음, 요한복음 등 사대복음서에 나오는 예수의 말과 행동을 연대기순으로 정리하고, 각 대목을 진보 신학과 보수 신학에서 어떻게 해석하고 있는지 그 온도차를 살핀다. 이 책에서 인용한 한국어판 성서 번역본은 저작권이 소멸된 관주성경전서 개역한글판임을 일러둔다.

2015년 3월
주원규

제1부

어린 예수

예수의 시작은 범상치 않다. 헤롯 왕 시절, 또한 그의 세 아들에 의한 상상을 초월한 폭압 정치의 시작을 예고하던 전야에 베들레헴에 사는 정혼한 범인인, 마리아와 요셉 사이에서 태어났다. 그의 출생에는 전무후무한 독특함이 있다. 성령에 의해 출생한 것이다. 한 천사가 나타나 마리아에게 예수의 탄생, 그 수태의 신비를 예언한다. 마리아는 그 예언을 깊은 신비감 속에서 받아들였고, 요셉은 동정녀가 잉태했다는, 겉으로만 보면 불경스러운 일이 일어났음에도 그 아이를 은밀히 키워나간다. 예수는 베들레헴에서 태어나 나사렛에서 유년기를 보낸다.

헤롯은 예수를 불온하고 위협적인 존재라고 공상하고, 베들레헴에서 예수 또래 아이들을 살해한다. 남아 있는 기록에 살해당한 아이들의 수는 비록 과장된 측면이 있다 하더라도, 헤롯 왕이 얼마나 불안했는지를 엿볼 수 있는 사건이다. 헤롯 왕이 가장 불안함을 느낀 까닭은 예수가 한 민족의 소망이자 오랜 시간 사람들의 가슴 깊은 곳에 품고 있던 메시아였기 때문이다. 헤롯 왕의 태도에서 유대 민족이 소중하게 받아들이던 구약성서가 눈앞에 실현되고 있고, 그래서 예수를 통해 소외된 자들이 희망을 품게 되었다는 점을 유추할 수 있다.

누가복음에 기록되어 있는 12세 예수의 종교적 영민함은 예수의 비범함을 여실히 엿볼 수 있는 유익한 길잡이다.

내 아버지의 집은 여기입니다

예루살렘 성전에서의 소년 예수

(누가복음 2:41-52)

그 부모가 해마다 유월절을 당하면 예루살렘으로 가더니
예수께서 열두 살 될 때에 저희가 이 절기의 전례를 좇아 올라갔다가
그 날들을 마치고 돌아갈 때에 아이 예수는 예루살렘에 머무셨더라 그 부모는 이를 알지 못하고
동행 중에 있는 줄로 생각하고 하룻길을 간 후 친족과 아는 자 중에서 찾되
만나지 못하매 찾으면서 예루살렘에 돌아갔더니
사흘 후에 성전에서 만난즉 그가 선생들 중에 앉으사 저희에게 듣기도 하시며 묻기도 하시니
듣는 자가 다 그 지혜와 대답을 기이히 여기더라
그 부모가 보고 놀라며 그 모친은 가로되 아이야 어찌하여 우리에게 이렇게 하였느냐 보라 네 아버지와 내가 근심하여 너를 찾았노라
예수께서 가라사대 어찌하여 나를 찾으셨나이까 내가 내 아버지 집에 있어야 될 줄을 알지 못하셨나이까 하시니
양친이 그 하신 말씀을 깨닫지 못하더라
예수께서 한가지로 내려가사 나사렛에 이르러 순종하여 받드시더라 그 모친은 이 모든 말을 마음에 두니라
예수는 그 지혜와 그 키가 자라가며 하나님과 사람에게 더 사랑스러워 가시더라

누가복음 2:41-52

예수의 어린 시절 모습은 어떠했는가

예수의 소년 시절 이야기는 누가복음에만 등장한다. 기록자가 유독 관심을 기울인 것은 예수가 어른스러운 지혜를 품었다는 사실에 있는 듯 보인다. 그 지혜의 절정은 예수가 하나님을 나의 아버지라 부르는 대목이다. 예수는 이 대목에서 처음으로 하나님이 자신의 아버지라 밝힘으로써 예수 자신이 매우 독특한 의미에서 하나님의 아들이란 사실을 깨닫고 있음을 드러낸다.

당시 이스라엘 성년들은 매년 3대 주요 절기인 유월절, 오순절, 초막절에 참석해야 했으나 대부분 사람은 그 절기 중 유월절에만 참가했다. 어린 예수도 유월절에 참가했는데, 예수는 여자들과 아주 어린아이 사이, 또는 남자 어른들과 제법 나이 든 소년들의 틈에 끼어 여행을 시작했으리라 추정된다.

이곳에서 예수의 가족은 다른 예루살렘을 찾은 순례자들처럼 이틀 동안 머물렀다. 하지만 예수는 그보다 하루 더 머문 뒤, 당시의 선생들인 랍비들과 대화를 나누었다. 당시 랍비들은 학생들에게 질문을 던지게 하고, 그에 답을 하며 토론하는 식으로 교육을 진행하였다. 예수와 그날 함께 있었던 랍비들은 예수가 어린 나이임에도 질문에 임하는 자세가 훌륭하고, 치열하게 토론하는 모습이 경이로워 곧 예수에게 사로잡혔다. 예수는 랍비들이 핵심 교육이라 생각하던 율법에 대해 심층적으로 이해하고 있었고, 통찰력을 보여주었으니 그들이 놀라는 것은 당연했다.

이 놀라움은 예수의 부모에게도 이어진다. 예수가 "어찌하여 나를 찾으셨나이까? 내가 내 아버지 집에 있어야 될 줄을 알지 못하셨나이까?"라는 질문을 들은 순간에는 비록 그 말이 무슨 뜻인지 바로 알지 못했을지라도, 곧 예수가 또래 아이들과는 구별되는 남다른 종교적 관심과 통찰을 가졌음을 알게 된다.

상식적으로 후견인인 부모 곁을 아무 말도 없이 떠난다는 것은 옳지 못한 일이다. 하지만 이를 받아들이는 마리아의 태도를 통해 미루어 보건대 예수의 반문은 그 자신과 부모와의 단절을 암시하는 것으로 읽힌다.[1] 예수는 자신의 신성함을 자각함과 동시에 부모에게 복종하는 일 사이에 발생하는 긴장감을 극대화함으로써 하나님의 아들이란 사실이 갖는 특수함을 변호하려 했다.

52절에 쓰인 '헬리키아$\eta\lambda\iota\kappa\iota\alpha$', 즉 '자라난다'는 말은 기본적으로는 신체의 성장을 뜻하지만, 여기에서는 정신적으로 성숙했다는 의미를 더 크게 내포하고 있다. 예수는 마음속 깊이 자신이 하나님 아들이라는 점을 철저히 자각하며 정신적으로 성장했다.

종교개혁을 주도한 장 칼뱅은 누가복음에 등장한 예수의 어린 시절에 대한 역사성에 하등의 의문도 제기하지 않는다. 성경에 나온 문자 그대로 믿는 것이 믿음이라는 견해가 칼뱅을 대표로 한 보수 신학이 견지한 일반적 신학 방식이다.

칼뱅은 역사적 토대의 기반 위에서 2천 년 전 당시 유대 남자들은 예루살렘에서 대표적인 세 차례 정기 절기를 지키도록 요구받았고, 특히 유월절을 엄격히 준수했으므로 예수의 유월절 참여도 자연스러운 일이라고 본다. 또한 회당에서 선보인 예수의 언행이 예수가 랍비인 선생들을 가르치려 했다기보다는 오히려 선생이었던 랍비들이 예수의 비범함을 보며 그의 장래를 예견했다는 뜻으로 해석한다.[2]

역사적 예수를 연구한 진보 신학자 아라이 사사구는 예수의 어린 시절을 기술한 누가복음 기록에 대한 역사적 사실 자체를 문제 삼는다. 진보 신학 중에서도 성서 비평에 충실한 급진 신학으로 평가받는 아라이 사사구는 예수의 어린 시절을 가공된 허구의 가장 극적인 예라고까지 주장한다. 이유인즉 예수의 인간미를 강조하기보다는 어렸을 적부터 영웅적인 면모를 선보인 예수의 신적 속성을 강화하기 위한 후대 성서 기록자들의 선전용 신화라고 보기 때문이다.[3]

예수의 어린 시절 기록을 신화로 보는 진보적 견해 중에는 긍정적인 의견도 있다. 예수의 어린 시절 이야기가 역사적 사실이라기보다는 주로 구전에 의존해 윤색한 측면이 다분하다는 성서 비평 접근에는 동의하는 입장이다. 하지만 이를 예수를 영웅시하는 신화화 작업이라기보다는 예수의 역사성과 그의 진솔함을 한층 더 효과적으로 뒷받침하기 위한 문학적 장치로 이해한다.[4]

제2부

광야에서

구원자 예수의 시작

세례자 요한은 유대 역사상 전례가 없는 외로운 고독자로 알려졌다. 당시 수많은 유대인은 말라기 시대 이후 예언은 사라졌다고 믿고 있었다. 세례 요한은 절망의 시대에 민족을 위한 예언의 재출발과 같은 상징적인 인물이었다. 요한은 충분한 자격이 있었다. 몇몇 공신력 있는 증언처럼, 요한은 경건주의자 부류에 속하는 에세네파의 제사장 출신이며, 사해 종파에서 영향력 있는 종교적 유명인사였다. 그의 카리스마는 압도적이었으며, 당대 종파들 사이에 횡행하던 부패와 관성, 매너리즘의 모든 속성과 결별했을 만큼 철저했다. 그의 회개를 향한 경고, 끊임 없이 쏟아내는 일 같은 타락한 모든 것을 정결케 하기 위한 불을 닮았다. 이러한 그의 메시아를 향한 열망 때문에 그는 사람들에게 어떤 세속적 타협도 단호히 거부하는 이미지로 각인되었다.

그런 세례자 요한이 예수가 '하나님의 어린 양'이라고 말했다. 요한은 카리스마 넘치는 증언으로 예수를 랍비, 메시아, 하나님의 아들, 이스라엘의 왕으로 상승시켰다. 유대인들이 그토록 열망했던, 그러나 손에 잡지 못해 애증의 응어리가 되어버린 바로 그 메시아가 예수를 통해 성취되리라 예언한 까닭이었다.

하지만 예수는 두 개의 모순된 길을 간다. 카리스마 넘치는 대중 예언가 세례 요한을 계승하면서도, 한편으로는 대중의 기대를 '배신'하는 언행을 시작한 것이다. 이 배신이란, 사람들이 메시아 하면 떠올리는 전형적인 이미지로부터의 탈주를 의미한다. 예수는 메시아가 지역주의에 입각한 민족주의에 한정되거나 좁은 의미의 해방만을 일구고 눈앞에 놓인 대중의 욕구만을 충족시키는 데 그치지 않기를 바랐다. 하지만 예수의 그러한 언행에서 드러나는 파격성으로 인해 사람들에게 외면받은 것은 아니다. 예수는 그만의 불온한 매력으로 사람들을 빠르게 사로잡으며, 지지기반을 마련하기 시작했다.

하나님의 성령이 임하다

요한에게 세례받은 예수

(마태복음 3:13-17, 마가복음 1:9-11, 누가복음 3:21-22)

이 때에 예수께서 갈릴리로서 요단강에 이르러 요한에게 세례를 받으려 하신대
요한이 말려 가로되 내가 당신에게 세례를 받아야 할 터인데 당신이 내게로 오시나이까
예수께서 대답하여 가라사대 이제 허락하라 우리가 이와 같이하여 모든 의를 이루는 것이 합당하니라 하신대 이에 요한이 허락하는지라

예수께서 세례를 받으시고 곧 물에서 올라오실쌔 하늘이 열리고 하나님의 성령이 비둘기같이 내려 자기 위에 임하심을 보시더니 어떤 사본에, 자기에게 열리고
하늘로서 소리가 있어 말씀하시되 이는 내 사랑하는 아들이요 내 기뻐하는 자라 하시니라

마태복음 3:13-17

예수는 왜 세례를 받았을까

예수의 세례는 마태복음, 마가복음, 누가복음에서 공통으로 다룰 만큼

중요하게 여겨진다. 이는 예수의 세례가 공생애적 차원에서 행해진 사역의 시작점이라고 여겨지기 때문이다. 마가복음에서는 예수가 갈릴리 나사렛에서 세례받았다는 사실에 특히 주목한다. 아마도 이는 예수의 사역이 당시 유대교의 주류를 차지하던 예루살렘이 아닌 비주류 지역에서 시작되었다는 독특성에 주목했음을 추정할 수 있다.

마가복음에 기록된 세례받은 예수의 특별함은 예수 자신의 특별함 때문이라기보다는 예수를 둘러싼 기적의 나타남에 근거를 둔다. 당시에 세례는 죄를 지은 사람만이 받는 의식이었다. 예수는 누구의 지시나 간섭도 없이 오직 자기 의지로 요단 강으로 나와 요한에게 세례를 받는다. 주목할 점은 그 이후다. 예수가 세례를 받은 후 하늘이 갈라지고 성령이 비둘기같이 내려오는 환상이 보이고 하늘에서 소리가 들려온다. 이 신비로운 일은 예수에게만 일어났다. 이 현상은 유대인들이 그토록 갈망하던 메시아가 드디어 도래했음을 확인해준 첫 번째 사건이라는 점에 의의가 있다.

이 지점에서 예수의 세례와 요한의 세례 사이에 분명한 차별성이 생긴다. 요한의 세례는 회개와 각성을 촉구하는 인간 차원에서의 종교적 수행으로 읽힌다. 반면 예수의 자발적인 세례는 단순한 수행 차원을 넘어서 의식의 주체임을 천명한 사건이다. 예수는 왜 죄인들의 회개 방식인 세례를 몸소 받았을까? 누가복음에서는 예수의 세례를 통해 그의 신적 면모를 부각하려 하기보다는 예수의 특별한 공생애를 강조한다. 예수가 인류의 구세주, 메시아라는 사실을 부각하는 것이다. 그런데 이 메시아는 왕의 모습이 아닌 종의 모습으로 연결된다는 점이 독특하다. 당시 유대교에서는 왕으로서의 메시아와 종의 개념을 절대 연결하지 않았기 때문이다.[1] 하지만 누가복음에서 예수는 종으로서 자신을 드러낸다. 이것은 '섬기는 자'의 모습과 연결된다. 곧 메시아와 종의 관계임을 입증한 것이다.

마태복음에서는 더 나아가 자신의 세례를 하나님의 의와 연결한다. 하나님의 의는 하나님 스스로 한 약속으로, 자신의 백성들을 구원하는 사역에 집중한다. 이렇듯 예수가 세례를 받은 뒤 일어난 신적 존재 각성은 백성을 구원하기 위한 하나님의 약속 실현이 예수 자신에게 달려 있음을 뜻한다. 하지만 이 받아들임은 '낮아짐'과 '순종'을 의미한다. 이는 당대의 율법을 권력처럼 행사하며 자기네 기득권 유지에 사용하던 유대교 권력자들의 왕적 메시아 개념과는 정면으로 배치된다. 예수는 죄인들이 받는 세례의 무대 안으로 직접 걸어 들어와 자신을 죄인과 동일시함으로써 권력이 되어버린 기존 율법을 극복하며 첫 포문을 연 것이다.

보수 성서주석가 매튜 헨리는 예수의 세례 장면 중에서 구약 선지자 이사야의 예언 성취에 주목한다. 예수는 하나님의 사제로, 이사야서 11장 2절과 42장 1절 및 61장 1절에 예언된 대로 성령의 기름 부음을 받은 메시아로 지목하려는 데 집필 의도가 집중되어 있다고 보는 것이다. 그런 맥락에서 헨리는 세례 장면을 예수의 권위가 메시아적 왕적 권위, 신성한 권위를 얻게 되었음을 선포하는 장면으로 이해한다.[2]

급진 성향의 예수 연구자인 존 도미니크 크로산은 예수의 세례를 정치적 대립관계로부터의 해방으로 읽는다. 세례 요한이 전개한 세례 자체가 정치적 입장에서의 회개 촉구라는 것이다. 크로산은 세례 요한이 당대 집권층의 죄악상을 폭로하고 그것에 도전하다 체포 되었다며, 요한이 갈릴리의 집권자 헤롯 안티파스에게 체포되고 처형된 점에 주목한다. 즉, 요한의 죽음을 단순한 해프닝으로 보는 것이 아니라 정치적 학살로 보는 것이다.[3] 이러한 정치적 저항의 연장선에서 크로산은 세례 요한에게 세례를 받은 예수 역시 정치범으로서 십자가 처형, 의로운 희생을 당한 존재로 이해한다.

  정치적 메시아와 신적 메시아의 두 견해가 융합된 신학 관점도 있다. 세례 요한의 회개에서는 주로 진노, 분노, 공포가 강조되어 현실 세계에 대한 강한 비판이 주류를 이룬 반면, 예수가 선포한 회개는 구원, 해방의 의미와 연동되어 현실에서의 변혁만이 아닌 정신적 변혁, 새로운 하나님 나라 도래를 선포했다는 견해가 그것이다.

광야에서

악마의 세 가지 시험

(마태복음 4:1-11, 마가복음 1:12-13, 누가복음 4:1-13)

그 때에 예수께서 성령에게 이끌리어 마귀에게 시험을 받으러 광야로 가사

사십 일을 밤낮으로 금식하신 후에 주리신지라

시험하는 자가 예수께 나아와서 가로되 네가 만일 하나님의 아들이어든 명하여 이 돌들이 떡덩이가 되게 하라

예수께서 대답하여 가라사대 기록되었으되 사람이 떡으로만 살 것이 아니요 하나님의 입으로 나오는 모든 말씀으로 살 것이라 하였느니라 하시니

이에 마귀가 예수를 거룩한 성으로 데려다가 성전 꼭대기에 세우고

가로되 네가 만일 하나님의 아들이어든 뛰어내리라 기록하였으되 저가 너를 위하여 그 사자들을 명하시리니 저희가 손으로 너를 받들어 발이 돌에 부딪히지 않게 하리로다 하였느니라

예수께서 이르시되 또 기록되었으되 주 너의 하나님을 시험치 말라 하였느니라 하신대

마귀가 또 그를 데리고 지극히 높은 산으로 가서 천하 만국과 그 영광을 보여

가로되 만일 내게 엎드려 경배하면 이 모든 것을 네게 주리라

이에 예수께서 말씀하시되 사단아 물러가라 기록되었으되 주 너의 하나님께 경배하고 다만 그를 섬기라 하였느니라

이에 마귀는 예수를 떠나고 천사들이 나아와서 수종드니라

마태복음 4:1-11

예수는 어떻게 악마의 유혹을 뿌리쳤을까

예수가 광야에서 시험받은 이야기는 공관 복음서 모두 예수가 세례받은 이야기 바로 뒤에 배치되어 있다. 이러한 구성이 뜻하는 바는 명확하다. 예수가 인간 세계 안으로 걸어 들어온 메시아임과 동시에 인간 세계의 고통과 편견을 파괴할 해방자라는 의미를 함께 보여주기 위함이다. 예수의 진정한 의미를 알리기 위해서는 지금까지 사람들 머릿속에 각인되어 있는 그릇된, 혹은 부분적으로만 알고 있던 메시아관을 뿌리째 뒤흔들어야 했다. 그것은 예수의 세 가지 시험을 통해 이루어진다. 예수의 시험 이야기를 접한 당대의 교회 공동체는 이를 통해 예수의 하나님 아들 됨을 분명히 하고 "우리 하나님 여호와는 오직 하나인 여호와시니 너는 마음을 다하고 성품을 다하고 힘을 다하여 네 하나님 여호와를 사랑하라."는 신명기 6장 4절과 5절의 고백에 대한 주체가 예수임을 드러냈다.

또한 마카비 전투 등의 유대 독립전쟁과 같은 정쟁의 소용돌이 속에서 예수를 정치적 메시아로 생각하던 이들에게 예수가 꿈꾸던 혁명이 단순히 현실 세계의 전복만을 뜻하지 않음을 드러내려는 의도도 엿보인다.[4] 산꼭대기에서 뛰어내리길 거부하고, 돌을 빵으로 바꾸지 않겠다는 예수의 의지는, 기적이 인간의 물질적인 욕구를 충족하는 선에서 그치지 않으며, 그것이 무엇이든 오직 신의 뜻에만 달려 있음을 알리는 말로 이해할 수 있다.

마가복음에서는 생략되었지만 마태복음, 누가복음에는 예수가 40일간 금식하는 장면이 소개된다. 이 40일간의 굶주림은 과거 출애굽을 경험한 이스라엘 백성이 굶주림을 견디지 못하고 하나님에게 대항하여 불평하고 불순종한 사건을 떠올리게 한다. 예수는 자신이 하나님의 아들로서 얼마든지 전능한 힘을 보여줄 수 있음을 알면서도 이를 거부했다. 하나님의 아들은 오직 하나님의 뜻을 이루기 위해 움직일 뿐이라는 사실을 강조하기 위함이다. 결국 예수는 마귀의 유혹을 뿌리침으로써 이를 이루는 데 성공한다.

디아블로스$\delta\iota\alpha\beta\lambda\varsigma$, 즉 마귀, 악마에 대해서는 여러 견해가 있다. 악마를 실제 인격적 존재로 받아들이는 주장과 집단 무의식에 관련된 힘, 세력이라는 주장이 있다. 디아블로스$\delta\iota\alpha\beta\lambda\varsigma$가 가시적 인격이든 힘이든 세력이든 중요한 것은 그것이 예수를 시험한 어떤 경향이라는 점이다.

세 가지 시험에서 예수는 자신이 하나님의 아들임을 보여주었다. 첫 번째 시험으로 알려진 "사람이 떡으로만 살 것이 아니요, 하나님의 입으로 나오는 모든 말씀으로 살 것"이라는 예수의 답에서 비록 굶주릴지라도 하나님께 복종하는 일이 우선이라는 사실을 배울 수 있다. 동시에 이미 40일 동안의 금식으로 인한 굶주림에도 여전히 자신을 지탱하게 해준 하나님 능력에 대한 예수의 신뢰를 보여주는 답변이기도 하다.

두 번째 시험—마태복음과 누가복음에서는 두 번째와 세 번째 시험의 순서가 뒤바뀌어 있다—에서 악마는 모든 나라의 권세, 영광을 보여주며 자신을 경배하라고 요구한다. 이에 예수는 "하나님만을 경배하고 섬기라."며 단호하게 거절한다. 이 대목에서 예수는 세상의 권력이 본래 하나님에게 있음을 밝히고, 그 지배권을 군림과 지배의 도구로 사용할 것을 거부함으로써 세상을 다스리는 진정한 능력은 지배가 아닌 섬김에 있음을 보여준다.

이러한 의지는 세 번째 시험에도 적실히 이어진다. "산꼭대기에서 뛰어내리면 하나님이 너를 보호해줄 것이다."라는 말에는 악마가 구약성서 시편 91편 11절 이하의 가르침을 이용해 하나님의 약속이 어느 정도로 대단한지 증명해 보이라는 계략이 담겨 있다. 이에 대해 예수는 자신 안에 하나님의 속성이 있는 이상 그것이 얼마나 대단한지 아닌지 증명할 가치가 없음을 분명히 한다. 예수는 "시험치 말라."는 한 마디 말로 악마의 유혹을 일축하고 자신이 하나님과 함께하고 있음을 분명히 한다.

보수 신학과 진보 신학 모두 예수의 40일 시험에 대해서는 역사적 실제 여부를 놓고 충돌하지 않는다. 진보 신학에서는 예수가 40일 동안 금식했다가 악마를 만나 세 가지 시험에 직면했다는 이야기 자체를 후대 기록자들의 영웅담으로 보기 때문에 이에 대해서 보수 신학이 일일이 반박하려 하지 않는 듯하다.

다만 해석에서는 두 신학의 견해 차이가 크다. 보수 성서해석가 캠벨 몰간은 이 세 가지 시험이 예수의 신성을 강조하기 위한 장면이라고 주장한다. 신성은 땅의 가치나 세속적 가치 등 모든 가치를 넘어선다. 또한 신성은 인간의 본능이 가진 굶주림마저도 충분히 극복하는 위대함을 지니고 있다. 인간의 몸을 입고 온 예수는 극심한 배고픔을 느꼈지만, 그것에서 비롯되는 저급한 세속적 가치에 매몰되지 않고 하나님이 보내신 자라는 신성의 자각에 충실했다는 점에 주목하는 것이다.[5]

급진적 예수 연구자 존 도미니크 크로산은 예수의 광야 시험 이야기에 대한 해석을 긍정적으로도, 그리고 비판적으로도 본다. 그는 먼저 예수가 당한 세 가지 유혹을 경제, 정치, 종교적 유혹으로 나누고, 예수가 군림하고 억압하는 권력자들의 구태를 답습하지 않고 오직 가난하고 억압받는 백성들의 편이 되어주리라고 다짐한 대목이라 본다.

반면 예수가 악마의 유혹에 대치하는 방식이라는 점은 비판한다. 당시 광야에서의 시험은 예수가 정치, 경제, 종교적 권력에 관심이 없다는 식으로 이해되었고, 지배계급이던 로마 정치권력에 도전할 의사가 없다는 점을 강화함으로써 기독교가 생존할 수 있게 되었다는 것이다. 크로산은 이것이 기독교가 비굴한 어용 종교로서 생존하게 된 원인일지 모른다고 말한다.[6]

물을 포도주로 바꾼 기적

가나의 혼인 잔치

(요한복음 2:1-12)

사흘 되던 날에 갈릴리 가나에 혼인이 있어 예수의 어머니도 거기 계시고

예수와 그 제자들도 혼인에 청함을 받았더니

포도주가 모자란지라 예수의 어머니가 예수에게 이르되 저희에게 포도주가 없다 하니

예수께서 가라사대 여자여 나와 무슨 상관이 있나이까 내 때가 아직 이르지 못하였나이다

그 어머니가 하인들에게 이르되 너희에게 무슨 말씀을 하시든지 그대로 하라 하니라

거기 유대인의 결례를 따라 두 세 통 드는 돌항아리 여섯이 놓였는지라

예수께서 저희에게 이르시되 항아리에 물을 채우라 하신즉 아구까지 채우니

이제는 떠서 연회장에게 갖다 주라 하시매 갖다 주었더니

연회장은 물로 된 포도주를 맛보고 어디서 났는지 알지 못하되 물 떠온 하인들은 알더라 연회장이 신랑을 불러

말하되 사람마다 먼저 좋은 포도주를 내고 취한 후에 낮은 것을 내거늘 그대는 지금까지 좋은 포도주를 두었도다 하니라

예수께서 이 처음 표적을 갈릴리 가나에서 행하여 그 영광을 나타내시매 제자들이 그를 믿으니라 혹 이적

그 후에 예수께서 그 어머니와 형제들과 제자들과 함께 가버나움으로 내려가 거기 여러 날 계시지 아니하시니라

요한복음 2:1-12

예수가 처음 행한 기적의 의미는 무엇일까

공관복음에는 이 사건이 기록되지 않았다. 하지만 이 사건은 예수가 행한 첫 번째 표적이라는 점에서 그 중요성을 인정받는다. 디오니소스 신도 물을 포도주로 변화시켰다는 이야기처럼, 이방 종교에서도 물을 포도주로 만든 비슷한 사건이 있다고 문헌적으로 밝혀진 바 있다.[7] 하지만 이를 단순 비교하는 것은 적절하지 않다. 예수는 가나의 혼인 잔치를 통해 그 자신이 유대교의 요구를 충족시키는 동시에 초자연적 힘을 지닌 자로서 제자들의 신앙을 독려하는 계기를 마련해주었다고 평가받기 때문이다.

예수와 제자들은 갈릴리에서 열린 결혼식에 참석한다. 그런데 결혼식 피로연장에서 포도주가 바닥이 나버렸다. 이는 매우 난처한 일로 당혹스러운 상황이 연출되었을 것이다. 예수의 어머니는 예수에게 포도주가 떨어졌다고 말하는데, 이에 대한 예수의 답이 낯설다. 예수는 자신의 어머니를 귀나이γιναι, 즉 '여자'라고 부르며 "그것이 나와 무슨 상관이 있나이까?" 하고 되묻는다. 이를 통해 예수는 자신의 공생애는 혈육이나 이해관계에서 나오는 것이 아닌 오직 하나님의 뜻에만 좌우된다는 사실을 우회적으로 피력한 셈이다. 예수의 어머니는 하인들에게 예수가 "무슨 말씀을 하든지 그대로 하라."며 예수의 의지를 강하게 지지한다. 그녀가 예수의 신적 풍모를 감지하지 못했다면 포도주가 떨어졌다는 말 자체를 꺼내지 않았을지도 모른다. 결국 예수는 물을 포도주로 바꾸어내는 데 성공한다.

여섯 개의 돌항아리, 물 등의 재료는 모두 유대인의 정결예법에 등장하는 재료이다. 당시 그리스도교는 유대의 정결예법이 의식과 수행을 통해 구원에 이른다는 행위주의적 가치관과 관련이 있음을 알리고 싶었던 듯하다.[8] 물이 포도주로 변한 사건은 그 자체로 순결한 정결 도구인 물을 변형시켰다는 점에서 변혁의 징조로 볼 수 있다.

이렇게 하여 예수는 자신과 함께한 제자들에게 구원과 생명은 정결 예식으로 대표되는 자기 수행과 의지로 이뤄지는 것이 아니라 자신을 보낸 하나님의 뜻에 집중하는 것에 있음을, 이른바 첫 번째 표적을 통해 분명히 하고자 했을 것이다.

물을 포도주로 만든 기적에 대해 개혁주의적 성서주석가 헨리 로버트 레이놀즈는 그리스도의 영광이 드러나는 표적 사건이며, 이를 구약의 성취라고 주장한다. 레이놀즈는 6절에 언급된 돌항아리 여섯 개가 결례를 위해 사용되었을 거라는 진술이 일종의 상징이라고 이해한다. 물은 구약의 모세 오경을 말하는 토라로, 포도주는 신약의 복음을 상징한다는 것이다.[9]

진보 신학, 특별히 여성 신학자인 로즈마리 루터는 물을 포도주로 만든 기적 자체에 주목한다. 예수의 어머니가 보인 성숙함, 그녀가 가나의 혼인 잔치를 주도하는 능동적 행위가 곧 예수의 제자라면 지녀야 할 모범이라는 것이다. 같은 맥락에서 새로운 예수 시대에서는 가부장적 분위기 대신 모성적이고 여성적 분위기가 지배할 것이라는 선포로 이해한다.[10]

또한 한국 여성 신학자 이우정은 혼인 잔치가 시적 분위기와 어울리면서 부족함을 풍성함으로 바꾸는 행위라고 말한다.[11] 또한 내리사랑을 보여주는 어머니의 사랑, 여성성의 특징적 사랑이 두드러진 텍스트로 읽을 수 있다고도 해석한다.

혁명의 징조

성전 정화

(요한복음 2:13-25)

유대인의 유월절이 가까운지라 예수께서 예루살렘으로 올라가셨더니

성전 안에서 소와 양과 비둘기 파는 사람들과 돈 바꾸는 사람들의 앉은 것을 보시고

노끈으로 채찍을 만드사 양이나 소를 다 성전에서 내어 쫓으시고 돈 바꾸는 사람들의 돈을 쏟으시며 상을 엎으시고

비둘기 파는 사람들에게 이르시되 이것을 여기서 가져가라 내 아버지의 집으로 장사하는 집을 만들지 말라 하시니

제자들이 성경 말씀에 주의 전을 사모하는 열심이 나를 삼키리라 한 것을 기억하더라

이에 유대인들이 대답하여 예수께 말하기를 네가 이런 일을 행하니 무슨 표적을 우리에게 보이겠느뇨

예수께서 대답하여 가라사대 너희가 이 성전을 헐라 내가 사흘 동안에 일으키리라

유대인들이 가로되 이 성전은 사십육 년 동안에 지었거늘 네가 삼 일 동안에 일으키겠느뇨 하더라

그러나 예수는 성전 된 자기 육체를 가리켜 말씀하신 것이라

죽은 자 가운데서 살아나신 후에야 제자들이 이 말씀하신 것을 기억하고 성경과 및 예수의 하신 말씀을 믿었더라

유월절에 예수께서 예루살렘에 계시니 많은 사람이 그 행하시는 표적을 보고 그 이름을 믿었으나

예수는 그 몸을 저희에게 의탁치 아니하셨으니 이는 친히 모든 사람을 아심이요

또 친히 사람의 속에 있는 것을 아시므로 사람에 대하여 아무의 증거도 받으실 필요가 없음이니라

요한복음 2:13-25

예수는 왜 성전을 쑥대밭으로 만들었는가

유월절은 유대인들의 큰 축제이자 주요한 종교 행사로 알려졌다. 예수는 예루살렘을 순례하던 중 사람들의 일상적인 상업 활동을 보고 이를 전면 부정하는 발언을 한다. 이로써 예수는 지금까지의 전통에 의존해오던 유대인들과의 본격적인 논쟁에 휘말리게 된다. 유대인들은 예수에게 그와 같은 파격을 정당화할 수 있는 뚜렷한 근거를 요구했다. 하지만 그에 대한 예수의 답은 유대인들에게도, 예수를 따르던 제자들에게도 황당하게 들렸다.

공관복음서와 다르게 요한복음에는 이른바 성전 정화 사건이 성서의 시작 부분에 배열되었다. 분명한 것은 성전 정화 이야기가 예수의 언행 중에서도 꽤 중요한 의미가 있다는 점이다. 요한복음에 나타난 예수는 양이나 소를 내쫓고 돈을 쏟고 상을 엎는 행동으로 유대종교와 매우 불편한 관계를 만든다. 이후 예수는 또 다른 기적을 요구하는 유대인들에게 말씀을 통해서 자신의 권위를 입증하고자 한다. 예수는 죽었다가 부활할 자신의 몸이 참된 성전이라고 말한다. 예수는 예루살렘이 특정한 장소나 특정한 종교의 전유물이 되어서는 안 되며, 모든 영혼의 자유를 위해 소통되어야 할 해방의 통로가 되어야 한다고 주장한다.

이것이 유월절에 벌어졌다는 점은 더욱 의미심장하다. 예수는 기존의 유대교 예배 방식과 태도 자체를 비난함으로써 옛 예배 질서가 파괴되고 새로운 질서가 도래할 것임을 분명히 한 셈이다. 이렇듯 옛 질서에서 새 질서로 이행되기 위해서는 반드시 그 다리가 되어줄 수 있는 하나님 뜻의 전달자인 예수 자신의 행동과 말이 있어야 한다. 이를 통해 새로운 성전, 새로운 생명이 열릴 테니 말이다.

소와 양, 비둘기를 파는 사람들, 돈 바꾸는 사람들 모두 유월절 희생제에 바칠 제물과 성전세를 내는 환전상들로, 예수는 이들의 상거래가 성전에서 이뤄지는 것이 잘못이라든지, 행위 자체가 악하다든지, 비도덕적이라든지 하는 자세한 설명은 하지 않는다.[12) 예수가 채찍을 만들어 이들 전부를 성전 바깥으로 내쫓은 것은 결국 하나님의 어린양인 자신이 왔으므로 더는 희생 제물이나 허울뿐인 종교 예식이 필요하지 않음을 분명히 하기 위함이다. 이러한 예수의 파격적인 언행이 가져올 불길함은 요한복음 2장 17절 "주의 전을 사모하는 열심이 나를 삼키리라."는 시편 가르침에서 확인할 수 있다. "삼킬 것이다", 즉 카테파곤 κατεπαγοω이라는 말에서 향후 예수의 십자가 처형으로 연결됨을 시사한 것이다.

그러나 예수는 두려움을 모르고 열변을 토해낸다. 그의 열정은 성전을 사흘 만에 다시 세우겠다는 발언에서 극에 달한다. 이러한 말을 자신 있게 쏟아낼 수 있는 까닭은 예수가 자신이 하나님의 아들이라고 강하게 확신했기 때문이다. 이는 상식이나 과학적 증명과는 무관하다. 아버지와 아들 사이의 강력한 유대감, 상호교감에 대한 확신에 근거한다. 그렇지 않고서야 다수의 백성과도 등을 돌릴 만큼 당대의 전통과 관습을 무시하고, 더 나아가 죽음마저 각오하는 행동을 할 수 있었겠는가.

개혁주의 신학자 안토니 후크마는 성전 정화 사건을 본질 회복을 열망하는 예수의 공분으로 읽는다. 후크마는 유대교의 폐습이 하나님의 신성한 본질을 어떻게 가로막고 있는지 비판하며, 이를 척결하는 것이 바로 예수의 사명임을 일깨워준다고 본다.

성전에 대한 이해 역시 이에서 크게 벗어나지 않는다. 후크마는 사흘 만에 재건될 새로운 성전을 사흘 만에 다시 일어난 예수의 부활로 보고 부활에 대한 믿음이 일체의 종교적 관습이나 전통을 압도하는 복음의 핵심 진리를 뜻한다고 이해한다.[13)

진보 신학자 존 도미니크 크로산은 이 사건에 대한 해석을 크게 온건파의 관점과 현실 밀착파의 관점으로 나눠 보아야 한다고 주장한다. 그중 현실 밀착파, 다시 말해 급진 신학에서는 당시의 민중 운동가나 젤롯당이나 에세네파, 더 나아가 갈릴리 대부분의 백성 사이에 반예루살렘 감정이 고조되어 있었으므로 예수가 성전을 숙청한 행동이 정당한 역사적 대응이라 이해한다. 예루살렘은 친로마, 친권력적 행태를 일삼으며 백성들의 고혈을 빨아먹는 권력지상주의자들이 장악한 성전 권력의 상징이므로 예수가 바로 이 성전 권력의 중심을 무력화시키기 위한 정치적 행위로서 성전을 숙청하려 했다고 보는 것이 현실 밀착파들의 주장이다.[14)

반면 온건파는 후대 성서 기록자들이 사흘 만에 부활한 성전 이야기를 추가함으로써 예수가 비록 힘없는 이들의 편에 서기는 했으나 그것을 물리적 폭력으로 전복하려는 의도를 가진 것은 아니라고 본다. 온건파는 성전 정화 사건을 대승적 관점으로 볼 수 있는 종교개혁 의지라고 주장하여 현실 밀착파들의 주장과 분명한 선을 긋는다.[15)

밤의 대화

예수와 니고데모

(요한복음 3:1-21)

바리새인 중에 니고데모라 하는 사람이 있으니 유대인의 관원이라

그가 밤에 예수께 와서 가로되 랍비여 우리가 당신은 하나님께로서 오신 선생인줄 아나이다 하나님이 함께하시지 아니하시면 당신의 행하시는 이 표적을 아무라도 할 수 없음이니이다

예수께서 대답하여 가라사대 진실로 진실로 네게 이르노니 사람이 거듭나지 아니하면 하나님 나라를 볼 수 없느니라

니고데모가 가로되 사람이 늙으면 어떻게 날 수 있삽나이까 두 번째 모태에 들어갔다가 날 수 있삽나이까

예수께서 대답하시되 진실로 진실로 네게 이르노니 사람이 물과 성령으로 나지 아니하면 하나님 나라에 들어갈 수 없느니라

육으로 난 것은 육이요 성령으로 난 것은 영이니

내가 네게 거듭나야 하겠다 하는 말을 기이히 여기지 말라

바람이 임의로 불매 네가 그 소리를 들어도 어디서 오며 어디로 가는지 알지 못하나니 성령으로 난 사람은 다 이러하니라

니고데모가 대답하여 가로되 어찌 이러한 일이 있을 수 있나이까

예수께서 가라사대 너는 이스라엘의 선생으로서 이러한 일을 알지 못하느냐

진실로 진실로 네게 이르노니 우리 아는 것을 말하고 본 것을 증거하노라 그러나 너희가 우리 증거를 받지 아니하는도다

내가 땅의 일을 말하여도 너희가 믿지 아니하거든 하물며 하늘 일을 말하면 어떻게 믿

겠느냐

하늘에서 내려온 자 곧 인자 외에는 하늘에 올라간 자가 없느니라

모세가 광야에서 뱀을 든 것같이 인자도 들려야 하리니

이는 저를 믿는 자마다 영생을 얻게 하려 하심이니라

하나님이 세상을 이처럼 사랑하사 독생자를 주셨으니 이는 저를 믿는 자마다 멸망치 않고 영생을 얻게 하려 하심이니라

하나님이 그 아들을 세상에 보내신 것은 세상을 심판하려 하심이 아니요 저로 말미암아 세상이 구원을 받게 하려 하심이라

저를 믿는 자는 심판을 받지 아니하는 것이요 믿지 아니하는 자는 하나님의 독생자의 이름을 믿지 아니하므로 벌써 심판을 받은 것이니라

그 정죄는 이것이니 곧 빛이 세상에 왔으되 사람들이 자기 행위가 악하므로 빛보다 어두움을 더 사랑한 것이니라

악을 행하는 자마다 빛을 미워하여 빛으로 오지 아니하나니 이는 그 행위가 드러날까 함이요

진리를 좇는 자는 빛으로 오나니 이는 그 행위가 하나님 안에서 행한 것임을 나타내려 함이라 하시니라

요한복음 3:1-21

니고데모는 왜 밤에 예수를 찾아왔는가

깊은 밤에 이뤄진 예수와 유대인 의회원 니고데모와의 대화는 예수가 남긴 여러 말 중 중요한 에피소드로 평가받는다. 니고데모와의 대화에서 나타난 가장 혁신적인 말은 단연 거듭남이다. 거듭남은 예수로 인해 나타난 하나님의 나라가 어떤 측면에서는 이미 실현된 것이 분명하기에 절대 소홀히 할 수 없는 하나의 가능성, 혹은 인간의 필연적 의무로 제시되었다.

니고데모는 유다의 의회원, 산헤드린 구성원 중 한 명으로, 유대교의 명망가였다. 동시에 그는 비밀리에 예수를 믿고자 했던 인물이다. 요한복음 저자는 니고데모를 유대인을 대표하는 인물로 부각하기 위

해 교사, 랍비 등 여러 칭호를 다양하게 사용한다.

니고데모는 예수를 어두운 밤에 찾아왔다. 그가 예수를 밤에 찾아온 까닭은 기본적으로는 신분이 노출되기를 꺼렸기 때문이다. 하지만 그보다 더 심오한 뜻은 니고데모와 같은 유대인의 명망가조차도 참빛의 실체를 맛보기까지는 철저히 어둠 속에 있었음을 강조하려는 일종의 무대장치라 볼 수 있다.

예수를 선생으로 인정하면서 예수와 하나님 사이의 특별한 연관성에 대해 화두를 던지는 니고데모에게 예수는 "사람이 거듭나지 아니하면 하나님 나라를 볼 수 없느니라."고 답한다. '다시 난다'는 의미는 '위로부터'의 의미와 함께 새로운 출생, 즉 제2의 출생을 뜻한다. 하지만 그것은 절대 육체적 의미로서의 재출생을 의미하는 것이 아니다. 여기서 말하는 제2의 출생, 새로 태어남은 초자연적 출생이다. 이에 대해 니고데모는 크게 놀란다. 이로써 우리는 자신의 늙고 초라한 육신을 반추했던 니고데모가 예수 가르침을 제대로 이해하지 못했음을 알 수 있다. 그는 상식 수준에서만 예수의 말을 이해하려 했다. 그래서 제2의 출생을 어머니의 모태를 통해 태어나는 육적 출생으로만 이해한 것이다.

예수는 니고데모의 몰이해에 아랑곳 하지 않고 자신의 독특한 신학을 펼쳐 보인다. 그는 물과 성령을 전면에 내세우며 거듭남과 하나님 나라를 연결한다. 예수는 성령의 활동을 통해 하나님 나라를 이해하고 볼 수 있는 이들을 거듭난 이들이라고 말한 것이다.

물과 성령으로 거듭난다는 말에서 우리는 요한의 세례를 떠올릴 수 있다. 하지만 이는 물로 씻는다는 단순한 정결예식이 아닌 성령의 활동을 통한 새로운 세대의 탄생으로 이해해야 한다. 또한 물이 출산의 상징으로 자주 쓰이는 점을 상기해보면 이는 육적인 의미가 아닌 영적인 의미, 곧 생명을 창조하는 본래적 의미임을 알 수 있다.[16)]

"육으로 난 것은 육이요, 성령으로 난 것은 영"이라는 말에서 육과 영의 차이는 분명해진다. 예수가 말한 육은 인간이 자신의 운명을 자신의 의지로 결정지을 수 없다는 궁극적 소외를 상징하며, 그 소외는 결국 현재 인간의 삶이 주체적이지 못하고 참된 존재로 살지 못한다는 사실을 방증한다. 다시 말해 육으로 태어난 현재의 존재는 참된 존재가 아닌 셈이다.

그렇다면 영은 무엇인가? 영은 존재양식에서 일어나는 기적을 뜻한다. 육은 이 기적을 이해하지 못한다. 하지만 육을 상징하는 지상적 차원에서 영의 차원인 성령의 활동, 하나님 나라를 선포한 예수의 말에 동참한다면 영과 함께하는 이들이므로 영의 비밀을 분명히 깨우칠 수 있다고 예수는 강조한다.

예수는 영은 빛과도 같다고 말한다. 이는 제한된 인간 이해 범주 너머에서부터 인간 세계 안으로 비춰오는 신비를 뜻한다. 또한 예수는 성령으로 출생한 이들, 거듭난 이들의 존재 양식과 그 기원이 인식 너머의 세계에 있음을 분명히 한다. 하늘의 일을 인식 너머의 일로, 땅의 일을 그 인식 너머의 일들이 지상적 세계에서 받아들여지는 사건으로 설명한 셈이다.

왜 예수는 신비적 영의 출생과 '하늘의 일'에 대해 언급했을까? 그것은 하느님이 세상을 사랑하기 때문이다. 세상은 삶을 꾸려가는 모든 이의 터전이다. 그러므로 하나님이 사랑하는 대상은 세상이라는 땅에 발 딛고 살아가는 전 인류이다. 이 사랑은 차별 없이 평등하다. 모든 이에게 하나님의 사랑을 전파하러 이 땅에 오신 예수는 멸망이 아닌 영원한 생명을 원한다. 멸망은 하나님과의 단절, 그 비극을 인식하지 못하는 이들이 겪는 불가피한 운명과도 같다. 이때 중도란 없다. 예수는 멸망과 영원한 생명, 둘 외에 어떤 선택도 없음을 거듭 강조한다. 그것은 우리가 절대적으로 양자택일해야 하는 문제이다. 이 결단은 심판과 구원으로 나뉜다. 예수가 자신은 심판자가 아니라면서도 동시에 심판하러 왔다는 모순인 듯한 말을 한다. 그러나 심판과 구원은 분리해서 생각할 수 없는 개념이므로 이는 모순이 아니다. 하나님의 사랑에 눈 막고 귀 막는 자를 심판하겠다는 것이다. 이는 이미 과거부터 지녀온 인간의 모습이다. 그 심판에 예속된 인간의 비극적 현실은 역사 속에서 입증되었다. 예수는 바로 이러한 비극적인 현실을 심판하기 위해 이 땅에 왔다.

니고데모와 예수의 대화에 대한 보수 신학과 진보 신학, 두 신학적 견해는 한 가지 면에서의 충돌을 제외하면 대체로 일치하는 편이다. 양측 모두 유대 산헤드린 구성원인 니고데모가 밤에 예수를 찾아왔다는 이유로 그를 대중의 눈을 의식한 다소 비겁하고 소심한 지식인, 기득권층의 표상으로 본다.[17] 니고데모를 통해 당시 유대 종교 지도자들의 종교적 무지가 얼마나 참담한 수준인지를 적나라하게 고발하는 대목이라고 보수와 진보 모두 입을 모은다.

쟁점은 이른바 거듭남을 이해하는 온도 차다. 복음주의 신학자 케빈 밴후저는 예수가 말한 거듭남을 기독교의 핵심 교리 중 하나로 본다. 밴후저는 육은 인간의 본성을 가리키고 영은 하나님의 본성을 가리키므로 육은 절대 하나님의 자녀가 될 수 없으며, 오직 하나님의 영을 가진 성육신한 그리스도를 통해서만 영의 자녀, 하나님의 자녀로 다시

태어나는 신비를 체험할 수 있다고 말한다.[18]

반면 비신화화 성서 해석가로 잘 알려진 실존주의 신학자 루돌프 볼트만은 육과 영을 특질이 전혀 다른 인성과 신성의 대립으로 보지 않는다. 볼트만은 영을 새로운 인간 본성, 참된 육으로 본다. 우리 인간에게 주어진 모든 것을 철저히 긍정하고 기뻐하는 일, 진짜 인간다움을 회복하는 일을 영으로 다시 태어나는 사건으로 이해한 것이다. 그러한 관점에서 볼트만은 본문을 예수가 입증되지 않은 신성을 담보로 육체를 억압하는 당시의 종교인들을 통렬히 비판하는 텍스트로 이해한다.[19]

물을 좀 달라

예수와 사마리아 여인의 대화

(요한복음 4:1-42)

예수께서 제자를 삼고 세례를 베푸시는 것이 요한보다 많다 하는 말을 바리새인들이 들은 줄을 주께서 아신지라

(예수께서 친히) 세례를 베푸신 것이 아니요 제자들이 베푼 것이라

유대를 떠나사 다시 갈릴리로 가실새

사마리아를 통과하여야 하겠는지라

사마리아에 있는 수가라 하는 동네에 이르시니 야곱이 그 아들 요셉에게 준 땅이 가깝고 거기 또 야곱의 우물이 있더라 예수께서 길 가시다가 피곤하여 우물곁에 그대로 앉으시니 때가 여섯 시쯤 되었더라

사마리아 여자 한 사람이 물을 길으러 왔으매 예수께서 물을 좀 달라 하시니

이는 제자들이 먹을 것을 사러 그 동네에 들어갔음이러라

사마리아 여자가 이르되 당신은 유대인으로서 어찌하여 사마리아 여자인 나에게 물을 달라 하나이까 하니 이는 유대인이 사마리아인과 상종하지 아니함이러라

예수께서 대답하여 이르시되 네가 만일 하나님의 선물과 또 네게 물 좀 달라 하는 이가 누구인 줄 알았더라면 네가 그에게 구하였을 것이요 그가 생수를 네게 주었으리라

여자가 이르되 주여 물 길을 그릇도 없고 이 우물은 깊은데 어디서 당신이 그 생수를 얻겠사옵나이까

우리 조상 야곱이 이 우물을 우리에게 주셨고 또 여기서 자기와 자기 아들들과 짐승이 다 마셨는데 당신이 야곱보다 더 크니까

예수께서 대답하여 이르시되 이 물을 마시는 자마다 다시 목마르려니와

내가 주는 물을 마시는 자는 영원히 목마르지 아니하리니 내가 주는 물은 그 속에서 영생하도록 솟아나는 샘물이 되리라
여자가 이르되 주여 그런 물을 내게 주사 목마르지도 않고 또 여기 물 길으러 오지도 않게 하옵소서
이르시되 가서 네 남편을 불러 오라
여자가 대답하여 이르되 나는 남편이 없나이다 예수께서 이르시되 네가 남편이 없다 하는 말이 옳도다
너에게 남편 다섯이 있었고 지금 있는 자도 네 남편이 아니니 네 말이 참되도다
여자가 이르되 주여 내가 보니 선지자로소이다
우리 조상들은 이 산에서 예배하였는데 당신들의 말은 예배할 곳이 예루살렘에 있다 하더이다
예수께서 이르시되 여자여 내 말을 믿으라 이 산에서도 말고 예루살렘에서도 말고 너희가 아버지께 예배할 때가 이르리라
너희는 알지 못하는 것을 예배하고 우리는 아는 것을 예배하노니 이는 구원이 유대인에게서 남이라
아버지께 참되게 예배하는 자들은 영과 진리로 예배할 때가 오나니 곧 이 때라 아버지께서는 자기에게 이렇게 예배하는 자들을 찾으시느니라
하나님은 영이시니 예배하는 자가 영과 진리로 예배할지니라
여자가 이르되 메시아 곧 그리스도라 하는 이가 오실 줄을 내가 아노니 그가 오시면 모든 것을 우리에게 알려 주시리이다
예수께서 이르시되 네게 말하는 내가 그라 하시니라
이 때에 제자들이 돌아와서 예수께서 여자와 말씀하시는 것을 이상히 여겼으나 무엇을 구하시나이까 어찌하여 그와 말씀하시나이까 묻는 자가 없더라
여자가 물동이를 버려두고 동네에 들어가서 사람들에게 이르되
내가 행한 모든 일을 내게 말한 사람을 와서 보라 이는 그리스도가 아니냐 하니
그들이 동네에서 나와 예수께로 오더라
그 사이에 제자들이 청하여 이르되 랍비여 잡수소서
이르시되 내게는 너희가 알지 못하는 먹을 양식이 있느니라
제자들이 서로 말하되 누가 잡수실 것을 갖다 드렸는가 하니
예수께서 이르시되 나의 양식은 나를 보내신 이의 뜻을 행하며 그의 일을 온전히 이루는 이것이니라
너희는 넉 달이 지나야 추수할 때가 이르겠다 하지 아니하느냐 그러나 나는 너희에게 이르노니 너희 눈을 들어 밭을 보라 희어져 추수하게 되었도다
거두는 자가 이미 삯도 받고 영생에 이르는 열매를 모으나니 이는 뿌리는 자와 거두는 자가 함께 즐거워하게 하려 함이라
그런즉 한 사람이 심고 다른 사람이 거둔다 하는 말이 옳도다
내가 너희로 노력하지 아니한 것을 거두러 보내었노니 다른 사람들은 노력하였고 너희는 그들이 노력한 것에 참여하였느니라
여자의 말이 내가 행한 모든 것을 그가 내게 말하였다 증언하므로 그 동네 중에 많은 사

마리아인이 예수를 믿는지라 사마리아인들이 예수께 와서 자기들과 함께 유하시기를 청하니 거기서 이틀을 유하시매 예수의 말씀으로 말미암아 믿는 자가 더욱 많아

그 여자에게 말하되 이제 우리가 믿는 것은 네 말로 인함이 아니니 이는 우리가 친히 듣고 그가 참으로 세상의 구주신 줄 앎이라 하였더라

요한복음 4:1–42

예수는 사마리아 여인을 어떻게 생각했을까

사마리아는 과거 북이스라엘의 수도였다. 사마리아는 기원전 721년에 이방 제국 아시리아에 의해 정복당하면서 이스라엘 사람들은 추방되고 이방 사람들이 거주하기 시작했다. 그로 인해 사마리아는 종교적 정통성을 잃어버린, 변질되고 타락한 땅이자 타락의 상징이 되었다.[20] 이것은 물론 자기들만의 정통성을 강조하던 예루살렘을 근거지를 둔 유대교인들의 관점에서 정의된 인식이다. 그런데 예수는 이 지역을 반드시 통과해야겠다는 의지를 밝힌다. 그것도 모자라 유대교인들 모두가 더럽다며 피하던 사마리아 여인과 대화했다. 이는 예수가 종교적 편견과 아집에 사로잡혀 있던 유대교인, 전통 옹호주의자의 생각을 근본부터 뒤흔들기 위함이었다. 예수의 제자들이라고 예외일 수 없다.

물을 달라고 요청한 예수는 피로에 지친 한 여행자의 모습이다. 그런데 여행자 예수가 사마리아 여인에게 물을 달라고 한다. 물은 구약 예레미야 2장 13절에 등장한 것처럼 인간에게 생명을 주어 살려내는 하나님 구원 행위의 상징이다. 예수는 종교적 갈등으로 인해 유대인들과 등지고 살던 사마리아 출신, 그것도 소수자 중에서도 소수자인 사마리아 여인에게 생명의 물을 언급하며 물의 차원을 지상적 차원에서

천상적 차원으로 끌어올린다. 또한 14절의 "내가 주는 물은 그 속에서 영생하도록 솟아나는 샘물이 되리라."는 말에서 율법과 전통을 자의적으로 준수하는 기득권층을 넘어서려는 내면 혁명의 의지를 비친다.

그러한 내면 혁명의 기조에서 본 사마리아 여인이 발언한 다섯 명의 남편은 이방의 다섯 부족, 즉 참하나님을 찾지 못하는 인간을 상징한다. 예수는 "지금 있는 네 남편도 참남편이 아니"라고 말하면서 논의를 예배의 장소와 예배 방법론의 차원으로까지 확장한다. 예배 장소는 사마리아 사람들, 그들의 조상이 생각하던 야곱의 우물이 있던 곳도 아니다. 그렇다고 사마리아 사람들을 배신자 취급하는 유대교인들의 성지, 예루살렘도 아니다. 예수는 "예배할 때가 오나니 곧 이때"라고 말하며, 참된 예배는 장소에 얽매이지 않고 하나님의 차원을 이해하는 인식 속에서 이루어진다고 말한다.

이 이야기는 이후 제자들이 돌아온 뒤 나누는 이른바 추수 이야기와 연결된다. 예수는 추수의 때를 기다려야 한다는 기다림의 의미를 간파하고, 지금은 추수를 기다리는 때가 아니라 뿌리는 때이자 거두는 때, 곧 생명의 시작과 끝의 시기라고 말한다. 씨를 뿌리는 자와 거두는 자가 같을 수 있는 신비는 하나님 나라가 현실화되었다는 것과 맥을 같이한다. 이것이 가능한 근거는 예수가 하나님 아들의 출현이 가능케 했다고 말하는 것에서부터 시작된다. 그 하나님의 아들이 누구인가. 바로 예수 자신이다.

24절에서 예수는 니고데모와의 대화에서와 마찬가지로 재차 영을 강조한다. "하나님은 영"이라고 단언하듯 말하여, 신은 육체를 초월한 존재임을 강조한다. 하지만 스토아적 관점에서 영은 완전한 성향을 품은 몸으로 읽히기도 하며, 구약성서에서 영은 막연히 육체나 물질의

대립항으로서가 아니라 생명을 주는 창조적 활동력으로서 묘사되기도 한다.[21)

예수가 하나님을 영이라고 한 선언은 인간의 안목으로는 그의 모든 창조적 활동을 이해할 수 없지만, 하나님 사랑의 결정체인 예수 자신의 말과 행동에서 드러나는 그의 뜻이 곧 영의 모든 것임을 말함으로써 영인 하나님에 대한 이해는 바로 자신과의 관계 속에서 깨달을 수 있다고 말한다. 26절에 "네게 말하는 내가 그라 하시니라."라는 말은 이러한 자기 표현의 극치다. 예수는 메시아, 그리스도로 알려지고 기대되는 구세주 그 자체다.

복음주의적 성경연구가 리처드 헤이스는 사마리아 여인과의 대화 사건의 핵심이 복음의 세계화에 있다고 본다. 유대의 협소하고 지엽적인 가치관에 따르면 이스라엘 안에서도 예루살렘이라는 특정 지역에서만 모든 인류의 창조주인 하나님을 섬길 수 있다고 여겼다. 하지만 헤이스는 유대교가 가장 혐오하는 변절자 집단인 사마리아 지역에도 예배할 곳이 있다는 예수의 가르침으로 인해 이제 하나님을 사랑하는 일은 지역이나 인종을 초월한 전 세계적 일이 될 수 있다는 명분을 얻었다고 이해한다. 이런 관점에서 헤이스는 사마리아 여인이 다섯 남자와 결혼했다는 사실을 도덕적으로나 영적으로 큰 결핍과 공허에 빠진 인간 군상의 전형이라 본다. 결국 인간은 이러한 죄성에도 불구하고 예수를 통해 회개받고 죄 사함을 받을 수 있는 구원의 기회를 얻게 된 것이다.[22)

하지만 진보 신학, 그중에서도 여성의 인권문제 측면에서 하나님을 조망하는 한국의 여성 신학자 최영실은 사마리아라는 지역 자체에 주목한다. 최영실은 사마리아라는 지역이 남성 가부장적 종교 논리에 의해 핍박받고 소외된 여성들의 상징이라 말한다. 이러한 해석적 토대 위에서 예수가 예배 장소가 사마리아에도, 어디에도 있다는 선포는 주류 가부장적 가치관으로 점철된 종교 행위, 더 나아가 사회의 새로운 물결을 암시하는 변혁의 메시지로 이해한다.

그런 점에서 최영실은 사마리아 여자가 다섯 번 결혼했다는 사실로 그 여자가 도덕적으로 결함이 있다느니 하며 운운하는 것이야말로 대표적인 수구적, 가부장적 해석이라며 강하게 반발한다. 사마리아 여자의 빈번한 결혼과 이혼 사실을 언급한 이면에는 자신의 마음이 내키는 대로 여성을 취하고 내버리는 남자들의 극단적 이기주의에 대한 신랄한 비판이 숨어 있다고 주장한다.[23]

제3부

갈릴리에서

예수 사역 초기의 언행

예수는 갈릴리에서 첫 사역을 시작했다. 왜 하필 갈릴리인가? 그곳은 고통과 억압이 창궐한 하류 백성, 수많은 백성이 신음하는 곳이었다. 예수가 갈릴리에서 사역을 시작한 이유에 대해서는 지금까지도 여러 해석이 나오고 있지만, 갈릴리가 여러 인종과 사상의 용광로라는 점만은 분명하다. 그렇게 다양성을 품은 곳이야말로 예수의 파격을 담아낼 수 있는 최적의 장소가 아니었을까? 세례 요한이 갇힌 후 예수의 사역은 본격화된다. 예수를 바라본 사람들은 예수를 기쁜 소식, 즉 복음의 증거자로 받아들였다. 복음을 향한 열망이 고조될수록 하나님 나라에 대한 선포 또한 강렬히 받아들여졌다. 예수가 선포한 하나님 나라는 하나님의 절대 주권을 가장 적절히 표현하는 개념이다. 하나님 나라는 지리적인 의미에만 머무르지 않는다. 하나님의 통치나 지배, 전능한 다스림을 의미한다. 즉 장소가 아닌 능력인 것이다. 전 우주적이고 보편적인 능력은 곧 예수의 사역이 현재적이면서 동시에 미래적이라는 의미이다. 신의 통치는 어느 한 시대, 특정 역사의 전유물일 수 없다. 신의 통치는 당대를 넘어 앞으로도 영원히 계속될 것이다.

예수는 자신의 사역 초기에 제자들을 불렀다. 베드로, 안드레, 야고보, 요한 등이었다. 이들에게 예수는 급진적인 결단을 내리라고 요구한다. 가족, 재산, 부모, 삶에 안주하게끔 만드는 모든 것을 버리고 자신을 따르라고 말이다. 초기 제자들은 어떻게든 예수의 명령에 순종하고자 했다. 그만큼 예수의 카리스마가 지닌 농도가 깊었다.

예수의 카리스마가 더 강렬히 드러난 순간은 귀신을 축출하면서부터다. 물론 당시에도 유대, 희랍에 치유자나 축령사가 있었다. 하지만 그들과 비교되지 않을 만큼 예수는 단도직입적으로 귀신을 축출했다. 예수는 말 한마디로 귀신에 대한 불안과 공포를 쫓았다. 조잡한 마법도, 반복되는 주문도, 신비스러운 성물 숭배도 필요 없었다. 오직 말 한마디. 그 하나면 충분했다.

예수의 압도적인 면모는 당대를 주름잡던 유대 종교 권력가들과의 타협 가능성을 처음부터 거부한 데에서 드러난다. 예수는 일주일에 두 번씩 금식하는 바리새인들의 형식주의를 조롱했으며, 그 허울뿐인 고난의 의식에 혼인잔치라는 기쁨의 축제를 도입했다. 또한 복잡한 법령이나 임의대로 도입한 규율로 얽어맨 안식일이라는 틀에 사람들을 가둬넣었다. 이러한 일련의 파격으로 인해 당대 종교가들은 예수가 불편한 존재일 뿐만 아니라 자신들의 기득권을 송두리째 위협할 존재로 인식했다.

예수는 불온한 존재임이 틀림없다. 그는 기득권층과의 불편한 관계를 풀기 위해 아예 타협하지 않았다. 대중의 힘, 제자들의 결속력이 자신에게 방패막이가 될 수 있음을 알았지만, 예수는 그들의 헌신을 활용하지도 않았다. 그럼으로써 당대의 가족이라는 의미도 깡그리 무너뜨렸다. 참된 가족은 신의 뜻에 있다는 예수의 말이 선동적이고 급진적이었던 까닭은 거기에 있다.

하나님 나라가 가까왔으니

하나님의 복음 전파

(마가복음 1:14-15, 마태복음 4:13-17, 누가복음 4:14-15)

요한이 잡힌 후 예수께서 갈릴리에 오셔서
하나님의 복음을 전파하여
가라사대 때가 찼고 하나님 나라가 가까왔

으니 회개하고 복음을 믿으라 하시더라

마가복음 1:14-15

하나님 나라는 어떤 곳인가

예수의 초기 사역 지역은 세례 요한의 활동 영역과 구분된다. 예수는 요단 강 주변에서 세례자에게 세례를 받은 뒤 다시 고향인 갈릴리로 돌아온다. 당시에는 소외된 지역이었던 갈릴리로 돌아온 것이다. 하지만 변방, 주변이라는 배경과는 어울리지 않게 예수의 선포는 우주적이다. 그는 하나님의 복음을 전한다.

하나님의 복음으로 이스라엘 땅 전체에 평화와 해방이 선포되고 시온의 공동체를 향한 기쁨이 퍼진다. 그리고 그 중심에 하나님 복음의 전령이자, 그 이상의 의미를 지닌 예수가 존재한다.

예수는 하나님 나라의 시기가 언제라고 한 것일까? 가까이 왔다는 것은 이미 와 있다는 이야기일까? 아니면 아직 오직 않았다는 뜻일까? 마가복음에서 예수가 말한 하나님 나라는 우주적 사건이다. 그 나라는 영원한 생명을 얻기 위한 사람들의 인생 속으로 돌입해 들어온다. 그런데 이 하나님 나라의 완전함을 느끼기 위해서는 결단이 필요하다. 그 결단이란 바로 돌이킴, 회개와 믿음이다.

회개라고 번역된 희랍어, 메타노에인 μετανοειν은 생각을 바꾸는 평범한 수준은 물론, 실천적 삶의 결과마저도 철저하게 전환되는 삶 전체의 방향 전환이라는 수준도 포함한다.[1] 하나님 나라의 통치는 개인적이면서도 철저히 공적이고 윤리적이며 정치적인 인간 삶의 모든 영역을 포괄하기 때문이다.

이러한 방향 전환을 가능케 하기 위한 조건으로 예수는 믿음을 제시한다. 믿음은 신뢰다. 예수 자신이 하나님 나라의 전령, 그 이상이라는 사실에 대한 신뢰가 예수가 선포한 복음의 의미를 정당화한다. 그와 함께 복음 안에서의 삶의 방향 전환이라는 요구가 무의미하지 않음을 강력하게 뒷받침한다.

보수주의적 신학자 존 그레셤 메이첸은 하나님 나라는 복음을 증거하는 상태라고 말한다. 이때의 복음이란 하나님 나라의 현재성과 미래성으로 나누어 생각할 수 있다. 메이첸은 하나님 나라를 미래, 즉 사후 세계인 천국이라고 본다. 다시 말해 예수가 이 땅에 온 것은 복음을 전파하기 위함인데, 이것은 인간이 하나님 나라에 들어설 수 있는 유일한 가능성이라는 측면을 강조한 것이다. 더불어 메이첸은 미래에 하나님 나라에 들어가기 위해 예수라는 신앙 대상을 믿음으로 받아들이는 지금의 신앙생활이 하나님 나라의 현재라고 본다. 미래를 준비하는 현재의 신앙생활로서의 하나님 나라는 주로 이 땅이라는 세속적 가치와 결별하고 순결하고 도덕적인 삶의 훈련에 집중된다.[2]

반면 한국의 민중 신학자 안병무는 하나님 나라의 주권을 강조한다. 안병무는 하나님 나라를 미래적인 것, 즉 천국이라 보지 않고, 지금 이 땅의 현실에 주목한다. 그는 하나님의 주권이 선포되는 이 사건을 인간의 권력 독점에 대한 끝 맺음으로 해석한다. 이러한 견해는 철저히 정치적이다. 그는 또 하나님 나라가 사후 세계라고 주장하는 것이 그것을 종교적 개념, 정신적 표상으로 추상화하는 것이라며 강하게 비판한다. 대신 인간의 권력 독점과 그로 인해 파생되는 온갖 부조리, 착취와 억압의 악한 고리를 끊어내는 것이야말로 하나님 나라의 전부라고 주장한다.[3]

하나님 나라는 종말론과도 맥을 같이하는데, 종말에 대한 보수 신학과 진보 신학의 견해 역시 첨예하게 대립한다. 보수 신학이 보는 하나님 나라의 종말론적 성격은 주로 예수의 재림, 심판주로서 이 세계의 완전한 종말을 염두에 둔다.[4] 이는 하나님 나라를 사후 세계의 보루, 천국으로 보는 관점에서 비롯되었다. 그러나 진보 신학이 해석하는 종말은 앞서 언급한 대로, 더는 인간의 지배욕과 권력욕이 독점할 수 없는, 탐욕과 욕망의 멸절을 고하는 상태이다.[5] 그러므로 새 하늘 새 땅으로서의 하나님 나라는 철저히 이 땅의 역사를 변혁해야 할 인간의 사명에 의해 이루어나가는 것이다.

사람 낚는 어부가 되어라

제자 넷을 부른 예수

(마가복음 1:16-20, 마태복음 4:18-22, 누가복음 5:1-11)

갈릴리 해변으로 지나가시다가 시몬과 그 형제 안드레가 바다에 그물 던지는 것을 보시니 저희는 어부라

예수께서 가라사대 나를 따라오너라 내가 너희로 사람을 낚는 어부가 되게 하리라 하시니

곧 그물을 버려두고 좇으니라

조금 더 가시다가 세베대의 아들 야고보와 그 형제 요한을 보시니 저희도 배에 있어 그물을 깁는데

곧 부르시니 그 아비 세베대를 삯군들과 함께 배에 버려두고 예수를 따라가니라

마가복음 1:16-20

사람을 낚는 어부란 무슨 뜻일까

공관복음서인 마가복음, 마태복음, 누가복음 모두 예수의 선포를 다루면서 제자를 부른 일을 언급한다. 예수는 마태복음과 마가복음에서 하

나님 나라를 선포하면서 회개를 촉구했다. 언뜻 보면 세례자 요한의 회개 요청과 동일해 보이지만, 세례 요한은 길을 예비한 선행자로서의 요청인 반면, 예수의 선포는 완성자의 말이라는 데 그 근본적인 차이가 있다.

완성자 예수는 직접 행동함으로써 제자들에게 삶의 방향을 바꿀 것을 촉구한다. 회심과 회개란 직접 실천하는 것을 전제로 한다. 성서에는 예수가 "나를 따라 오라!"고 한마디 하자 첫 제자들이 예수를 그 즉시 따랐다고 기록되어 있다. 여기에서 주목할 만한 점은 예수 언행의 앞섬이다. 예수는 자신을 따르라고 말한 뒤 자신이 직접 앞장서서 걸어 나갔다. 이것은 예수가 하나님의 뜻을 실천하는 데 있어 관념에만 머무르지 않고 언제나 행동하는 자였음을 보여준다. 예수는 자신의 말과 행동으로 사람들의 마음을 움직였다.

정확히 알려지진 않았지만, 당시 어부는 사회적 위치가 가장 낮은 하층민에 속했다.[6] 예수는 그런 어부들에게 '사람을 낚는 어부'가 될 것이라 말한다. 이상한 점은 당시에도 그러했고 지금도 '사람을 낚는다'는 말은 부정적인 의미로 사용된다는 점이다. 쿰란 공동체가 보존한 문헌에 나오는 '인간 사냥꾼'이나 '인간 어부'는 이스라엘의 결속력을 약화시키고 멸망시키려는 이스라엘의 적이다. 하지만 예수는 이를 정반대로 이해한다. 예수가 보기에 이스라엘은 이미 정신적으로나 실제로 뿔뿔이 흩어진 영적 이산가족이 모여 있는 곳일 뿐이다. 예수는 구태에 얽매여 한 발자국도 나아가지 못하는 이스라엘의 헛된 결속력이 오히려 약화되기를 원하고 있다. 인간 차원에서의 헛된 결속력은 새로운 영적 담합을 방해하기만 할 뿐이다. 이런 맥락에서 예수가 말한 '사람을 낚는 어부'는 새로운 예언자의 책임을 강조하는 말이다.

보수 개혁주의자 존 스토트는 시몬 베드로에게 사람 낚는 어부가 되라는 예수의 명령을 그의 공생애 전체를 관통하는 핵심으로 본다. 베드로가 예수를 만나기 전까지는 자기만 아는 이기적이고 범속한 삶을 살았더라도, 이제부터는 세속적 이익에 연연하지 않고 영혼을 살리는 일에만 매진하라고 예수가 명을 내렸다고 이해하는 것이다.

또한 스토트는 예수가 베드로를 부른 것을 전도의 구령과 성직자 탄생에 대한 알림이라 해석한다. 그러한 신학적 해석의 토대 위에서 성직의 개념이 태동했다고 보아도 과언이 아니다. 실제로 이후 베드로는 예루살렘 기독교 교회에서 전임 사역자로 녹을 받으며 살았으니 말이다.[7]

반면 진보 신학자 안병무는 이를 단순한 전도의 외침으로만 보지 않는다. 안병무는 먼저 예수가 어떤 이들을 제자를 선택했는지 주목해야 한다고 말한다. 그는 예수가 서민 출신만 제자로 뽑았다는 점을 지적한다. 이것이 예수가 사회 계층과 종교적 이권에 기대는 어떠한 욕구에도 타협하지 않았음을 단적으로 보여주는 대목이라 해석한다.[8]

이러한 예수의 선택은 영웅 만들기나 영웅 숭배가 문학적, 사회학적 대세였던 당시 헬레니즘의 정서로 볼 때 중요한 역사적 가치가 있다.[9] 예수가 제자들의 미천한 사회 성분을 전혀 부끄러워하지 않고 오히려 전면에 내세웠다는 점에서 이미 예수의 메시아 운동은 현실 변혁의 운동인 것이다. 이러한 관점이 진보 신학에서 주목한 베드로 부름의 핵심이다.

잠잠하라

귀신을 축출한 예수

(마가복음 1:21-45, 마태복음 4:23-25)

저희가 가버나움에 들어가니라 예수께서 곧 안식일에 회당에 들어가 가르치시매 뭇사람이 그의 교훈에 놀라니 이는 그 가르치시는 것이 권세 있는 자와 같고 서기관들과 같지 아니함일러라

마침 저희 회당에 더러운 귀신 들린 사람이 있어 소리 질러 가로되 나사렛 예수여 우리가 당신과 무슨 상관이 있나이까 우리를 멸하러 왔나이까 나는 당신이 누구인 줄 아노니 하나님의 거룩한 자이다 예수께서 꾸짖어 가라사대 잠잠하고 그 사람에게서 나오라 하시니 더러운 귀신이 그 사람으로 경련을 일으키게 하고 큰 소리를 지르며 나오는지라

다 놀라 서로 물어 가로되 이는 어찜이뇨 권세 있는 새 교훈이로다 더러운 귀신들을 명한즉 순종하는도다 하더라

예수의 소문이 곧 온 갈릴리 사방에 퍼지더라 회당에서 나와 곧 야고보와 요한과 함께 시몬과 안드레의 집에 들어가시니 시몬의 장모가 열병으로 누웠는지라 사람들이 곧 그의 일로 예수께 여짜온대 나아가사 그 손을 잡아 일으키시니 열병이 떠나고 여자가 저희에게 수종드니라

저물어 해 질 때에 모든 병자와 귀신 들린 자를 예수께 데려오니 온 동네가 문 앞에 모였더라

예수께서 각색 병든 많은 사람을 고치시며 많은 귀신을 내어 쫓으시되 귀신이 자기를 알므로 그 말하는 것을 허락지 아니하시니라 새벽 오히려 미명에 예수께서 일어나 나가 한적한 곳으로 가사 거기서 기도하시더니

시몬과 및 그와 함께 있는 자들이 예수의 뒤를 따라가 만나서 가로되 모든 사람이 주를 찾나이다 이르시되 우리가 다른 가까운 마을들로 가자 거기서도 전도하리니 내가 이를 위하여 왔노라 하시고 이에 온 갈릴리에 다니시며 저희 여러 회당에서 전도하시고 또 귀신들을 내어 쫓으시더라

한 문둥병자가 예수께 와서 꿇어 엎드리어 간구하여 가로되 원하시면 저를 깨끗케 하실 수 있나이다

예수께서 민망히 여기사 손을 내밀어 저에게 대시며 가라사대 내가 원하노니 깨끗함을 받으라 하신대

곧 문둥병이 그 사람에게서 떠나가고 깨끗하여진지라

엄히 경계하사 곧 보내시며 가라사대 삼가 아무에게 아무 말도 하지 말고 가서 네 몸을 제사장에게 보이고 네 깨끗케 됨을 인하여 모세의 명한 것을 드려 저희에게 증거하라 하셨더니

그러나 그 사람이 나가서 이 일을 많이 전파하여 널리 퍼지게 하니 그러므로 예수께서 다시는 드러나게 동네에 들어가지 못하시고 오직 바깥 한적한 곳에 계셨으나 사방에서 그에게로 나아오더라

마가복음 1:21-45

예수의 치유, 그 힘은 어디에서 오는가

예수의 활동 장소가 역동적으로 변화한다. 그는 가버나움 지역에 간 뒤 회당에서 가르침을 행하고 그 뒤 귀신을 축출하는 전무후무한 사역을 펼친다. 그로 인해 갈릴리 전체에 예수에 대한 소문이 떠들썩하게 났다.

예수는 유대교 관습에 따라 안식일에 회당에 들어가 복음을 전한다. 공동체 구성원 가운데 어느 정도의 소양을 가진 이라면 누구나 성서를 읽고 설교할 수 있었다.[10] 예수 역시 교사가 되어 가르침을 설파했다. 그때 예수의 가르침을 받은 사람은 모두 충격을 받았다.

마태복음에서는 회당에서 예수가 가르친 일과 갈릴리 야외 지역에서 하나님 나라의 복음을 선포한 일을 구별해 표현하려 애쓴다. 회당

에서는 주로 율법과 윤리적 교훈을 가르쳤다고 묘사되어 있고, 야외에서는 복음 자체에 집중했다고 그려져 있다. 하지만 이 둘은 크게 분리되지 않으며, 청중들의 반응으로 인해 예수의 권위가 상승되었다는 결과도 같다.

예수는 악한 귀신들을 제압함으로써 하나님 나라의 실제 통치 모습을 보여준 것이나 다름없다. 예수의 공식 활동 첫 단추가 귀신 축출이라는 점은 절대 우연이 아니다. 더러운 귀신이 들린 자는 마치 예수가 왔음을 예상이라도 한 듯 예수를 보고 당신이 하나님의 거룩한 자라는 것을 안다며 소리친다. 이는 예수를 자신과 비슷한 악령의 차원으로 격하하려는 의도에서 한 외침이다.

그러나 귀신들린 자가 말한 의도와는 다르게 예수는 '하나님의 거룩한 자'라는 말을 극적으로 증명해낸다. 귀신을 온전히 축출한 이후 예수는 자신이 하나님에 대한 카리스마적 전권을 위임받았음을 분명히 한다. 예수가 명령하자 귀신은 곧바로 침묵한다. 침묵을 명령하는 대목은 성서에 나오는 야훼 하나님의 능력 있는 질책과 그 말의 권위로 인해 침묵하게 된 사건과 동일시된다. 이러한 권위의 확인이 회당에 모인 이들로 하여금 거룩함의 감흥, 누미노제numinose를 일으킨다.[11] 세속적 세계를 망령처럼 떠돌던 귀신들을 하나님의 신적 권위로 폐위시키는 일을 통해 예수의 명성은 갈릴리를 넘어 주변 지역 전체로 확산된다.

보수 신학자 헨리 바클레이 스웨트는 귀신 들림의 현상을 하나님을 대적하는 실제적 발작으로 본다. 그러한 현상의 궁극적 원인을 하나님을 믿지 못하기 때문이라며, 그것이 하나님의 독생자 예수 그리스도를 믿지 못하는 이유이기도 하다고 말한다. 그와 함께 스웨트는 귀신을 하나님을 믿지 못하게 하는 사단의 실질적인 권력으로 이해한다. 귀신은 인간 삶을 황폐하게 만드는 결과를 낳는 것이다. 그런 맥락에서 귀신 들림에서 벗어나는 해결책은 예수 그리스도의 이름과 그 권위에 입각한 여러 종교적 행위라 말한다. 축사, 기도, 금식, 헌금, 규칙적인 예배 참여 등이 그것이다.[12]

　　반면 진보 신학자 노만 페린은 예수의 귀신 축출을 억눌린 백성들을 해방시키는 사회 운동의 일환으로 본다. 노만 페린은 귀신 들림을 정신병의 일종으로 해석하고, 정신병의 근원을 경제적 착취에 뿌리를 둔 계급간 적대감, 전통사회가 이질문화에 흡수되면서 일어나는 총체적 병리 현상이라 본다.[13] 중요한 것은 이러한 현상이 일어나게 된 근본원인이 식민지 지배하에 놓인 상황에 있다는 데 있다. 정치, 경제, 그 어디에서도 항변할 출구를 찾지 못한 이들, 가난하고 힘없는 이들의 억눌림이 쌓이고 쌓여 파열되는 고통스러운 발작으로 드러나는 것이 곧 귀신 들림이라는 것이다. 예수가 억눌린 자들에게 귀신으로부터의 자유를 선포한 일은 식민지 지배와 종교 지배로 대표되는 모든 지배 이데올로기에 대한 철저한 해체를 요구한 사건이라는 것이 노만 페린이 주장하는 귀신 축출의 핵심이다.

네 죄 사함을 받았느니라

중풍병자를 위한 선언

(마가복음 2:1-12, 마태복음 9:1-8, 누가복음 5:17-26)

수일 후에 예수께서 다시 가버나움에 들어
가시니 집에 계신 소문이 들린지라
많은 사람이 모여서 문 앞에라도 용신할 수
없게 되었는데 예수께서 저희에게 도를 말
씀하시더니
사람들이 한 중풍병자를 네 사람에게 메워
가지고 예수께로 올쌔
무리를 인하여 예수께 데려갈 수 없으므로
그 계신 곳의 지붕을 뜯어 구멍을 내고 중풍
병자의 누운 상을 달아내리니
예수께서 저희의 믿음을 보시고 중풍병자에
게 이르시되 소자야 네 죄 사함을 받았느니
라 하시니
어떤 서기관들이 거기 앉아서 마음에 의논
하기를
이 사람이 어찌 이렇게 말하는가 참람하도
다 오직 하나님 한 분 외에는 누가 능히 죄

를 사하겠느냐
저희가 속으로 이렇게 의논하는 줄을 예수
께서 곧 중심에 아시고 이르시되 어찌하여
이것을 마음에 의논하느냐
중풍병자에게 네 죄 사함을 받았느니라 하
는 말과 일어나 네 상을 가지고 걸어가라 하
는 말이 어느 것이 쉽겠느냐
그러나 인자가 땅에서 죄를 사하는 권세가
있는 줄을 너희로 알게 하려하노라 하시고
중풍병자에게 말씀하시되
내가 네게 이르노니 일어나 네 상을 가지고
집으로 가라 하시니
그가 일어나 곧 상을 가지고 모든 사람 앞에
서 나가거늘 저희가 다 놀라 영광을 하나님
께 돌리며 가로되 우리가 이런 일을 도무지
보지 못하였다 하더라

마가복음 2:1-12

예수가 용서한 죄는 무엇인가

중풍병자에 대한 예수의 치유 능력이 드러난 이 이야기에는 이전과는
또 다른 논쟁점이 추가되면서 불길한 징후가 본격화된다. 예수는 환자
에게 말을 건네고 자신에게 향하는 그들의 믿음을 적극적으로 품는다.
그런데 여기서 난데없이 율법학자들과 예수 사이에 논쟁이 벌어진다.
논쟁의 쟁점은 바로 죄 사함에 대한 건이다. 예수가 누군가의 죄를 용
서하겠다고 선언하자 전통을 하늘처럼 떠받들던 율법학자들은 크나
큰 충격에 사로잡힌다.

　예수에 대한 소문은 기존에 떠돌던 소문과는 격이 달랐다. 가련한
소시민 중 일부가 중풍병자를 데리고 회당의 지붕을 아예 뜯어 버리
는 사건이 일어난다. 당시 팔레스타인 지역의 건물 지붕은 갈대, 마른
풀, 나뭇가지들을 얽어서 대들보 사이에 덮고 다시 그 위에 점토를 바
른 형태였다.[14] 정황으로 미루어 보건대 지붕을 뚫는 과정에서 적잖
은 소란이 일어났을 것이다. 신성한 가르침의 장소, 그곳에 모인 이들
의 경건한 집중이 일순간 혼란스러워졌다. 지붕을 뚫은 이들은 목적이
분명했다. 침상을 끌고 지붕을 뚫어서까지 이루고자 했던 그들의 목
표는 단순히 중풍병자의 병마를 속여 회당에 들어가기 위함이 아니라
환자가 예수를 온전히 만날 수 있게 하기 위함이었다. 당시에는 질병
이 있으면 부정하다고 해서 회당이나 정문으로 집 안에 들어올 수 없
었다는 이유가 컸을 것이다.

　예수는 이들의 열정을 본다. 특히 무력한 존재의 원형으로 회자되는
중풍병자가 여러 사람의 열정에 힘입어 한껏 고무된 믿음을 본다. 기
적은 선행된 믿음으로 인해 필연적으로 일어난다. 예수는 그 필연적인

기적의 중심에서 단순한 치유의 선포가 아닌 죄의 사죄라는 카드를 꺼낸다. 그로 인해 율법학자들의 마음속에 거대한 반발을 일으킨다. 예수는 그들의 마음속 생각을 꿰뚫어 보고서 더 예민한 층위로 파고 든다. 그들의 마음속 생각을 간파했다는 측면은 구약성서를 살펴보면 하나님의 고유한 속성을 뜻함을 알 수 있다. "모든 인간의 마음을 꿰 뚫어 보는"(열상 8장 39절 참고) 예수는 하나님의 특별함이 뼛속까지 사 람인 자신에게도 동일하게 주어졌음을 분명히 하고 싶었는지 모른다.

예수의 죄 사함 선포는 불길하게도 십자가 처형의 밑거름이 되고 만다. 율법학자들, 종교 기득권층은 그들이 세운 기준의 붕괴를 견디 기 힘들어한다. 그들 내면에 자리 잡은 사악한 본성이 싹트기 시작한 것이다.

보수 신학자 윌리엄 바클레이가 주목한 중풍병자 이야기의 주제는 단 연 믿음이다. 예수가 본 것은 중풍병자나 친구들의 종교적 열정이 아 니라 자신에게 오기만 하면 병을 고칠 수 있다는 믿음이라는 것이 바 클레이가 강조하는 대목이다. 그리고 이러한 믿음이 죄 사함으로 이어 졌다고 해석한다. 믿음과 죄 사함을 자연스럽게 결합하는 과정을 통해 예수가 단지 육체의 질병을 치료하는 치료사나 마술사가 아니라 인간 의 근본적 문제를 해결하는 구세주 차원으로 격상하는 것이라고 이 해하는 것이다. 이러한 이해 저변에는 중풍이라는 질환을 상징적으로 본다는 배경이 깔려 있다. 바클레이는 중풍을 인간이 하나님을 제대로 믿지 않은 죄성에서 기인한 결과로 이해한다.[15]

반면 진보 신학자 존 도미니크 크로산은 병의 치료를 죄 사함과 연 결한 이 이야기를 개인적 차원이 아닌 사회적 차원에서의 하나님 나라 선포, 선교라는 관점에서 해석한다. 만약 개인적 차원에 머물렀다면 죄 사함이라는 주제를 꺼내지도 않았을 거라는 것이다. 죄 사함을 바라보는 입장에서 크로산은 보수 신학과 현저한 견해 차이를 드러낸다. 보수 신학의 죄 이해가 개별적이고 개인적인 차원이 강했지만, 크로산은 죄를 사회적, 제도적 억압의 현상으로 봐야 한다고 주장한다. 보수 신학에서는 죄를 중풍병자 한 개인을 둘러싸고 벌어지는 신앙과 불신앙의 문제라고 본다면, 크로산은 죄를 질병을 앓고 있음에도 제대로 치료조차 받지 못하고 온갖 사회적 편견에 놓이도록 조장한 식민지 사회의 억압과 이에 대해 눈 감고 귀 막으면서 오직 종교적 경건만을 떠들어대는 현상이 더 큰 문제라고 규정짓는다.[16]

새 포도주는 새 부대에

금식

(마가복음 2:18-22, 누가복음 5:33-39)

요한의 제자들과 바리새인들이 금식하고 있는지라 혹이 예수께 와서 말하되 요한의 제자들과 바리새인의 제자들은 금식하는데 어찌하여 당신의 제자들은 금식하지 아니하나이까 예수께서 저희에게 이르시되 혼인집 손님들이 신랑과 함께 있을 때에 금식할 수 있느냐 신랑과 함께 있을 동안에는 금식할 수 없나니 그러나 신랑을 빼앗길 날이 이르리니 그날에는 금식할 것이니라 생베 조각을 낡은 옷에 붙이는 자가 없나니 만일 그렇게 하면 기운 새것이 낡은 그것을 당기어 해어짐이 더하게 되느니라 새 포도주를 낡은 가죽 부대에 넣는 자가 없나니 만일 그렇게 하면 새 포도주가 부대를 터뜨려 포도주와 부대를 버리게 되리라 오직 새 포도주는 새 부대에 넣느니라 하시니라

마가복음 2:18-22

금식의 참의미는 무엇인가

중풍병자로 상징되는 무력한 인간들의 죄를 사해준 선언 이후 금식에

대한 논쟁이 이어진다. 금식 논쟁은 두 집단과의 충돌을 일으킨다. 한 집단은 금욕적 삶을 추구하는 요한의 제자들이며, 다른 한 집단은 금식 행위를 종교적 과시 수단으로 여기는 바리새인 제자들이다. 유대교에는 사적 금식과 공적 금식이 있었다.[17] 금식을 하는 원래 목표는 하나님 앞에서 겸손함을 보이고, 자신의 죄를 빌고 용서받기 위함이다. 예수 시대에도 금식은 일반적인 종교의식이었다. 유대 민족은 속죄일에 금식했고, 이스라엘의 멸망을 애도하며 나흘간 금식하기도 했다.[18] 예수 역시 광야 시험에 들기 전에 금식했다. 하지만 예수는 공개적으로 금식하지 말고 은밀히 하라고 늘 당부했다. 이는 금식이 외적 차원이 아닌 내적 차원에서 이행되어야 하기 때문이다.

예수는 금식에 대한 사람들의 강박을 결혼잔치와 연결하면서 비판한다. 과거 구약 예언자들은 하나님은 신랑, 백성은 신부로 비유하며 결혼잔치를 야훼 하나님과 백성의 신성한 결합으로 표현하곤 했다. 그 신성한 결합의 중심에 이제 예수가 자리한다. 혼인집 손님들은 야훼 하나님으로 대표되는 신랑이 주최하는 생명 축제에 참여한 결혼잔치 참여자들을 뜻한다. 예수는 지금 그 신랑의 자리에 자신을 대입한다. 예수 자신이 구원의 시대를 가져온 주체로서 말이다.

신랑을 빼앗길 그 날에는 금식하리라는 예수의 말은 이전 유대교의 금식과는 전혀 다르게 읽힌다. 초기 기독교 공동체의 금식은 예수의 부재를 슬퍼하며 예수의 죽음을 부활을 위한 생명의 전초를 인식하는 행위로 받아들였다. 그런 맥락에서 초기 교회에서는 신랑을 빼앗긴다는 표현 역시 십자가 죽음의 고통으로만 생각하지 않고 부활의 주님으로, 새로움으로 다시 온다는 희망으로 이 대목을 이해했다.

이것이 곧 "새 포도주는 새 부대에" 넣어야 한다는 비유로 연결된다. 새로운 것이 구원의 능력으로 나타나기 위해서는 옛것, 구태의연하게 이어져 내려온 모든 것에 의문부호를 던져야 한다. 그럴 때에 비로소 하나님 나라에 대한 신뢰로 나아갈 것이다.

　누가복음에서는 옛것의 애착에서 벗어나지 못하는 이들, 강고한 율법의 틀에 사로잡힌 유대인들을 '묵은 포도주를 마시는 사람들'로 비유한다. 그들은 절대 새 포도주를 원하지 않는다. 묵은 것, 옛것에 집착하는 그들의 눈에 새로움이 머무를 자리는 없다. 예수는 새것과 낡은 것은 절대 결합할 수 없음을 분명히 함으로써 금식의 새로운 패러다임을 제시한다.

　보수 신학자 스캇 맥나이트는 금식 행위의 무용성에 매달리지 않는다. 다만 동일한 종교 행위에도 수행자의 인식과 성숙, 그 진정성에 따라 차원이 다를 수 있음을 강조한다. 맥나이트는 만일 예수가 새로운 영적 삶을 가져온다면 교회는 기존 관습과 의미를 새로움이라는 그릇 속에 담아내는 조화가 필요하다고 말한다.[19] 예수 역시 금식을 정죄하지 않았고, 오늘날의 교회에서도 금식을 행하고 있다. 맥나이트는 오늘날 우리가 낡은 사고방식을 벗고 새로운 영적 메시지를 가져온 예수의 복음에 입각해 금식을 새롭게 받아들여야 한다고 말한다.

　반면 진보 신학자 라인홀드 니버는 금식을 종교 행위로만 단정 짓지 않는다. 그가 말하는 금식의 진정한 의미는 슬픔과 기쁨의 공동체성, 즉 나눔에 있다. 예수와 함께 웃고 마실 때의 공동체성은 해방의 공동체성, 기쁨의 공동체성이지만, 신랑을 빼앗기는 대목은 인류사의 비극을 함께 아파하는 공동체성이다. 그런 맥락에서 니버는 금식이 급진적이고 새로운 하나님 나라의 공동체성을 상징한다고 생각한다.[20]

인자는 안식일에도 주인이니라

안식일 논쟁

(마가복음 2:23-3:6, 누가복음 6:1-11, 마태복음 12:1-14)

안식일에 예수께서 밀밭 사이로 지나가실 쌔 그 제자들이 길을 열며 이삭을 자르니 바리새인들이 예수께 말하되 보시오 저희가 어찌하여 안식일에 하지 못할 일을 하나이까 가라사대 다윗이 자기와 및 함께한 자들이 핍절되어 시장할 때에 한 일을 읽지 못하였느냐

그가 아비아달 대제사장 때에 하나님의 전에 들어가서 제사장 외에는 먹지 못하는 진설병을 먹고 함께한 자들에게도 주지 아니하였느냐

또 가라사대 안식일은 사람을 위하여 있는 것이요 사람이 안식일을 위하여 있는 것이 아니니

이러므로 인자는 안식일에도 주인이니라

예수께서 다시 회당에 들어가시니 한편 손 마른 사람이 거기 있는지라

사람들이 예수를 송사하려 하여 안식일에 그 사람을 고치시는가 엿보거늘

예수께서 손 마른 사람에게 이르시되 한 가운데 일어서라 하시고

저희에게 이르시되 안식일에 선을 행하는 것과 악을 행하는 것, 생명을 구하는 것과 죽이는 것, 어느 것이 옳으냐 하시니 저희가 잠잠하거늘

저희 마음의 완악함을 근심하사 노하심으로 저희를 둘러보시고 그 사람에게 이르시되 네 손을 내밀라 하시니 그가 내밀매 그 손이 회복되었더라

바리새인들이 나가서 곧 헤롯당과 함께 어떻게 하여 예수를 죽일꼬 의논하니라

마가복음 2:23-3:6

안식일은 누구를 위한 날인가

안식일의 본래 의미는 사람들에게 휴식과 기쁨을 주는 날이다. 아름다운 옷을 입고 서로가 허물없이 어울리며 먹고 마시며, 만물의 창조자를 찬미하는 날이다. 안식일은 희년, 즉 이스라엘에서 50년마다 선포되었던 해방의 날을 기념하는 날이다.[21] 그러나 이후 금령으로만 남아 인간을 억압하는 가혹한 법으로 변하고 말았다.

바리새파 사람들은 예수의 제자들이 밀 이삭을 자른 행동을 보고 아무것도 하지 말라는 안식일의 금령을 위반했다며 비판한다. 하지만 예수는 다윗의 예외를 거론하면서 다윗 자신의 행위를 정당화한다. 바리새파 사람들은 다윗을 통일왕국의 수립자이자 믿음의 조상으로 이해했기에 예수의 이러한 주장에 난처함을 느꼈을 것이다.

예수는 구약 사무엘상 21장 1절에서 6절 말씀을 인용하며 다윗이 율법에 예속되는 것은 야훼 하나님을 향한 인간 본연의 자세가 아님을 분명히 함으로써 율법을 재해석한다. 예수는 안식일 계명誡命에 새로운 관점을 제시한다. 안식일은 창조자가 인간에게 허락한 고유한 선물로 간주하기에 안식일이 갖는 의미는 여전히 유효하지만, 안식일을 무조건 지켜야 한다는 폭압의 근거는 철저히 부정한다. 이는 사람이 형식에 갇혀서 안식일의 노예가 되어서는 안 된다는 예수의 정신이 그대로 반영된 말이다. 예수에게 가장 중요한 것은 오직 사랑이다. 유대교는 사랑을 추상화하면서 안식일을 거룩하게 지키려는 목적의식에 사로잡혔고, 그로 인해 인간의 생활 영역 전반을 안식일의 참뜻으로부터 격리해 율법주의에 빠졌다.

예수는 사랑의 목적이 안식일을 압도한다는 명제를 극단적으로 밀어붙인다. 예수는 손이 오그라져 아무 일도 할 수 없는 사람들, 경제적 활동이 불가능하게 된 병자들을 다른 곳도 아닌 회당, 바리새파, 율법 학자들이 다 보는 앞에서, 그것도 그들이 하늘처럼 떠받드는 안식일 당일에 치료해낸다. 그리고 청중에게 묻는다. "안식일에 목숨을 구하는 게 옳겠냐, 아니면 죽이는 게 옳겠냐?" 예수는 가장 실존적인 질문을 던진다. 그와 함께 예수는 자신의 말과 함께 능력의 실재를 보여준다. 굳어 있는 사람들의 마음에 분노를 느끼고 안타까워 하던 예수가 실제로 손이 오그라진 병자를 치료한 것이다.

예수의 이 파격적인 언행으로 또 다른 불안의 불씨가 생겼다. 마가복음에서는 예수의 기적 행위를 내내 지켜본 바리새파 사람들이 회당에서 나가 헤롯 당원들과 함께 예수를 제거하려는 음모를 꾸미기 시작했다고 기록했다. 헤롯 당원들은 로마 권력과 결탁한 혐의가 짙은 정치적 이권주의자들인데, 나름 순수 종교이념을 추종하던 바리새파 사람들이 기어이 정치권력과 손잡기 시작한 것이다.

개혁주의 신학자 존 비슬리 머레이는 예수가 안식일에 제정된 규례를 어긴 것을 변호하기보다는 예수와 안식일의 제정자인 하나님이 동일하다는 사실을 강조한다. 머레이는 예수가 인자가 안식일의 주인이라고 말한 것에 대해 예수가 안식일을 어떻게 보낼지 결정할 수 있는 권한을 가진 자로서 하나님과 동일한 존재라는 권위를 부여하는 대목이라 해석한다.[22] 이러한 이해가 오늘날 예수가 부활한 안식일 다음 날을 주일로 지키는 가톨릭과 개신교의 종교 전통으로 발전되었다 봐도 과언이 아니다.

한국의 민중 신학자 안병무는 안식일의 주권 개념보다는 안식일이라는 제사 종교의 특징을 내세운 종교 세력인 바리새인들과 예수의 한판 충돌에 주목한다. 친로마의 기치를 내세우고 권력의 앞잡이가 되어 놀아나던 사제 계층에 대해서도 침묵하며 로마제국과도 대결하지 않던 바리새인들이 주동하여 만든 유대교는 하나의 종교가 아니라, 백성의 일거수일투족을 감시하는 지배 체제로 자리 잡았다고 본다. 바리새인이 체제를 절대화하기 위해 내세운 근거가 모세의 글, 즉 유대교의 율법인 토라였는데, 안식일법은 제사 종교로서의 그 권위가 가장 상징적으로 드러나는 개념이었다.[23]

안병무를 비롯한 진보 신학자들이 고려하는 점은 하층민의 생계이다. 안식일에 물건을 옮겨서도 안 되고, 곡물을 옮겨서도 안 된다는 등의 행위 금지 규정은 하루라도 일감을 손에서 놓으면 그날 끼니를 걱정해야 하던 당시 하류 백성에게 악법 중의 악법이었을 것이다.[24] 진보 신학자들은 예수가 이렇게 악하고 부조리한 관행을 철폐하여 가난한 자들에게 숨통을 열어 주기 위해 안식일법을 강요하던 바리새인들과 정면충돌을 감내했다고 본다.

원하는 자들을 부르시니

열두 제자를 부른 예수

(마가복음 3:13-19, 누가복음 6:12-19, 마태복음 9:36-10:42, 누가복음 10:1-24)

또 산에 오르사 자기의 원하는 자들을 부르시니 나아온지라

이에 열둘을 세우셨으니 이는 자기와 함께 있게 하시고 또 보내사 전도도 하며 귀신을 내어 쫓는 권세도 있게 하려 하심이러라

이 열둘을 세우셨으니 시몬에게는 베드로란 이름을 더하셨고

또 세베대의 아들 야고보와 야고보의 형제 요한이니 이 둘에게는 보아너게 곧 우뢰의 아들이란 이름을 더하셨으며

또 안드레와 빌립과 바돌로매와 마태와 도마와 알패오의 아들 야고보와 및 다대오와 가나안인 시몬이며

또 가룟 유다니 이는 예수를 판 자러라

마가복음 3:13-19

예수가 부른 제자들은 누구였을까

예수의 제자 임명과 그들이 수행해야 할 일을 가르치는 대목은 대표

적으로 마가복음 3장에 한 번 나온 뒤, 마태복음 9장에서 10장, 누가복음 10장 전체에서 더 세밀히 다뤄진다.

마가복음에 나온 예수의 제자 임명 장면은 산이라는 무대를 배경으로 펼쳐진다. 여기서 예수는 제자 열두 명의 상징적인 배열을 시도한다. 제일 처음 언급되는 제자는 반석이라는 뜻의 이름을 가진, 후일 기독교회의 중심 역할을 맡은 시몬 베드로였다. 마지막은 '거짓의 사람'이란 뜻의 이스가리옷이라는 별칭을 가진 배신자 유다였다.[25]

마가복음 3장을 통해 예수는 열두 제자를 임명하는 과정에서 제자들에게 더러운 귀신들을 제어하고 악마를 축출하며, 복음을 전파하라는 사명을 부여했다. 이것은 초기에 "나를 따르라."며 제자를 부르던 '소극적' 방식에서 열둘의 상징적 의미를 주고 권세를 부여하는 적극적 방식으로 전환된 것이다. 이것을 제자 파송과 전권 부여라 부른다. 이를 통해 예수는 하나님 나라의 구원이 가까웠음을 선포하고, 임박한 하나님 나라에 어울리는 새로운 공동체, 새 포도주를 감당할 수 있는 하나님 백성을 모으는 데 주력한다.

하지만 이러한 제자 파송의 배후에는 예수의 세밀한 배려와 충고가 뒤따른다. 이는 마태복음 9장에서 10장, 누가복음 10장 전체에서 반복된다. 마태복음 9장 36절에서 드러나듯, 예수는 하나님 양들이 학대받고 지쳐 있는 이스라엘 백성들 때문에 마음이 흔들렸을 것이다. 그래서 그는 제자들에게 현재의 고난은 곧 추수 때라고 말했다. 예수는 인간이 능력의 한계를 체감할 때, 비로소 하나님이 신성한 행위를 펼쳐 보인다는 사랑의 필연을 확신한다. 추수는 하나님의 임박한 심판에 대한 비유이다. 심판은 가혹하지만 동시에 심판의 선포자인 예수는 심판자이기 전에 구원자다. 그 구원자가 말한다. 병자를 치유하고 더러운 귀신을 제어하고, 모든 약한 것을 낫게 하라고 말이다. 예수는 복음이 하나의 강한 영적 구심력을 갖고서 사방 흩어져 있던 디아스 포라 유대인들과 이방인들이 스스로 복음을 전파하는 이들의 영역 안 으로 들어오기를 기대했다.

제자들에게 부과한 임무의 내용은 예수의 활동과 크게 다르지 않다. 오히려 그 선상에 있다고 봐도 과언이 아니다. 죽어가는 사람을 일 으키고, 전염병 환자를 치유하라는 등의 명령은 예수 언행의 연장선이 다. 주목할 만한 것은 예수가 제자들에게 병자들을 치유하면서 어떤 대가도 바라지 말라고 경고한 사실이다.

예수는 뒤이어 박해를 예고하고, 총독과 왕들로 상징되는 세속적 정 치 세력의 핍박이나 동족상잔의 비극을 암시하는 형제간의 다툼, 혈육 간 분쟁이 닥칠 위기의 시기에 대해 언급한다. 예수는 제자들로 하여 금 생명 활동의 본질이 상실되지 않는 유일한 근거를 만들 것을 요청 한다. 예수를 따르는 길은 찬란한 영광과 명예가 보장된 길이 아니다. 오히려 그 길을 걸으면 예수와 같은 운명의 소용돌이 속으로 말려들 것이고, 고난과 모욕을 피할 수 없는 운명과도 마주할 것이다. 당시의 제자들은 그 운명을 제대로 이해했을까.

보수 신학자 캠벨 몰간은 제자 파송에 두 가지 특징이 있다고 말한다. 먼저 예수의 파송 사역을 담당한 사도의 영적 권위를 인정했다는 점 이다. 열두 사도가 부여받은 영적 권위는 교회 전통을 세운 강력한 축 이 된다. 후일 그들이 부여받은 이 상징성이 전무후무한 영적 권능인 하나님 아들의 능력, 복음을 전파하는 핵심으로 기능한 사실은 부정할 수 없다.

몰간은 또 한 가지 주목해야 할 점으로 '겸손'을 이야기한다. 부르심을 받은 이들 또한 언제나 유혹에 흔들릴 수 있는 죄 많고 연약한 인간이기 때문이다. 이로써 복음 전파, 하나님의 구원, 사도로서의 영적 권위 모두 하나님의 전적인 은혜로부터 비롯된 것임을 잊어서는 안 된다고 소리를 높였다. 높고 큰 권세를 겸손한 마음가짐으로 대해야 한다는 점은 오늘날 많은 사람이 종교인에게 기대하는 덕목이기도 하다.[26]

반면 역사적 예수 연구자인 급진적 진보 신학자 아라이 사사구는 제자 파송이 결과적으로 실패했다는 점에 주목한다. 오늘날 사도직의 임명으로 인해 발전된 교회 전통이 바로 예수의 제자 파송이라는 영적 권위에 근거했다는 보수 신학의 견해와는 상당한 온도차가 있다.

아라이 사사구는 교회 전통이 사실상 후대 종교 권력과의 야합의 산물이라 이해한다. 당시 예수의 제자 파송은 조직적 규모에서나 제자들의 자질 등 그 어떤 면에서도 완전히 실패했다고 보는 셈이다. 하지만 사사구는 오히려 이러한 제자 파송에서 나타난 한계와 무력을 알면서도 돌격해 들어간 예수의 혁명적 정신에 주목한다. 예수가 기득권층, 식자층, 엘리트층의 도움을 받을 수 있었음에도 그렇게 하지 않고 소외된 계층의 백성들을 제자로 삼은 까닭은 지식과 체계로 무장한 사회에서 비록 실패할지라도 옳은 것, 정의를 향해 행동해야 한다는 강한 의지를 보여주는 태도라는 것이다. 사사구는 실패를 감수하고서도 옳은 것을 위해 뛰어들 줄 아는 용기를 예수 정신의 백미로 보았다.[27]

믿음의 근거

백부장의 하인을 고치신 예수

(마태복음 8:5-13, 누가복음 7:1-10, 요한복음 4:43-54)

예수께서 가버나움에 들어가시니 한 백부장이 나아와 간구하여

가로되 주여 내 하인이 중풍병으로 집에 누워 몹시 괴로와하나이다

가라사대 내가 가서 고쳐 주리라

백부장이 대답하여 가로되 주여 내 집에 들어오심을 나는 감당치 못하겠사오니 다만 말씀으로만 하옵소서 그러면 내 하인이 낫겠삽나이다

나도 남의 수하에 있는 사람이요 내 아래도 군사가 있으니 이더러 가라 하면 가고 저더러 오라 하면 오고 내 종더러 이것을 하라 하면 하나이다

예수께서 들으시고 기이히 여겨 좇는 자들에게 이르시되 내가 진실로 너희에게 이르노니 이스라엘 중 아무에게서도 이만한 믿음을 만나보지 못하였노라

또 너희에게 이르노니 동서로부터 많은 사람이 이르러 아브라함과 이삭과 야곱과 함께 천국에 앉으려니와

나라의 본 자손들은 바깥 어두운데 쫓겨나 거기서 울며 이를 갈이 있으리라

예수께서 백부장에게 이르시되 가라 네 믿은 대로 될찌어다 하시니 그 시로 하인이 나으니라

마태복음 8:5-13

예수는 왜 백부장을 보고 놀랐을까

예수는 다시 갈릴리 가버나움에서 한 이방인, 백부장과 마주한다. 그는 로마에 고용된 시리아의 이방인으로 추정된다.[28] 당시 팔레스타인의 유대인들은 더럽다는 이유로 이방인의 집에 들어가지 않았다. 이방인 신분의 백부장은 하나님을 독점하려는 유대인들에 맞서 "우리도 아브라함을 조상으로 여긴다."는 논쟁을 벌이지는 않는다. 대신 백부장은 전혀 다른 방법으로 예수를 만나고자 한다. 백부장은 자신의 절박함을 인식하고 이를 구원해줄 수 있는 존재가 하나님일 수밖에 없다는 믿음으로만 가득 차 있다. 그는 상대를 경멸하거나 분노하지 않는다.

신앙은 특정한 교리에 단순 동의하는 것이 아니다. 신앙은 교리를 넘어서 자신의 모든 것, 즉 생사를 걸고 결단하는 절체절명의 절박함이 있어야 한다. 예수가 백부장의 청을 들어준 까닭은 그가 그만큼 절박했기 때문일 것이다. 예수는 원거리에 있는 백부장의 하인을 치유한다. 하지만 중요한 것은 하인을 고쳤다는 사실이 아니다. 믿음이 곧 치유를 일으켰다는 사실이다. 신앙은 분명 믿음의 신뢰를 바탕으로 일어난다. 이 신뢰가 지금 단순한 신뢰 이상의 가치인 삶에서의 실제적인 구원으로 연결된 것이다. 예수는 구원이 백부장처럼 인간적인 생각과 노력, 절박하고 처절한 고백을 하는 이들에게 주어진다는 사실을 말하고 싶었는지도 모른다.

보수적 개혁주의 신학자 안토니 후크마는 백부장 하인의 치유를 통해 보편적이고 초월적인 믿음을 강조한다. 백부장은 점령군에 속한 군사 출신으로 유대인들이 꺼리는 이방인임에도 백부장은 자기를 완전히 낮추어 겸손하게 고백한다. 후크마는 이 일화를 사후 세계인 천국에 선택되는 백성의 자질은 유대인이라는 혈통이나 직위나 재력이 아닌 모든 인류가 가질 수 있는 믿음이라는 사실을 강조하는 대목으로 이해한다.

반면 진보 신학자 디트리히 본회퍼가 주목하는 주제는 믿음이 아니라 전복이다. 백부장은 분명 시리아의 이방인이며 이스라엘 사람들을 총, 칼로 억압하는 군인의 신분이었다. 하지만 그런 그가 예수의 혁명 정신 아래에서 새로운 치유 기적을 열망했다는 자체가 총, 칼로는 다스려지지 않는 하나님 나라 선포의 선상에 있다고 보았기에 전복이라고 이해한 것이다. 여기에 더해 본회퍼는 또 하나의 전복을 말한다. 종교의 치마폭에 숨어 군사적 폭압과 식민지 지배에 대해서는 완전히 침묵하는 유대 종교 권력의 이기적인 행위에 대한 전복, 그 두 가지 전복이 예수의 의도였다고 주장한다.[29]

한편, 급진적 성서신학자 테드 제닝스는 백부장의 하인으로 번역된 하인이라는 희랍어 파이스$\pi\alpha\iota\varsigma$가 애인이라는 뜻을 가진 에라스테스$\varepsilon\rho\alpha\sigma\tau\varepsilon\varsigma$에서 유래되었다며, 이는 곧 동성에 대한 사랑을 용인하는 의미로 받아들인다. 에라스테스는 헬레니즘 세계에서의 동성애적 관계를 의미하는 용어로 통용되었기 때문이다.[30] 제닝스는 예수가 백부장이 사랑하는 대상을 정죄하거나 멀리하지 않고 인간애적 관점에서 받아들이고 치유까지 일으켰다는 점, 거기에 백부장의 믿음에 놀라움까지 자아냈다는 점에서, 예수 역시 인간의 사랑에는 이성, 동성애 등의 젠더 구분이 있을 수 없음을 피력한 일화라고 주장한다.

네 믿음이 너를 구원하였으니

향유를 부은 여인

(누가복음 7:36-8:3)

한 바리새인이 예수께 자기와 함께 잡수시기를 청하니 이에 바리새인의 집에 들어가 앉으셨을 때에

그 동네에 죄인인 한 여자가 있어 예수께서 바리새인의 집에 앉으셨음을 알고 향유 담은 옥합을 가지고 와서

예수의 뒤로 그 발 곁에 서서 울며 눈물로 그 발을 적시고 자기 머리털로 씻고 그 발에 입 맞추고 향유를 부으니

예수를 청한 바리새인이 이것을 보고 마음에 이르되 이 사람이 만일 선지자였다면 자기를 만지는 이 여자가 누구며 어떠한 자 곧 죄인인 줄을 알았으리라 하거늘

예수께서 대답하여 가라사대 시몬아 내가 네게 이를 말이 있다 하시니 저가 가로되 선생님 말씀하소서

가라사대 빚 주는 사람에게 빚진 자가 둘이 있어 하나는 오백 데나리온을 졌고 하나는 오십 데나리온을 졌는데

갚을 것이 없으므로 둘 다 탕감하여 주었으니 둘 중에 누가 저를 더 사랑하겠느냐

시몬이 대답하여 가로되 제 생각에는 많이 탕감함을 받은 자니이다 가라사대 네 판단이 옳다 하시고

여자를 돌아보시며 시몬에게 이르시되 이 여자를 보느냐 내가 네 집에 들어오매 너는 내게 발 씻을 물도 주지 아니하였으되 이 여자는 눈물로 내 발을 적시고 그 머리털로 씻었으며

너는 내게 입맞추지 아니하였으되 저는 내가 들어올 때로부터 내 발에 입 맞추기를 그치지 아니하였으며

너는 내 머리에 감람유도 붓지 아니하였으되 저는 향유를 내 발에 부었느니라
이러므로 내가 네게 말하노니 저의 많은 죄가 사하여졌도다 이는 저의 사랑함이 많음이라 사함을 받은 일이 적은 자는 적게 사랑하느니라
이에 여자에게 이르시되 네 죄 사함을 얻었느니라 하시니
함께 앉은 자들이 속으로 말하되 이가 누구이기에 죄도 사하는가 하더라
예수께서 여자에게 이르시되 네 믿음이 너를 구원하였으니 평안히 가라 하시니라
이 후에 예수께서 각 성과 촌에 두루 다니시며 하나님의 나라를 반포하시며 그 복음을 전하실새 열두 제자가 함께하였고
또한 악귀를 쫓아내심과 병 고침을 받은 어떤 여자들 곧 일곱 귀신이 나간 자 막달라인이라 하는 마리아와
또 헤롯의 청지기 구사의 아내 요안나와 또 수산나와 다른 여러 여자가 함께하여 자기들의 소유로 저희를 섬기더라

누가복음 7:36−8:3

향유를 부은 여인을 예수는 왜 용서하였나

바리새파 사람 시몬이 주최한 저녁 만찬에 초대된 예수 앞에 한 여자가 등장한다. 누가복음 전승에 따르면 이 여인은 창녀를 대표할 가능성이 높다.[31] 창녀의 정체성은 시대나 문화, 배경에 따라 각기 다르지만, 바리새인들과 같이 고결한 도덕률을 추구하는 이들과는 쉽게 어울릴 수 없는 존재임이 분명하다. 예수의 파격은 창녀와 바리새인을 모두 빚진 존재, 즉 모두가 채무자로 묶어 말한 뒤 누가 진정 죄를 돌이켜보는지 질문했다는 데 있다. 엄격한 신분 구별과 냉정한 율법주의가 사회 전체의 분위기를 장악하던 당시 시대상에 비추어보면 이러한 예수의 언행은 파격이라 할 수밖에 없다.

여인은 아마도 저녁 만찬에 정식으로 초청된 손님이 아니었을 것이다. 초청받은 이들은 반감과 혐오의 시선으로 여인을 대했다. 여인은

그 와중에 향유를 붓고 자신의 머리카락으로 예수의 발을 닦는 등 흥분된 감정을 여과 없이 드러낸다. 예수는 분명 곤욕스러웠을 것이다. 여인이 자신의 감정을 쉽게 주체하지 못해 비상식적으로 행동했기 때문이다. 그러나 예수는 여인의 마음 중심에서 터져 나오는 감사와 존경의 표현을 있는 그대로 기쁘게 받아들였다.

그러나 그런 예수의 반응으로 인해 그 자리에 모인 바리새인들은 두 가지 불만을 품게 된다. 예언자라면 부정한 여자와 접촉해서는 안 된다는 금령을 어기고도 태연히 여자를 두둔한 점과 여자가 창녀 출신인지도 모르고 높은 신분의 여자로 잘못 본 예수의 안목 때문이었다. 하지만 예수는 더 많은 빚을 감면받은 존재가 표현하는 감사와 존경에 대해 말하며 그들의 불만을 일축한다. 여기서 더 많은 빚을 감면받았다는 표현은 단순한 비교가 아니다. 여인이 창녀라서, 초청받지 못했다 해서 바리새인들보다 더 많은 죄를 용서받았다는 생각은 바리새인들의 왜곡된 생각이 낳은 결과다. 예수가 여인의 행동을 두둔한 까닭은 여인이 하나님 앞에서는 인간의 어떤 공로나 업적으로도 구원받을 수 없다는 뼈저린 인식에 도달했음에 대한 칭찬과 같은 것이다.

보수 신학에서는 예수의 발을 닦은 여인의 행위를 죄 많은 한 인간으로 향하는 예수의 무한한 박애에 기반을 두고 있다고 본다. 박애를 바탕으로 예수의 신적 소명이 발전했다는 것이다. 보수 신학은 이 여인이 부끄러움과 죄책감에 사로잡힌 이유가 부도덕한 일로써 돈을 벌어들인 것과 통했으리라 추정한다. 이런 여인이 자신의 처지에 대해 두려움과 불안을 느꼈음에도 예수에게 아낌없이 헌신했다는 점을 높이 평가했기 때문이다. 또한 보수 신학은 신분, 직업의 귀천에 상관없이 자신을 향해 헌신하는 사람들을 절대 외면하지 않는 예수의 박애가 곧 용서와 복음의 정신이라고 주장한다.

이와 반대로 진보 여성 신학자 최영실은 예수의 발에 기름을 부은 여성의 행위를 중요한 신학적 행위라 생각한다. 누가복음만 보면 여자의 행위는 행실이 부도덕한 여자가 쓸모없이 재원을 낭비하는 비정상적 애정 행각으로 보인다. 하지만 마가복음과 요한복음에 등장하는 여인의 모습과 종합해서 보면 예수의 희생적 죽음을 예견한 선지적 예언자의 모습을 보였다고 평가받기에 부족함이 없다. 최영실은 이러한 근거를 바탕으로 신약성서에 등장한 여성들의 사역이나 봉사 행위에 대해서도 전면 재고해야 한다고 말한다.[32] 신약성서 여성들의 활동이 언뜻 보기에는 보잘것없는 주변부 활동 같지만, 전체 맥락에서 보면 다르다는 것이다. 최영실은 역사적으로 당시 여성들이 완전한 구성원으로서 '예수 운동'에 참여했을 뿐만 아니라 재정적으로도 공헌했다는 사실에 주목해야 한다고 주장한다.

죄 없는 자, 돌로 치라

간음한 여인

(요한복음 8:1-11)

예수는 감람산으로 가시다

아침에 다시 성전으로 들어오시니 백성이 다 나아오는지라 앉으사 저희를 가르치시더니

서기관들과 바리새인들이 간음 중에 잡힌 여자를 끌고 와서 가운데 세우고

예수께 말하되 선생이여 이 여자가 간음하다가 현장에서 잡혔나이다

모세는 율법에 이러한 여자를 돌로 치라 명하였거니와 선생은 어떻게 말하겠나이까

저희가 이렇게 말함은 고소할 조건을 얻고자하여 예수를 시험함이러라 예수께서 몸을 굽히사 손가락으로 땅에 쓰시니

저희가 묻기를 마지 아니하는지라 이에 일어나 가라사대 너희 중에 죄 없는 자가 먼저 돌로 치라 하시고

다시 몸을 굽히사 손가락으로 땅에 쓰시니 저희가 이 말씀을 듣고 양심의 가책을 받아 어른으로 시작하여 젊은이까지 하나씩 하나씩 나가고 오직 예수와 그 가운데 섰는 여자만 남았더라

예수께서 일어나사 여자 외에 아무도 없는 것을 보시고 이르시되 여자여 너를 고소하던 그들이 어디 있느냐 너를 정죄한 자가 없느냐

대답하되 주여 없나이다 예수께서 가라사대 나도 너를 정죄하지 아니하노니 가서 다시는 죄를 범치 말라 하시니라

요한복음 8:1-11

간음한 남자는 어디에 있는가

대다수의 성서주석가는 간음한 여인의 이야기를 초기 문헌에 수록되지 않은, 정통성이 없는 후대 삽입본으로 본다.[33] 하지만 집필 연대의 선후 여부로 인해 이 이야기 속에 담겨 있는 예수 언행의 가치를 평가절하하는 것은 부당하다. 설령 이 이야기가 후대 그리스도교 공동체가 삽입해 넣은 것이라 해도 그것을 단순 창작으로 보기는 어렵다. 예수의 정신을 깊이 성찰해오던 이들에게서 도출된 이야기에는 예수 언행의 감격이 스며 있다. 간음한 여인의 이야기 역시 마찬가지다.

이 이야기는 온갖 편견으로 가득하다. 간음한 여자만이 현장에 소환되어 사람들에 둘러싸여 있다. 당사자인 남자는 어디에도 보이지 않는다. 당시 간음은 남성들만의 선택사항에 가까웠다. 여성이 나서서 남자와 간통할 만큼 여성의 사회적 위치가 확립되지 못한 시기였다. 그러나 간음의 주체는 온전히 남성이었던 반면 그 비난의 화살은 여성이 받았다.

고발자들은 그러한 불평등한 배경에는 관심이 없다. 오직 구약 율법만 들먹인다.[34] "당신은 어떻게 판결할 거냐?"며 예수를 시험한다. 그들의 눈에 가련한 여인의 짓밟힌 인권은 안중에도 없다. 오직 시시비비를 가리는 데에만 미쳐 날뛴다.

예수는 고발자들의 광기, 집단 무의식에 맞서 땅에 무언가를 쓴다. 이로써 예수는 고발자들의 판결 요구에 대한 고의적 거절과 유예를 보여준다. 그 후 예수는 "죄 없는 자가 먼저 돌로 치라."고 말함으로써 모인 이들 마음속 깊이 숨어 있던 양심의 속살을 들춰낸다. 양심의 자극은 어떤 형태로든 반응을 일으킨다.

하지만 예수는 알고 있었다. 그들이 물러난다 해서 그들이 뉘우치지는 않으리라는 것을. 그럼에도 예수는 신념을 담아 말하고 행동하기를 멈추지 않는다. 정죄가 아닌 구원을 이야기하는 여자를 향한 예수 언행의 파격은 우리의 무감각해진 양심을 되돌아보게 하는 경종이 되고 있다.

개혁주의적 조직신학자 찰스 하지가 간음한 여자를 대하는 관점은 비교적 보편적이다. 보편적인 죄에 호소한다는 말이다. 모여 있는 어떤 사람들도 현장에서 붙잡힌 여자만큼이나 마음과 양심의 죄를 갖고 있다는 죄의 보편성은 교리적 용어인 원죄론에 기반을 두고 있다.[35]

그런 맥락에서 하지는 간음한 여자에게 예수가 한 "가서 다시는 죄를 범치 말라."는 언급에 주목한다. 하지는 예수가 여자의 부도덕한 행실에 막연한 면죄부를 준 것이 아니라고 본다. 그는 이후에도 부도덕한 행실로 대표되는 간음, 살인 등의 율법에 얽매여 복음의 능력이 부당하게 평가받는 것을 주의하라는 가르침이라고 주장한다.

반면 진보 신학자 김경재는 이 이야기를 비판적으로도, 긍정적으로도 읽는다. 간음한 여인 이야기 자체가 후기 교회 공동체의 이해관계에 맞게 각색되거나 창작된 편집본이, 다시 말해 간음한 여인 이야기를 후기 교회의 지배 이데올로기의 산물로 본다.[36] 하지만 간음한 여자 이야기가 후기 교회 공동체의 추가 편집본이기는 해도, 그 교훈이 폐기될 정도는 아니라고 말한다. 그 까닭은 예수 시선의 평등성에 있다. 간음한 여인 이야기에서 예수는 간음한 여자를 사회적으로나 인간적으로 당대의 종교 기득권층인 서기관, 바리새인과 다를 바 없이 동등하게 대했던 것이다. 김경재는 예수의 발언 중 "나도 너를 정죄하지 않는다."는 말을 새롭게 이해하고자 한다. 예수가 여인에게 부도덕한 행실을 깨치고 반성하라는 의미가 아니라 완전히 새로운 삶을 적극적으로 맞이하고 기대하라는 의미에서 새로운 삶으로의 초대라고 본 것이다.

여성 신학자 최영실은 간음한 여인 이야기 설정 자체가 남성 위주의 폭력적이고 자의적 율법 해석이 낳은 참사라고 본다. 최영실은 간음죄를 고발당한 여인을 단순한 '창녀' '윤락녀' '바람기 가득한 여인'이 아니라 짐승과 같은 소유물 취급당하던 남의 약혼녀, 아내로 보면서 다른 남자에 의해 강간당하거나 부당한 성적 관계를 강요당한 인물로 이해한다.[37] 이런 맥락에서 최영실은 예수가 발언한 '죄 없는 자'라는 표현이나 "나도 너를 정죄하지 않는다."는 말의 취지를 예수가 유대 남성들이 멋대로 해석해 만든 간음 규정 그 자체를 뒤엎고, 남녀가 평등함을 선언한 말이라 본다.

누가 내 어머니냐

비판자와 가족, 참된 제자 사이에서

(마가복음 3:20-35, 마태복음 12:38-50, 누가복음 11:29-32)

집에 들어가시니 무리가 다시 모이므로 식사할 겨를도 없는지라
예수의 친속들이 듣고 붙들러 나오니 이는 그가 미쳤다 함일러라
예루살렘에서 내려온 서기관들은 저가 바알세불을 지폈다 하며 또 귀신의 왕을 힘입어 귀신을 쫓아낸다 하니
예수께서 저희를 불러다가 비유로 말씀하시되 사단이 어찌 사단을 쫓아낼 수 있느냐
또 만일 나라가 스스로 분쟁하면 그 나라가 설 수 없고
만일 집이 스스로 분쟁하면 그 집이 설 수 없고
만일 사단이 자기를 거슬러 일어나 분쟁하면 설 수 없고 이에 망하느니라
사람이 먼저 강한 자를 결박지 않고는 그 강한 자의 집에 들어가 세간을 늑탈치 못하리니 결박한 후에야 그 집을 늑탈하리라
내가 진실로 너희에게 이르노니 사람의 모든 죄와 무릇 훼방하는 훼방은 사하심을 얻되
누구든지 성령을 훼방하는 자는 사하심을 영원히 얻지 못하고 영원한 죄에 처하느니라 하시니
이는 저희가 말하기를 더러운 귀신이 들렸다 함이러라
때에 예수의 모친과 동생들이 와서 밖에 서서 사람을 보내어 예수를 부르니
무리가 예수를 둘러앉았다가 여짜오되 보소서 당신의 모친과 동생들과 누이들이 밖에서 찾나이다
대답하시되 누가 내 모친이며 동생들이냐 하시고

둘러앉은 자들을 둘러보시며 가라사대 내
모친과 내 동생들을 보라
누구든지 하나님의 뜻대로 하는 자는 내 형

제요 자매요 모친이니라

마가복음 3:20-35

하나님의 뜻을 행한다는 것은 어떤 의미일까

예루살렘은 율법학자들에게는 성지와 같은 곳이다. 예루살렘에서 내려온 율법학자들은 예수가 갈릴리 출신이라는 점을 놓고 은근히 멸시했다. 당시 주류였던 예루살렘 출신 사람들의 눈에는 잡혼과 배교의 분위기로 가득한 갈릴리가 귀신들의 아지트로 보였을 것이다. 율법학자들은 예수를 가혹하게 몰아붙였다. 갈릴리 잡종들의 아지트에서 걸어 나온 예수를 악마의 힘을 빌려 사람들을 혼란스럽게 하는 주술사, 혹세무민하는 민중 선동가로 단죄한 것이다.

이에 대한 예수의 답은 강렬하다. "사단이 자기를 거슬러 일어나 분쟁하면 설 수 없고 이에 망하느니라." 예수는 통합과 화해가 아닌 분리주의로만 치닫는 율법학자들을 악마의 마성이 씐 이들이라고 폭로한다. 더 나아가 예수는 그들의 편견을 더 강한 힘으로 제압해야 한다고 말한다. 여기서 힘센 자들에게서 빼앗은 전리품은 질병에서 벗어나고 각종 귀신으로부터 해방된 가난하고 억눌린 자들을 뜻한다. 가난한 억눌린 자들이 해방됨으로써 힘센 자들은 무력해지고 하나님 나라는 일어난다. 하지만 여기서는 힘센 자들을 무릎 꿇릴 만한 강한 힘이 중요한 것이 아니다. 예수가 말한 해방은 약함과 강함이란 힘의 논리 자체를 해체하겠다는 뜻이기 때문이다.

예수는 여기서 한 걸음 더 나아간다. 예수는 철저한 분리주의자들이던 율법학자들의 악습을 그대로 뒤따르는 가족들을 향해 하나님의 뜻을 행하는 이들만이 자신의 어머니요, 형제라고 말한다. 이로써 예수는 진정한 생명의 가치는 혈연, 지연, 학연에 있지 않고, 오직 해방의 생명을 공유하는 정신의 연대에 있음을 분명히 한다.

그러나 안타깝게도 예수는 자신과 피를 나눈 친족조차 악습의 굴레로부터 벗어날 수 없음을 감지했던 것 같다. 예수는 하나님의 뜻을 행하는 사람 모두가 자신의 제자이며, 여기에 차별이란 있을 수 없음을 더욱 분명히 한다. 제자들의 책임의식 또한 분명해진다. 하나님의 뜻을 행한다는 것은 지금까지 속해 있던 가족과 공동체, 그 모든 것과의 결별을 의미하기 때문이다.

보수 개혁신학자 코넬리우스 반틸은 가족 부정의 뉘앙스가 담긴 예수 언행을 가치의 우선순위 설정 문제로 본다. 반틸은 예수가 "누가 내 모친이며 동생들이냐?"라는 발언을 했다 해서 이제 부모 돌보기를 포기하고 중단하라는 지시를 내린 것이 아니라고 주장한다. 예수가 가족에 대한 책임을 저버리는 무책임함을 조장했다는 뜻도 아니라고 말한다. 그것은 일상생활을 살아갈 때 항상 가장 우선시 되어야 할 가치가 그리스도를 더 사랑하는 것이 되어야 함을 강조한 메시지로 보아야 한다고 반틸은 말한다.

반면 민중 신학자 안병무는 위의 이야기가 그야말로 혁명적 선포라고 말한다. 예수가 말한 "누구든지 하나님의 뜻대로 하는 자는 내 형제요 자매요 모친이니라."에서 남성인 형제에서 여성인 자매로, 더 나아가 여성의 대표격인 어머니로 발전되는 언급을 볼 수 있다. 안병무는 이를 통해 기존의 가부장적 질서로 대표되는 기득권을 옹호하는 체제 기반을 송두리째 뒤흔드는 전복의 메시지가 담겨 있다고 말한다. 안병무는 이 구절을 예수가 당대에 팽배해 있던 왜곡된 가족 윤리 중 하나인, 가장으로 대표되는 남성 지배자가 주장하는 대로 무조건 복종하는 패러다임을 근본적으로 재고하기를 요청하는 메시지로 읽어야 한다고 주장한다.[38]

한편 여성신학자 엘리자베스 슈슬러 피오렌자는 새로운 가족, 성聖 가족의 질서는 지배와 군림의 역사가 아닌 포용과 수평적 연대의 역사인 페미니즘 역사로의 전환으로 이해해야 한다고 말한다.[39] 여기서 피오렌자는 더 나아가 기존의 남성 중심적 태도로 본 예수 언행의 거의 모든 것을 새롭게 읽어야 한다고 주장하기까지 한다.

제4부

산속에서

산상수훈

갈릴리 사역 초기, 예수는 열두 제자를 공식적으로 임명한다. 예수가 기도하기 위해 산에 오를 때 열두 제자가 그의 뒤를 따른다. 물론 딱 열두 명만이 예수를 따른 것은 아니다. 예수의 초기 사역에서 보여준 파격적인 언행에 혼란과 매력을 동시에 느낀 무리가 예수의 가르침을 듣기 위해 모여들었다. 예수는 자신의 가르침을 듣기 위해 모여든 이들 앞에서 인간에게 주어진 종교 영역, 감정 영역, 이성 영역에서 신과의 관계성을 설파한 유명한 설교를 풀어냈다. 그것이 바로 산상수훈이라는 가르침이다.

마태복음에서 집약해 표현된 산상수훈은 평지 설교와 병행을 이루는 누가복음 설교와 비교해볼 때, 예수가 산에서 그 수많은 가르침을 단번에 쏟아냈다고 보기는 불가능하다. 그러나 마태복음의 기록자가 예수의 산상수훈의 가르침을 특별한 위치로 올려놓으려 했던 의지만큼은 확고하다.

산상수훈의 해석 방법은 무려 서른여섯 가지에 이른다. 가르침을 문자 그대로 지킬 것을 성직자들에게 요구하는 전통 가톨릭 해석에서부터, 산상수훈의 윤리적 가르침 전부를 비신화화하여 인간의 유한성에 대한 자각과 신과의 만남이라는 주제만이 전부라고 해석하는 실존주의적 해석에 이르기까지 그 적용과 의미 성찰의 스펙트럼은 매우 넓고 다양하다.

　　그럼에도 산상수훈 전체를 관통하는 한 가지 주제만큼은 명확하다. 예수의 산상수훈은 각 개인에게 주어짐과 동시에 예수를 따르는 공동체에도 함께 주어졌다는 사실이다. 예수 가르침의 광대한 스펙트럼에 예수 그리스도의 교회와 지역 공동체가 전방위적으로 노출될 때, 점진적으로 신의 뜻이 이 땅 위에서 실현될 것이며, 많은 사람이 생명에 눈뜨게 될 것이라는 기대가 산상수훈 가르침의 바탕이 된다.

복 있는 사람

여덟 가지 복에 대한 가르침

(마태복음 5:3-12)

심령이 가난한 자는 복이 있나니 천국이 저희 것임이요
애통하는 자는 복이 있나니 저희가 위로를 받을 것임이요
온유한 자는 복이 있나니 저희가 땅을 기업으로 받을 것임이요
의에 주리고 목마른 자는 복이 있나니 저희가 배부를 것임이요
긍휼히 여기는 자는 복이 있나니 저희가 긍휼히 여김을 받을 것임이요
마음이 청결한 자는 복이 있나니 저희가 하나님을 볼 것임이요
화평케 하는 자는 복이 있나니 저희가 하나님의 아들이라 일컬음을 받을 것임이요
의를 위하여 핍박을 받은 자는 복이 있나니 천국이 저희 것임이라
나를 인하여 너희를 욕하고 핍박하고 거짓으로 너희를 거스려 모든 악한 말을 할 때에는 너희에게 복이 있나니
기뻐하고 즐거워하라 하늘에서 너희의 상이 큼이라 너희 전에 있던 선지자들을 이같이 핍박하였느니라

마태복음 5:3-12

예수가 생각한 복은 무엇일까

복의 가르침으로 알려진 축복의 말씀은 구약 지혜서, 시편, 이사야서에서 다양하게 소개되고 있다. 또한 축복의 말씀 뒤에는 그와 반대되는 저주의 상태가 함께 언급된다. 마태복음에서는 복의 차원을 여덟 가지로 압축한다. 마태복음은 여덟 가지 복을 단순히 신에게서 선물을 얻는다는 시혜로서의 복으로 해석하지 않는다. 당시를 혼란과 억압의 시대, 종말이 임박한 시대라 여기던 초대 그리스도교 공동체에 이 말씀은 목숨을 건 결단과 선택을 통해 얻게 되는 생명의 전리품이기 때문이다.

예수는 첫 번째로 가난한 사람에게 복을 준다. 가난한 자란 단순히 생계를 걱정해야 하는 이들만을 가리키지 않는다. 그렇다고 마음이 가난한 자라는 추상적 의미만 지니고 있는 것도 아니다. 여기서 가난한 자란 영적으로든 사회적으로든 절박한 위기 상황에 부닥쳐 있어 삶의 모든 것을 하나님에게 기대할 수밖에 없는 존재이다. 하나님은 가난한 자를 편애한다. 그는 모든 가난한 자의 편에 서 있다. 하나님은 시대를 막론하고 마음의 억눌림을 경험한 모든 이에게 사랑의 손길을 내민다.

두 번째로 예수는 애통해하는 자에게 복을 준다. 애통은 육체와 정신적 고통 모두를 포괄한다. 하나님은 아픔을 호소하는 인간의 앓는 소리를 들으시고, 우리가 가장 필요로 하는 곳에 계시겠다고 굳게 약속한다.

세 번째 복은 온유와 겸손이다. 현대사회는 겸손의 미덕을 대체로 윤리적 자세나 삶의 방식에서 찾는다. 하지만 당대 의미에서의 겸손은 가난한 자, 힘없는 자의 상태를 대변한다. 예수 역시 하나님의 아들이지만 힘없는 모습으로 자신의 공생애를 살아냈다. 무력을 행사하기 위해서는 불가피하게 다른 이들을 억압하고 지배해야 한다. 예수가 말하는 겸손이란 다른 사람들을 억압하는 수단으로 쓰지 않고 자만과 오만함을 경계하여 공동체 구성원 모두가 서로를 섬기는 자세로 관계 맺는 상태로 보고, 이를 복으로 규정했다. 섬김, 겸손, 자발적 힘없음을 고하는 이들에게는 구약성서에서 이스라엘 백성들에게 약속했던 평화를 이룰 수 있는 땅, 가나안이 주어진다.[1)]

네 번째 복은 의에 굶주리고 목마른 자가 받는다. 누가복음 평지 설교에서는 의가 빠져 있지만, 마태복음은 의가 팔복에 포함되어 있다. 의를 지닌 자는 언제나 하나님 나라 실현에 목마르다. 정의와 화해가 이뤄지는 상징으로서의 의에 굶주려 하고 타는 목마름을 느끼는 이들은 그 자체로 하나님 나라를 실감하게 되므로 이는 곧 복으로 연결된다.

다섯 번째 복과 여섯 번째 복은 자비심과 깨끗한 마음을 지닌 자가 받는다. 자비심의 근원은 인간이 아닌 하나님께 있다. 구약성서에 나타난 하나님의 자비는 인간의 실존적 고통에 곧바로 응답하는, 어쩌면 편파적일지도 모를, 묻거나 따지지 않는 은혜의 증거로 나타났다. 그런 맥락에서 본 깨끗한 마음은 다른 이들을 속이지 않는 솔직함과 연결된다. 솔직함은 하나님만을 향하는 충실한 마음과 연결되고 그 솔직함이 하나님의 자비를 일으킨다.

일곱 번째 복은 평화에 대한 이야기다. 이스라엘 역사는 강대국들의 침탈로부터 자신을 지켜내기 위한 절박함의 역사였다.[2)] 그 절박한 역사 속에서도 그들은 매일 평화의 인사를 나누어왔다. 구약성서에서는 평화가 곧 구원이었다.

이제 예수는 평화를 이루는 자들에게 구원의 가장 심오한 상징인 하나님의 아들이 되는 축복을 약속했다. 이 평화는 소극적인 방향, 즉 자신과 자신의 가족, 이스라엘 민족만을 보호하는 이기적인 평화가 아닌 이타적인 평화다. 전쟁과 다툼, 경쟁과 이기주의가 무너지는 넓은 의미의 평화인 셈이다. 평화를 실천하기 위해서는 정의가 요구된다. 그리고 그 정의는 하나님의 의를 필요로 한다. 그런데 그 의는 이기심과 번뇌로 가득한 세상과는 어울리지 않는다. 그런 의미에서 의를 위해 핍박받는다는 여덟 번째 복은 사뭇 의미심장하다.

보수 신학자 존 스토트는 팔복의 세 가지 특징에 대해 말한다. 첫째는 산상수훈으로 알려진 가르침을 받을 수 있는 이들은 어느 정도 높은 영성 수준을 갖춘 그리스도의 제자들이라는 것이다. 둘째는 그렇게 팔복에 나타난 특성이 대체로 영적 특성과 관련 있다는 것이다. 마지막으로 세 번째는 약속된 축복의 본질은 하나님 통치의 영광스럽고 포괄적인 축복으로, 땅과 하늘나라를 유업으로 얻는 것과 위로와 배부름, 긍휼과 하나님을 만나는 기쁨, 하나님의 아들이 되는 총체적인 축복 등을 포함한다는 것이다. 스토트는 현재 인간의 삶에서 맛보는 것과 동시에 이를 통해 사후세계에서도 완전함을 누리는 축복으로 해석한다.

아울러 스토트가 말하는 율법에 대한 견해는 다음과 같다. 인간은 율법을 절대 완전하게 지킬 수 없지만, 그리스도 예수의 은혜와 십자가 피 흘림으로 인해 의로움을 얻는 입장이므로 새로운 율법을 잘 지켜야한다. 그리스도인은 이제 율법을 구원의 수단이나 공로로 생각해서는 안 된다. 하지만 하나님이 허락한 가르침과 명령이 가진 도덕적

미덕을 세상 속에서 적극적으로 실천함으로써 그리스도인의 삶을 많은 이가 본받을 수 있도록 해야 한다.[3]

반면 진보 신학자 현영학이 이해하는 팔복은 포괄적이고 추상적인 영적 특성이 아닌 이 땅의 현실에서 개혁되고 개선되는 삶의 축복이다. 현영학은 마태복음에 나타난 마음, 심령의 가난함을 메마른 영의 상태라고만 보지 않는다. 실제로 이 땅에 발생한 부의 불균형, 착취와 피착취의 계급 구분, 그로 인해 나타나는 끊이지 않는 분쟁과 고통을 근본적으로 해결하기 위한 마음가짐을 뜻한다고 본다.[4] 온유한 사람이 땅을 기업으로 얻는다는 내용 또한 단순히 한 개인이 부동산을 증식하는 것이 아니라 자기 욕심을 버리는 비움의 마음가짐과 상통한다고 현영학은 지적한다. 그와 함께 결국 그런 이들이 땅을 기업으로 받는다는 건 개인의 소유욕을 채우는 것이 아닌 모든 이가 땅을 통해 얻는 것들을 무상으로 나눠 쓸 가능성을 뜻한다고 주장한다.

세상의 소금

빛과 소금의 비유

(마태복음 5:13-16)

너희는 세상의 소금이니 소금이 만일 그 맛을 잃으면 무엇으로 짜게 하리요 후에는 아무 쓸데없어 다만 밖에 버리워 사람에게 밟힐 뿐이니라
너희는 세상의 빛이라 산위에 있는 동네가 숨기우지 못할 것이요
사람이 등불을 켜서 말 아래 두지 아니하고 등경 위에 두나니 이러므로 집안 모든 사람에게 비취느니라
이같이 너희 빛을 사람 앞에 비치게 하여 저희로 너희 착한 행실을 보고 하늘에 계신 너희 아버지께 영광을 돌리게 하라

마태복음 5:13-16

빛과 소금의 의미는 무엇일까

소금은 세상살이, 인간의 삶을 위해 필수불가결한 것이다. 로마의 한 작가는 소금과 태양만큼 중요한 것은 아무것도 없다고 했고, 이스라엘

에서는 율법이 소금과 빛이라고 말해질 만큼 중요하게 여겨진다. 소금이 생명을 소생케 하고 지속시킨다는 점에서 소금을 빛과 함께 언급한 것은 그만큼 소금의 중요성을 강조한 것으로 볼 수 있다.

그런데 예수는 그 소금이 맛을 잃어버릴 수 있음을 경고한다. 맛을 잃어버리면 소금의 역할을 할 수 없다. 이는 겉으로는 율법주의를 표방하면서도 실제로 인간의 삶에 율법이 아무런 유익도 끼칠 수 없도록 가로막은 율법주의, 더 나아가 유대교 전체를 비판하는 예수의 의도라 볼 수 있다. 맛을 잃은 소금은 결국 사람들에 의해 짓밟힐 운명에 처한다고 밝힘으로써 예수는 껍데기만 남은 유대교 체계가 얼마나 허약하고 위선적인지 적나라하게 폭로한다.

이 폭로는 등불 이야기에도 그대로 적용된다. 팔레스타인 집은 보통 큰 방이 하나 있는 구조이다. 등불은 집에 있는 모든 사람을 비추기 위해 존재한다.[5] 그런데 그 등불을 불을 끌때 사용하는 말, 즉 등잔 아래 두는 것은 말이 안 된다. 예수는 빛을 비춰야 할 본래의 기능을 잃어버리고 계속해서 빛을 끄기 위해 무의미하고 소모적인 일이 반복되는 현실을 고발한다. 이 고발은 예수의 가르침을 듣는 제자들에게 어떤 의미로 다가갔을까? 예수는 제자들에게 그 빛이 모든 이를 비출 수 있는 선교의 재료로 사용되기를 촉구한다.

보수 개혁신학자 싱클레어 퍼거슨이 본 세상의 빛과 소금은 그리스도인이 지녀야 할 이중 책임이다. 일차적으로 그리스도인의 사명은 복음 전파다. 하지만 타락한 인간들에게는 복음의 가치를 제대로 전하기 어렵다는 한계가 있다. 그리스도인은 도덕적 모범을 보여 사회적 책임을 다함으로써 부패해가는 세상의 경향을 정화시켜야 한다. 결국 세상의 빛과 소금 이야기는 복음을 입증해야 하는 이중 책임을 강조한 구절로 이해해야 한다는 것이 퍼거슨과 대부분의 보수 신학의 해석이다.

반면 급진 신학자 조엘 카마이클은 예수의 소금 이야기를 부패시키는 악의 성질을 제대로 간파하고 이를 혁신할 수 있는 혁명적 가치관을 마음에 단단히 새겨 넣어야 할 정신무장의 가르침으로 이해한다. 카마이클은 부패한 악의 성질을 세상의 권력과 기득권을 유지하려는 더러운 병균으로 이해한다. 이를 혁파하기 위해 자기희생이 필요함을 강조한 것이 빛과 소금 이야기이다.

세상의 빛 또한 마찬가지다. 빛이 된다는 건 빛을 미워하는 강고한 어둠의 세력, 권력들로부터 표적으로 낙인찍히는 것을 감내해야 함을 뜻한다. 카마이클은 소금의 주제를 부패한 악의 구조를 향해 소리치는 투쟁심으로, 빛을 세상이 악한 어둠으로 대표되는 기득권 세력의 집중 포화를 견뎌낼 수 있도록 해주는 강력한 인식 무장으로 이해한다.[6]

너희 원수를 사랑하라

예수와 율법

(마태복음 5:17-48)

내가 율법이나 선지자나 폐하러 온 줄로 생각지 말라 폐하러 온 것이 아니요 완전케 하려 함이로라

진실로 너희에게 이르노니 천지가 없어지기 전에는 율법의 일점일획이라도 반드시 없어지지 아니하고 다 이루리라

그러므로 누구든지 이 계명 중에 지극히 작은 것 하나라도 버리고 또 그같이 사람을 가르치는 자는 천국에서 지극히 작다 일컬음을 받을 것이요 누구든지 이를 행하며 가르치는 자는 천국에서 크다 일컬음을 받으리라

내가 너희에게 이르노니 너희 의가 서기관과 바리새인보다 더 낫지 못하면 결단코 천국에 들어가지 못하리라

옛 사람에게 말한 바 살인치 말라 누구든지

살인하면 심판을 받게 되리라 하였다는 것을 너희가 들었으나

나는 너희에게 이르노니 형제에게 노하는 자마다 심판을 받게 되고 형제를 대하여 라가라 하는 자는 공회에 잡히게 되고 미련한 놈이라 하는 자는 지옥 불에 들어가게 되리라

그러므로 예물을 제단에 드리다가 거기서 네 형제에게 원망 들을 만한 일이 있는 줄 생각나거든

예물을 제단 앞에 두고 먼저 가서 형제와 화목하고 그 후에 와서 예물을 드리라

너를 송사하는 자와 함께 길에 있을 때에 급히 사화하라 그 송사하는 자가 너를 재판관에게 내어주고 재판관이 관예에게 내어주어 옥에 가둘까 염려하라

진실로 네게 이르노니 네가 호리라도 남김

이 없이 다 갚기 전에는 결단코 거기서 나오지 못하리라

또 간음치 말라 하였다는 것을 너희가 들었으나

나는 너희에게 이르노니 여자를 보고 음욕을 품는 자마다 마음에 이미 간음하였느니라

만일 네 오른 눈이 너로 실족케 하거든 빼어 내버리라 네 백체 중 하나가 없어지고 온몸이 지옥에 던지우지 않는 것이 유익하며

또한 만일 네 오른손이 너로 실족케 하거든 찍어 내버리라 네 백체 중 하나가 없어지고 온몸이 지옥에 던지우지 않는 것이 유익하니라

또 일렀으되 누구든지 아내를 버리거든 이혼 증서를 줄 것이라 하였으나

나는 너희에게 이르노니 누구든지 음행한 연고 없이 아내를 버리면 이는 저로 간음하게 함이요 또 누구든지 버린 여자에게 장가드는 자도 간음함이니라

또 옛 사람에게 말한 바 헛 맹세를 하지 말고 네 맹세한 것을 주께 지키라 하였다는 것을 너희가 들었으나

나는 너희에게 이르노니 도무지 맹세하지 말찌니 하늘로도 말라 이는 하나님의 보좌임이요

땅으로도 말라 이는 하나님의 발등상임이요 예루살렘으로도 말라 이는 큰 임금의 성임이요

네 머리로도 말라 이는 네가 한 터럭도 희고 검게 할 수 없음이라

오직 너희 말은 옳다 옳다, 아니라 아니라

하라 이에서 지나는 것은 악으로 좇아 나느니라

또 눈은 눈으로, 이는 이로 갚으라 하였다는 것을 너희가 들었으나

나는 너희에게 이르노니 악한 자를 대적치 말라 누구든지 네 오른편 뺨을 치거든 왼편도 돌려 대며

또 너를 송사하여 속옷을 가지고자 하는 자에게 겉옷까지도 가지게 하며

또 누구든지 너로 억지로 오리를 가게 하거든 그 사람과 십 리를 동행하고

네게 구하는 자에게 주며 네게 꾸고자 하는 자에게 거절하지 말라

또 네 이웃을 사랑하고 네 원수를 미워하라 하였다는 것을 너희가 들었으나

나는 너희에게 이르노니 너희 원수를 사랑하며 너희를 핍박하는 자를 위하여 기도하라

이같이 한즉 하늘에 계신 너희 아버지의 아들이 되리니 이는 하나님이 그 해를 악인과 선인에게 비취게 하시며 비를 의로운 자와 불의한 자에게 내리우심이니라

너희가 너희를 사랑하는 자를 사랑하면 무슨 상이 있으리요 세리도 이같이 아니하느냐

또 너희가 너희 형제에게만 문안하면 남보다 더 하는 것이 무엇이냐 이방인들도 이같이 아니하느냐

그러므로 하늘에 계신 너희 아버지의 온전하심과 같이 너희도 온전하라

마태복음 5:17~48

예수는 율법을 어떻게 해석하는가

율법을 일점일획이라도 훼손하면 저주를 받을 거라는 예수의 가르침은 이제까지 그가 보여준 파격적인 언행에 비추어 볼 때 모순처럼 보인다. 하지만 이 대목에서 예수가 율법을 더 격렬하고 급진적으로 해석하고 있음을 알 수 있다. 세상이 끝날 때까지 율법의 어느 하나 없어지지 않는다고 말했으므로 예수가 유대교의 엄격한 가르침을 받아들인 것처럼 보인다. 하지만 그는 이 말을 율법이 의도하는 모든 것이 실제로 나타나야 한다고 덧붙인다. 예수는 언행을 통해 그것을 몸소 실현한다. 율법을 향한 예수 언행은 내 이웃을 내 몸과 같이 사랑하는 황금률을 통해 절정에 이른다.

이것이 어쩌면 산상수훈의 전체 결론일지 모른다. 예수는 율법이 말하는 모든 계명과 가르침, 그 모든 철자와 획에 담겨 있는 의미 본질이 이웃 사랑이라는 계명 안에 녹아들어 있음을 말하고자 했다. 그런 맥락에서 예수의 "너희 의가 서기관과 바리새인보다 낫지 않으면 결단코 하나님 나라에 들어가지 못하리라."는 말뜻에 대한 새로운 이해도 충분히 가능하다. 이 가르침은 바리새인들보다 더 많은 계명과 금령을 지켜야 한다는 말이 아니라 새로운 의를 지켜야 함을 강조하는 말이다. 예수는 자신의 제자들만큼은 바리새인처럼 저주가 두려워 율법을 지키는 것이 아니라 본질적인 단계라 할 수 있는 하나님 나라에 들어가는 실천자가 되어야 한다고 말했다.

이러한 적극적 실천에 대한 요청은 살인과 간음이라는 금령에 대한 예수의 재해석에서 더욱 두드러진다. 살인이라는 금령과 형제에게 화내는 마음을 연달아 언급함으로써 부적절하게 분노하는 것이 얼마나 큰 죄인지 말한다. 그러므로 이 가르침은 "살인하지 마라."는 문자 그대로의 의미만 지키는 것이 무의미함을 일러준다. 하나님에 의해 새롭게 창조된 마음으로 전환해야 한다. 율법을 적극적으로 따른다는 것은 우리 안에 살인의 동기가 살아 있음을 솔직히 고백함으로써 하나님의 자비를 이끌어내는 것이다.

간음 또한 마찬가지다. 예수는 간음을 대하는 남성들의 가부장적 태도를 함께 비판한다. 예수는 간음에 관련된 법규들이 얼마나 철저하게 남성 위주로 취급되고 있는지 비판한다.[7] 여자를 보고 음욕을 품는 것도 일종의 간음이라는 말은 간음의 율법이 법률적으로 판단되는 범주를 넘어서야 함을 뜻한다. 외형적으로는 결점이 없어 보여도 마음의 부패를 막지 못하면 결국 율법을 제대로 따르지 않는 것과 같다.

예수가 생각하는 율법의 적극적 실천이란 한 개인의 완전함이나 불완전함이라는 주제에 매달리는 모든 시선으로부터의 자유다. 이 자유는 자신이 아닌 다른 사람, 이웃에게로 돌리는 삶으로 향하는 자유로의 전환이기도 하다.

자유로의 전환은 이른바 무저항 정신으로 연결된다. 누군가 내 뺨을 치면 다른 뺨도 내어주고 속옷을 달라 하면 겉옷까지 내주고 억지로 길을 걷게 하면 그 곱절로 동행하라는, 최소한의 보복마저도 포기하라는 새로운 실천 방향을 예수가 제시한다. 당연히 그 바탕에는 예수의 인간 사랑, 이웃 사랑이 깔려 있다.

예수는 원수까지 사랑하라고 가르친다. 원수로 상징되는 적대적 민족성, 배타주의, 평화를 가로막는 모든 장애물을 제거하라는 말이다. 그 사랑은 단순한 감정으로만 남아 있어서는 안 되고, 행동으로 이어져야 할 것이다. 원수를 사랑하기 위해서는 원수를 대하는 감정의 변화뿐만 아니라 태도의 변화, 행동의 변화도 뒤따라야 하기 때문이다.

이러한 가르침의 배경에는 하나님의 절대적 사랑, 그 생명력을 상징하는 비가 악한 자와 선한 자에게 차별 없이 내린다는 신뢰가 전제되어 있다. 예수는 하나님의 사랑을 절대적으로 신뢰한다. 그 사랑의 계명을 의로운 자와 불의한 자, 영혼이 바른 자와 일그러진 자 모두 배워야만 한다.

보수 종교개혁 신학자 고든 스파이크맨은 율법을 우호적으로 바라본다. 그는 예수가 율법을 폐기하러 온 것이 아니고 더욱 강화하러 왔다고 이해한다. 그는 예수가 율법을 하나님 말씀과 같은 권세를 지닌다고 보았다. 따라서 제자들과 오늘의 그리스도인도 율법을 엄하게 지켜야 한다. 눈에 드러나는 식으로만 지킬 것이 아니라, 마음속 깊은 곳에서부터 하나님의 명령을 깊이 생각해야 한다. 살인하지 마라, 간음하지 마라 등의 규범을 단지 눈에 드러난 행위로만 지킨다 해서 율법을 다 지키는 것이 아니라 마음에 뿌리를 두고 있는 악한 마음, 간음하게 하는 마음, 살인하게 하는 마음을 뿌리 뽑아야 한다고 본 것이다. 스파이크맨은 율법의 완성자인 그리스도 예수의 명을 따라야 한다고 말한다.

스파이크맨은 타락한 인간은 그 마음의 타락한 본성 탓에 언제나 부도덕한 죄를 범할 수밖에 없지만, 율법의 마침표인 그리스도 예수의 오심으로 인해 죄를 참회할 수 있는 통로를 확보했다고 본다. 그는 죄를 참회하고 돌이키면 점점 마음의 정화가 일어나 마음으로도 살인하지 않고 간음하지 않는다면 지고지순한 상태에까지 이를 수 있다고 주장한다.

하지만 진보 신학이 보는 관점은 보수 신학과는 상당히 다르다. 민중 신학의 교두보를 놓은 안병무는 마태복음 5장 17절에서 48절 가르침을 여섯 가지 반제, 안티테제Antitheses로 보았다.[8] 여기에서 예수의 율법 인식이 드러난다고 그는 언급한다. 모세 오경이나 기타 여러 율법적 가르침을 법 질서로 보지 않는다는 점이다.

안병무는 복음서의 가르침 일체를 율법에 대한 형식주의를 강하게 배격하고 이를 철폐하고자 하는 예수 혁명의 절정으로 이해한다. 그는 분노하는 것마저 살인죄에 해당한다는 예수의 말은, 인간의 도덕규범에도 율법이라는 종교적 잣대를 들이대며 율법의 세력화를 해체하려는 의도라고 본다. 또한 마음의 간음조차 간음의 범주에 넣음으로써 다른 이들의 부부관계에까지 심판의 잣대를 들이대는 기존 율법의 폐해를 폐기하는 데 앞장섰다고 말한다.

민중 신학이 보는 반제의 절정에는 원수를 사랑하라는 가르침이 있다. 안병무는 본래 원수를 미워하라는 율법은 구약 어디에도 기록되어 있지 않았다고 주장다. 이때의 원수는 유대 순혈주의에 속하지 않는 이방인을 뜻한다. 이방인을 사랑하라는 것은 결국 율법에 흐르는 민족주의적 정서과 정면으로 배치된다. 결론적으로 예수의 율법관은 율법을 권력이나 지배 이데올로기로 악용하는 바리새파의 권력 장악에 철퇴를 가한 가르침이라 주장한다.

하늘의 양식을 주소서

주기도문

(마태복음 6:1–18)

사람에게 보이려고 그들 앞에서 너희 의를 행치 않도록 주의하라 그렇지 아니하면 하늘에 계신 너희 아버지께 상을 얻지 못하느니라

그러므로 구제할 때에 외식하는 자가 사람에게 영광을 얻으려고 회당과 거리에서 하는 것같이 너희 앞에 나팔을 불지 말라 진실로 너희에게 이르노니 저희는 자기 상을 이미 받았느니라

너는 구제할 때에 오른손의 하는 것을 왼손이 모르게 하여

네 구제함이 은밀하게 하라 은밀한 중에 보시는 너의 아버지가 갚으시리라

또 너희가 기도할 때에 외식하는 자와 같이 되지 말라 저희는 사람에게 보이려고 회당과 큰 거리 어귀에 서서 기도하기를 좋아하느니라 내가 진실로 너희에게 이르노니 저희는 자기 상을 이미 받았느니라

너는 기도할 때에 네 골방에 들어가 문을 닫고 은밀한 중에 계신 네 아버지께 기도하라 은밀한 중에 보시는 네 아버지께서 갚으시리라

또 기도할 때에 이방인과 같이 중언부언하지 말라 저희는 말을 많이 하여야 들으실 줄 생각하느니라

그러므로 저희를 본받지 말라 구하기 전에 너희에게 있어야 할 것을 하나님 너희 아버지께서 아시느니라

그러므로 너희는 이렇게 기도하라 하늘에 계신 우리 아버지여 이름이 거룩히 여김을 받으시오며

나라이 임하옵시며 뜻이 하늘에서 이룬 것

같이 땅에서도 이루어지이다
오늘날 우리에게 일용할 양식을 주옵시고
우리가 우리에게 죄 지은 자를 사하여 준 것
같이 우리 죄를 사하여 주옵시고
우리를 시험에 들게 하지 마옵시고 다만 악
에서 구하옵소서 (나라와 권세와 영광이 아
버지께 영원히 있사옵나이다 아멘)
너희가 사람의 과실을 용서하면 너희 천부
께서도 너희 과실을 용서하시려니와
너희가 사람의 과실을 용서하지 아니하면
너희 아버지께서도 너희 과실을 용서하지
아니하시리라

금식할 때에 너희는 외식하는 자들과 같이
슬픈 기색을 내지 말라 저희는 금식하는 것
을 사람에게 보이려고 얼굴을 흉하게 하느
니라 내가 진실로 너희에게 이르노니 저희
는 자기 상을 이미 받았느니라
너는 금식할 때에 머리에 기름을 바르고 얼
굴을 씻으라
이는 금식하는 자로 사람에게 보이지 않고
오직 은밀한 중에 계신 네 아버지께 보이게
하려 함이라 은밀한 중에 보시는 네 아버지
께서 갚으시리라

마태복음 6:1~18

기도는 누구를 위한 것인가

지금도 그렇지만 초기 기독교는 사람들에게 성서를 엄밀히 읽으라고 요청했다. 날마다 정해진 시간에 주기도문을 토씨 하나도 틀리지 않고 읽는 수행을 시켰다. 그래서인지 사람들은 주술적인 효과에 대한 기대에서 자유롭지 못했다. 한 글자도 틀리지 않아야만 제대로 된 수행이며, 틀리면 구원받을 수 없다는 의식이 확산되었던 것이다.

하지만 누가복음이 소개한 주기도문 내용과 마태복음에 나오는 주기도문 내용은 놀라울 정도로 많이 다르다. 중심 내용을 구성하는 본문도 자유롭게 변형되었고, 그때그때의 언어 용법에 따라 바꾸거나 보충했다. 이러한 정황을 미루어 볼 때 이후 기도문을 철자 하나 틀리지 않고 외워야 한다는 주술적인 의식에서 한결 자유로워졌음을 추정할 수 있다.[9] 따라서 주기도문 암기는 또 다른 의무로서의 율법 수행도 아니고, 인간이 어떤 어법과 규정에도 노예가 되지 않고 하나님과의 자발적 교제를 이뤄낼 수 있다는 사고방식이 확산되었다는 의미이다.

이 자유로움은 주기도문 첫째 문장에 등장한 하나님 호칭에서도 느낄 수 있다. 예수는 하나님을 아버지라 부를 수 있도록 길을 열어놓았다. 하나님을 아버지라 부를 수 있게 한 것과 아버지에게 직접 말을 걸게 해준 것은 예수가 우리에게 남긴 선물이다. 그 선물의 의미는 기도자가 스스로 천지 만물에 비해 보잘것없는 존재라는 사실을 자각함으로 극대화된다. 하나님의 사랑은 미물에 불과한 존재를 자신의 모든 것으로 여길 만큼의 관심을 보여줌으로써 더욱 뜨거워진다. 이 뜨거움은 그의 이름을 거룩하게 해달라는 기도에서 빛을 발한다. 구약성서에 따르면, 하나님은 자신의 백성들 속에서 자신의 이름으로 나타난다. 그 이름은 하나님의 더할 수 없는 충만한 임재를 암시한다. 그러므로 예수가 하나님을 아버지라 부르고 그 이름의 거룩함을 요청함으로써 그리스도인들은 하나님의 이름이 자신들의 공동체 안에서 영원한 현재가 되었음을 확신한다.

기도의 미덕은 초월적인 영역의 추구에만 있지 않다. 기도는 날마다 필요한 양식, 즉 빵의 문제까지도 함께 다룬다. 예수 공동체에서 가장 필수적이고 희망차게 다루어진 종교 제의는 바로 식사다. 배고픈 사람도 배부르게 먹을 수 있는 충분한 식사 말이다. 예수와 제자들은 배고픔이라는 물리적인 욕구를 매우 진지하게 받아들였다. 공동체에 빵과 술로 만찬을 베풀 때면 이를 천상의 축제로 여기기도 했다. 그런 맥락에서 양식은 육적 필요의 충족임과 동시에 하늘의 축제라는 점에서 영과 육을 모두 충족시키는 것이라고 볼 수 있다.

곧바로 뒤따르는 용서와 시험에 대한 기도는 독특하면서도 심오하다. 우리의 용서는 이웃과의 화해로 연결되고, 화해의 실천은 예수가 산상수훈 발언 전체를 통해 절정을 이루는 율법의 궁극인 목표인 이웃 사랑으로 발전된다. 또한 이러한 용서의 배후에는 항상 하나님의 용서가 따라붙는다. 하나님의 용서와 속죄를 발견한 이들에게 이웃과의 화해, 죄의 용서는 필연적으로 따라붙는 생명의 미덕인 셈이다.

시험에 빠지지 않게 해달라는 기도는 현실적이면서도 지극히 영적이다. 당시 주기도문을 낭독하던 그리스도교 공동체 일원들은 경건함과는 거리가 멀었다. 그들은 매일의 삶에서 생존, 분노, 고통, 선택의 갈등에 신음했다. 그런 그들이 자신들이 받은 하나님을 향한 감격을 잃어버리지 않기 위해 시험에 빠지지 않게 해달라고 외치는 간구는 하나의 애원이다. 그만큼 그들에게는 예수 안에서 실현된 하나님 아버지를 향한 감격이 벅차고 경이로웠던 것이다.

보수 개혁주의 신학자 에드먼드 클라우니에게 주기도문은 기독론적이고 영적이다. 클라우니는 주기도문이 오늘날 개신교, 가톨릭, 그리스정교 등 모든 정파에서 빼놓을 수 없는 기도문 중 하나로 자리 잡은 것에서 알 수 있듯이, 하나님의 아들인 예수가 인간을 대신해 가르쳐 준 신성한 영적 권위를 갖고 있다고 말한다.

클라우니는 영적 권위의 맥락에서 보면 주기도문이 하나님의 나라가 임하도록 기원하는 데 집중된다고 말한다. 그에게 교회는 하나님 나라이고, 복음의 담대한 증거를 통해 세상 사람이 예수에게 복종하면 하나님 나라의 영향력이 이 땅에서 점점 커지리라고 믿는다. 주기도문은 예수가 영광 중에 재림하셔서 그 나라가 완전해질 것을 염원하는 성격을 가진 기도다.

또한 클라우니는 주기도문이 인간에게 필요한 모든 것을 망라한다고 본다. 물질적인 것, 즉 일용할 양식에 대한 간구는 물론, 영적인 측면, 즉 죄의 용서와 더불어 도덕적 측면인 악으로부터의 구원까지 이모든 것이 조화를 이루며 인간의 삶 전체가 하나님 사랑의 결정체로 거듭나기를 갈망하는 마음이 주기도문에 담겨 있다고 이해한 것이다.

반면 진보 종교철학자 한스 큉은 주기도문 내용이 추상적인 개념에 머무른다고 본다. 한스 큉은 주기도문을 이 땅의 실제적인 현실과 관계 맺는 신을 향한 인간의 탄원이며 부르짖음으로 규정한다. 이는 예수가 이 땅에 온 이유가 하나님 뜻을 일방적으로 전달하기 위함이라고 절대 보지 않는 것이다. 그는 예수 자신이 낮은 계층, 하층민의 사회로 오셔서 힘없는 자들의 고통과 죽음의 슬픔, 울부짖음을 신에게 대리로 항변했다고 말한다. 그런 맥락에서 한스 큉은 주기도문을 부조리한 차별과 야만적인 폭력으로 가득한 이 땅을 해방과 평화로 이끄는 탄원서로 읽어야 한다고 주장한다.[10]

먼저 구하라

그의 나라와 그의 의

(마태복음 6:19-34)

너희를 위하여 보물을 땅에 쌓아 두지 말라 거기는 좀과 동록이 해하며 도적이 구멍을 뚫고 도적질하느니라

오직 너희를 위하여 보물을 하늘에 쌓아 두라 거기는 좀이나 동록이 해하지 못하며 도적이 구멍을 뚫지도 못하고 도적질도 못 하느니라

네 보물 있는 그곳에는 네 마음도 있느니라

눈은 몸의 등불이니 그러므로 네 눈이 성하면 온몸이 밝을 것이요

눈이 나쁘면 온몸이 어두울 것이니 그러므로 네게 있는 빛이 어두우면 그 어두움이 얼마나 하겠느뇨

한 사람이 두 주인을 섬기지 못할 것이니 혹 이를 미워하며 저를 사랑하거나 혹 이를 중히 여기며 저를 경히 여김이라 너희가 하나님과 재물을 겸하여 섬기지 못하느니라

그러므로 내가 너희에게 이르노니 목숨을 위하여 무엇을 먹을까 무엇을 마실까 몸을 위하여 무엇을 입을까 염려하지 말라 목숨이 음식보다 중하지 아니하며 몸이 의복보다 중하지 아니하냐

공중의 새를 보라 심지도 않고 거두지도 않고 창고에 모아들이지도 아니하되 너희 천부께서 기르시나니 너희는 이것들보다 귀하지 아니하냐

너희 중에 누가 염려함으로 그 키를 한 자나 더할 수 있느냐

또 너희가 어찌 의복을 위하여 염려하느냐 들의 백합화가 어떻게 자라는가 생각하여 보라 수고도 아니하고 길쌈도 아니하느니라

그러나 내가 너희에게 말하노니 솔로몬의

모든 영광으로도 입은 것이 이 꽃 하나만 같
지 못하였느니라
오늘 있다가 내일 아궁이에 던지우는 들풀
도 하나님이 이렇게 입히시거든 하물며 너
희일까 보냐 믿음이 적은 자들아
그러므로 염려하여 이르기를 무엇을 먹을까
무엇을 마실까 무엇을 입을까 하지 말라
이는 다 이방인들이 구하는 것이라 너희 천

부께서 이 모든 것이 너희에게 있어야 할 줄
을 아시느니라
너희는 먼저 그의 나라와 그의 의를 구하라
그리하면 이 모든 것을 너희에게 더하시리라
그러므로 내일 일을 위하여 염려하지 말라
내일 일은 내일 염려할 것이요 한날 괴로움
은 그날에 족하니라

마태복음 6:19-34

오늘 우리는 무엇을 선택해야 하는가

재물을 땅이 아닌 하늘에 쌓고 두 주인을 섬기지 말 것이며, 내일 걱정
을 하지 말라는 가르침이 이어진다. 절정에 다다라서 하나님의 나라와
하나님의 의를 구하는 일에 삶의 모든 것을 집중해야 함을 역설한다.
이러한 예수 가르침에는 섬뜩할 정도의 비장함이 느껴진다.

재물은 물질적인 재산만을 의미하지 않는다. 인간의 노력으로 쌓아
올린 선행도 포함된다. 재물을 하늘을 쌓아두라는 예수의 말은 일종의
경고다. 자신이 쌓아둔 공로나 그 비슷한 것들이 지상의 재물에만 집
중되는 인간 본성에 대한 경고이다. 경고의 핵심은 인간의 마음자리가
어디에 있는가를 점검하라는 데 있다. 마음은 자신의 행위, 생각, 업적
으로 인해 결정된다. 그러므로 재물을 하늘에 놓아두라는 것은 마음자
리를 바꾸라는 의미이다.

마음자리의 변화는 눈 이야기에서도 강조된다. 눈이 어두워질 때 삶
전체가 어둠에 빠지게 된다. 또한 마음의 눈이 멀게 될 때 하나님을 순
수하고 솔직하게 볼 기회를 잃게 된다.

근심, 염려와 멀어지라는 것은 얼핏 보기에는 가혹하다. 어떻게 인간이 살아가면서 먹고 마시는 문제에 대해 염려하지 않을 수 있는가. 하지만 예수의 가르침은 단호하다. 예수는 근심이 무의미하다고 단언한다. 더불어 근심을 척결하고 몰아내야 하는 이유를 밝힌다. 예수는 근심이 삶을 괴롭게 하고 기쁨을 빼앗아가는 것은 물론, 궁극적으로 근심과 염려로 인해 인간이 하나님을 보지 못하게 된다고 말한다. 근심이 커지면 커질수록 마음의 눈이 멀게 된다.

이어서 예수는 근심과 번뇌로 점철된 삶의 갈등을 정면으로 돌파하는 실마리가 하나님 나라를 향한 집념에 달려 있다고 단언한다. 하나님 나라는 분명 미래 지향적이다. 인간의 삶이 미래 지향적인 하나님 나라를 향해 집중하면, 즉 예수와 하나님을 믿음으로써 섬기면 하나님 나라가 현재가 될 것이다. 이로써 미래에 대한 희망이 현재의 불안을 압도한다. 인간이 하나님 나라에 전념하면 인간에 대한 하나님 나라, 그 사랑은 현실이 된다.

보수 개혁주의자 에드먼드 클라우니가 받아들이는 하나님의 의는 개인적 의와 사회적 의를 통합한 의이다. 클라우니는 사회적 불의에 대한 하나님 의를 추구하는 방법을 근본적인 변화를 위한 해답으로 이해한다. 복음으로 모든 민족이 하나가 되는 정신의 변화, 영혼의 변화를 최우선으로 본 것이다. 클라우니는 그런 까닭에 '그의 나라와 그의 의'를 추구하는 데 겸손과 청빈을 최우선 덕목으로 내세운다. 겸손한 마음은 인간을 자리보전이나 자아의 집착에서 자유롭게 해주므로 긍정적이다. 청빈은 하나님보다 재물을 더 구하는 태도에서 자유롭게 해줄 수 있으므로, 사후세계에 뜻을 두고 있는 하나님 나라를 더 간절히 추구할 수 있다는 점에서 긍정적이다.

한편 한국의 대표적 진보 신학자 강원돈이 받아들이는 하나님의 의는 권력의 해체와 물物의 사유화로부터의 해방이다.[11] 이때의 의는 공평과 정의를 뜻한다. 강원돈은 예수의 가르침이 당대의 현실 상황과 분리되지 않는다고 본다. 그런 관점에서 재물에 대한 탐욕은 곧 권력에 대한 탐욕이다. 그러므로 강원돈은 하나님의 의를 구하는 것은 권력욕의 근본을 허물어뜨리는 데 이바지하는 모든 시도를 뜻한다고 주장한다.

남 눈의 티보다
내 눈 속 들보를 먼저 보라

역지사지

(마태복음 7:1-12)

비판을 받지 아니하려거든 비판하지 말라 너희의 비판하는 그 비판으로 너희가 비판을 받을 것이요 너희의 헤아리는 그 헤아림으로 너희가 헤아림을 받을 것이니라

어찌하여 형제의 눈 속에 있는 티는 보고 네 눈 속에 있는 들보는 깨닫지 못하느냐

보라 네 눈 속에 들보가 있는데 어찌하여 형제에게 말하기를 나로 네 눈 속에 있는 티를 빼게 하라 하겠느냐

외식하는 자여 먼저 네 눈 속에서 들보를 빼어라 그 후에야 밝히 보고 형제의 눈 속에서 티를 빼리라

거룩한 것을 개에게 주지 말며 너희 진주를 돼지 앞에 던지지 말라 저희가 그것을 발로 밟고 돌이켜 너희를 찢어 상할까 염려하라

구하라 그러면 너희에게 주실 것이요 찾으라 그러면 찾을 것이요 문을 두드리라 그러면 너희에게 열릴 것이니

구하는 이마다 얻을 것이요 찾는 이가 찾을 것이요 두드리는 이에게 열릴 것이니라

너희 중에 누가 아들이 떡을 달라 하면 돌을 주며

생선을 달라 하면 뱀을 줄 사람이 있겠느냐 너희가 악한 자라도 좋은 것으로 자식에게 줄 줄 알거든 하물며 하늘에 계신 너희 아버지께서 구하는 자에게 좋은 것으로 주시지 않겠느냐

그러므로 무엇이든지 남에게 대접을 받고자 하는 대로 너희도 남을 대접하라 이것이 율법이요 선지자니라

마태복음 7:1-12

무엇을 간절히 원해야 하는가

구하고 찾고 두드리라는 예수의 언행은 누가복음에서도 동일하게 강조되며, 이는 당시 종교 공동체에서 믿던 주된 가르침 중 하나였다. 이 예수 가르침의 대상은 하나님 한 분에게로 집중된다. 예수는 마음과 영혼의 모든 영역에서 하나님을 찾는 절박함이 있어야 한다고 가르친다. 이 절박함을 일깨워준 것이 바로 가려진 하나님이 새롭게 드러난 일이다.

당시 쿰란 공동체의 수도원 계율 중 한 대목에 주목할 필요가 있다. 그 계율에 따르면 은폐된 것을 일깨우지 않고서 하나님의 율법을 연구한다고 말하는 이는 하나님 계약에 속한 백성으로 볼 수 없다.[12] 하나님의 율법은 죽은 문서가 아니다. 그것은 살아 있는 생명체와 같다. 예수는 하나님의 율법을 단순히 연구하는 데 그치지 말고 철저히 구하고 찾고 두드리는 절박함으로써 가려진 것을 폭로하고 드러내, 실체를 보려는 용기를 가져야 한다고 말한다.

간구하는 인간의 행위 그 자체를 축복이라 이를 수는 없다. 하지만 그 간구의 근원, 자신에게 주어진 갈망의 근원을 이해하려는 태도가 하나님의 아들 예수의 가르침에 집중될 때, 비로소 인간은 하나님 사랑을 아는 인간으로 나아가게 될 것이다.

그러므로 간구해야 한다. 진정한 인간은 자신의 약함에 대해 솔직하게 알고 고백하는 인간이기 때문이다. 인간은 아버지에게 받은 사랑의 절정을 자신의 이웃에게 나눠주어야 한다. 예수가 남에게 대접받고자 하는 자는 남을 먼저 대접하라는 가르침을 모든 율법과 예언의 성취라고 말한 이유가 바로 여기에 있다.

구하고 찾고 두드리는 일에 대해 보수 개혁주의자 존 비슬리 머레이는 하나님의 뜻을 찾기 위한 부단한 신앙생활로 이해한다. 또한 이 땅에서 구원의 표를 얻고 그 구원이 보장된 하늘나라, 천국에서의 삶을 굳게 믿는 믿음의 강화로 하나님의 뜻을 이해한다. 이를 영적 관점이라고 말한다. 다시 말해 머레이에게 있어서 주요한 신앙생활의 도구는 구하고 찾고 두드리는 적극성이다. 그런데 이 적극성은 세속적인 적극성이라기보다는 영적 적극성이다. 더 많은 이가 복음을 믿고 하나님 나라 사역에 참여하기를 갈망하도록 선교를 적극적으로 하라고 머레이는 소리를 높인다.

반면 급진적 신학자 존 도미니크 크로산은 구하고 찾고 두드리는 행위를 하나님 나라와 의의 적극적인 실천으로 이해한다. 크로산은 이 실천을 종교적 수행으로만 보지 않는다. 개인의 신앙생활로도 보지 않는다. 그가 이해하는 적극적인 실천이란 지금 이 땅에서 벌어지고 있는 정의롭지 못한 현실에 분노하고 현실 개혁과 개선을 위해 노력하는 것이다. 크로산은 하나님의 뜻은 그리스도인이 하나님의 의에 반대되는 권력욕, 물질욕, 계급욕과 같은 부조리 일체와 맞서는 일이라고 주장한다.

좁은 문으로 들어가라

두 개의 길

(마태복음 7:13-27)

좁은 문으로 들어가라 멸망으로 인도하는 문은 크고 그 길이 넓어 그리로 들어가는 자가 많고

생명으로 인도하는 문은 좁고 길이 협착하여 찾는 이가 적음이니라

거짓 선지자들을 삼가라 양의 옷을 입고 너희에게 나아오나 속에는 노략질하는 이리라

그의 열매로 그들을 알찌니 가시나무에서 포도를 또는 엉겅퀴에서 무화과를 따겠느냐

이와 같이 좋은 나무마다 아름다운 열매를 맺고 못된 나무가 나쁜 열매를 맺나니

좋은 나무가 나쁜 열매를 맺을 수 없고 못된 나무가 아름다운 열매를 맺을 수 없느니라

아름다운 열매를 맺지 아니하는 나무마다 찍혀 불에 던지우느니라

이러므로 그의 열매로 그들을 알리라

나더러 주여 주여 하는 자마다 천국에 다 들어갈 것이 아니요 다만 하늘에 계신 내 아버지의 뜻대로 행하는 자라야 들어가리라

그 날에 많은 사람이 나더러 이르되 주여 주여 우리가 주의 이름으로 선지자 노릇하며 주의 이름으로 귀신을 쫓아내며 주의 이름으로 많은 권능을 행치 아니하였나이까 하리니

그 때에 내가 저희에게 밝히 말하되 내가 너희를 도무지 알지 못하니 불법을 행하는 자들아 내게서 떠나가라 하리라

그러므로 누구든지 나의 이 말을 듣고 행하는 자는 그 집을 반석 위에 지은 지혜로운 사람 같으리니

비가 내리고 창수가 나고 바람이 불어 그 집에 부딪히되 무너지지 아니하나니 이는 주

초를 반석 위에 놓은 연고요
나의 이 말을 듣고 행치 아니하는 자는 그 집
을 모래 위에 지은 어리석은 사람 같으리니

비가 내리고 창수가 나고 바람이 불어 그 집
에 부딪히매 무너져 그 무너짐이 심하니라

마태복음 7:13–27

좁은 문이란 무엇인가

산상수훈의 마지막을 향해 치닫고 있다. 예수의 말에는 거침이 없다. 그는 인간의 관점과 인간의 시각에서부터 출발하지만, 인간이 처한 현실 문제에 대해서는 어떤 낙관도, 기대도 하지 않는다. 너무나 냉정하고 차가워 눈물이 날 지경이다.

두 개의 길, 생명의 길과 심판의 길을 제시하는 과정에서 예수는 생명의 길을 좁은 길에 비교한다. 독특한 것은 문과 길, 모두 좁고 협소한 것으로 묘사된다는 점이다. 좁은 문은 하나님의 도시에 이르는 결정적 관문이자 유일한 상징이다. 하지만 그 문을 열어야 할 몫은 온전히 인간의 선택과 결단에 달려 있다. 그 길을 다른 이가 대신 걸어줄 수는 없다.

예수는 많은 이가 넓은 길로 빠져들어 지옥에 당연히 떨어질 것이라고는 말하지 않는다.[13] 좁은 문을 통해 들어가는 것을 인식하는 것이 중요하다고 말할 뿐이다. 좁은 문으로 제시된 생명의 환희, 그 초대를 받아들이는 것. 예수의 관심사는 오직 그뿐이다.

이 대목에서 예수는 혼란과 파격의 아이콘으로 자리매김된다. 거짓 예언자를 양의 옷을 입고 온 사나운 이리로 표현하는가 하면 "주여, 주여!" 하는 자들조차 하나님 나라에 들어갈 수 없다고 말하면서 그것을 불법이라고까지 말한다.

예수는 산상수훈 전체를 통해 유대교의 율법에 대해 그것이 말하는 모든 계명을 지키고, 누구도 죽이지 않고 정확하게 이혼증서를 써주고 동료에게 호의적으로 대하는 이마저도 하나님의 온전함 앞에서는 흠 투성이로 나타난다고 말한 바 있다. 또한 그는 예언, 악마 추방, 이적과 치유, 권능 등의 영적 은사조차도 주술과 마술에 취한 이에게도 얼마든지 나타날 수 있음을 경고한다.

그렇다면 예수가 말한 불법은 무엇인가? 그것은 바로 하늘에 계신 아버지의 뜻을 외면하고, 스스로 만들어낸 우상에게 경배하며, 얄팍한 종교심으로 구원에 이를 수 있다고 믿는 마음의 뿌리이다. 듣고 행하는 것, 반석 위에 집을 짓는 것 모두 한 가지 핵심을 향해 뻗어 나간다. 하나님 나라와 의를 구하는 것이다. 바리새인과 율법학자들이 멋대로 세워놓은 율법을 넘어서는 율법, 절대 항수와도 같은 하나님 사랑을 받아들이는 것. 그것이 바로 예수가 말한 듣고 행하는 참된 그리스도인의 자세다.

비장미를 갖춘 산상수훈 마지막 가르침을 종교개혁의 주역 장 칼뱅은 천국이냐 지옥이냐, 하나님 나라냐 아니면 영원한 지옥이냐를 양자택일하는 것이라 본다. 칼뱅은 산상수훈의 마지막 선택에 대한 예수 가르침을 구원과 직결된 문제로 보고 우리에게 순종과 불순종 사이의 근본적 선택을 요구하는, 신앙의 도전으로서의 강력한 영적 투쟁의 메시지로 읽어야 한다고 주장한다.

진보 신학 역시 양자택일에 대한 의견에서는 보수 신학의 견해와 뜻을 같이한다. 모호한 태도를 보이는 것만큼 어리석은 일은 없다는 의견 역시 보수 신학의 입장과 크게 다르지 않다. 차이가 있다면 하나님의 뜻을 행하는 사람이 누구인가에 대한 견해차이이다. 보수 신학은 하나님 뜻을 행함에 대한 핵심을 예수를 구세주로 믿고 산상수훈이 열거한 율법을 복음의 관점에서 더욱 철저하고 새롭게 받아들이는 영성의 심화라고 주장한다. 하지만 급진적 진보 신학자 다가와 겐조가보는 하나님의 뜻은 개인의 구원 보장에 집중되지 않는다. 다가와는종교와 권력의 이름으로 수많은 사람을 착취하고 선동하던 모든 기득권의 억압에서 백성을 해방하고, 새로운 사회, 새로운 가치에서 모든이들이 평등하고 주체적인 선택을 할 수 있도록 길을 열어주는 것을하나님 뜻을 행하는 전부라고 주장한다.[14]

제5부

비유들

갈릴리 사역 후기 언행

예수는 갈릴리에서 문제적 인물로 급부상했다. 기존의 유대 전통에 대해 돌이킬 수 없이 혹독하게 비판했기 때문이다. 그로 인해 예수는 이제 유대교의 주류라 할 수 있는 예루살렘으로 향하는 길을 피해 갈 수 없게 되었다. 그 길을 앞둔 상태에서 예수는 잠시 갈릴리를 떠나 북쪽과 동쪽 지역으로 순회했다가 다시 잠깐 갈릴리를 방문한다. 갈릴리에서 예수는 주옥같은 비유 가르침과 기적들을 남긴 뒤 예루살렘으로 향한다. 그러므로 예수의 비유 가르침과 기적은 절정의 격돌을 앞둔 한 혁명가의 자기 다짐을 의미하며, 동시에 자신을 향하는 수많은 추종자가 단지 맹목적 믿음과 추종 욕구에 사로잡히는 것에 그치지 않고 주체적으로 생각할 수 있는 종교 사상의 틀을 형성하게 하려는 의지를 뜻한다.

성서에 등장하는 비유는 하나의 짧은 은유적 이야기로 잠언, 우화, 예언적 담화, 수수께끼 같은 이야기가 큰 맥락의 일부분으로 등장한다. 모든 성서 역사 해석의 전통에서 비유는 예수의 가르침을 우화, 풍자로서 구체적으로 이해하기 위한 것이었다. 하지만 최근 신학의 풍조에서는 이러한 예수 비유를 코에 걸면 코걸이, 귀에 걸면 귀걸이식으로 해석하기를 거부한다. 예수의 모든 비유, 그 각각의 이야기는 오직 한 가지 핵심 교훈만을 전달한다. 그 외 비유 이야기에 담긴 세부 사항들은 비유 속에 담긴 핵심 교훈을 전달하기 위한 이야기 구조이며, 우화적 해석은 무가치하다는 것이 일반적인 해석이다.

　이른바 지나친 상징적 해석과 퍼즐 맞추기식 비유 해석도 문제지만, 그렇다 해서 예수 비유 속에 한 가지 교훈, 그것도 삶의 지혜나 격언의 가르침만 담겨 있다고 보는 접근도 예수 언행, 특히 그의 비유 이야기의 진위를 오롯이 담아내지 못한다. 쉽게 결론 내릴 수 없겠지만, 예수의 비유가 가진 울림은 찰나의 직관과 같은 깨달음, 그 찬란함의 지속이라 말할 수 있지 않을까? 예수의 비유는 현재의 우리도 즐겨 사용한다. 우리는 그 평범한 이야기 줄기에서 존재의 심장을 두들기는 섬뜩할 정도로 분명한 신비, 진리의 섬광을 외면할 수 없다. 이제부터 그 섬광을 체험해보자.

파종

씨 뿌리는 자

(마가복음 4:1-9, 13-20)

예수께서 다시 바닷가에서 가르치시니 큰 무리가 모여 들거늘 예수께서 배에 올라 바다에 떠 앉으시고 온 무리는 바다 곁 육지에 있더라

이에 예수께서 여러 가지를 비유로 가르치시니 그 가르치시는 중에 저희에게 이르시되 들으라 씨를 뿌리는 자가 뿌리러 나가서

뿌릴 쌔 더러는 길 가에 떨어지매 새들이 와서 먹어 버렸고

더러는 흙이 얕은 돌밭에 떨어지매 흙이 깊지 아니하므로 곧 싹이 나오나

해가 돋은 후에 타져서 뿌리가 없으므로 말랐고

더러는 가시떨기에 떨어지매 가시가 자라 기운을 막으므로 결실치 못하였고

더러는 좋은 땅에 떨어지매 자라 무성하여 결실하였으니 삼십 배와 육십 배와 백 배가 되었느니라 하시고

또 이르시되 들을 귀 있는 자는 들으라 하시니라

(……)

또 가라사대 너희가 이 비유를 알지 못할찐대 어떻게 모든 비유를 알겠느뇨

뿌리는 자는 말씀을 뿌리는 것이라

말씀이 길가에 뿌리웠다는 것은 이들이니 곧 말씀을 들었을 때에 사단이 즉시 와서 저희에게 뿌리운 말씀을 빼앗는 것이요

또 이와 같이 돌밭에 뿌리웠다는 것은 이들이니 곧 말씀을 들을 때에 즉시 기쁨으로 받으나

그 속에 뿌리가 없어 잠간 견디다가 말씀을 인하여 환난이나 핍박이 일어나는 때에는

곧 넘어지는 자요
또 어떤 이는 가시떨기에 뿌리우는 자니 이
들은 말씀을 듣되
세상의 염려와 재리의 유혹과 기타 욕심이 들
어와 말씀을 막아 결실치 못하게 되는 자요

좋은 땅에 뿌리웠다는 것은 곧 말씀을 듣고
받아 삼십 배와 육십 배와 백 배의 결실을
하는 자니라

마가복음 4:1-9, 4:13-20

씨 뿌리는 자는 무엇을 뿌리고 있을까

예수의 비유는 쉽고 단순하다. 어려운 단어를 남발하거나 복잡하게 이
야기하지 않는다. 하지만 그 심오함만큼은 차원이 다르다. 단순하면서
도 여러 가지 해석의 길이 열려 있다. 씨 뿌리기 비유 역시 그렇다. 씨
뿌리는 자에 대한 이야기의 핵심은 하나님 나라이다. 이 비유는 파종
과 수확이라는 환경에서 비롯된 것으로, 당시 팔레스타인 상황에서 흔
하게 볼 수 있는 풍경이었다.

갈릴리 호숫가에 엄청나게 많은 사람이 예수를 에워싸고 그를 지켜
본다. 예수는 배 위로 올라서서 가르침을 주기 시작한다. 뿌려진 씨앗
중 어떤 것들은 길 위나 길가에 떨어지고, 또 어떤 것들은 흙으로 얇게
덮인 바위 위에 떨어진다. 또 어떤 씨앗들은 아예 보이지 않거나 가시
덤불 아래 떨어져 결실을 보지 못하기도 한다. 예수는 마지막 결과를
힘주어 강조한다. 이미 많은 씨앗을 낭비했을지도 모르지만, 비옥한
땅에 떨어진 씨앗을 통해 삼십 배, 육십 배, 백 배의 결실을 거두는 씨
앗이 있다는 것이다.

이 비유에서는 인간의 마음 상태를 비옥한 땅과 척박한 땅으로 대
조하고 있다. 비옥한 마음을 가진 자라면 말씀을 듣고 크나큰 결실을

맺으리라는 가르침을 준다. 예수는 절망적인 상황에 놓이더라도 하나님은 하나님 나라라는 결말을 보여주시리라는 강한 확신을 전한다. 우리는 처음에 잘못 뿌려진 씨앗이 결과에 아무런 영향도 주지 못한다는 점에서 주목해야 한다. 그만큼 마음가짐에 신경 써야 한다는 의미이다. 비유의 핵심은 숱한 실패에도 하나님 나라는 반드시 도래한다는 것이 아니다. 하나님의 다스림이 시작될 때, 수없이 거부당해 온 예수의 선포가 끝내 성공을 거둔다는 확신이다.

예수는 이 비유에 해설을 곁들인다. 씨 뿌리는 사람은 곧 말씀을 뿌리는 사람이며, 땅의 상태를 사람의 마음 상태에 비유하여 좋은 땅으로 상징되는 마음 상태를 회복하는 이가 결실의 기쁨을 누리게 되리라는 내용이다. 여기서 땅의 상태를 이야기한 까닭은 듣는 사람의 마음가짐이 중요하다고 강조하기 위함이다. 그렇다면 길가나 돌밭, 가시덤불이 의미하는 바는 무엇일까? 이는 말씀이 열매를 맺지 못한 경우를 뜻한다. 깨우침을 얻으려는 의사가 없는 무감각한 마음 상태 말이다. 예수는 이런 마음가짐에 대해 경고한 것이다.

이는 그리스도인이 어떻게 살아갈지에 대한 하나의 제안이기도 하다. 말씀이 의미를 지니려면 말씀을 삶 속에 적용하고 일상에서 실천해야 한다는 말이다. 씨를 뿌리면 저절로 열매를 딸 수 있는 것이 아니듯, 텃밭을 매일 가꾸고 돌보는 농부처럼 부단히 노력해야 열매라는 결실을 맺을 수 있다.

그리스도인의 일상생활은 교회의 실천 방향과도 직결된다. 교회 공동체는 믿는 자로서 현 상황을 점검하고 믿음을 지속하기 위해 부단히 집중해야 함을 잊어서는 안 된다.

아우구스티누스는 씨를 하나님의 말씀이라는 영적 개념에 집중한다. 이를 받아들이는 땅의 상태를 성도의 영적 자세로 보아야 한다며, 여기서 한 걸음 더 나아가 영적 끈기가 영적 보상을 낳는다는 식으로 하나님의 축복과 비옥한 땅의 비유를 연결해야 한다고 그는 생각한다. 물론 아우구스티누스는 놀라운 결실의 양을 현세의 축복 정도와 동일시하지는 않는다.

반면 진보 신학자 루돌프 불트만은 씨 뿌림의 비유 이야기를 하나님 나라 이야기로 본다. 이때 하나님 나라는 새로이 시작되는 나라를 뜻한다. 하지만 그 나라는 지금 우리 시대가 종말하고 나타날 내세가 아니라, 바로 우리의 현실에서 실현될 복음의 정신에 입각한 차별과 절망 없는 나라라고 주장한다. 그런 맥락에서 불트만 그리스도의 재림을 기다리던 당시 이스라엘 백성들이 더디 오는 하나님 나라에 절망하거나 좌절하지 않도록 하기 위해 성서 기록자들이 남긴 기록이라고 주장한다. 즉, '하나님 나라는 반드시 온다.'는 점이 분명함을 강조하기 위해 숫자를 이용해 백 배의 결실을 맺으리라는 비유를 썼다고 본다.[1]

이처럼 진보 신학과 보수 신학에서 하나님 나라를 바라보는 관점은 차이가 있다. 보수 신학이 개별 영성체의 축복을 삼십, 육십, 백이라는 숫자를 이용해 영적 노력을 기울인 만큼 그 보상을 얻는다는 식의 개인 보상론에 치중한 반면, 진보 신학은 정의와 평화가 실현되는 하나님 나라가 이 땅에 반드시 도래한다는 신념을 다시 확인하기 위해 숫자를 이용했다고 보며, 개인의 보상과는 차원이 다른 문제라는 입장을 견지한다.

은밀한 성장

농부와 씨앗

(마가복음 4:26-29)

또 가라사대 하나님의 나라는 사람이 씨를 땅에 뿌림과 같으니

저가 밤낮 자고 깨고 하는 중에 씨가 나서 자라되 그 어떻게 된 것을 알지 못하느니라

땅이 스스로 열매를 맺되 처음에는 싹이요 다음에는 이삭이요 그 다음에는 이삭에 충실한 곡식이라

열매가 익으면 곧 낫을 대나니 이는 추수 때가 이르렀음이니라

마가복음 4:26-29

우리는 무엇을 추수해야 하는가

예수는 씨앗을 비유의 소재로 자주 사용하였다. 이 이야기에서는 아예 하나님 나라를 씨앗에 비유했다. 비유 이야기에 나타난 사건 전체를 하나님 나라와 관련지어 설명한다.

이 이야기에서 중요한 점은 씨앗을 뿌린 농부가 밭일을 끝낸 뒤 씨

앗을 그대로 땅에 맡겨두었다는 점이다. 씨앗들이 자동적으로 열매를 맺도록 하는 것은 바로 땅이다. 농부는 씨앗이 어떻게 성장하는지 그 원인이 되는 근원적인 힘을 알지 못한다. 하지만 추수할 때가 되면 농부가 해야 할 역할이 있다.

구약성서 요엘서를 인용한 예수의 가르침에는 씨를 뿌리는 일과 추수하는 일이 밀접하게 관련되어 있다. 농부가 땅이 선사한 열매를 베어냄으로써 필요한 식량을 거둬들이는 것이다.[2] 예수는 이 비유에서도 추수를 언급함으로써 하나님 나라의 출현을 다시 한 번 확언한다. 예수는 하나님 나라를 확신한다. 하나님 나라가 먼 미래에 나타날 것이라는 막연한 기대가 아니라 바로 지금, 여기에서 경험할 수 있음을 말하고자 한다.

예수 자신의 나타남으로 인해 하나님 나라의 추수는 이미 시작되었다. 예수와 미래를 동일시하는 신비를 믿고 이에 동의하는 참여자는 하나님 나라에 참여하는 기쁨을 누리게 될 것이다. 예수는 바로 그 점을 염두에 두고 추수의 열매 맺음을 말한 듯하다. 이런 가르침의 배경에는 예수 자신의 분명하고도 심오한 확신, 하나님과 인간이 함께 어울릴 수 있는 하나님 나라 출현에 대한 견고한 믿음이 자리하고 있다. 충분히 가능한 일이다. 그렇다면 우리는 그의 확신에 찬 가르침을 신뢰해야 하지 않을까?

보수 신학은 씨앗을 키우고 자라나게 하는 것을 하나님의 절대 주권으로 보며 추수의 때를 하나님의 심판으로 이해한다. 진보 신학 역시 하나님의 절대 주권으로서 씨앗 성장에 주목하지만 동시에 과정에도 집중한다는 점에서 보수 신학과 차이를 보인다. 처음에는 싹이지만 점차 이삭이 되고 곡식이 되는 성장의 과정이 있을 것이다. 진보 신학은 하나님 나라의 신비는 전적으로 창조주의 몫이지만 신성의 자양분을 흡수하고 이를 영글게 하여 결과를 내는 것은 인간의 몫이라는 점을 특히 강조한다.

겨자씨 한 알

하나님 나라의 비유

(마가복음 4:30-32, 마태복음 13:31-33, 누가복음 13:18-21)

또 가라사대 우리가 하나님의 나라를 어떻게 비하며 또 무슨 비유로 나타낼꼬 겨자씨 한 알과 같으니 땅에 심길 때에는 땅 위의 모든 씨보다 작은 것이로되 심긴 후에는 자라서 모든 나물보다 커지며 큰 가지를 내니 공중의 새들이 그 그늘에 깃들일 만큼 되느니라

마가복음 4:30-32

보잘것없는 겨자씨는 어떻게 되는가

비유의 중심 되는 대상은 한 톨의 겨자씨이다. 주석가 중 일부는 당시 겨자나무를 야생으로 보고, 일부는 재배식물로 본다. 겨자씨와 관련된 속담으로 "해는 겨자씨만큼 작은 핏빛으로 물들기 전에는 절대 지지 않는다."라는 말이 있다. 게네사렛 호수 주변에서 성장한 겨자나무는

모두 3미터까지 자라며 다른 채소보다도 훨씬 무성한 결실을 맺는다.[3]

겨자씨 한 알의 비유에서는 앞서 나온 두 가지 씨앗 비유에서보다도 훨씬 더 극적인 대조가 나타난다. 모든 씨 가운데 가장 작은 겨자씨가 땅에 뿌려진 뒤에는 세상 어떤 나무들보다도 더 크고 무성하게 자라 공중의 새들이 모여든다는 내용이다. 이 짧은 이야기의 중심에는 하나님 나라로 상징되는 겨자나무가 있다. 겨자씨가 비록 사람의 안목으로 볼 땐 보잘것없어 보이더라도 이후에는 놀라운 결과로 주어지리라는 확신을 밀어붙인 것이다.

이는 당시 예수가 처한 상황과 부합된다. 예수의 등장을 바라보던 당시의 기득권층은 예수와 제자, 그를 따르는 무리를 어중이떠중이로 평가절하했다. 그들은 예수가 말하는 하나님 나라를 한없이 보잘것없게 볼 뿐이었다. 예수는 제자들에게 그러한 사람들의 시선에 연연하지 말라고 당부하고 싶었을 것이다. 또 세속의 가치를 따라 부화뇌동하지 말라고 조언하고 싶기도 했을 터이다. 비유에 따라 유추해보면 하나님 나라는 후일 세계 곳곳으로 나아가 전파된다는 의미가 아니다. 오히려 그 반대다. 세계 모든 민족이 무성하게 자라난 겨자나무를 중심으로 모일 것이다. 예수는 유행과 세태의 흐름에 휩쓸리지 말고 자신 안에 지금 어떤 확신과 신뢰가 싹트고 있는지를 보라고 말한다.

보수 개혁주의 신학자 윌리엄 바클레이는 겨자씨 비유에서 하나님 나라의 크고 놀라운 성장을 본다. 바클레이는 초기 1세기 기독교 교세가 얼마나 허약하고 보잘것없었는지를 상기할 필요가 있다고 말한다. 바클레이는 영적 성장은 비록 눈에 띄게 나타나지는 않지만 그것이 결국 전 세계를 뒤덮는 복음화의 결과를 낳았다고 말하며, 이를 통해 감

동받고 큰 위로를 느낄 수 있다고 이야기한다.[4]

반면 급진적 진보 신학자 다가와 겐조는 겨자씨 비유를 앞서 보여준 씨 뿌리는 비유에서와 같이 하나님 나라, 희망의 필연에 대한 강조로 받아들인다. 동시에 다가와는 민중으로 상징되는 보잘것없는 겨자씨가 땅에 뿌려지고 자라나는 행위가 비록 눈에 보이는 기득권층, 권력가들의 눈에 볼 땐 더없이 보잘것없고 하찮은 것일지라도 누구도 함부로 할 수 없는 가치를 지닌 혁명을 일으킨다고 주장한다. 그것은 곧 후일 예수가 말한 체제 전복의 강력한 도구로 사용될 수 있다는 가능성을 암시하는 것으로 발전된다.[5]

한편 생태 신학적 입장을 견지한 학자들은 겨자씨 비유 이야기 속에 담긴 땅의 가치에 자본주의의 논리로는 설명할 수 없는 자연보호, 생태보호의 메시지가 담겨 있다고 주장한다. 생태 신학의 관점에서는 후일 크게 성장한 결과에 크게 주의를 기울이지 않는다. 대신 한 알의 밀알, 혹은 보잘것없는 씨앗이라 하더라도 땅에 뿌려지고 자라나는 생명의 소중함을 절실히 느끼는 자세가 곧 인간이 자연을 대하는 겸손함, 더 나아가 자연 정신의 본질이라고 말한다.[6]

악인을 대하는 자세

곡식과 그물

(마태복음 13:24-30, 36-43, 47-50)

예수께서 그들 앞에 또 비유를 베풀어 가라사대 천국은 좋은 씨를 제 밭에 뿌린 사람과 같으니

사람들이 잘 때에 그 원수가 와서 곡식 가운데 가라지를 덧뿌리고 갔더니

싹이 나고 결실할 때에 가라지도 보이거늘

집주인의 종들이 와서 말하되 주여 밭에 좋은 씨를 심지 아니하였나이까 그러면 가라지가 어디서 생겼나이까

주인이 가로되 원수가 이렇게 하였구나 종들이 말하되 그러면 우리가 가서 이것을 뽑기를 원하시나이까

주인이 가로되 가만 두어라 가라지를 뽑다가 곡식까지 뽑을까 염려하노라

둘 다 추수 때까지 함께 자라게 두어라 추수 때에 내가 추숫군들에게 말하기를 가라지는 먼저 거두어 불사르게 단으로 묶고 곡식은 모아 내 곳간에 넣으라 하리라

(······)

이에 예수께서 무리를 떠나사 집에 들어가시니 제자들이 나아와 가로되 밭의 가라지의 비유를 우리에게 설명하여 주소서

대답하여 가라사대 좋은 씨를 뿌리는 이는 인자요

밭은 세상이요 좋은 씨는 천국의 아들들이요 가라지는 악한 자의 아들들이요

가라지를 심은 원수는 마귀요 추수 때는 세상 끝이요 추숫군은 천사들이니

그런즉 가라지를 거두어 불에 사르는 것같이 세상 끝에도 그러하리라

인자가 그 천사들을 보내리니 저희가 그 나라에서 모든 넘어지게 하는 것과 또 불법을

행하는 자들을 거두어 내어
풀무 불에 던져 넣으리니 거기서 울며 이를
갈음이 있으리라
그때에 의인들은 자기 아버지 나라에서 해
와 같이 빛나리라 귀 있는 자는 들으라
(……)
또 천국은 마치 바다에 치고 각종 물고기를
모는 그물과 같으니

그물에 가득하매 물 가로 끌어내고 앉아서
좋은 것은 그릇에 담고 못된 것은 내어 버리
느니라
세상 끝에도 이러하리라 천사들이 와서 의
인 중에서 악인을 갈라내어
풀무 불에 던져 넣으리니 거기서 울며 이를
갈음이 있으리라

마태복음 13:24–30, 13:36–43, 13:47–50

선과 악은 공존할 수 있을까

마태복음에서는 곡식과 가라지에 대한 비유와 함께 그물 비유를 사용
함으로써 공존과 구별이라는 주제를 심화시킨다. 공존이라 함은 삶에
없어서는 안 될 양식인 곡식과 함께 자라나는 가라지를 그대로 두는
것을 말한다. 그물에 걸리는 물고기 중에는 먹을 만한 고기도 있지만
오염되고 병든 고기도 함께 있을 것이다. 그물을 바다에서 육지로 길
어 올릴 때, 곡식과 가라지, 먹을 만한 고기와 오염된 고기를 가려내야
한다.

예수의 해설에서도 나타난 바 있듯 씨는 좋은 것, 즉 복음이다. 씨로
써 하나님의 선한 행위가 부각된다. 이 비유에서 하나님의 선한 행위
는 반대에 부딪치고 투쟁을 일으킨다. 사람들이 잘 때 원수가 가라지
를 뿌리고 갔다는 내용이 그러하다. '가라지'란 밀밭에서 흔히 볼 수
있는 독보리를 말한다.[7] 이 독보리들이 밭에 뿌려져 있는 이유를 사람
들은 알지 못한다. 예수는 이 비유를 악의 근원과 태동 원리를 규명하
려 하지 않는다. 대신 곡식도 가라지도 함께 추수 때를 향해 나아가고

있다는 사실에만 집중한다. 예수는 추수가 되기 전에는 가라지를 뽑아 버리려는 모든 충동을 억제하라는 가르침도 함께 담는다. 실제로도 가라지가 알곡보다 더 강한 뿌리를 가졌기 때문에 가라지를 뽑아 낼 때 종종 어리고 약한 밀이 함께 뽑혔기 때문에 그것을 염려하는 것이다.

이 공존의 결과는 결국 추수 때에 추수꾼의 역할로 인해 결정적으로 분리해낼 것이다. 추수 때가 오면 그때 비로소 추수꾼이 쓸모 있는 것과 쓸모없는 것을 분리하리라는 말이다. 그물 비유도 이와 비슷하다. 예수는 하나님 나라와 비슷한 용례로 볼 수 있는 하늘나라의 모습과 물고기 모으는 그물을 비교했다. 여기서도 예수는 그물이 모든 종류의 물고기를 모은다고 말한다. 가라지 비유에서처럼 하나님 나라는 사람의 의지로 순수한 교회를 추구해낼 수 없으며, 그러한 행위가 오히려 인간 스스로 하나님의 심판을 자초하고 있음을 분명히 하려는 의도가 내포되어 있다. 예수는 그물 비유에서와 마찬가지로 세상에서 사람의 안목과 생각으로 의로운 것을 구별해내는 것이 불가능함을 역설한다. 그럼에도 예수는 이 가르침을 듣는 이들에게 결단을 촉구한다. 가라지와의 공존 속에서도 추수에 대한 확신을 갖는 것, 그물은 반드시 육지 위로 길어 올려 밝히고야 말 것이라는 사실을 믿는 것, 바로 그것이다.

보수 개혁신학자 존 S. 웨일은 가라지 비유를 담백하고 단순하게 이해한다. 그는 추수 때를 예수의 재림이나 영적으로 이해되는 마지막 최후 심판으로 보고 그때까지는 하나님을 믿는 참알곡과 불신앙에 빠져 있는 가라지가 함께 공존할 수밖에 없다고 이해한다. 세상에는 알곡과 가라지가 공존한다는 필연성을 받아들이고 죽는 그날, 최종 심판 때까지 인내하며 자신의 신앙을 수호하는 신앙 정신을 견고히 할 것을 권고하는 가르침이라는 것이다.

반면 민중 신학자 안병무는 가라지 비유를 관용과 기다림으로 이해한다. 하지만 안병무가 보는 가라지는 보수 신학이 이해하는 불신앙과 큰 견해차가 있다. 안병무가 말하는 가라지는 이 땅의 불의와 부패, 구조적 악과 구습을 추종하는 위선자들이다. 가라지는 교회 생활을 열심히 하며 종교 행위에 충실한 것처럼 보이지만, 이 땅의 부패, 부조리, 불평등에 눈 감고 귀 막으며 불법한 체제에 순응하고 세상이 어떻게 돌아가든 말든 자신만 잘 먹고 잘살면 그만이라는 이기주의에 빠진 사람들의 썩은 정신이다.

안병무는 심판 때까지의 기다림을 예수의 혁명 정신의 특성으로 본다. 예수의 혁명 정신은 들끓는 의분을 갖고 곧바로 칼과 무기로 혁명을 일으켜 일거에 쓸어버리는 폭력이 아니다. 그의 혁명은 마음속 가라지를 품고 있는 위선자들의 생각마저도 돌이키는 그날을 기다리고 또 기다려 마지막 날, 단 한 명의 가라지도 없게 되는 세상을 염원하는 기다림이다.[8]

천국은 좋은 진주를
구하는 장사와 같으니

보석과 진주

(마태복음 13:44-46)

천국은 마치 밭에 감추인 보화와 같으니 사
람이 이를 발견한 후 숨겨 두고 기뻐하여 돌아
가서 자기의 소유를 다 팔아 그 밭을 샀느니라
또 천국은 마치 좋은 진주를 구하는 장사와

같으니
극히 값진 진주 하나를 만나매 가서 자기의
소유를 다 팔아 그 진주를 샀느니라

마태복음 13:44-46

진짜 보석은 어디에 있는가

곡식과 가라지 비유, 그물 비유 중간에 삽입된 보석과 진주 비유에서
는 지혜 문학의 흔적을 엿볼 수 있다. 이는 예수가 당시 유대사회에서
친숙하게 접하던 문학 양식과 유사하다. 지혜 문학에서는 지혜가 곧
값진 보물이나 진주로 여긴다.[9] 이 비유에서는 보물, 보석과 진주의

가치를 알아본 장사꾼이 주연을 맡는다. 예수는 장사꾼이 알아본 보석을 중요하게 다룬다. 이 발견은 경이롭다. 보석을 찾아낸 사람은 어떤 망설임도 소용없다는 것을 안다. 발견의 큰 기쁨을 이뤄낸 이는 자신의 모든 재산을 팔아 치우기를 절대 두려워하지 않는다.

예수는 이 비유를 통해 하나님 나라를 발견한 이의 큰 기쁨이 어떻게 한 사람의 현실과 삶에 적절한 행동으로 나타나는지 보여주고자 한다. 어쩌면 제자들은 이 큰 기쁨에 동참한 첫 증인과도 같다. 예수의 부름을 따라 자신들의 생업을 버리고 방황하는 사역의 길을 선택한 제자들에게 예수는 그들의 선택이 절대 무의미하지 않음을 들려주고자 했다. 제자들은 이 비유를 어떻게 생각했을까? 예수의 바람대로 믿음이 강화되었을까, 아니면 여전히 불안과 두려움이 계속되었을까? 모를 일이다.

보수 신학이 이해하는 보석과 진주 비유는 천국, 하나님 나라 가치의 절대적 우월성이다. 보수 신학은 진주가 하나님 나라를 뜻한다고 생각한다. 더불어 하나님 나라를 얻기 위해서는 지금 이 땅에서 벌어들이는 모든 세속적 가치와 수단을 버리고, 사후 세계인 천국에 대한 희망을 얻기 위해 헌신하는 마음의 변화를 이루어내야 한다고 주장한다.

진보 신학자들이 보석이나 진주가 천국이나 하나님 나라라고 직접 비교하는 해석에 반대한다. 대신 진보 신학에서 주목하는 것은 인간이 가진 통념과 가치의 전복이다. 장사하는 사람이 제아무리 좋은 보석이나 진주를 만났다 해도 자신이 지금까지 쌓아온 장사의 노하우, 삶의 기반을 송두리째 저버리는 행위는 절대 쉬운 문제가 아님을 역설하며, 그의 행동을 산술적 계산과 권력 싸움, 자리다툼, 개인의 안위만 추구하는 진부한 사고로부터의 해방으로 이해한다.

잃어버린 탕아

세 가지 비유

(누가복음 15:1-32)

모든 세리와 죄인들이 말씀을 들으러 가까이 나아오니

바리새인과 서기관들이 원망하여 가로되 이 사람이 죄인을 영접하고 음식을 같이 먹는다 하더라

예수께서 저희에게 이 비유로 이르시되

너희 중에 어느 사람이 양 일백 마리가 있는데 그 중에 하나를 잃으면 아흔아홉 마리를 들에 두고 그 잃은 것을 찾도록 찾아다니지 아니하느냐

또 찾은즉 즐거워 어깨에 메고

집에 와서 그 벗과 이웃을 불러 모으고 말하되 나와 함께 즐기자 나의 잃은 양을 찾았노라 하리라

내가 너희에게 이르노니 이와 같이 죄인 하나가 회개하면 하늘에서는 회개할 것 없는 의인 아흔아홉을 인하여 기뻐하는 것보다 더하리라

어느 여자가 열 드라크마가 있는데 하나를 잃으면 등불을 켜고 집을 쓸며 찾도록 부지런히 찾지 아니하겠느냐

또 찾은즉 벗과 이웃을 불러 모으고 말하되 나와 함께 즐기자 잃은 드라크마를 찾았노라 하리라

내가 너희에게 이르노니 이와 같이 죄인 하나가 회개하면 하나님의 사자들 앞에 기쁨이 되느니라

또 가라사대 어떤 사람이 두 아들이 있는데 그 둘째가 아비에게 말하되 아버지여 재산 중에서 내게 돌아올 분깃을 내게 주소서 하는지

라 아비가 그 살림을 각각 나눠 주었더니
그 후 며칠이 못 되어 둘째 아들이 재물을
다 모아가지고 먼 나라에 가 거기서 허랑방
탕하여 그 재산을 허비하더니
다 없이한 후 그 나라에 크게 흉년이 들어
저가 비로소 궁핍한지라
가서 그 나라 백성 중 하나에게 붙여 사니 그
가 저를 들로 보내어 돼지를 치게 하였는데
저가 돼지 먹는 쥐엄 열매로 배를 채우고자
하되 주는 자가 없는지라
이에 스스로 돌이켜 가로되 내 아버지에게
는 양식이 풍족한 품군이 얼마나 많고 나
는 여기서 주려 죽는구나
내가 일어나 아버지께 가서 이르기를 아버지
여 내가 하늘과 아버지께 죄를 얻었사오니
지금부터는 아버지의 아들이라 일컬음을 감
당치 못하겠나이다 나를 품군의 하나로 보
소서 하리라 하고
이에 일어나서 아버지께로 돌아가니라 아직
도 상거가 먼데 아버지가 저를 보고 측은히
여겨 달려가 목을 안고 입을 맞추니
아들이 가로되 아버지여 내가 하늘과 아버지
께 죄를 얻었사오니 지금부터는 아버지의 아
들이라 일컬음을 감당치 못하겠나이다 하나
아버지는 종들에게 이르되 제일 좋은 옷을
내어다가 입히고 손에 가락지를 끼우고 발
에 신을 신기라

그리고 살진 송아지를 끌어다가 잡으라 우
리가 먹고 즐기자
이 내 아들은 죽었다가 다시 살아났으며 내
가 잃었다가 다시 얻었노라 하니 저희가 즐
거워하더라
맏아들은 밭에 있다가 돌아와 집에 가까왔
을 때에 풍류와 춤추는 소리를 듣고
한 종을 불러 이 무슨 일인가 물은대
대답하되 당신의 동생이 돌아왔으매 당신의
아버지가 그의 건강한 몸을 다시 맞아들이
게 됨을 인하여 살진 송아지를 잡았나이다
하니
저가 노하여 들어가기를 즐겨 아니하거늘
아버지가 나와서 권한대
아버지께 대답하여 가로되 내가 여러 해 아
버지를 섬겨 명을 어김이 없거늘 내게는 염
소 새끼라도 주어 나와 내 벗으로 즐기게 하
신 일이 없더니
아버지의 살림을 창기와 함께 먹어버린 이
아들이 돌아오매 이를 위하여 살진 송아지
를 잡으셨나이다
아버지가 이르되 얘 너는 항상 나와 함께 있
으니 내 것이 다 네 것이로되
이 네 동생은 죽었다가 살았으며 내가 잃었
다가 얻었기로 우리가 즐거워하고 기뻐하는
것이 마땅하다 하니라

누가복음 15:1-32

하나님의 사랑은 우리의 사랑과 어떻게 다른가

누가복음에서는 예수의 비유가 다른 복음서보다 더 구체적이고 섬세하게 다뤄진다. 비유의 대상이나 등장인물, 정황을 잘 설명하는 것은 누가복음만의 특징이다. 15장의 잃어버린 탕자에 대한 비유 이야기에서도 누가복음만의 섬세함이 여실히 드러난다. 이 이야기는 크게 세 가지로 분류되지만 세 가지 비유 모두 하나의 통일된 주제를 갖고 전개된다. 이 이야기들은 예수가 죄인들을 환영하고 그들과 함께 어울렸다는 사실을 부정적으로 보는 당시 종교 기득권자들에게 자신의 태도를 정당화하기 위한 것이다.

처음 두 비유에는 하나님이 잃어버린 것을 다시 찾을 때의 기쁨이 여실히 드러난다. 마지막 이야기에서는 주제가 더 확대되는데, 탕아를 더 반기는 아버지에게 분노하는 한 사람의 심리를 묘사함으로써, 죄인들과 어울리는 자신의 행동을 비난하는 종교 기득권자들을 우회적으로 비판한다.

누가복음 15장 4절에서 7절까지 나타난 잃어버린 양 비유에서 예수는 목자가 아흔아홉 마리의 다른 양들을 떠나 길을 잃어버린 양을 찾았을 때의 기쁨을 말한다. 이는 하나님과 관계를 단절했던 사람이 태도를 바꿔 돌아왔을 때 하나님이 느끼는 기쁨이다. 드라크마, 즉 잃어버린 동전을 찾은 비유 역시 잃어버린 양의 비유와 거의 같은 내용이다. 드라크마는 헬라의 은돈이었고, 로마의 한 데나리온에 해당한다. 300년경 한 드라크마는 양 한 마리 값이었고, 여인들이 결혼지참금으로 내는 정도의 돈이었다.[10] 이 비유에서 예수는 죄인의 회개에 하나님의 사자들, 즉 천사들이 기뻐한다는 이야기를 덧붙인다. 천사는 천상적이고 신화적인 존재만을 뜻하지 않는다. 하나님의 뜻에 함께하는 이들의 정신과 생각이라고도 볼 수 있다. 그렇기에 죄인의 회개가 일으키는 선한 영향력에 대해 함께 밝히려는 의도로 볼 수 있겠다.

두 개의 짧은 비유에 이어지는 잃어버린 탕아에 대한 비유는 15장의 전체 주제이기도 하며, 두 개의 짧은 비유에 대한 압축된 성격이 있다. 사실 이 비유는 예수가 말한 비유 중 해석이 가장 수월한 편이다. 이 비유는 이방인들을 돌보는 하나님의 용서와 사랑의 손짓이며, 아들의 회개로 인해 가족 공동체 모두가 기쁨에 동참한다는 주제의식이 뚜렷하게 전해지기 때문이다.

그러나 큰 아들의 태도를 두고는 다양한 해석의 여지가 있다. 큰 아들은 작은 아들이 회개하고 돌아왔을 때 아버지의 기쁨에 동조하지 않았다. 예수는 그 아들에게 인간을 대하는 새로운 기준을 제시한다. 당시 바리새인들은 세리나 창녀 같은, 권력자들이 '죄인'이라고 못 박은 사람들을 끌어안는 예수를 비난했다. 하지만 예수는 도리어 큰 아들을 달래며 동생이 돌아와 죄를 회개하니 함께 기뻐하자고 말한다. 이 대목에서 우리는 항상 하나님을 따랐고, 율법을 모두 준수하여 떳떳한 사람도 예전에 죄를 지었던 사람을 보며 우월감을 느끼거나 자만해서는 안 된다는 교훈을 얻을 수 있다. 하나님 나라에서 모든 사람은 항상 회개하고 겸손해야 하는 것이다. 예수의 이러한 언행에는 죄인을 용서한다는 하나님의 뜻을 전하려는 의도가 담겨 있다.

보수 개혁주의 신학자 케네스 베일리가 두 아들에 대한 비유에서 주목하는 메시지는 탕자의 회개와 하나님의 무한한 자비심, 사랑이다. 베일리는 둘째 아들을 자신에게 주어진 축복의 기회를 세상의 쾌락과 자기만족을 위해 소진해버린 타락한 인간의 전형으로 본다. 그렇지만 만약 인간이 둘째 아들과 같이 자신의 죄를 몸소 느끼고 돌이켜 아버지에게로 돌아갈 마음만 품는다면 타락한 인간이 저지른 과오가 제아무리 크고 엄청나다 할지라도 아버지의 무한한 자비심으로 아들을 포용하리라고 말한다.[11]

진보 신학자 존 밀턴 잉거는 관점의 중심을 둘째 아들에게 두기보다는 자신의 몫만을 요구하는 첫째 아들에게 둔다. 잉거는 첫째 아들이나 둘째 아들 모두 혈연으로 상속받은 자신의 재산에만 관심을 갖는 이기적인 인간이라고 본다. 재산을 모두 탕진한 둘째 아들이나 그 재산을 보호하려고 발버둥을 치는 첫째 아들 모두 이기적이고 불우한 이웃들을 돌보지 않는 악에 빠진 공범이라 본 것이다.[12] 잉거는 돌아온 탕아를 통해 예수가 아버지 하나님의 무한한 자비심을 보여준다는 보수 신학의 입장에는 동의하지만, 지금까지 권력에 빌붙어 호의호식하던 이들 역시 회개해야 한다는 메시지를 던진다고 생각한다. 이 이야기가 예수의 혁명이 무력으로 전복하는 것이 아닌, 권력층마저도 마음을 돌이키게 하여 모든 이가 나눔의 정신을 갖게 해야 한다는 메시지를 전하기 위함이라는 것이다.

더러운 돈

불의한 청지기 이야기

(누가복음 16:1-18)

또한 제자들에게 이르시되 어떤 부자에게 청지기가 있는데 그가 주인의 소유를 허비한다는 말이 그 주인에게 들린지라

주인이 저를 불러 가로되 내가 네게 대하여 들은 이 말이 어찜이뇨 네 보던 일을 셈하라 청지기 사무를 계속하지 못하리라 하니

청지기가 속으로 이르되 주인이 내 직분을 빼앗으니 내가 무엇을 할꼬 땅을 파자니 힘이 없고 빌어먹자니 부끄럽구나

내가 할 일을 알았도다 이렇게 하면 직분을 빼앗긴 후에 저희가 나를 자기 집으로 영접하리라 하고

주인에게 빚진 자를 낱낱이 불러다가 먼저 온 자에게 이르되 네가 내 주인에게 얼마나 졌느뇨

말하되 기름 백 말이니이다 가로되 여기 네 증서를 가지고 빨리 앉아 오십이라 쓰라 하고

또 다른 이에게 이르되 너는 얼마나 졌느뇨 가로되 밀 백 석이니이다 이르되 여기 네 증서를 가지고 팔십이라 쓰라 하였는지라

주인이 이 옳지 않은 청지기가 일을 지혜 있게 하였으므로 칭찬하였으니 이 세대의 아들들이 자기 시대에 있어서는 빛의 아들들보다 더 지혜로움이니라

내가 너희에게 말하노니 불의의 재물로 친구를 사귀라 그리하면 없어질 때에 저희가 영원한 처소로 너희를 영접하리라

지극히 작은 것에 충성된 자는 큰 것에도 충성되고 지극히 작은 것에 불의한 자는 큰 것에도 불의하니라

너희가 만일 불의한 재물에 충성치 아니하면 누가 참된 것으로 너희에게 맡기겠느냐

너희가 만일 남의 것에 충성치 아니하면 누가 너희의 것을 너희에게 주겠느냐

집 하인이 두 주인을 섬길 수 없나니 혹 이를 미워하고 저를 사랑하거나 혹 이를 중히 여기고 저를 경히 여길 것임이니라 너희가 하나님과 재물을 겸하여 섬길 수 없느니라

바리새인들은 돈을 좋아하는 자라 이 모든 것을 듣고 비웃거늘

예수께서 이르시되 너희는 사람 앞에서 스스로 옳다 하는 자이나 너희 마음을 하나님께서 아시나니 사람 중에 높임을 받는 그것은 하나님 앞에 미움을 받는 것이니라

율법과 선지자는 요한의 때까지요 그 후부터는 하나님 나라의 복음이 전파되어 사람마다 그리로 침입하느니라

그러나 율법의 한 획이 떨어짐보다 천지의 없어짐이 쉬우리라

무릇 그 아내를 버리고 다른 데 장가드는 자도 간음함이요 무릇 버리운 이에게 장가드는 자도 간음함이니라

누가복음 16:1-18

불의로 정의를 실현할 수 있을까

잃어버린 탕아의 비유가 던져준 메시지가 아주 분명했다면, 불의한 청지기로 알려진 이야기는 그와 반대로 모호하다. 그래서 예수가 도대체 어떤 의중으로 이 이야기를 했는지에 대해 지금까지도 수많은 주장과 견해가 충돌하고 있다.

그 수많은 견해는 대략 두 가지 방향으로 압축된다. 먼저 이 이야기는 관리인이 자신의 재임 기간에는 부도덕하고 비상식적인 일로 일관하다 위기에 처하자 일신상의 안위를 위해 서류를 위조하여 주인에게 빚진 자들의 빚을 탕감해준 관리인의 행동을 주인이 칭찬하고, 더 나아가 제자들에게 그 사람을 모본으로 삼으라고까지 말했다는 내용이다. 예수는 더러운 돈을 대하는 관리인이 그에 상응하는 더러운 편법 행위를 한 것에 대해 규탄하지 않고, 미래를 대비하는 관리인의 지혜

에 초점을 맞춘다. 그것은 지금까지 그가 살아온 방식과는 무관한 은총이다.

이 이야기에 대한 첫 번째 해석은 미래에 대한 예지, 즉 궁지에 몰렸을 때 보인 관리인의 돌발 행동이 회개의 방법 및 부의 올바른 사용에 대한 하나의 실마리를 던져준다고 읽는 것이다. 관리인은 자신의 미래를 보장받기 위해 주인의 재산을 이용했다. 예수는 이 사람을 모본으로 제시하며 재물을 관리하는 지혜에 눈뜨라고 말하면서, 제자들에게 세상과 아예 동떨어져 살 수 없는 현실을 봐야 한다고 넌지시 말한 셈이다.

또 다른 해석은 이 해석과 상반된다. 관리인이 편법에 골몰하게 만드는 탐욕, 즉 맘몬의 강한 힘에 지배받는 것에 대한 경고이다. 관리인은 맘몬의 손아귀를 벗어나지 못하는 인간의 전형이다.[13) 결국 궁지에 몰려 마지막까지 서류를 위조해 빚을 탕감해주는 비상식적인 행위를 저지름으로써 빚을 탕감받은 이들까지도 맘몬의 손아귀에 들어서게 만들었다. 잘못 끼운 첫 단추가 마지막 단추까지 이어짐으로써 탐욕에 예속된 인간은 결국 탐욕의 대물림을 낳는다는 사실에서만 이 이야기의 의의를 찾는 것이다.

두 가지 해석의 충돌은 여전히 계속되고 있다. 아마 앞으로도 오랜 시간 그러할 것이다.

보수 신학자 헨리 알포드는 이 이야기에서 세 가지 교훈을 얻을 수 있다고 말한다. 첫째는 자신에게 주어진 돈을 형편없이 관리하면 그보다 더 가치 있는 영적인 부를 관리할 수 없으며, 둘째 자신에게 맡겨진 일을 충실히 하지 못하면 부를 제대로 활용할 수 없다는 것, 마지막으로 땅의 것이나 하늘의 것이나 모든 부는 하나님의 것이며 인간은 그를 반박할 수 없으므로 절대 순종해야 한다는 것이다.[14]

반면 진보 신학자 김진호는 청지기에 대한 주인의 칭찬이나 주인의 반응에 대한 해석은 중요하지 않다고 주장한다. 대신 채무를 탕감하게 해준 청지기의 행위에 주목한다. 청지기가 부채에 신음하는 이들의 채무를 탕감해준 동기가 비록 선의에서 비롯된 것이 아니라 하더라도, 큰 부자로부터 돈을 빌린 사회적 약자, 금융 약자로 볼 수 있는 억눌린 이들의 채무가 감면받는 사건 자체가 하나님 나라의 정의가 실현되는 현실 변혁이라는 것이다.[15]

김진호는 불의한 청지기가 이 시대에서 옳은 일을 했다는 예수의 말을 높게 평가한다. 과도한 채무를 부과하고 그들에게 높은 이자를 받아 챙기는, 그래서 가난한 이들을 더 가혹한 노동 현장으로 내몰고 자신들은 안락함 속에서 종교적 정결에만 집중하는 부자, 권력가들에게 던지는 경고와 회개의 메시지로 이해하는 것이다.

이것을 기억하라

부자와 거지 나사로

(누가복음 16:19-31)

한 부자가 있어 자색 옷과 고운 베옷을 입고 날마다 호화로이 연락하는데

나사로라 이름한 한 거지가 헌데를 앓으며 그 부자의 대문에 누워

부자의 상에서 떨어지는 것으로 배불리려 하매 심지어 개들이 와서 그 헌데를 핥더라

이에 그 거지가 죽어 천사들에게 받들려 아브라함의 품에 들어가고 부자도 죽어 장사되매

저가 음부에서 고통 중에 눈을 들어 멀리 아브라함과 그의 품에 있는 나사로를 보고

불러 가로되 아버지 아브라함이여 나를 긍휼히 여기사 나사로를 보내어 그 손가락 끝에 물을 찍어 내 혀를 서늘하게 하소서 내가 이 불꽃 가운데서 고민하나이다

아브라함이 가로되 얘 너는 살았을 때에 네 좋은 것을 받았고 나사로는 고난을 받았으니 이것을 기억하라 이제 저는 여기서 위로를 받고 너는 고민을 받느니라

이뿐 아니라 너희와 우리 사이에 큰 구렁이 끼어 있어 여기서 너희에게 건너가고자 하되 할 수 없고 거기서 우리에게 건너올 수도 없게 하였느니라

가로되 그러면 구하노니 아버지여 나사로를 내 아버지의 집에 보내소서

내 형제 다섯이 있으니 저희에게 증거하게 하여 저희로 이 고통받는 곳에 오지 않게 하소서

아브라함이 가로되 저희에게 모세와 선지자들이 있으니 그들에게 들을찌니라

가로되 그렇지 아니하니이다 아버지 아브라함이여 만일 죽은 자에게서 저희에게 가는

자가 있으면 회개하리이다
가로되 모세와 선지자들에게 듣지 아니하면
비록 죽은 자 가운데서 살아나는 자가 있을

찌라도 권함을 받지 아니하리라 하였다 하
시니라

누가복음 16:19-31

가난에 신음하는 자를 외면하는 부자는 어떻게 될까

이 비유 속 거지 나사로는 사실 의롭게 행동하거나 경건함을 보인 적
이 없다. 그저 고통 속에 신음하다 세상을 등진 불행한 인생을 산 자일
뿐이다. 그런데 예수는 그 불행한 낙오자를 하나님 나라에서 안식하는
복을 누리게 한다. 이는 혁명적이다. 의로운 행위나 경건한 실천 없이
하나님 나라 백성이기를 원하는 것을 죄악시하던 당시의 바리새인들,
종교 기득권층의 눈으로 볼 때는 터무니없었을 터이다.

의미심장하게도 나사로라는 이름은 요한복음 11장에 등장한, 죽은
지 나흘 만에 다시 살아난 인물과 이름이 같다. 이것은 분명 나사로라
는 존재가 인간의 무력한 상태로 하나님 앞에 선 죄인의 상징이다.

무력한 인간 나사로는 개에게 자신의 종기를 핥기고 개가 먹다 남긴
부스러기를 먹었다. 당시 종기는 제의적 측면에서 부정한 것으로 간주
되어 다른 사람의 종기를 만지는 것은 최악의 수치였다.[16) 그런데 개가
종기를 핥다니, 당시 종교 전통에 익숙한 이들이 느꼈을 당혹감은 굳이
강조하지 않아도 상상할 수 있다. 예수가 문제 삼은 것은 부자와 그 동
료들이 개의 먹이를 먹고 타인의 종기를 핥는 고통 속에 신음하는 나사
로를 전혀 돌보지 않았다는 점이다. 가난에 신음하는 이의 현실을 외면
하고 오직 개인의 영락에만 매달리던 부자의 비탄을 예수는 단호하게

경고한다. 예수는 부자에게 자기네 조상 대표 아브라함에게 제아무리 사정해도 소용없는 무간無間의 심연이 펼쳐지리라 경고한다. 이는 과거 율법과 예언자들이 부르짖던 병든 이웃을 돌보라는 신의 가르침을 외면하는 지독한 위선의 종교, 그 중심에서 터져나온 예수의 사자후다.

보수 개혁주의 신학자 마빈 빈센트는 부자와 거지 나사로 이야기에서 주목해야 할 부분은 하나님 나라에 들어가는 것과 이 땅의 신분이나 환경은 관계가 없으며 오직 신앙생활을 유지하고 하나님 나라에 대한 소망을 잃지 않는 것이라고 말한다. 빈센트는 부자로 하여금 자신의 삶에만 신경 쓰고 자비와 실천을 행하지 않을 경우 그것이 불신앙을 초래하여 결국엔 아무리 이 땅에서 잘 먹고 잘살아도 사후세계에서 아무 유익도 없을 수 없음을 경고한 메시지로 이해한다.[17]

　진보 신학의 관점 중 보수 신학과 가장 다른 점은 낙원에 대한 입장이다. 진보 신학자 에른스트 케제만은 천국을 사후의 무언가로 보지 않는다. 케제만은 낙원에서 나사로가 아브라함의 품에서 안식하는 비유의 핵심을 지금 이 땅에서 벌어지고야 말 하나님 나라의 필연성이라고 생각한다. 또한 거지 나사로에 대해 어떤 편견도 있어서는 안 된다고 말한다. 케제만은 나사로가 아무 일도 않고 게으른 탓에 저주를 받아 일평생을 거지로 살게 되었다는 식으로 생각하는 모든 견해에 반대한다. 대신 그는 예수가 말한 하나님 나라, 낙원의 도래는 현세에서 내세로의 변이가 아니라 이 땅에서의 혁명적 전복을 시사한다고 이해한다. 또 나사로가 아브라함의 품에 안겼다는 점에 주목하기보다는 나사로가 본래 하나님 나라에 가장 필요한 권력과 힘에 의해 희생된 피해자라고 해석할 필요가 있다고 말한다.[18]

내 이웃이 누구입니까

선한 사마리아인

(누가복음 10:25-37)

어떤 율법사가 일어나 예수를 시험하여 가로되 선생님 내가 무엇을 하여야 영생을 얻으리이까

예수께서 이르시되 율법에 무엇이라 기록되었으며 네가 어떻게 읽느냐

대답하여 가로되 네 마음을 다하며 목숨을 다하며 힘을 다하며 뜻을 다하여 주 너의 하나님을 사랑하고 또한 네 이웃을 네 몸과 같이 사랑하라 하였나이다

예수께서 이르시되 네 대답이 옳도다 이를 행하라 그러면 살리라 하시니

이 사람이 자기를 옳게 보이려고 예수께 여짜오되 그러면 내 이웃이 누구오니이까

예수께서 대답하여 가라사대 어떤 사람이 예루살렘에서 여리고로 내려가다가 강도를 만나매 강도들이 그 옷을 벗기고 때려 거반 죽은 것을 버리고 갔더라

마침 한 제사장이 그 길로 내려가다가 그를 보고 피하여 지나가고

또 이와 같이한 레위인도 그곳에 이르러 그를 보고 피하여 지나가되

어떤 사마리아인은 여행하는 중 거기 이르러 그를 보고 불쌍히 여겨

가까이 가서 기름과 포도주를 그 상처에 붓고 싸매고 자기 짐승에 태워 주막으로 데리고 가서 돌보아 주고

이튿날에 데나리온 둘을 내어 주막 주인에게 주며 가로되 이 사람을 돌보아 주라 부비가 더 들면 내가 돌아올 때에 갚으리라 하였으니

네 의견에는 이 세 사람 중에 누가 강도 만난 자의 이웃이 되겠느냐

가로되 자비를 베푼 자니이다 예수께서 이르시되 가서 너도 이와 같이하라 하시니라

누가복음 10:25-37

누가 강도를 만난 자의 이웃인가

마가복음, 마태복음과 다르게 누가복음에만 나오는 선한 사마리아인에 대한 예수 가르침은 율법사의 "내가 무엇을 하면 영원한 생명을 얻을 수 있겠습니까?"라는 질문에 대한 답변에서 들을 수 있다. 참된 율법이 무엇인지 예수의 탁월한 견해를 엿볼 수 있는 대목이다.

예수는 영원한 생명을 갈구하는 율법교사의 질문에 구약성서의 가르침을 상기시킨다. "하나님을 사랑하며 네 이웃을 네 몸같이 사랑하라."는 신명기 6장 5절과 레위기 19장 18절의 경구는 당대의 바리새파, 율법학자들의 생각을 송두리째 뒤흔든다. 그들은 같은 종교, 같은 민족, 같은 공동체의 사람만 이웃이라 생각했기 때문이다. 특히 유대교인들은 이웃의 범주에 사마리아인들을 넣지 않았다. 이를 잘 알고 있던 예수는 사마리아인의 비유를 들어 이웃의 개념과 범위를 전 우주적으로 확장한다.

이 비유에서는 강도를 만나 크게 상처 입은 자가 등장한다. 사제와 레위인은 그 자를 모르는 척하고 지나간다. 사제와 레위인은 당대 특권층에 해당되는 고위 관리직이었다.[19] 이들은 명예와 부를 차지하고 있었고, 따라서 자부심 또한 막강했다. 하지만 예수의 눈에는 약자에게 도움을 줄 수 있음에도 외면한, 무정한 존재일 뿐이다. 예수에게 그들은 이웃 사랑을 제대로 실천하지 않는, 율법 파괴자이다. 그들은 자신들의 직무를 충실히 하고 있으니 강도에게 당한 자를 돌보지 않아도 된다고 괜찮다고 생각했을 것이다. 하지만 그들이 아무리 직무에 충실한들, 강도를 만난 것처럼 험하고 팍팍한 삶을 살아가는 진짜 이웃은 죽어가고 있다.

예수는 우리에게 묻는다. 강도를 만난 자에게 진정한 선행과 도움을 베푼 자는 누구인가? 이웃이라는 개념을 정확하게 정의할 수는 없겠지만, 그것이 무엇이든 인간은 모두 서로에게 선한 사마리아인이 되어야 한다.

보수 성향의 성서주석가 리처드 렌스키는 유대교인들이 가장 혐오하는 이방인이 사마리아인이라는 점을 언급하며 사제와 레위인을 유대교인의 전형으로 간주했다. 렌스키는 진정한 하나님의 계명은 하나님 사랑과 이웃 사랑일진대, 그 사랑의 조건에 어떤 인종이나 계급의 제약이 있을 수 없다는 메시지를 예수가 전하려 한 것으로 이해한다.[20]

반면 진보 신학자 에타 린네만은 진정으로 하나님의 뜻대로 사는 이가 누구인지 주목해야 한다고 말한다. 예수는 그 조건으로 민족, 역사, 계층 같은 조건을 제시하지 않는다. 민족주의와 지역감정이라는 두 가지 편견을 해체함으로써 성역화된 예루살렘이라는 통념을 허물려는 의도에서 이 이야기를 언급한 것이다.[21]

한국의 민중 신학자들은 강도를 만난 사람에 주목한다. 그들은 그 자가 예수라고 생각한다.[22] 예수가 이 땅에 참생명의 가치를 전하러 왔는데, 이를 알아보지 못한 기득권층이 결국 강도로 돌변해 예수를 피 흘리게 만들었다는 것이다. 아울러 민중 신학은 오늘의 그리스도인이라면 사마리아인의 입장이 되어 상처 입고 피 흘린 수난자, 그를 피투성이로 만든 강도가 누구인지 제대로 볼 것을 주문한다.

구하고 찾고 두드려라

기도에 대한 필연적인 응답

(누가복음 11:5-13)

또 이르시되 너희 중에 누가 벗이 있는데 밤 중에 그에게 가서 말하기를 벗이여 떡 세 덩이를 내게 빌리라

내 벗이 여행 중에 내게 왔으나 내가 먹일 것이 없노라 하면

저가 안에서 대답하여 이르되 나를 괴롭게 하지 말라 문이 이미 닫혔고 아이들이 나와 함께 침소에 누웠으니 일어나 네게 줄 수가 없노라 하겠느냐

내가 너희에게 말하노니 비록 벗 됨을 인하여서는 일어나 주지 아니할찌라도 그 강청함을 인하여 일어나 그 소용대로 주리라

내가 또 너희에게 이르노니 구하라 그러면 너희에게 주실 것이요 찾으라 그러면 찾을 것이요 문을 두드리라 그러면 너희에게 열릴 것이니

구하는 이마다 받을 것이요 찾는 이가 찾을 것이요 두드리는 이에게 열릴 것이니라

너희 중에 아비된 자 누가 아들이 생선을 달라 하면 생선 대신에 뱀을 주며

알을 달라 하면 전갈을 주겠느냐

너희가 악할찌라도 좋은 것을 자식에게 줄 줄 알거든 하물며 너희 천부께서 구하는 자에게 성령을 주시지 않겠느냐 하시니라

누가복음 11:5-13

무의미하지 않은 기도가 있을까

예수는 무슨 뜻이든 상관없이 끈질기게 기도하기만 하면 하나님께서 무엇이든 들어주신다는 말을 하지 않았다. 누가복음의 기록에 따르면 예수는 약하고 힘없는 백성들의 기도가 전혀 들리지 않는 상황에서 과연 하나님께 기도하는 일이 무슨 의미가 있을까 번뇌하는 사람들을 향해 이렇게 말한다. 예수는 하나님이 자애롭고 은혜롭기에 그에 대한 확신을 가지고 기도하는 일이 절대 무의미하지 않다고 말이다. 이 이야기를 하는 까닭도 바로 그 때문이다. 예수는 한밤중에 간절한 마음으로 찾아온 친구를 귀찮아하는 이의 마음을 돌리고자 한다. "구하고 찾고 문을 두드리면 열릴 것"이라며 능동적으로 하나님을 찾으라고 촉구한다.

한밤중에 느닷없이 친구를 찾아가 떡을 빌리는 행동이 상식적으로는 맞지 않는 일이지만, 예수는 이것이 정당하다고 말한다. 더 나아가 "구하고 찾고 두드리라."고 명한다. 부당한 요청에도 하나님의 자비는 그에 응할 것임을 넌지시 말하는 것이다.

이는 사악한 존재라도 자기 자식에게는 좋은 것을 줄 줄 안다면서 인간의 무리한 요청도 하나님은 필연적으로 응답할 것이라는 의미이다. 그 결과로 인간이 구체적으로 원하는 것을 들어주시지는 않을지라도, 그래서 언제나 좋은 결과를 내진 않을지라도 그것은 하나님의 큰 뜻의 연장선에 있다. 문제 해결을 위한 인간의 요청이 언제나 옳은 것은 아닐 것이기 때문이다. 어떤 인간도 앞서 있는 하나님의 미래를 예측하는 능력을 앞설 수는 없다.

보수 개혁주의 신학자 하워드 마셜은 이 이야기를 끈기 있게 기도하면 반드시 응답을 받을 수 있으리라는 필연성에 대한 메시지라고 생각한다. 마셜은 인간이 구하는 기도는 이기적이고 일상적일지라도 하나님은 포괄적으로 영적인 맥락에서 응답하신다고 주장하며, 기도의 가치는 결국 하나님 나라 복음을 증거하는 데 쓰인다는 점을 강조한다.[23]

진보 신학자 현영학은 기도라는 행위를 종교 행위에만 한정 짓지 않는다. 현영학은 무례함을 무릅쓰고서라도 도움을 호소하는 행위가 단지 두 손 모으고 신에게 비는 종교 행위를 넘어서서 현실을 향한 절박한 인간의 노력이라 본다. 참된 기도란 자신을 위한 소원을 비는 것이 아니라 자기가 당하는 어려움을 털고 일어나 상대방에게 수모당할 것을 각오하고서라도 현실 개혁과 개선을 위해 소리칠 줄 아는 용기, 그것이 바로 하나님 은총의 역사에 참여하는 그리스도인의 자세라고 본 것이다.[24]

제6부

기적들

앞서 나온 비유들과 마찬가지로 예수의 기적 사건 또한 그 기록을 읽고 듣는 이를 놀라게 함과 동시에 혼란스럽게 한다. 성서에 나오는 예수 언행 중 기적 사건들처럼 의심과 회의감으로 가득한 질문을 일으키는 대목은 찾아보기 힘들다. 민감한 질문들은 바로 다음과 같다. 오늘과 같은 첨단 과학문명 시대에도 우리들은 기적을 믿을 수 있을까? 과학이나 학문의 논리로 설명될 수 없는 초자연적 현상이 존재한다면, 그것이 과연 진정한 기적이라 볼 수 있을까?

두 번째 질문에 대한 도전은 끊임없이 있었다. 고대 시대에는 굳이 예수가 아니더라도 마법사나 카리스마 있는 이교 지도자들에 의해 성행하던 기적 사례들이 헤아릴 수 없이 많았다. 당대의 수많은 헬라인과 로마인이 섬기는 영웅을 신격화했던 전례에 비추어 보았을 때, 복음서를 남긴 기록자들 역시 예수를 단순히 초인적인 기적 수행자로 신격화하기 위해 기적 이야기를 일부러 집어넣은 것은 아닐까 하는 회의론이 언제나 떠나지 않고 맴돌았던 것도 부정할 수 없는 사실이다.

수많은 의혹으로 가득한 질문에 애석하게도 성서는 분명한 답을 주지 않는다. 그럼에도 지나칠 수 없는 지점이 있다. 예수 언행 속에 나타난 기적의 사건들은 다른 문화권과 고대에 유사한 전설과는 분명한 차이점이 있다는 사실이다. 예수는 자신의 이권이나 정체성을 입증하기 위해 기적을 행한 적이 한 번도 없었다. 사람들의 눈과 귀를 만족시키기 위해 기적을 행한 적 또한 없었다. 예수는 자신의 신적 능력을 의심하는 회의론자들과 기득권층을 의식하여 기적을 행한 적도 없고, 기적을 일으키기 위해 하나님에게 기도하지도, 주문을 외우지도, 신비스러운 물건을 사용하지도 않았다.

이제 우리는 다른 차원의 질문을 던져야 한다. 과연 예수는 무슨 이유로 기적을 행했을까? 자신을 과시하기 위해? 자신이 메시아임을 입증하기 위해? 이도 저도 아니라면 도대체 무슨 이유로? 지금부터의 해설은 이러한 질문들에 대한 답을 구하는 데 집중할 것이다.

잠잠하라, 고요하라

파도 위의 예수

(마가복음 4:35-41, 마태복음 8:23-27)

그날 저물 때에 제자들에게 이르시되 우리가 저편으로 건너가자 하시니
저희가 무리를 떠나 예수를 배에 계신 그대로 모시고 가매 다른 배들도 함께하더니
큰 광풍이 일어나며 물결이 부딪혀 배에 들어와 배에 가득하게 되었더라
예수께서는 고물에서 베개를 베시고 주무시더니 제자들이 깨우며 가로되 선생님이여 우리의 죽게 된 것을 돌아보지 아니하시나이까 하니
예수께서 깨어 바람을 꾸짖으시며 바다더러 이르시되 잠잠하라 고요하라 하시니 바람이 그치고 아주 잔잔하여지더라
이에 제자들에게 이르시되 어찌하여 이렇게 무서워하느냐 너희가 어찌 믿음이 없느냐 하시니
저희가 심히 두려워하여 서로 말하되 저가 뉘기에 바람과 바다라도 순종하는고 하였더라

마가복음 4:35-41

파도가 어떻게 예수에게 순종할 수 있는가

사건의 무대는 바다, 더 구체적으로는 예수가 올라탄 배 위다. 점점 어

두워지는 저녁, 바다 위를 항해하는 배는 더 깊은 불안 속으로 침몰될 듯한 조짐이 보인다. 바다는 근원적으로 인간의 두려움을 자극한다. 아니나 다를까. 폭풍우가 몰아쳤다. 폭풍의 기세는 실로 엄청났다. 배는 풍전등화의 상황에 놓였다. 하지만 예수는 배 뒷부분에서 느긋하게 자고 있다. 불안함에 제자들은 예수를 깨우며 소리친다.

사실 바다를 건너자는 제안은 예수에게서 나왔다. 그러므로 이후 일어날 사건에 대해 예수는 자기 책임이 분명히 있음을 밝힌다. 예수가 폭풍우 속에서도 배 위에서 잘 수 있었던 까닭도 그에게 믿음이 있기 때문이다. 예수는 구약 전통에 등장하는 요나와 달리 기도에 의해서가 아니라 자신 안에 내재된 충만한 능력에 의해 기적을 일으킨다. 그러므로 이 사건은 자연세력에 대한 지배권을 천명한 사건이다. 이것으로 예수는 신적 세력의 중심에 선 메시아가 틀림없다는 점을 증명해보였다.

이후 예수는 제자들의 믿음 없음을 책망한다. 이 책망은 일정한 수준의 믿음에 도달하지 못한 것에 대한 책망이 아니다. 제자들이 자신들의 안전만 생각하고 예수와 함께 위험에 관한 생각을 나누지 않았음에 대한 책망이다. 이런 상황은 이후 십자가 사건이 벌어졌을 때, 제자들이 예수와 결속하기로 한 약속을 잊어버리고 뿔뿔이 흩어졌다는 점에서 또 한 번 확인된다. 이는 비단 2천 년 전 제자들만의 문제가 아니다. 향후 그리스도의 이름으로 모일 교회 공동체가 풀어가야 할 숙제이기도 하다.

보수 개혁주의 신학자 존 스트트는 예수만이 자연 기적을 행했다는데 주목한다. 제자들에게도 능력과 영적 권위를 부여하기는 했으나 파

도를 잠잠케 하는 식의 기적은 오직 예수만이 행할 수 있는 특별한 능력이라 본 것이다.[1]

개혁주의 계열의 또 다른 신학자 요한 알베르트 벵겔은 하나님만이 폭풍우를 일으키고 잠잠케 하셨다는 점에 주목한다. 벵겔은 자연 기적을 예수가 구약성경에서 예견한 메시아, 그리스도임을 견고히 하는 메시지로 이해한다.[2]

한편 진보 성서연구가 존 도미니크 크로산은 예수의 기적을 상징적 차원에서 봐야 한다고 주장한다. 기적 사건이 실제로 일어났느냐 아니냐를 두고 설왕설래하기보다는, 예수가 일으킨 분위기 쇄신이라는 결과에 주목할 필요가 있다는 것이다. 크로산은 파도를 잠잠케 한 예수의 기적 설화는 예수가 메시아라는 사실을 변호하기 위해 후대 기록자들이 삽입해 넣은 창작이라고 본다.[3] 그렇다고 해서 크로산이 예수의 언행을 훼손시키려 한 것은 아니다. 후대 기록자의 예수에 대한 기적 진술에서 교훈을 얻을 수 있기 때문이다. 그것은 삶을 위한 인간의 지난한 투쟁 의지를 예수가 지원하고 격려한다는 사실이다. 고통에서 풀려나려는 투지, 체념 속에 매몰되지 않고 운명론을 거부하며 고난을 떨치고 일어나겠다는 의지를 상징적으로 보여준 사건이 바로 파도를 잠잠케 한 예수의 언행이라는 것이 크로산의 주장이다.

돼지떼의 몰살

거라사인의 귀신 축출

(마가복음 5:1-20)

예수께서 바다 건너편 거라사인의 지방에 이르러

배에서 나오시매 곧 더러운 귀신 들린 사람이 무덤 사이에서 나와 예수를 만나다

그 사람은 무덤 사이에 거처하는데 이제는 아무나 쇠사슬로도 맬 수 없게 되었으니

이는 여러번 고랑과 쇠사슬에 매였어도 쇠사슬을 끊고 고랑을 깨뜨렸음이러라 그리하여 아무도 저를 제어할 힘이 없는지라

밤낮 무덤 사이에서나 산에서나 늘 소리 지르며 돌로 제 몸을 상하고 있었더라

그가 멀리서 예수를 보고 달려와 절하며

큰 소리로 부르짖어 가로되 지극히 높으신 하나님의 아들 예수여 나와 당신과 무슨 상관이 있나이까 원컨대 하나님 앞에 맹세하고 나를 괴롭게 마옵소서 하니

이는 예수께서 이미 저에게 이르시기를 더러운 귀신아 그 사람에게서 나오라 하셨음이라

이에 물으시되 네 이름이 무엇이냐 가로되 내 이름은 군대니 우리가 많음이니이다 하고

자기를 이 지방에서 내어 보내지 마시기를 간절히 구하더니

마침 거기 돼지의 큰 떼가 산 곁에서 먹고 있는지라

이에 간구하여 가로되 우리를 돼지에게로 보내어 들어가게 하소서 하니

허락하신대 더러운 귀신들이 나와서 돼지에게로 들어가니 거의 이천 마리 되는 떼가 바다를 향하여 비탈로 내리달아 바다에서 몰사하거늘

치던 자들이 도망하여 읍내와 촌에 고하니

사람들이 그 어떻게 된 것을 보러 와서 예수께 이르러 그 귀신 들렸던 자 곧 군대 지폈던 자가 옷을 입고 정신이 온전하여 앉은 것을 보고 두려워하더라

이에 귀신 들렸던 자의 당한 것과 돼지의 일을 본 자들이 저에게 고하매

저희가 예수께 그 지경에서 떠나시기를 간구하더라

예수께서 배에 오르실 때에 귀신 들렸던 사람이 함께 있기를 간구하였으나

허락지 아니하시고 저에게 이르시되 집으로 돌아가 주께서 네게 어떻게 큰 일을 행하사 너를 불쌍히 여기신 것을 네 친속에게 고하라 하신대

그가 가서 예수께서 자기에게 어떻게 큰 일 행하신 것을 데가볼리에 전파하니 모든 사람이 기이히 여기더라

마가복음 5:1-20

예수는 어떻게 귀신을 몰아냈는가

바다를 건너자는 제안 이후 몰아친 폭풍을 잠잠케 한 기적을 행한 뒤 예수는 거라사라는 동쪽 해안 이방 지역으로 간다. 그리고 이곳에서 귀신 들린 사람을 만난다. 그는 귀신에 사로잡힌 것도 모자라 무덤에서 살아야만 하는 이중 억압의 상황에 처해 있다. 이것은 고통받는 인간의 비참을 인상 깊게 보여주는 사례이다.

귀신 들린 자에게는 누구도 쉽게 접근하지 못했다. 그 어떤 이도 그를 제압할 수 있는 쇠사슬과 쇠고랑을 채울 수 없었다. 그는 고통 속에서 광분하는 공공의 두려움, 공공의 적이었다. 예수가 귀신에게 그 사람에게서 나오라고 하자 귀신은 예수를 "지극히 높으신 하나님의 아들"이라며 큰소리로 부른다. 고대 주술 문헌에서 귀신 축출자가 신적 기질을 가지고 있을 경우 귀신이 귀신 축출자의 이름을 부르는 경우는 매우 드물다. 하지만 이 이야기에서는, 귀신 들린 자가 예수를 부르

는 외침을 듣는다.

예수는 그 귀신에게 이름을 물었다. 그러자 귀신은 순순히 자신을 드러낸다. 귀신의 이름은 레기온γεγιν, 즉 군대다. 고대 로마 군단의 일원이라는 의미로도 사용되는 레기온이라는 이름에서 일단 귀신 들린 사람 안에 파고든 악령의 수가 엄청나게 많음을 짐작할 수 있다. 이것을 정치적 상황을 암시하는 것으로 해석하는 사람들도 있다. 당시 로마인은 거라사 지역을 점령하고 있었고, 그곳에서 떠날 마음이 없었기 때문이다.[4] 이 귀신이 돼지떼에게로 옮겨가서 몰사하자, 거라사 사람들이 난처한 반응을 보인다는 점에서도 이 견해는 설득력이 있어 보인다.

돼지치기들은 예수가 수많은 돼지를 물속에 몰아넣은 사실을 지역 사람들에게 널리 알린다. 그러자 돼지의 소유주, 자신들의 이윤과 돈벌이 문제가 얽혀든 이들이 예수에게 모여들어 자신들의 지역에서 떠나라고 요구한다. 그들에게는 귀신 들려 고통받던 존재가 치유된 것도, 그 자가 공동체를 위협하던 골칫거리가 해결된 것도 안중에도 없다. 그들에게는 오직 귀신 축출자로서 기적을 행한 예수가 자신들에게 금전적 손해를 끼쳤다는 사실만 눈에 들어올 뿐이다.

이 사건은 두 가지 전기를 마련한다. 하나는 하나님의 아들이 이스라엘 내에서만 활동하는 것이 아니라 이교 세계에서도 동일하게 기적을 행함으로써 메시아임을 증명한 것이다. 다른 하나는 귀신 들렸다가 치유받은 이를 자기 제자로 삼지 않고 집으로 되돌아가라고 명함으로써 집단에서 추방당했던 이를 다시 그 지역의 일원으로 살아가게 해주었다는 사실이다.

보수 성향의 성서주석가 윌리엄 핸드릭슨은 귀신 들림이라는 현상 자체에 주목한다. 귀신들이 돼지떼에게로 들어간 그 현상은 바로 귀신이라는 악의 세력이 실제로 존재함을 보여주고자 했던 의도라는 주장이다. 아울러 핸드릭슨은 돼지떼가 몰살한 생명 경시에 대한 사실이 곧 믿음에 대한 외적 자원이었다고 말한다. 그가 분명하다고 믿는 것은 기적을 통해 나타난 하나님 아들의 권위는 곧 하나님 나라의 권능이었음을 증명하는 증표이다.[5]

이에 반해 진보 신학자 안병무는 군대라는 의미의 희랍어 레기온은 로마 병력을 뜻하며, 이는 6천에서 1만 명에 이르는 일개 사단을 가리킨다는 점을 지적한다.[6] 안병무는 성서가 군대라는 표현을 레기온으로 사용했다는 점이 귀신이 로마 군대와 관련된 증거라고 이해한다. 당시 로마 군대는 거라사 지역, 데카폴리스 일대에 주둔하고 있었다. 그들이 귀신 들린 자를 제압하려고 했다는 점에서, 그 지역 사람들을 통제하고 억압하고 있었음을 유추할 수 있다. 따라서 안병무는 예수의 군대 귀신 축출 기적은 로마제국을 향한 힘없고 약한 백성들의 소원이 적나라하게 드러난 사건이라고 말한다. 그리고 더 나아가 무덤에서 자기분열로 고통받는 이는 바로 로마 세력과의 충돌로 고통받는 약자를 대표한다고 본다. 또한 로마 군대를 추방함으로써 그가 잃었던 자신을 다시 찾았다는 점이 예수로 인해 참혁명의 정신을 찾았다는 메시지와 맥을 같이한다고 이해한다.

네 믿음이 너를 구원하였으니

피 흘리는 여자와 회장당의 딸

(마가복음 5:21-43)

예수께서 배를 타시고 다시 저편으로 건너
가시매 큰 무리가 그에게로 모이거늘 이에
바닷가에 계시더니

회당장 중 하나인 야이로라 하는 이가 와서
예수를 보고 발아래 엎드리어

많이 간구하여 가로되 내 어린 딸이 죽게 되
었사오니 오셔서 그 위에 손을 얹으사 그로
구원을 얻어 살게 하소서 하거늘

이에 그와 함께 가실쌔 큰 무리가 따라가며
에워싸 밀더라

열두 해를 혈루증으로 앓는 한 여자가 있어
많은 의원에게 많은 괴로움을 받았고 있던
것도 다 허비하였으되 아무 효험이 없고 도
리어 더 중하여졌던 차에

예수의 소문을 듣고 무리 가운데 섞여 뒤로
와서 그의 옷에 손을 대니

이는 내가 그의 옷에만 손을 대어도 구원을
얻으리라 함일러라

이에 그의 혈루 근원이 곧 마르매 병이 나은
줄을 몸에 깨달으니라

예수께서 그 능력이 자기에게서 나간 줄을
곧 스스로 아시고 무리 가운데서 돌이켜 말씀
하시되 누가 내 옷에 손을 대었느냐 하시니

제자들이 여짜오되 무리가 에워싸 미는 것
을 보시며 누가 내게 손을 대었느냐 물으시
나이까 하되

예수께서 이 일 행한 여자를 보려고 둘러보
시니

여자가 제게 이루어진 일을 알고 두려워하
여 떨며 와서 그 앞에 엎드려 모든 사실을
여짜온대

예수께서 가라사대 딸아 네 믿음이 너를 구

원하였으니 평안히 가라 네 병에서 놓여 건강할찌어다
아직 말씀하실 때에 회당장의 집에서 사람들이 와서 가로되 당신의 딸이 죽었나이다 어찌하여 선생을 더 괴롭게 하나이까
예수께서 그 하는 말을 곁에서 들으시고 회당장에게 이르시되 두려워 말고 믿기만 하라 하시고
베드로와 야고보와 야고보의 형제 요한 외에 아무도 따라옴을 허치 아니하시고
회당장의 집에 함께 가사 훤화함과 사람들의 울며 심히 통곡함을 보시고
들어가서 저희에게 이르시되 너희가 어찌하여 훤화하며 우느냐 이 아이가 죽은 것이 아니라 잔다 하시니
저희가 비웃더라 예수께서 저희를 다 내어보내신 후에 아이의 부모와 또 자기와 함께한 자들을 데리시고 아이 있는 곳에 들어가사
그 아이의 손을 잡고 가라사대 달리다굼 하시니 번역하면 곧 소녀야 내가 네게 말하노니 일어나라 하심이라
소녀가 곧 일어나서 걸으니 나이 열두 살이라 사람들이 곧 크게 놀라고 놀라거늘
예수께서 이 일을 아무도 알지 못하게 하고 저희를 많이 경계하시고 이에 소녀에게 먹을 것을 주라 하시니라

마가복음 5:21-43

예수는 누구를 구원하는가

이 기적 이야기는 독특하게도 두 가지 다른 이야기가 절묘하게 뒤섞여 있다. 이 두 이야기는 회생이라는 극적 요소를 다룬다. 갈릴리 해변으로 돌아온 예수는 언제나 그랬듯 큰 무리에게 영접과 환호를 받는다. 그런 와중에 야이로라는 이름을 가진 회당장이 나타난다. 그는 자기 딸의 병 때문에 예수를 찾아왔다. 야이로는 예수가 자신의 딸을 안수해주기를 간절히 원한다. 딸 머리 위에 손을 얹어달라는 간청에는 예수로 인해 딸이 치유될 수 있으리라는 믿음이 담겨 있다.

이에 야이로의 딸을 치료하기 위해 예수가 움직였다. 그런데 그때, 예수의 옷을 누군가가 붙잡았다. 뒤돌아보니 피 흘리는 여자였다. 어

떤 병인지 상세하게 언급되지는 않지만 12년간이나 하혈했다는 것만
으로도 병이 심한 것을 알 수 있다. 레위기에서도 언급되었듯 하혈하
는 여인과의 접촉은 그 자체로 부정하다고 여겨졌다. 그러므로 12년
동안 하혈을 멈추지 않는 여인은 부정한 죄의 상징이었을 것이다.

그런 여인이 예수를 몰래 만졌다. 그녀가 병이 있다는 사실을 누군
가 알게 된다면 그녀는 마을에서 추방될 것이다. 일반 민중들은 의료
혜택에 접근하기 매우 힘들었을 테므로 여인은 앞으로도 계속 부정한
여인으로 낙인찍힌 채 살아야 할 것이다.

예수는 자신에게서 능력이 빠져나갔음을 감지한다. 그 능력은 타
인에게 신비스럽게 전달되는, 신이 부여한 영적 능력이다. 누가 내 옷
에 손을 댔느냐는 예수의 물음에 여인은 두렵고 떨리는 마음으로 앞
에 나선다. 이후 그 자리에 모인 사람들은 의문을 품었다. 수많은 사람
중에 왜 그녀에게만 치유의 기적이 일어났을까? 예수는 여인의 고통
스러운 상황을 외면하지 않았다. 그는 여인의 반응을 신앙의 표현이라
확신했다. 비록 예수 몰래 벌인 일이지만, 그녀의 깊은 신앙이 구원과
건강을 선사받을 만큼 강력한 동기가 되었다.

피 흘리는 여자를 치료하느라 시간이 지체되었다. 이로 인해 뒤늦게
도착한 회당장 야이로의 집에서는 평범한 한 인간의 모습이 보인다.
딸이 죽은 줄 안 회당장의 곡소리가 들린다. 인간의 어쩔 수 없는 한계
앞에서 무너져 내린 것이다. 예수는 어쩌면 인간의 무력한 모습을 보
여주고자 했는지도 모른다. 자식 잃은 아버지를 향해 예수는 "두려워
하지 말라!"고 외친다. 자신과 하나님에 대한 신앙으로 절망 속에서도
희망을 찾으라는 회생의 메시지다. 딸은 실제로 살아났다. 죽었던 존
재를 예수가 다시 살려낸 것이다. 예수는 살아난 딸에게 먹을 것을 주

라고 말한다. 영만 살아남은 것이 아니라 그녀의 육신도 살아났다!

성서에 나온 고대 신앙을 보면, 죽음에 대한 지배권을 지닌 것은 오직 하나님뿐이다.[7] 그런데 그 기적을 지금 예수가 보여주었다. 예수는 이렇게 자신이 하나님의 대리자임을 한 번 더 확실히 못 박는다.

보수 개혁주의 신학자 아치볼드 로버트손이 주목하는 치유 기적의 핵심은 믿음과 겸손, 하나님 권능의 지속이다. 혈루증을 앓던 여인은 믿음을 가지고 있었다. 로버트손은 여인이 미신이나 마술이 아닌 진정한 믿음이 있기에 가볍게 닿더라도 질병에서 해방될 수 있었다고 보며, 그것을 믿음의 승리라 여긴다. 또 한 명의 인물, 야이로는 회당장이란 높은 직위에 있는 존재다. 그런 그가 예수에게 머리를 조아리며 딸의 치유를 간구한 것은 아무리 높은 사회적 지위를 가진 사람도 하나님 앞에서 겸손해야 함을 가르치는 메시지로 본다. 또한 죽음 가운데서 딸을 일으킨 것은 이를 통해 예수 자신도 부활하는 주체임을 함께 피력하려는 예수의 예언적 행위로 이해한다.[8]

한편 진보 신학자 조나단 리드는 혈루증에 대한 사회적 소외의 모순을 지적한다. 혈루증이 부정하고 반사회적인 병으로 정죄받던 시대였으므로 종교 기득권층은 질병에 시달리는 이는 무조건 정결법을 어겼다고 보고 하나님에게 저주받았다고 단죄했다.[9] 그들은 소외된 이들을 종교 이데올로기를 내세워 더 배척했다. 그런 악순환은 결국 소외계층을 사회 구성원으로서의 권리를 행사하지 못하게 만들고 더 고립시켰다. 리드는 예수의 치유 기적을 사회적으로도, 종교적으로도 소외된 계급에게 본래 속했던 삶의 자리로 복귀할 수 있는 인권 회복이며 해방운동으로 봐야 한다고 주장한다.

울지 마라

나인성 과부의 아들 치유

(누가복음 7:11-17)

그 후에 예수께서 나인이란 성으로 가실쌔 제자와 허다한 무리가 동행하더니 성문에 가까이 오실 때에 사람들이 한 죽은 자를 메고 나오니 이는 그 어미의 독자요 어미는 과부라 그 성의 많은 사람도 그와 함께 나오거늘 주께서 과부를 보시고 불쌍히 여기사 울지 말라 하시고 가까이 오사 그 관에 손을 대시니 멘 자들이 서는지라 예수께서 가라사대 청년아 내가 네게 말하노니 일어나라 하시매 죽었던 자가 일어 앉고 말도 하거늘 예수께서 그를 어미에게 주신대 모든 사람이 두려워하며 하나님께 영광을 돌려 가로되 큰 선지자가 우리 가운데 일어나셨다 하고 또 하나님께서 자기 백성을 돌아보셨다 하더라 예수께 대한 이 소문이 온 유대와 사방에 두루 퍼지니라

누가복음 7:11-17

무엇이 예수로 하여금 죽은 자를 일으키게 했을까

치유 기적은 앞서 회당장 야이로의 딸 이야기와 유사하게 죽은 이를

되살림을 다룬다. 하지만 앞서 딸의 아버지가 종교적, 사회적 엘리트 층에 속하는 회당장이었다면 지금 죽은 아들의 어머니는 사회적 약자인 과부다.

과부의 죽은 아들을 살려주는 이 기적은 엘리야가 구약성서에서 보여주었던 것과 동일하다. 이것은 두 가지 측면에서 예수의 존재 가치를 재확인시켜 준다. 하나는 대중으로 하여금 예수가 예언자이고 그의 활동을 통해 하나님이 이스라엘 백성을 방문하고 있음에 대한 실증이다. 또 다른 예수의 존재 가치는 바로 예수를 통해 나타난 하나님의 자비심이다. 예수는 이 여인을 불쌍히 여겼다. 하나뿐인 희망이던 피붙이를 잃어버린 여인의 비참을 본 예수에게 내재한 하나님 능력은 자비심을 쏟아낼 수밖에 없도록 만드는 강력한 힘으로 드러난다.

예수는 과부를 불쌍히 여긴 후 앞으로 나아갔다. 이는 메시아적 행위의 첫 걸음이다. 이후 예수는 죽은 이가 누워 있는 관에 손을 댄다. 예수의 이 행동으로 인해 가장 민감한 율법 금기의 기축이 흔들린다. 죽은 이의 시체를 불결하다고 믿고 있던, 그래서 금기시하던 사람들의 시선 따위가 예수의 파격적인 행동을 막을 수는 없다.[10] 그는 개의치 않고 관에 손을 대고 "일어나라!"고 소리친다. 그러자 죽은 이가 일어난다. 살아난 것이다.

이 광경을 지켜본 사람들은 두려움을 느낀다. 혼란이 일고 의문이 들기 시작했다. 하지만 그보다 더 분명한 것은 사람들의 내면에 더 이상 부정할 수 없는 하나의 확신이 생겼다는 점이다. 권능의 기원이 자신들이 신앙하던 하나님에게 있음을 확실히 인식한 것이다.

그 인식은 '온 유대'란 서술로 인해 갈릴리아를 포함한 유다 전체와 그 지역 외곽까지도 아우르는 파급 효과를 낳았다. 이로 인해 예수는 더 이상 이스라엘에서 자신을 숨길 수 없는 존재가 되어버렸다.

종교개혁가 장 칼뱅이 이 이야기에서 주목하는 핵심은 동정심이다. 칼뱅은 예수의 마음이 곧 하나님의 마음이고, 그 마음의 중심에 모든 사람을 향한 뜨거운 긍휼, 동정심이 있음을 강조하기 위한 메시지로 치유 기적을 이해한다. 더 나아가 칼뱅은 하나님의 사랑 역시 인간을 향한 무한한 자비심, 동정심에서 시작된다고 본다. 죽을 수밖에 없는 인간을 불쌍히 여기지 않았다면 하나님이 자신인 아들을 보냈을 리가 없을 것이라는 점이 칼뱅이 말하는 하나님의 자비심이다.[11]

　한편 진보 여성 신학자 엘리자베스 슈슬러 피오렌자는 이 기적 이야기에 두 가지 메시지가 숨어 있다고 말한다. 하나는 당대 사회구조가 품고 있는 모순에 대한 폭로이며, 또 하나는 그 구조를 혁파하고자 하는 예수의 의지가 그것이다. 피오렌자는 다른 복음서보다 누가복음서에 훨씬 더 많이 과부들이 등장하는 이유가 남성 가부장제 사회에서 경제적으로 무능한 여성들의 비천한 현실을 폭로하려는 의지가 묻어 있기 때문이라고 말한다. 이렇듯 피오렌자 등 여성 신학자들은 힘없는 여성들이 가장 소중히 여기는 생명을 살려내는 예수의 치유 기적은 역설적으로 그녀들을 착취하며 자신들의 배만 불리던 가부장제 사회의 기득권층인 남성들에게 참회를 요구하는 메시지라고 주장한다.[12]

불쌍히 여기소서

장애로부터의 해방

(마태복음 9:27-34)

예수께서 거기서 떠나 가실쌔 두 소경이 따라 오며 소리 질러 가로되 다윗의 자손이여 우리를 불쌍히 여기소서 하더니
예수께서 집에 들어가시매 소경들이 나아오거늘 예수께서 이르시되 내가 능히 이 일 할 줄을 믿느냐 대답하되 주여 그러하오이다 하니
이에 예수께서 저희 눈을 만지시며 가라사대 너희 믿음대로 되라 하신대
그 눈들이 밝아진지라 예수께서 엄히 경계하시되 삼가 아무에게도 알게 하지 말라 하셨으나

저희가 나가서 예수의 소문을 그 온 땅에 전파하니라

저희가 나갈 때에 귀신 들려 벙어리 된 자를 예수께 데려오니
귀신이 쫓겨나고 벙어리가 말하거늘 무리가 기이히 여겨 가로되 이스라엘 가운데서 이런 일을 본 때가 없다 하되
바리새인들은 가로되 저가 귀신의 왕을 빙자하여 귀신을 쫓아낸다 하더라

마태복음 9:27-34

믿음이란 무엇일까

이번에는 두 명의 시각 장애인과 한 명의 언어 장애인이 치유를 받는 기적이 일어난다. 이렇게 연속으로 발생하는 질병 치료의 기적에는 실제와 상징이 뒤섞인다. 시각 장애인의 치유 기적은 영혼의 무지로부터의 해방과 연결되며, 언어 장애인의 치유는 이제까지 말할 수 없었던 구원의 진실을 말하게 되었다는 의미로서의 해방으로 해석될 여지가 있기 때문이다.

당시 근동지역에서 눈이 먼다는 것은 가장 혹독한 죄업으로 인한 징벌 중 하나로 간주되었다.[13] 그런 그들의 삶의 비참함은 이루 말할 수 없을 것이다. 눈먼 자의 치유에 있어서 예수는 도전적인 질문을 던진다. "내가 이것을 할 수 있다고 믿느냐?" 그 질문이 눈먼 자에게 던져진 순간, 그때 예수의 질문은 그들의 삶 전체를 건 의미로 확장된다. 예수를 향한 그들의 확신과 신뢰는 일회적 고통에 대한 교환 대가와는 거리가 멀다. 그들은 자신들의 저주받은 몸 전체를 걸고 예수를 향한 믿음을 나타냈다. 그들이 가진 믿음의 바탕에는 "불쌍히 여기소서!"라는 탄원이 깔려 있다. 이 탄원이 하나님의 속성인 자비와 긍휼을 일으킨다. 예수가 품은 자비와 연민의 근원에는 하나님이 있다. 두 명의 시각 장애인과 한 명의 언어 장애인은 자신의 모든 것을 걸고 사람의 의술이나 전통이 아닌 하나님으로부터 나오는 자비를 구한 것이다. 이 사건으로 인해 누군가는 예수를 음해하려 하고, 누군가는 예수를 더욱 더 믿게 되는 결과가 생긴다.

보수 개혁신학자 로버트 리담은 병자들의 탄원에 나타난 '다윗의 아들'이라는 칭호에 주목한다. 리담은 이를 구약성경을 성취하기 위한 하나의 목적으로 본다. 하지만 예수가 치유받은 이들로 하여금 자신의 정체에 대한 언급을 삼가라고 명하신 이유가 인류를 위한 십자가 희생, 공생애 완성을 염두에 둔 겸손의 극치라고 말한다.[14]

반면 진보 신학자 조나단 리드는 눈먼 자가 사회에서 부당하게 차별당하는 것에 주목한다. 본래 구약 성경에서 눈먼 자는 특별히 보호하라는 보호법도 있었다.[15] 그럼에도 사제들, 종교 권력가들은 제멋대로 눈먼 자들을 정결법을 위반한 자들이라는 굴레를 씌워 하나님께 저주받은 자로 낙인찍어 버렸던 것이다.[16]

그런 맥락에서 리드는 도리어 '다윗의 아들'이라는 칭호는 부가적 신화와 선동의 메시지에 지나지 않다고 본다. 그는 기적 메시지의 핵심이 억눌린 자에게 새로운 삶을 살게 해주는 해방 운동의 일환으로 봐야 한다고 주장한다.

내 아버지께서 일하시니 나도 일한다

안식일에 중풍병자를 고치신 예수

(요한복음 5:1-47)

그 후에 유대인의 명절이 있어 예수께서 예루살렘에 올라가시니라

예루살렘에 있는 양문 곁에 히브리 말로 베데스다라 하는 못이 있는데 거기 행각 다섯이 있고

그 안에 많은 병자, 소경, 절뚝발이, 혈기 마른 자들이 누워 [물의 동함을 기다리니

이는 천사가 가끔 못에 내려와 물을 동하게 하는데 동한 후에 먼저 들어가는 자는 어떤 병에 걸렸든지 낫게 됨이러라]

거기 삼십팔 년 된 병자가 있더라

예수께서 그 누운 것을 보시고 병이 벌써 오랜 줄 아시고 이르시되 네가 낫고자 하느냐

병자가 대답하되 주여 물이 동할 때에 나를 못에 넣어 줄 사람이 없어 내가 가는 동안에 다른 사람이 먼저 내려가나이다

예수께서 가라사대 일어나 네 자리를 들고 걸어가라 하시니

그 사람이 곧 나아서 자리를 들고 걸어 가니라

이 날은 안식일이니

유대인들이 병 나은 사람에게 이르되 안식일인데 네가 자리를 들고 가는 것이 옳지 아니하니라

대답하되 나를 낫게 한 그가 자리를 들고 걸어가라 하더라 한대

저희가 묻되 너더러 자리를 들고 걸어가라 한 사람이 누구냐 하되

고침을 받은 사람이 그가 누구신지 알지 못하니 이는 거기 사람이 많으므로 예수께서 이미 피하셨음이라

그 후에 예수께서 성전에서 그 사람을 만나

이르시되 보라 네가 나았으니 더 심한 것이 생기지 않게 다시는 죄를 범치 말라 하시니 그 사람이 유대인들에게 가서 자기를 고친 이는 예수라 하니라

그러므로 안식일에 이러한 일을 행하신다 하여 유대인들이 예수를 핍박하게 된지라

예수께서 저희에게 이르시되 내 아버지께서 이제까지 일하시니 나도 일한다 하시매

유대인들이 이를 인하여 더욱 예수를 죽이고자 하니 이는 안식일만 범할 뿐 아니라 하나님을 자기의 친 아버지라 하여 자기를 하나님과 동등으로 삼으심이러라

그러므로 예수께서 저희에게 이르시되 내가 진실로 진실로 너희에게 이르노니 아들이 아버지의 하시는 일을 보지 않고는 아무것도 스스로 할 수 없나니 아버지께서 행하시는 그것을 아들도 그와 같이 행하느니라

아버지께서 아들을 사랑하사 자기의 행하시는 것을 다 아들에게 보이시고 또 그보다 더 큰 일을 보이사 너희로 기이히 여기게 하시리라

아버지께서 죽은 자들을 일으켜 살리심 같이 아들도 자기의 원하는 자들을 살리느니라

아버지께서 아무도 심판하지 아니하시고 심판을 다 아들에게 맡기셨으니

이는 모든 사람으로 아버지를 공경하는 것 같이 아들을 공경하게 하려 하심이라 아들을 공경치 아니하는 자는 그를 보내신 아버지를 공경치 아니하느니라

내가 진실로 진실로 너희에게 이르노니 내 말을 듣고 또 나 보내신 이를 믿는 자는 영생을 얻었고 심판에 이르지 아니하나니 사망에서 생명으로 옮겼느니라

진실로 진실로 너희에게 이르노니 죽은 자들이 하나님의 아들의 음성을 들을 때가 오나니 곧 이 때라 듣는 자는 살아나리라

아버지께서 자기 속에 생명이 있음 같이 아들에게도 생명을 주어 그 속에 있게 하셨고 또 인자됨을 인하여 심판하는 권세를 주셨느니라

이를 기이히 여기지 말라 무덤 속에 있는 자가 다 그의 음성을 들을 때가 오나니

선한 일을 행한 자는 생명의 부활로, 악한 일을 행한 자는 심판의 부활로 나오리라

내가 아무것도 스스로 할 수 없노라 듣는 대로 심판하노니 나는 나의 원대로 하려하지 않고 나를 보내신 이의 원대로 하려는 고로 내 심판은 의로우니라

내가 만일 나를 위하여 증거하면 내 증거는 참되지 아니하되

나를 위하여 증거하시는 이가 따로 있으니 나를 위하여 증거하시는 그 증거가 참인 줄 아노라

너희가 요한에게 사람을 보내매 요한이 진리에 대하여 증거하였느니라

그러나 나는 사람에게서 증거를 취하지 아니하노라 다만 이 말을 하는 것은 너희로 구원을 얻게 하려 함이니라

요한은 켜서 비취는 등불이라 너희가 일시 그 빛에 즐거이 있기를 원하였거니와

내게는 요한의 증거보다 더 큰 증거가 있으니 아버지께서 내게 주사 이루게 하시는 역사 곧 나의 하는 그 역사가 아버지께서 나를 보내신 것을 나를 위하여 증거하는 것이요

또한 나를 보내신 아버지께서 친히 나를 위하여 증거하셨느니라 너희는 아무 때에도

그 음성을 듣지 못하였고 그 형용을 보지 못하였으며

그 말씀이 너희 속에 거하지 아니하니 이는 그의 보내신 자를 믿지 아니함이니라

너희가 성경에서 영생을 얻는 줄 생각하고 성경을 상고하거니와 이 성경이 곧 내게 대하여 증거하는 것이로다

그러나 너희가 영생을 얻기 위하여 내게 오기를 원하지 아니하는도다

나는 사람에게 영광을 취하지 아니하노라

다만 하나님을 사랑하는 것이 너희 속에 없음을 알았노라

나는 내 아버지의 이름으로 왔으매 너희가 영접치 아니하나 만일 다른 사람이 자기 이름으로 오면 영접하리라

너희가 서로 영광을 취하고 유일하신 하나님께로부터 오는 영광은 구하지 아니하니 어찌 나를 믿을 수 있느냐

내가 너희를 아버지께 고소할까 생각지 말라 너희를 고소하는 이가 있으니 곧 너희의 바라는 자 모세니라

모세를 믿었더면 또 나를 믿었으리니 이는 그가 내게 대하여 기록하였음이라

그러나 그의 글도 믿지 아니하거든 어찌 내 말을 믿겠느냐 하시니라

요한복음 5:1-47

예수는 왜 자신을 하나님과 동일시했을까

38년 동안 만성의 고통을 견디던 병자를 예수가 안식일에 치유했다. 그 사실로 인해 한바탕 논쟁이 벌어졌다. 이를 통해 예수 언행의 분명한 하나의 특징을 확인할 수 있다.

먼저 그는 타협을 모르는 인물이다. 38년이나 고통받는 이가 하루쯤 더 참고 안식일 다음날 치료받는다 하더라도 큰 무리는 없었을 것이다. 하지만 예수는 그 일을 미루지 않고 자리보전하고 앉아 있는 병자를 일으켜 세운다. 이로 인해 예수는 종교 기득권층과의 첨예한 논쟁과 대립의 날을 세우게 된다. 종교 기득권자들과 율법 논쟁을 하는 와중에서도 예수는 자신의 정체성을 하나님과 동일한 차원으로 끌어올리고자 한다.

기적 이야기의 마지막에 예수는 자신이 하나님 아들이라고 선언한다. 또한 그는 하나님 아들로서 하나님이 하는 일을 자신도 행한다고 말한다. 이것은 당시 종교적 전통에만 빠져 있던 이들이 볼 때는 신성모독이고 불경의 극치였다.[17] 하지만 예수는 주저하지 않았다. 새로운 시대의 도래를 위해 꼭 필요한 외침이었기 때문이다. 예수의 이 선언으로 인해 하나님의 뜻이 더 완전하고 널리 알려지길 바란다.

이런 맥락에서 예수의 38년 된 병자의 치유를 안식일에 행한 까닭을 다시 생각해보면, 선언을 위한 전조라고 해석할 수 있다. 유월절이나 초막절같이 큰 명절인 안식일에 한 발자국도 움직이지 못하는 병자에게 "네가 낫기를 원하느냐?"는 질문을 던진다. 그에 대한 답은 너무나 명백하다. 38년이라는 기간 동안 병마에 시달린 이의 가장 큰 소원은 건강뿐이다. 예수는 뻔한 질문을 던지며, 병마에서 벗어나고자 하는 그 존재의 무능력함을 일깨워준다.

추측컨대 38년 된 병자는 율법을 삶의 의지로 변혁하고자 하는 창조적 실천에 관심을 갖기보다는 율법 그 자체의 법문에 매여 있었을 것이다. 그리하여 점점 더 수동적이고 무력해졌을 것이다. 예수는 병자를 일으켜 세운 뒤 그에게 "다시는 죄를 짓지 말라."고 말한다. 그 죄는 그를 여태껏 병마에 시달리게 했던 원인이 아니다. 병마에 고통받으면서 그동안 잊고 있던 창조적 역동성을 회복하라는 당부인 것이다.

그런데 그 일로 인해 예수의 기적 행위를 트집 잡는 무리가 있었다. 예수를 불순한 존재로 취급하려는 기득권층, 유대교 신봉자들에게 예수는 적당한 에둘러 말하는 수사법을 동원하지 않는다. 그는 더 신랄하게 돌직구를 던진다. 자신과 하나님을 동일시하기에 이른 것이다. 이것은 분명 종교 기득권층의 공분을 사기에 충분한 발언이었다. 당시 유대교 신학이 가진 경건성은, 하나님은 하늘에 있고 인간은 땅 위에 있다는 철저한 차이와 한계에 대한 고백에 뿌리내리고 있었다. 그러니 어떤 방식으로든 경계에 혼란을 일으키는 주장에 강력하게 반발할 수밖에 없었다. 예수가 그런 유대교적 배경을 모를 리 없었을 것이다. 하지만 그는 있는 그대로 자신이 메시아임을 드러낸다.

보수 개혁주의 신학자 싱클레어 퍼거슨은 예수가 오랜 타성에 젖은 38년 된 병자의 영적 무감각을 일깨워주는 것을 메시지의 핵심으로 본다. 마술적인 능력에만 관심을 갖던 병자에게 예수는 자신이 진정한 구원자임을 밝힌다. 이러한 구원자를 믿는 능동적인 믿음으로 인해 인간은 치유의 기적을 맛보고 하나님 나라에 참여할 수 있는 것이다. 그런 맥락에서 퍼거슨은 일어나 걷게 된 병자에게 예수가 "죄를 짓지 말라."는 말이 신체상의 장애보다 정신적 도덕 장애, 즉 영적 무감각이 더 나쁠 수 있다는 경고임을 깨달아야 한다고 말한다.[18]

반면 급진적 현대 신학자 로버트 펑크는 해석의 무게중심을 치유의 기적이 안식일에 일어났다는 점에 둔다. 의료시설의 혜택을 입을 수 있어 안식일이 아니더라도 언제든 치료받을 수 있는 부유한 권력가들과 다르게 가족도 잃고 떠돌거나 외톨이로 살아야 하는 팔레스타인의 병자들은 한시라도 빨리 치유받아야 할 소외계층이었다.[19] 예수가 주목한 이들도 바로 그들이다. 이런 맥락에서 펑크는 이 메시지를 안식일이라는 개념 자체의 전복으로 이해해야 한다고 주장한다. 안식일의 본질은 사람을 살리는 일이며, 사람 살리는 일의 궁극은 그 사람을 지금까지 죽여온 불의와 싸우는 일이다.

세상을 위한 빛

날 때부터 눈먼 자를 고치신 예수

(요한복음 9:1-41)

예수께서 길 가실 때에 날 때부터 소경된 사람을 보신지라

제자들이 물어 가로되 랍비여 이 사람이 소경으로 난 것이 뉘 죄로 인함이오니이까 자기오니이까 그 부모오니이까

예수께서 대답하시되 이 사람이나 그 부모가 죄를 범한 것이 아니라 그에게서 하나님의 하시는 일을 나타내고자 하심이니라

때가 아직 낮이매 나를 보내신 이의 일을 우리가 하여야 하리라 밤이 오리니 그때는 아무도 일할 수 없느니라

내가 세상에 있는 동안에는 세상의 빛이로라

이 말씀을 하시고 땅에 침을 뱉아 진흙을 이겨 그의 눈에 바르시고

이르시되 실로암 못에 가서 씻으라 하시니 (실로암은 번역하면 보냄을 받았다는 뜻이

라) 이에 가서 씻고 밝은 눈으로 왔더라

이웃 사람들과 및 전에 저가 걸인인 것을 보았던 사람들이 가로되 이는 앉아서 구걸하던 자가 아니냐

혹은 그 사람이라 하며 혹은 아니라 그와 비슷하다 하거늘 제 말은 내가 그로라 하니

저희가 묻되 그러면 네 눈이 어떻게 떠졌느냐

대답하되 예수라 하는 그 사람이 진흙을 이겨 내 눈에 바르고 나더러 실로암에 가서 씻으라 하기에 가서 씻었더니 보게 되었노라

저희가 가로되 그가 어디 있느냐 가로되 알지 못하노라 하니라

저희가 전에 소경 되었던 사람을 데리고 바리새인들에게 갔더라

예수께서 진흙을 이겨 눈을 뜨게 하신 날은

안식일이라

그러므로 바리새인들도 그 어떻게 보게 된 것을 물으니 가로되 그 사람이 진흙을 내 눈에 바르매 내가 씻고 보나이다 하니

바리새인 중에 혹은 말하되 이 사람이 안식일을 지키지 아니하니 하나님께로서 온 자가 아니라 하며 혹은 말하되 죄인으로서 어떻게 이러한 표적을 행하겠느냐 하여 피차 쟁론이 되었더니

이에 소경 되었던 자에게 다시 묻되 그 사람이 네 눈을 뜨게 하였으니 너는 그를 어떠한 사람이라 하느냐 대답하되 선지자니이다 한대

유대인들이 저가 소경으로 있다가 보게 된 것을 믿지 아니하고 그 부모를 불러 묻되

이는 너희 말에 소경으로 났다 하는 너희 아들이냐 그러면 지금은 어떻게 되어 보느냐

그 부모가 대답하여 가로되 이가 우리 아들인 것과 소경으로 난 것을 아나이다

그러나 지금 어떻게 되어 보는지 또는 누가 그 눈을 뜨게 하였는지 우리는 알지 못하나이다 저에게 물어 보시오 저가 장성하였으니 자기 일을 말하리이다

그 부모가 이렇게 말한 것은 이미 유대인들이 누구든지 예수를 그리스도로 시인하는 자는 출교하기로 결의하였으므로 저희를 무서워함이러라

이러므로 그 부모가 말하기를 저가 장성하였으니 저에게 물어 보시오 하였더라

이에 저희가 소경 되었던 사람을 두 번째 불러 이르되 너는 영광을 하나님께 돌리라 우리는 저 사람이 죄인인줄 아노라

대답하되 그가 죄인인지 내가 알지 못하나 한 가지 아는 것은 내가 소경으로 있다가 지금 보는 그것이니이다

저희가 가로되 그 사람이 네게 무엇을 하였느냐 어떻게 네 눈을 뜨게 하였느냐

대답하되 내가 이미 일렀어도 듣지 아니하고 어찌하여 다시 듣고자 하나이까 당신들도 그 제자가 되려 하나이까

저희가 욕하여 가로되 너는 그의 제자나 우리는 모세의 제자라

하나님이 모세에게는 말씀하신 줄을 우리가 알거니와 이 사람은 어디서 왔는지 알지 못하노라

그 사람이 대답하여 가로되 이상하다 이 사람이 내 눈을 뜨게 하였으되 당신들이 그가 어디서 왔는지 알지 못하는도다

하나님이 죄인을 듣지 아니하시고 경건하여 그의 뜻대로 행하는 자는 들으시는 줄을 우리가 아나이다

창세 이후로 소경으로 난 자의 눈을 뜨게 하였다 함을 듣지 못하였으니

이 사람이 하나님께로부터 오지 아니하였으면 아무 일도 할 수 없으리이다

저희가 대답하여 가로되 네가 온전히 죄 가운데서 나서 우리를 가르치느냐 하고 이에 쫓아내어 보내니라

예수께서 저희가 그 사람을 쫓아냈다 하는 말을 들으셨더니 그를 만나사 가라사대 네가 인자를 믿느냐

대답하여 가로되 주여 그가 누구시오니이까 내가 믿고자 하나이다

예수께서 가라사대 네가 그를 보았거니와 지금 너와 말하는 자가 그이니라

가로되 주여 내가 믿나이다 하고 절하는지라

예수께서 가라사대 내가 심판하러 이 세상
에 왔으니 보지 못하는 자들은 보게 하고 보
는 자들은 소경되게 하려 함이라 하시니
바리새인 중에 예수와 함께 있던 자들이 이
말씀을 듣고 가로되 우리도 소경인가

예수께서 가라사대 너희가 소경 되었더면
죄가 없으려니와 본다고 하니 너희 죄가 그
저 있느니라

요한복음 9:1-41

도대체 안식일이 무엇이란 말인가

눈먼 자의 치유 이야기는 단순한 기적 사건에 그칠지도 모르는 예수
언행에 '눈을 뜬다'는 상징적이고 영적인 측면을 더한다. 그로 인해 말
씀의 진실성은 더욱 유효해진다. 예수는 치유 기적을 기적 자체의 의
미에만 두지 않는다. 기적의 가치를 폄하하려는 모든 이를 심판하겠다
는 범위로까지 발전시킨 것이다.

이 기적 이야기에서는 지겨우리만치 반복되는 바리새인들의 트집
이 또 등장한다. 태어날 때부터 눈이 멀었던 이를 죄인으로 단정하는
바리새인들은 안식일 날 눈을 뜬 장애인을 보고 기적이 조작된 것은
아닐까 의심의 눈초리를 거두지 못한다. 그들의 논리에 의하면 예수
는 안식일에 죄를 범한 존재이므로 예수는 죄인임이 틀림없다. 그래서
태어날 때부터 눈이 멀었던 자에게 예수가 어떤 일을 했는지를 반복
해서 묻는다. 예수가 죄인이라는 것을 더 확실히 입증하고 싶어 했기
때문이다. 그들은 "진흙을 이겨 내 눈에 바르고 나더러 실로암에 가서
씻으라 하기에 가서 씻었더니 보게 되었노라."는 그 사람의 대답을 무
시하고 계속한다. 그는 구약성서에 나오는 "하나님은 죄인의 말을 듣
지 않고 그의 뜻을 행하는 사람의 말을 듣는다."는 구절과 "창세 이후

로 눈먼 자로 태어난 사람의 눈을 뜨게 한 이는 아무도 없었다."는 구절을 근거로 자신이 체험한 기적의 신적 기원에 대해 말한다. 바리새인으로 대표되는 기득권층은 기적의 결과를 눈으로 보고도 예수의 존재를 한사코 인정하지 않는다. 눈을 뜬 자가 알려주려 해도 공동체에서 내쫓아 버리면서 기득권을 유지하려 한다. 또 어떻게든 예수를 혹세무민하는 선동가로 단죄하려 한다.

　이런 그들 앞에 예수가 나타난다. 예수는 기적으로 눈 뜬 자를 잔인하게 취조하던 사람들 중심에 성큼 들어서서 이렇게 말한다. "내가 심판하러 이 세상에 왔으니 보지 못하는 자들은 보게 하고 보는 자들은 보지 못하게 하겠다." 예수의 이 가르침은 심판의 최후 통고장임과 동시에 구원에 참여하라고 독려하는 희망의 메시지다. 지금이라도 인간이 하나님과 세상에 대한 영적인 눈이 가려져 있음을 고백하기만 하면 세상의 빛을 받아들이는 보는 자들로 거듭나게 될 것이다. 하지만 이를 거부하고 "우리가 왜 눈이 멀었단 말이냐!"며 예수를 배격하면 그는 언제까지라도 죄에 방치되어 죽음에 이르고 말 것임을 엄중히 경고한 것이다.

청교도 신학자 존 오웬은 눈먼 자 치유의 역사성과 상징성을 영적 맥락에서 고찰한다. 태어나면서부터 아무것도 보지 못하는 눈먼 자를 치료함으로써 예수가 하나님의 아들, 절대 주권자의 대리인이라는 확신을 고조시킨다고 본다. 또한 오웬은 후반부에서 눈이 감겨 있는데 보고 있다고 주장한다는 바리새인에 대한 비판으로 확장하는 예수 언행에 주목한다. 오웬은 예수가 본 바리새인들의 눈멂을 영적 생명에 대한 눈멂으로 이해한다. 이로써 오웬은 복음은 육신의 눈을 뜨게 하는

것뿐만 아니라 본질적으로는 영적 비춤이 선행되는 것이 먼저라고 주장한다.[20]

    반면 희망의 신학자라 불리는 진보 신학자 위르겐 몰트만의 주장은 다르다. 몰트만은 백성들을 지배하고 억압하는 체제로 굳어버린 바리새인의 제사 종교화에 대한 근본적인 도전과 질타가 메시지의 근간이라고 본다.[21] 그런 맥락에서 몰트만은 태어나면서부터 눈이 멀었던 자의 치유에 담긴 역사성과 상징성을 동시에 고려해야 한다고 말한다. 몰트만은 영적 눈멂이란 것이 종교적 각성을 촉구하는 것이 아니라고 본다. 몰트만에게 핵심은 눈먼 자를 보호하지도 않고, 인간을 제도화된 종교에 예속시키려 하는 휴머니즘의 고갈이야말로 진짜 사랑에 눈감은 것이다.

배척당하는 예수

나사렛에서 쫓겨난 예수

(마가복음 6:1-6, 마태복음 13:53-58, 누가복음 4:16-30)

예수께서 거기를 떠나사 고향으로 가시니 제자들도 좇으니라
안식일이 되어 회당에서 가르치시니 많은 사람이 듣고 놀라 가로되 이 사람이 어디서 이런 것을 얻었느뇨 이 사람의 받은 지혜와 그 손으로 이루어지는 이런 권능이 어찌됨이뇨
이 사람이 마리아의 아들 목수가 아니냐 야고보와 요셉과 유다와 시몬의 형제가 아니냐 그 누이들이 우리와 함께 여기 있지 아니하냐 하고 예수를 배척한지라
예수께서 저희에게 이르시되 선지자가 자기 고향과 자기 친척과 자기 집 외에서는 존경을 받지 않음이 없느니라 하시며
거기서는 아무 권능도 행하실 수 없어 다만 소수의 병인에게 안수하여 고치실 뿐이었고 저희의 믿지 않음을 이상히 여기셨더라
열두 제자를 부르사 둘씩 보내시다 이에 모든 촌에 두루 다니시며 가르치시더라

마가복음 6:1-6

왜 예수는 자기 고향에서 배척당하는가

역설적이게도 예수는 가장 환영받아야 할 자신의 고향에서 배척당한

다. 예수의 어린 시절과 그의 성장 배경을 알고 있다는 것이 오히려 예수의 주장을 받아들이는 데 걸림돌로 작용했기 때문이다. 그들은 나사렛이 비주류라는 이유로 절망하고 체념했다. 나사렛 같은 곳에서 기적이 일어날 수 없다며 말이다. 그들은 실제 기적이 일어나는 현장에 서 있으면서도 예수의 신적 기원을 믿지 못했다. 또한 예수의 신분이 비천했다는 점도 한몫했다.

이러한 현상은 실로 의미심장하다. 예수의 고향 사람들이야말로 진정한 메시아가 자기 고향에서 태어난 것에 무한한 경외감과 자부심을 품을 것 같지만, 그들은 아니었다. 예수의 기적을 보지 못한 것도, 사람들의 예수를 향한 두려움과 놀라움으로 가득한 소문을 듣지 못한 것도 아니었다. 하지만 그들은 예수를 받아들이지 않았다.

이 문제는 확대되어 신앙과 불신앙의 문제로까지 나아간다. 기적 안에는 구원이 존재한다. 구원은 삶의 전체가 걸린 온전한 신뢰의 문제이다. 하지만 구원은 그것에 역동적으로 반응하는 이에게만 의미 있는 사건이 된다. 예수를 배척한 이들에게 예수의 기적 안에 있는 구원은 구원이 아니다.

보수 신학이나 진보 신학 모두 나사렛에서 배척받은 이유를 익숙한 것과의 결별이라는 주제로 이해한다. 보수 신학자 그레엄 골즈워디가 바라보는 익숙함은 예수에게서 신성하고 특별한 하나님 아들 됨의 증거를 보지 못하는 가족, 마을 사람들의 통념을 뜻한다.

반면 진보 신학에서는 예수가 새로운 세상, 천지개벽의 전복적 세상을 열망하는 메시아 운동의 표지임을 인정하지 않으려 하는 구태를 익숙함으로 본다는 점에서 보수 신학과 현저한 견해차를 보인다.

다 배불리 먹어라

오병이어

(마가복음 6:30-44, 8:1-21, 요한복음 6:25-59, 마태복음 14:13-21, 15:29-39)

사도들이 예수께 모여 자기들의 행한 것과 가르친 것을 낱낱이 고하니
이르시되 너희는 따로 한적한 곳에 와서 잠간 쉬어라 하시니 이는 오고 가는 사람이 많아 음식 먹을 겨를도 없음이라
이에 배를 타고 따로 한적한 곳에 갈쌔
그 가는 것을 보고 많은 사람이 저희인 줄 안지라 모든 고을로부터 도보로 그곳에 달려와 저희보다 먼저 갔더라
예수께서 나오사 큰 무리를 보시고 그 목자 없는 양 같음을 인하여 불쌍히 여기사 이에 여러 가지로 가르치시더라
때가 저물어가매 제자들이 예수께 나아와 여짜오되 이곳은 빈 들이요 때도 저물어가니 무리를 보내어 두루 촌과 마을로 가서 무엇을 사 먹게 하옵소서

대답하여 가라사대 너희가 먹을 것을 주라 하시니 여짜오되 우리가 가서 이백 데나리온의 떡을 사다 먹이리이까
이르시되 너희에게 떡 몇 개나 있느냐 가서 보라 하시니 알아보고 가로되 떡 다섯 개와 물고기 두 마리가 있더이다 하거늘
제자들을 명하사 그 모든 사람으로 떼를 지어 푸른 잔디 위에 앉게 하시니
떼로 혹 백씩, 혹 오십씩 앉은지라
예수께서 떡 다섯 개와 물고기 두 마리를 가지사 하늘을 우러러 축사하시고 떡을 떼어 제자들에게 주어 사람들 앞에 놓게 하시고 또 물고기 두 마리도 모든 사람에게 나누어 주시매
다 배불리 먹고
남은 떡 조각과 물고기를 열두 바구니에 차

게 거두었으며

떡을 먹은 남자가 오천 명이었더라

마가복음 6:30-44

그 즈음에 또 큰 무리가 있어 먹을 것이 없는지라 예수께서 제자들을 불러 이르시되

내가 무리를 불쌍히 여기노라 저희가 나와 함께 있은 지 이미 사흘이매 먹을 것이 없도다

만일 내가 저희를 굶겨 집으로 보내면 길에서 기진하리라 그중에는 멀리서 온 사람도 있느니라

제자들이 대답하되 이 광야에서 어디서 떡을 얻어 이 사람들로 배부르게 할 수 있으리이까

예수께서 물으시되 너희에게 떡 몇 개나 있느냐 가로되 일곱이로소이다 하거늘

예수께서 무리를 명하사 땅에 앉게 하시고 떡 일곱 개를 가지사 축사하시고 떼어 제자들에게 주어 그 앞에 놓게 하시니 제자들이 무리 앞에 놓더라

또 작은 생선 두어 마리가 있는지라 이에 축복하시고 명하사 이것도 그 앞에 놓게 하시니

배불리 먹고 남은 조각 일곱 광주리를 거두었으며

사람은 약 사천 명이었더라 예수께서 저희를 흩어 보내시고

곧 제자들과 함께 배에 오르사 달마누다 지방으로 가시니라

바리새인들이 나와서 예수께 힐난하며 그를 시험하여 하늘로서 오는 표적을 구하거늘

예수께서 마음속에 깊이 탄식하시며 가라사대 어찌하여 이 세대가 표적을 구하느냐 내가 진실로 너희에게 이르노니 이 세대에게 표적을 주시지 아니하리라 하시고

저희를 떠나 다시 배에 올라 건너편으로 가시니라

제자들이 떡 가져오기를 잊었으매 배에 떡 한 개 밖에 저희에게 없더라

예수께서 경계하여 가라사대 삼가 바리새인들의 누룩과 헤롯의 누룩을 주의하라 하신대

제자들이 서로 의논하기를 이는 우리에게 떡이 없음이로다 하거늘

예수께서 아시고 이르시되 너희가 어찌 떡이 없음으로 의논하느냐 아직도 알지 못하며 깨닫지 못하느냐 너희 마음이 둔하냐

너희가 눈이 있어도 보지 못하며 귀가 있어도 듣지 못하느냐 또 기억치 못하느냐

내가 떡 다섯 개를 오천 명에게 떼어 줄 때에 조각 몇 바구니를 거두었더냐 가로되 열둘이니이다

또 일곱 개를 사천 명에게 떼어 줄 때에 조각 몇 광주리를 거두었더냐 가로되 일곱이니이다

가라사대 아직도 깨닫지 못하느냐 하시니라

마가복음 8:1-21

예수는 어떻게 오천 명을 먹였는가

하나님의 주된 마음은 연민과 자비다. 오천 명과 사천 명을 먹인 이른바 '급식 기적'에는 굶주리는 이들을 향한 하나님의 강력한 연민이 담겨 있다. 예수는 자신 안에서 꿈틀거리는 하나님의 연민, 그 강력함을 외면하지 못한다. 그것이 예수가 보여준 파격적인 언행의 본질이다.

예수는 자신과 함께 있기 위해 따라나선 사람들이 굶주림에 신음하고 있음을 목격한다. 제자들은 오천 명쯤 되는 이들에게 먹을 것을 주라는 예수의 지시가 얼마나 터무니없는지 안다. 그들은 볼멘소리로 평균 노동자의 하루 임금이 일 데나리온이던 당시,[22] 이백 데나리온은 있어야 오천 명 무리의 한 끼 식사를 해결할 수 있다고 말한다. 제자들이 가진 것은 다섯 개의 빵과 두 마리 물고기가 고작이다. 오병이어, 다섯 개 빵과 물고기 두 마리를 제자들은 절망적으로 바라본다. 그것은 몇 사람 배를 채우기에도 턱없이 부족했다.

예수는 새로운 무대 연출을 통해 국면 전환의 계기로 삼는다. 오십 명, 백 명 등으로 질서정연하게 무리지어 풀밭에 모인 식사 공동체는 시편 23편 2절의 '푸른 풀밭에 눕게 하시는' 하나님의 자비, 광야에서 새롭게 싹이 트는 메시아 시대의 도래 장면을 연상시킨다.

예수는 하늘을 우러러 감사의 기도를 올린다. 이는 후일 일어나게 될 열두 제자와의 최후 만찬 장면과 거의 흡사하다. 이 행동은 유대교적 공동체에서 보여준 식사의 관습 그대로 행동해 메시아 시대의 도래가 만찬의 기쁨과 함께 온다는 사실을 분명히 한다.[23]

급식 기적은 예수의 극적인 연출 속에서 일어난다. 오천 명의 무리가 배부르게 먹고도 음식이 열두 광주리나 남은 것이다. 심지어 여성과 아이들은 조사 대상이 아니었으므로 엄밀히 말하면 그 수효는 훨씬 더 많았을 것이다. 이는 예수가 행한 기적의 완전무결함과 위대함이 입증되는 증거다. 예수는 이로써 인간의 굶주림과 먹고사는 문제에서도 하나님의 기적이 일어남을 보여주었다. 예수는 믿음과 구원의 전인적 확장을 급식 기적을 통해 나타냈다.

요한복음은 이 놀라운 급식 기적을 기적 안에서의 구원이라는 주제를 심화하여 예수의 진면목을 유감없이 끄집어낸다. 예수는 굶주림에서 잠시 벗어난 인간이 다시 한 번 마주하게 되는 땅의 생각, 세속적인 생각의 우매함을 강하게 질타한다. 인간은 언제나 생활과 밀착된 문제에서 벗어나면 그 기적이 가리키는 목표인 진리에의 관심에 헌신하지 않고 잊어버린다.

예수는 자신을 따르는 이들에게 하나님의 연민과 자비심이 가리키는 궁극은 전인적인 생명 회복에 있음을 선포한다. 그 생명은 지상적이고 유한한 생명이 아니라 영원한 생명을 전해주는 떡에 대한 상징과 연결된다. 예수는 급기야 자신을 지상적 생명에서 영원한 생명으로 비약하는 생명의 떡이라 밝힌다.

예수는 하늘로부터 내려온 양식에 대한 구약성서의 가르침을 적극 인용하여 바로 자신을 하늘로부터 내려온 사람의 아들이라고 말한다. 사람의 아들은 사람들을 육체와 영혼의 해결되지 않는 끝없는 굶주림과 타는 목마름으로부터 구원해주는 생명의 양식이다. 이 대목에서 하나님의 깊은 연민 속에 담긴 뜻의 결과가 드러난다. 그것은 바로 생명의 떡인 예수를 구원의 주체로 믿음으로써 영혼과 육체, 즉 지상적 생명과 영원한 생명 모두를 충족시키는 구원을 받게 된다는 것이다.

이 생명의 공여를 예수는 살과 피의 내어놓음으로 발전시킨다. 살과 피를 먹고 마시라는 해괴하기기까지 한 예수의 말에는 그 자신의 희생적 죽음이 내포되어 있다. 죽음의 절정인 십자가는 하나님의 연민, 그 뜻 속에 담긴 영원한 생명과 영원한 사랑에 대한 극적인 신비가 흐르고 있다. 바로 인간의 영혼과 육체 속에 말이다.

보수 신학자 박윤선은 오천 명을 먹이는 기적의 교훈을 하나님 나라의 권능을 보여준다고 이해한다. 특히 예수가 우주를 통치하는 창조주 하나님의 권능을 그대로 수혈받은 하나님의 아들이라는 범접할 수 없는 증거가 되는 사건이라고 주장한다. 급식 기적은 인간의 눈으로 보면 그야말로 기적이지만, 하나님의 관점에서는 기적이 아닌 창조적인 일상이며, 하나님의 아들 예수 역시 하나님과 동일한 권세를 행하게 된다는 사실을 입증한다는 것이다. 또 이러한 하나님의 일상 기적에서 인간이 보일 수 있는 반응은 오직 믿음이라고 말한다. 예수가 하나님의 아들로서 하나님이 펼쳐 보인 창조적 권능을 그대로 계승받은 유일한 구원자라는 사실을 믿어야 한다고 말이다.[24]

반면 급진적 진보 신학자 존 밀턴 잉거는 오천 명을 먹였다는 사실에 주목한다. 잉거는 이 기적을 기적의 차원이 아니라 인간 마음의 근원적인 이기심이 허물어진 나눔의 사건으로 이해한다. 즉, 지금까지 잃었던 나눔의 공동체성을 예수가 일깨워주어 모인 사람들이 각자 가지고 있던 비상식량을 아낌없이 내놓아 배불리 공유할 수 있었다는 것이다. 잉거는 급식 기적 이야기를 오늘날 극심한 식량 불균형으로 인해 일부 극빈국가에서는 기아로 죽어가는 아이들이 넘치지만 선진국에서는 영양 과잉에 시달리는 사람들이 많은 상황에서 부의 재분배 담론으로 확대할 필요가 있다고 주장한다.[25]

두려워 말라

물 위를 걸으신 예수

(마가복음 6:45-52, 마태복음 14:22-33)

예수께서 즉시 제자들을 재촉하사 자기가 무리를 보내는 동안에 배 타고 앞서 건너편 벳새다로 가게 하시고
무리를 작별하신 후에 기도하러 산으로 가시다
저물매 배는 바다 가운데 있고 예수는 홀로 뭍에 계시다가
바람이 거스르므로 제자들의 괴로이 노 젓는 것을 보시고 밤 사경 즈음에 바다 위로 걸어서 저희에게 오사 지나가려고 하시매
제자들이 그의 바다 위로 걸어오심을 보고 유령인가 하여 소리 지르니
저희가 다 예수를 보고 놀람이라 이에 예수께서 곧 더불어 말씀하여 가라사대 안심하라 내니 두려워 말라 하시고
배에 올라 저희에게 가시니 바람이 그치는지라 제자들이 마음에 심히 놀라니
이는 저희가 그 떡 떼시던 일을 깨닫지 못하고 도리어 그 마음이 둔하여졌음이러라

마가복음 6:45-52

예수가 물 위를 걷는다는 것은 어떤 의미인가

마가복음은 오천 명을 먹인 급식 기적 이야기에 이어 곧바로 폭풍우

가 몰아치는 물 위를 걸어오는 예수의 기적 이야기를 연결시킨다. 두 가지 기적 이야기를 통해 말하고자 하는 예수의 의도는 입체적이다. 급식 기적을 통해 실제적 굶주림으로부터 해방과 도저히 불가능한 상황 속에서의 돌파를 보여주었다면, 물 위를 걸어온 기적에서는 돌파의 기적이 제자들로 상징되는 그리스도인들에게 기적 안에서의 구원 전적인 신뢰라는 믿음의 발견 촉구로 연결된다.

폭풍이 몰아치는 바다를 항해하는 배 위에 예수는 없다. 그는 홀로 산에서 기도하고 있다. 제자들은 괴로워한다. 이 괴로움과 곤경이 상징이든 실제든, 하나님을 온전한 실체, 곧 기적 속에서의 구원으로 믿지 못했기에 죽음이라는 인간의 한계를 목전에 둔 상황이 두려웠을 터이다.

예수는 그 비탄의 한복판으로 걸어 들어온다. 물 위를 걷는 기적은 하나님이 바다의 물결을 굳은 땅처럼 밟고 다닌다는 구약성서 욥기 9장 8절의 발견이다. 그 하나님의 위엄을 이제 예수가 대신한다.

그리스도로서 나타난 예수의 현시는 새롭고 독특하다. 이 현시로 그의 제자들뿐만 아니라 그와 함께하는 청중들, 미래의 독자들에게도 그의 위대함을 알릴 수 있다. 예수는 그 목적 성취를 위해 자신을 유령 취급하려는 어떤 의심에도 휘말려들지 않고 모두 자신의 모습과 말을 보고 들으라고 강조한다.

하지만 예수의 당부에도 제자들의 반응은 싸늘하기만 하다. 비록 겉으로는 놀라워하며 예수의 위대함을 추앙하는 것처럼 보이지만 그들의 속내는 기적의 이면에 담긴 진짜 메시지, 예수가 하나님의 사랑이라는 의미에 대해서는 진정으로 믿지 못했다. 예수가 그 사실을 모를 리 없다. 제자들이 바다 위를 걸어오는 예수를 보고 놀란 것에서 그들의 몰이해를 짐작할 수 있다. 이는 결국 신앙 없음으로 이어질 것이다. 예수는 자신을 구원을 가져오는 자, 하나님의 아들로서 계시하는 것이 기적의 목적임을 밝히지만 제자들은 그러한 인식에 대해 여전히 무감각하다.

보수 성경신학자 리처드 렌스키는 물 위를 걸은 예수를 철저히 신의 증거로 받아들인다. 사실 예수가 하나님의 아들이라는 믿음이 있었다면 예수가 물 위를 걸으셨다는 사실에 그렇게까지 놀라지 않았을 것이다. 그와 함께 렌스키는 구약 성경에 하나님이 날뛰는 바다를 잠잠케 하셨다는 삼라만상을 운행하는 주관자로서 하나님의 섭리와 예수의 전능성을 동일시한다. 그런 맥락에서 그는 제자들의 비명과 외침을 믿음 없음의 한계로 보고, 이를 극복하는 것이 오늘날 그리스도인에게 주어진 믿음의 방향이라 이해한다.[26]

반면 진보 신학자 존 셸비 스퐁은 자연 기적의 역사적 사실 여부 논쟁은 벌이지 않는 편이 훨씬 더 합리적이라고 주장한다. 스퐁은 예수의 폭풍 진압 이야기와 함께 물 위를 걸은 이야기는 구약 예언자들의 하나님 예언과 관련된 사건을 유추해 성서 기록자가 만들어낸 신화라고 본다.[27] 하지만 스퐁은 신화 속에 담긴 메시지만큼은 진실하다고 말한다. 그는 두려움과 공포를 상징하는 바다, 호수, 물과 같은 미지의 중심을 가로지른 예수가 가진 가난한 백성들을 위한 마음은 의심의 여지가 없다고 생각한다.

나사로야 나오너라

죽은 나사로를 살리신 예수

(요한복음 11:1-54)

어떤 병든 자가 있으니 이는 마리아와 그 형제 마르다의 촌 베다니에 사는 나사로라

이 마리아는 향유를 주께 붓고 머리털로 주의 발을 씻기던 자요 병든 나사로는 그의 오라비러라

이에 그 누이들이 예수께 사람을 보내어 가로되 주여 보시옵소서 사랑하시는 자가 병들었나이다 하니

예수께서 들으시고 가라사대 이 병은 죽을 병이 아니라 하나님의 영광을 위함이요 하나님의 아들로 이를 인하여 영광을 얻게 하려함이라 하시더라

예수께서 본래 마르다와 그 동생과 나사로를 사랑하시더니

나사로가 병들었다 함을 들으시고 그 계시던 곳에 이틀을 더 유하시고

그 후에 제자들에게 이르시되 유대로 다시 가자 하시니

제자들이 말하되 랍비여 방금도 유대인들이 돌로 치려 하였는데 또 그리로 가시려 하나이까

예수께서 대답하시되 낮이 열두 시가 아니냐 사람이 낮에 다니면 이 세상의 빛을 보므로 실족하지 아니하고

밤에 다니면 빛이 그 사람 안에 없는 고로 실족하느니라

이 말씀을 하신 후에 또 가라사대 우리 친구 나사로가 잠 들었도다 그러나 내가 깨우러 가노라

제자들이 가로되 주여 잠들었으면 낫겠나이다 하더라

예수는 그의 죽음을 가리켜 말씀하신 것이

나 저희는 잠들어 쉬는 것을 가리켜 말씀하심인 줄 생각하는지라

이에 예수께서 밝히 이르시되 나사로가 죽었느니라

내가 거기 있지 아니한 것을 너희를 위하여 기뻐하노니 이는 너희로 믿게 하려함이라 그러나 그에게로 가자 하신대

디두모라 하는 도마가 다른 제자들에게 말하되 우리도 주와 함께 죽으러 가자 하니라

예수께서 와서 보시니 나사로가 무덤에 있은 지 이미 나흘이라

베다니는 예루살렘에서 가깝기가 한 오리쯤 되매

많은 유대인이 마르다와 마리아에게 그 오라비의 일로 위문하러 왔더니

마르다는 예수 오신다는 말을 듣고 곧 나가 맞되 마리아는 집에 앉았더라

마르다가 예수께 여짜오되 주께서 여기 계셨더면 내 오라비가 죽지 아니하였겠나이다

그러나 나는 이제라도 주께서 무엇이든지 하나님께 구하시는 것을 하나님이 주실 줄을 아나이다

예수께서 가라사대 네 오라비가 다시 살리라

마르다가 가로되 마지막 날 부활에는 다시 살 줄 내가 아나이다

예수께서 가라사대 나는 부활이요 생명이니 나를 믿는 자는 죽어도 살겠고

무릇 살아서 나를 믿는 자는 영원히 죽지 아니하리니 이것을 네가 믿느냐

가로되 주여 그러하외다 주는 그리스도시요 세상에 오시는 하나님의 아들이신 줄 내가 믿나이다

이 말을 하고 돌아가서 가만히 그 형제 마리아를 불러 말하되 선생님이 오셔서 너를 부르신다 하니

마리아가 이 말을 듣고 급히 일어나 예수께 나아가매

예수는 아직 마을로 들어오지 아니하시고 마르다의 맞던 곳에 그저 계시더라

마리아와 함께 집에 있어 위로하던 유대인들은 그의 급히 일어나 나가는 것을 보고 곡하러 무덤에 가는 줄로 생각하고 따라가더니

마리아가 예수 계신 곳에 와서 보이고 그 발 앞에 엎드리어 가로되 주께서 여기 계셨더라면 내 오라비가 죽지 아니하였겠나이다 하더라

예수께서 그의 우는 것과 또 함께 온 유대인들의 우는 것을 보시고 심령에 통분히 여기시고 민망히 여기사

가라사대 그를 어디 두었느냐 가로되 주여 와서 보옵소서 하니

예수께서 눈물을 흘리시더라

이에 유대인들이 말하되 보라 그를 어떻게 사랑하였는가 하며

그중 어떤 이는 말하되 소경의 눈을 뜨게 한 이 사람이 그 사람은 죽지 않게 할 수 없었더냐 하더라

이에 예수께서 다시 속으로 통분히 여기시며 무덤에 가시니 무덤이 굴이라 돌로 막았거늘

예수께서 가라사대 돌을 옮겨 놓으라 하시니 그 죽은 자의 누이 마르다가 가로되 주여 죽은 지가 나흘이 되었으매 벌써 냄새가 나나이다

예수께서 가라사대 내 말이 네가 믿으면 하나님의 영광을 보리라 하지 아니하였느냐

하신대

돌을 옮겨 놓으니 예수께서 눈을 들어 우러러 보시고 가라사대 아버지여 내 말을 들으신 것을 감사하나이다

항상 내 말을 들으시는 줄을 내가 알았나이다 그러나 이 말씀하옵는 것은 둘러선 무리를 위함이니 곧 아버지께서 나를 보내신 것을 저희로 믿게 하려 함이니이다

이 말씀을 하시고 큰 소리로 나사로야 나오라 부르시니

죽은 자가 수족을 베로 동인 채로 나오는데 그 얼굴은 수건에 싸였더라 예수께서 가라사대 풀어 놓아 다니게 하라 하시니라

마리아에게 와서 예수의 하신 일을 본 많은 유대인이 저를 믿었으나

그 중에 어떤 자는 바리새인들에게 가서 예수의 하신 일을 고하니라

이에 대제사장들과 바리새인들이 공회를 모으고 가로되 이 사람이 많은 표적을 행하니 우리가 어떻게 하겠느냐

만일 저를 이대로 두면 모든 사람이 저를 믿을 것이요 그리고 로마인들이 와서 우리 땅과 민족을 빼앗아 가리라 하니

그 중에 한 사람 그 해 대제사장인 가야바가 저희에게 말하되 너희가 아무것도 알지 못하는도다

한 사람이 백성을 위하여 죽어서 온 민족이 망하지 않게 되는 것이 너희에게 유익한 줄을 생각지 아니하는도다 하였으니

이 말은 스스로 함이 아니요 그 해에 대제사장이므로 예수께서 그 민족을 위하시고

또 그 민족만 위할 뿐 아니라 흩어진 하나님의 자녀를 모아 하나가 되게 하기 위하여 죽으실 것을 미리 말함이러라

이 날부터는 저희가 예수를 죽이려고 모의하니라

그러므로 예수께서 다시 유대인 가운데 드러나게 다니지 아니하시고 여기를 떠나 빈 들 가까운 곳인 에브라임이라는 동네에 가서 제자들과 함께 거기 유하시니라

요한복음 11:1-54

부활, 생명은 무엇인가

요한복음 11장 전체를 수놓은 죽은 나사로의 부활에서 드러난 예수의 언행은 복음서 전체를 통틀어 가장 충격적이고 놀라운 기적이라 평가받는다. 이 기적은 단순히 하나의 현상이 아니다. 나사로의 기적 이야기는 기적의 보편화, 기적의 의미화라는 독특한 의미가 있다.

예수는 사랑하던 나사로가 죽었다는 소식을 전해 듣고, 그를 살리기 위해 예루살렘 인근에 있는 베다니로 들어가겠다고 결심한다. 종교 기득권층과 숱한 논쟁과 충돌을 일으키던 예수가 그들이 활동하는 지역의 중심으로 들어간다는 것은 목숨을 담보로 하는 위험한 상황일지 모른다는 생각에, 제자들은 예수의 행보에 촉각을 곤두세운다. 하지만 예수는 이에 구애받지 않는다. 애초부터 삶과 죽음의 문제는 그의 관심사가 아니었기 때문이다. 예수는 일말의 두려운 기색도 없이 예루살렘에 입성했다.

베다니에서 예수를 기다린 것은 나사로의 두 누이이자 자매인 마르다와 마리아다. 죽은 나사로의 죽음은 수건에 둘러싸여 돌덩어리에 가로막혀 있었고, 나사로의 죽음을 애도하는 전문 장의사들의 처량한 울음소리가 들려왔다. 예수는 망자를 위로하는 차원에서 부활을 말한 것이 아니다. 그는 자신이 곧 부활이고 생명임을 분명히 한다. 나사로를 살려달라는 예수의 기도는 생명에 대해 무감각해진 모든 이에게 각성이 된다. 결국 죽은 지 나흘이 지나 악취가 나는 나사로가 살아나는 전무후무한 기적이 일어난다.

나사로의 부활시킨 기적은 주술적인 행위가 아니다. 뛰어난 성인聖人으로서의 과시도 아니다. 나사로의 기적을 통해 예수는 마지막 날, 하나님을 믿고 의지하는 이들에게 반드시 일어나고야 말 생명에 대한 명백한 증언을 남긴 것이다. 예수는 내면 깊은 곳에서 꿈틀거리던 하나님의 속성인 자비와 연민의 들끓음을 통해 나사로를 실제의 역사 속에 다시 살려낸다. 이로써 예수는 이 세상의 어떤 가혹함도 하나님과 인간의 사랑을 끊어낼 수 없음을 분명히 한다. 이 단 하나의 증언으로 인해 믿는 자는 죽음에서 깨어나 살아난다. 예수는 나사로의 기적을 통해, 죽음조차 믿는 자를 두렵게 할 수 없음을 말하고 싶었는지 모른다.

개혁주의 성향의 성서주석가 헨리 로버트 레이놀즈는 나사로의 죽음을 하나님 영광의 극치인 예수의 부활 신앙을 극명하게 보여주는 전무후무한 신앙 표지로 받아들인다. 나사로의 부활 사건을 통해 예수의 사역도 절정에 다다르는데, 그 절정이 곧 새 생명으로서의 부활이라는 것이다. 레이놀즈는 생명에 이르는 길은 오직 믿음뿐임을 강조한다.[28]

하지만 진보 신학, 특히 제3세계 신학이나 여성 신학에서는 죽은 나사로보다는 등장인물인 마르다와 마리아의 여성성과 그녀들이 능동적으로 참여한 예수와 나눈 담론의 대담함에 주목한다. 진보 신학자 오스카 쿨만은 나사로를 살리러 가는 도중, 끊임없이 예수로 하여금 생명과 부활에 대한 이야기를 이끌어낸 주체를 마르다와 마리아라는 여성으로 보며, 궁극적으로 여성들의 특별한 통찰이 예수의 가야 할 길을 더욱 분명히 해준 결정적 기여자라고 생각한다. 왜냐하면 당대의 여성들은 사회와 남성으로부터 이중, 삼중으로 억압당하던 소외계층 중의 소외계층이었기 때문이다. 그렇기 때문에 쿨만은 나사로의 부활을 그 부활의 성격이 억압하고 군림하는 메시아가 아니라 모두를 끌어안고 함께 가는 메시아로 새롭게 전환되는 사고방식의 대전환으로 이해해야 한다고 주장한다.[29]

성 소수자의 정체성을 옹호하는 신학자 테드 제닝스의 관점은 나사로가 요한복음에서 줄기차게 등장하는 예수의 사랑하는 제자로 볼 개연성이 충분하다고 말한다. 제닝스는 예수의 사랑이 단순한 우정 이상을 넘어 육체적 관계까지 아울렀다고 보며, 사랑하는 제자의 의미가 각별한 애정을 가진 관계로 이해한다.[30] 그런 맥락에서 예수가 죽은 나사로를 향해 눈물을 보인 것, 사람들이 예수를 보며 "보라. 그가 어떻게 나사로를 사랑했는가."라며 탄성을 지르는 장면들 모두 예수의 깊은 애정을 보여주는 대목으로 봐야 한다고 말한다. 이를 제닝스는 예수가 말하는 사랑은 단순한 플라토닉이나 이상적이며 추상적인 사랑이 아니라 특별하고도 친밀한 관계로 발전되는 사랑까지 혁명적으로 보여준 참된 인간의 전형으로 해석한다.[31]

짐진 자들아, 다 내게로 오라

쉽고 가벼운 멍에

(마태복음 11:20-30)

예수께서 권능을 가장 많이 베푸신 고을들이 회개치 아니하므로 그 때에 책망하시되 화가 있을찐저 고라신아 화가 있을찐저 벳새다야 너희에게서 행한 모든 권능을 두로와 시돈에서 행하였더면 저희가 벌써 베옷을 입고 재에 앉아 회개하였으리라

내가 너희에게 이르노니 심판날에 두로와 시돈이 너희보다 견디기 쉬우리라

가버나움아 네가 하늘에까지 높아지겠느냐 음부에까지 낮아지리라 네게서 행한 모든 권능을 소돔에서 행하였더면 그 성이 오늘날까지 있었으리라

내가 너희에게 이르노니 심판 날에 소돔 땅이 너보다 견디기 쉬우리라 하시니라

그 때에 예수께서 대답하여 가라사대 천지의 주재이신 아버지여 이것을 지혜롭고 슬기 있는 자들에게는 숨기시고 어린아이들에게는 나타내심을 감사하나이다

옳소이다 이렇게 된 것이 아버지의 뜻이니이다

내 아버지께서 모든 것을 내게 주셨으니 아버지 외에는 아들을 아는 자가 없고 아들과 또 아들의 소원대로 계시를 받는 자 외에는 아버지를 아는 자가 없느니라

수고하고 무거운 짐진 자들아 다 내게로 오라 내가 너희를 쉬게 하리라

나는 마음이 온유하고 겸손하니 나의 멍에를 메고 내게 배우라 그러면 너희 마음이 쉼을 얻으리니

이는 내 멍에는 쉽고 내 짐은 가벼움이라 하시니라

마태복음 11:20-30

우리가 내려놓아야 할 짐은 무엇인가

마태복음 11장 20절에 나온 '예수께서 권능을 가장 많이 베푸신 고을들'이라는 표현에서 알 수 있듯이, 베새다와 거라사라는 도시는 예수가 기적을 가장 많이 행한 곳이고, 예수의 제자들이 선포한 복음의 메시지에 가장 활발하게 반응한 곳이었다. 그런데 예수는 기적의 수혜를 가장 많이 받은 이 도시들을 강하게 비난한다. 예수의 발언은 거침이 없다. 대충대충 넘어가는 법도 없다. 예수는 이방 도시 중에서도 유대인들에게 가장 위협적이고 혐오의 대상으로 알려진 두로와 시돈을 언급하며, 믿음이 없는 자에게 심판의 날이 얼마나 두려울지를 알려준다. 그리고 이를 가장 끔찍한 재앙의 상징으로 알려진 소돔과도 비교함으로써 효과를 극대화한다.

이어지는 예수의 기도에서 우리는 어째서 기적의 수혜를 가장 많이 힘입은 곳에 살았던 사람들이 그토록 하나님의 구원에 대해 둔감한지 실마리를 얻을 수 있다. 기적에 대한 반응을 가장 잘 이해할 수 있는 것은 학문적 체계를 만들고 전통을 실행하며 이를 통해 차곡차곡 기득권을 쌓아 올린 종교인이 아니다. 그것은 가난과 억눌림의 삶을 통해 경험한 이들임이 분명하다. 하나님의 지혜와 구원의 진실성이 어린 아이들로 표현된 가난하고 억눌린 자들에게 찾아온다는 사실을 통해 예수는 자신이 하나님의 이름을 힘입어 기적을 행한 이유에 대한 분명한 표지를 세운다. 그것은 곧 모든 인류가 짊어진 고통스러운 멍에에 대한 해방 선포다.

멍에는 사람들이 어깨에 짊어지는 문자 그대로의 멍에만 가리키지 않는다. 그것은 정복자가 패배자에게 억지로 지우는 것이다.[32] 멍에는 때론 권력, 율법, 전통, 때론 명예라는 이름으로 인간을 짓눌러 왔다.

예수의 말에서 특히 주목할 점은 우리가 그 멍에를 일방적으로 벗으라고 요구한 것이 아니라는 데 있다. 예수는 자신의 멍에를 짊어지겠다고 말했다. 예수는 먼저 인간의 짓눌림, 인간 고통의 근원인 멍에를 대신 감당함으로써 인간을 그 지독한 억눌림, 억압, 가난으로부터 해방하겠음을 선포한다. 해방이 가능한 이유는 자명하다. 예수 자신이 인간을 대신해 하나님의 아들로서 수고하고 짐 진 자이기 때문이다. 그는 하나님에 대해 활짝 열린 자신의 품 안으로 억눌린 모든 자를 받아들이며, 그들에게 진정한 평안, 영혼과 육체 모두의 평안을 선사했다. 예수는 그 해방이야말로 분명 기적의 본질이며, 기적을 가능하게 만든 하나님의 깊은 연민임을 말하고자 했다.

종교개혁의 중심인물인 마틴 루터는 예수의 멍에가 쉽고 가볍다고 한 까닭을 복음의 보편성으로 이해해야 한다고 주장한다. 복음은 남녀노소, 시대를 막론하고 누구나 쉽고 무리 없이 받아들일 수 있으므로 교만한 마음과 지적 자만심을 버리고 복음을 대할 때 겸손해야 한다고 본 것이다. 예수가 겸손하다고 말한 대목도 그런 맥락에서 이해되어야 한다고 보는 것이 루터의 일관된 주장 중 하나다.[33]

반면 한국의 대표적 진보 신학자 현영학은 멍에가 가벼워짐을 종교적 굴레로부터의 해방을 선포한 해방 메시지로 봐야 한다고 말한다. 당대의 종교적 굴레는 가난한 자로 하여금 로마 제국주의의 수탈과 함께 종교 권력자들의 수탈도 함께 감당해야 하는 더없이 무거운 짐이었다.[34] 현영학은 그 무거운 짐을 해방하기 위한 선포가 자신의 멍에를 지고 가라는 예수 가르침의 핵심이라고 주장한다.

제7부

변화하는 예수

갈릴리 주변 지역에서의 활동

예수는 고향 갈릴리를 떠나 동부와 북부지역에서 더 성숙해졌고, 그의 카리스마는 더욱 강력해졌다. 복음서 기록자들은 예수가 이후 다시 갈릴리로 돌아간 후에도 갈릴리 주변 지역을 자주 오가면서 자신의 언행을 확장해나갔다고 증언한다.

이 시기에 예수의 가장 충직한 제자로 평가받는 베드로가 예수를 그리스도, 메시아라고 고백한다. 예수를 향한 베드로의 고백은 거짓이 아니었지만 예수에게 외면받는다. 이유는 자명하다. 베드로는 예수의 고난을 전혀 이해하지 못했고, 이해하려고도 하지 않았기 때문이다. 베드로는 왕이 되어 올 메시아는 고난과 무관해야 한다고 믿었다. 그에게 왕은 강력한 유일신의 능력에 의해 어떤 적도 단번에 쓰러뜨리고도 남을 강력한 존재, 즉 전능자여야만 했다. 예수는 그러한 베드로의 숭배를 거부한다. 그는 자신의 고난과 부활을 세 번이나 반복해 말하면서 자신의 오래된 결기를 분명히 한다.

　이로써 예수의 결의는 중대한 전환기를 맞이하게 된다. 위선자로 낙인찍힌 바리새인들과의 충돌로 인해 배척받는 분위기는 더욱더 고조되었고, 민중들은 예수를 그리스도로 받아들이기를 망설였다. 이런 분위기를 예수는 정면 돌파하기로 한다. 예루살렘으로 향하는 마지막 여정지인 갈릴리 주변 지역에서의 예수 언행에는 예루살렘에서 자신을 기다리고 있을 비극적 운명을 예감하고도 이를 피하지 않는, 피할 수 없음을 자각하는 각성이 담겨 있다. 이러한 그를 따르던 수많은 추종자는 예수의 고뇌를 어떻게 이해했을까? 그의 말뜻 중 하나라도 알아듣기는 했을까?

위선자들아 들어라

예수와 바리새인들의 충돌 Ⅰ

(마가복음 7:1-23, 마태복음 15:1-20)

바리새인들과 또 서기관 중 몇이 예루살렘에서 와서 예수께 모였다가

그의 제자 중 몇 사람의 부정한 손 곧 씻지 아니한 손으로 떡 먹는 것을 보았더라

(바리새인들과 모든 유대인들이 장로들의 유전을 지키어 손을 부지런히 씻지 않으면 먹지 아니하며

또 시장에서 돌아와서는 물을 뿌리지 않으면 먹지 아니하며 그 외에도 여러 가지를 지키어 오는 것이 있으니 잔과 주발과 놋그릇을 씻음이러라)

이에 바리새인들과 서기관들이 예수께 묻되 어찌하여 당신의 제자들은 장로들의 유전을 준행치 아니하고 부정한 손으로 떡을 먹나이까

가라사대 이사야가 너희 외식하는 자에 대하여 잘 예언하였도다 기록하였으되 이 백성이 입술로는 나를 존경하되 마음은 내게서 멀도다

사람의 계명으로 교훈을 삼아 가르치니 나를 헛되이 경배하는도다 하였느니라

너희가 하나님의 계명은 버리고 사람의 유전을 지키느니라

또 가라사대 너희가 너희 유전을 지키려고 하나님의 계명을 잘 저버리는도다

모세는 네 부모를 공경하라 하고 또 아비나 어미를 훼방하는 자는 반드시 죽으리라 하였거늘

너희는 가로되 사람이 아비에게나 어미에게나 말하기를 내가 드려 유익하게 할 것이 고르반 곧 하나님께 드림이 되었다고 하기만 하면 그만이라 하고

제 아비나 어미에게 다시 아무것이라도 하여 드리기를 허하지 아니하여

너희의 전한 유전으로 하나님의 말씀을 폐하며 또 이 같은 일을 많이 행하느니라 하시고

무리를 다시 불러 이르시되 너희는 다 내 말을 듣고 깨달으라

무엇이든지 밖에서 사람에게로 들어가는 것은 능히 사람을 더럽게 하지 못하되

사람 안에서 나오는 것이 사람을 더럽게 하는 것이니라 하시고

무리를 떠나 집으로 들어가시니 제자들이 그 비유를 묻자온대

예수께서 이르시되 너희도 이렇게 깨달음이 없느냐 무엇이든지 밖에서 들어가는 것이 능히 사람을 더럽게 하지 못함을 알지 못하느냐

이는 마음에 들어가지 아니하고 배에 들어가 뒤로 나감이니라 하심으로 모든 식물을 깨끗하다 하셨느니라

또 가라사대 사람에게서 나오는 그것이 사람을 더럽게 하느니라

속에서 곧 사람의 마음에서 나오는 것은 악한 생각 곧 음란과 도적질과 살인과

간음과 탐욕과 악독과 속임과 음탕과 흘기는 눈과 훼방과 교만과 광패니

이 모든 악한 것이 다 속에서 나와서 사람을 더럽게 하느니라

마가복음 7:1-23

무엇이 위선인가

율법학자들과 바리새인들은 예수와 길을 같이 떠났던 제자들이 손을 씻지 않고 음식을 먹는 것을 지적한다. 사실 바리새인들의 공격 목표는 손을 씻지 않았다는 것에 있지 않았다. 그들은 구약성서의 레위적인 정결 예법을 들먹이며[1] 예수의 제자들이 이를 따르지 않았으므로 그들이 경건하지 않다는 것을 문제 삼으려 한 것이다. 사실 당대 모든 유대인이 정결 규정을 준수한 것은 아니다. 바리새파 사람들만이 이것을 지켜야 한다고 열을 올렸을 뿐, 일반 유대 백성들은 크게 관심이 없었다. 기득권층의 일부인 사두개인들조차 사제들이나 지켜야 할 관습이 일상적인 종교 생활로까지 이어지는 것에 대해 불만이 있었다.

이런 맥락에서 볼 때 정결 예법은 아전인수적인 율법 해석일 뿐이었다. 시간이 지남에 따라 점차 더 큰 권위를 가지게 되어 결국 율법과 거의 동등한 지위까지 떠받들어지는 대표적인 오용 사례이다. 예수는 이러한 부당한 율법 적용은 물론, 그를 빌미로 정통성을 훼손하려는 이들을 부드럽게 대하지 않는다. 예수는 그들을 위선자라 말한다. 그는 이사야서를 인용하면서 겉으로는 하나님을 숭배하는 것처럼 보여도 실제로는 율법을 인위적으로 해석하고 자기 멋대로 적용하는 바리새인들의 신앙 행태를 위선이라 단정했다.

예수의 공격은 부모 공경에 대한 계명 훼손을 지적하는 대목에서 극에 달한다. 본래 하나님이 이스라엘 백성에게 허락한 계명 중 부모 공경에 관한 계명의 본질은 자녀들은 부모에게 음식과 물을 주고 옷을 입히고 이불을 덮어주고 길을 인도하고 맞아들이는 것이다. 이것이 십계명의 넷째 계명 중 부모에게 공경하라는 계명의 뜻이다. 그런데 코르반이라는 관행에 의해 이것이 잘 지켜지지 않던 문화가 있었다. 당대의 그릇된 관행이 낳은 결과였다.[2]

코르반은 일종의 맹세다. 코르반에 의해 자식들은 부모에게 돌아갈 몫이 하나님에게 예물이 되었다고 공공연히 대중과 회당 앞에서 선언함으로써 부모가 자식에게 부양받고 자식의 소유물을 함께 누릴 권리를 박탈해버렸다. 하지만 신에 대한 맹세의 준엄함을 강조했던 것과 다르게 실제로 하나님께 바치겠다고 선언한 그 예물이 실제로 하나님에게 바쳐졌는지 확인할 길이 묘연했던 정황을 고려하면, 코르반의 맹세는 사실상 하나님의 이름을 팔아 부모를 공경하고 이웃을 사랑해야 할 가장 원론적인 도덕 의무를 짓뭉개는 불합리한 편법으로 자리 잡았음을 알 수 있다.

예수가 정결 의식을 문제 삼은 바리새인들에게 부모 공경을 악용한 사례인 코르반을 예로 들며 그들의 위선적인 작태를 공격했던 핵심은 무엇이었을까? 그것은 그들의 넘쳐나는 물질적 풍요 속에서 온갖 형식으로 만들어놓은 규례를 준수하라는 성벽을 쌓으면서도 정작 굶주림, 기갈에 허덕이는 이들을 규례와 의식을 준수하지 않는 무지하고 죄 많은 백성으로 단죄하는 이중성을 고발하려 했던 것이 아니었을까?

보수 개혁주의 신학자 로버트 리담은 22절과 23절에 이어진 예수의 가르침, 사람의 마음에서 나오는 여러 죄악의 근원을 하나님을 믿지 않은 불신앙의 결과로 보고 있다. 그 불신앙의 뿌리를 허울뿐인 전통과 형식주의 타성에 젖은 채 준수하려 하는 바리새인들의 위선으로 보았으며, 예수가 지금 그 위선을 질타하고 있다고 리담은 주장한다. 그런 맥락에서 그는 22절과 23절에 열거된 여러 죄악, 곧 악독, 탐욕, 속임, 교만 등의 요소들을 개인 차원에서 일어난 회개 없는 마음의 결과로 보고 개인 차원에서의 문제 해결에 힘써야 한다고 말한다.[3]
반면 진보 성향의 현대 신학자 오토 브루더가 22절과 23절에 나타난 탐욕의 결과를 보는 관점은 사뭇 다르다. 브루더는 사람 마음속에서 나오는 것을 이른바 원죄의 차원으로 다루지 않는다. 브루더가 본 탐욕은 맘몬을 숭배하는 권력욕에서 비롯된다. 더욱이 그는 마가복음 7장에서 예수의 준열한 가르침을 듣는 이들, 수신자가 종교 권력을 탐하는 바리새인들이므로 예수는 사람 마음 안에서 나오는 죄악의 결과들을 개인의 차원, 가난한 자들의 차원으로 책임을 전가하는 것에 반대하는 가르침을 남겼다고 이해한다.[4]

탐욕의 제국

예수와 바리새인들의 충돌 II

(누가복음 11:14-54)

예수께서 한 벙어리 귀신을 쫓아내시니 귀신이 나가매 벙어리가 말하는지라 무리들이 기이히 여겼으나

그 중에 더러는 말하기를 저가 귀신의 왕 바알세불을 힘입어 귀신을 쫓아낸다 하고

또 더러는 예수를 시험하여 하늘로서 오는 표적을 구하니

예수께서 저희 생각을 아시고 이르시되 스스로 분쟁하는 나라마다 황폐하여지며 스스로 분쟁하는 집은 무너지느니라

너희 말이 내가 바알세불을 힘입어 귀신을 쫓아낸다 하니 만일 사단이 스스로 분쟁하면 저의 나라가 어떻게 서겠느냐

내가 바알세불을 힘입어 귀신을 쫓아내면 너희 아들들은 누구를 힘입어 쫓아내느냐 그러므로 저희가 너희 재판관이 되리라

그러나 내가 만일 하나님의 손을 힘입어 귀신을 쫓아내는 것이면 하나님의 나라가 이미 너희에게 임하였느니라

강한 자가 무장을 하고 자기 집을 지킬 때에는 그 소유가 안전하되

더 강한 자가 와서 저를 이길 때에는 저의 믿던 무장을 빼앗고 저의 재물을 나누느니라

나와 함께 아니하는 자는 나를 반대하는 자요 나와 함께 모으지 아니하는 자는 해치는 자니라

더러운 귀신이 사람에게서 나갔을 때에 물 없는 곳으로 다니며 쉬기를 구하되 얻지 못하고 이에 가로되 내가 나온 내 집으로 돌아가리라 하고

와 보니 그 집이 소제되고 수리되었거늘

이에 가서 저보다 더 악한 귀신 일곱을 데리

고 들어가서 거하니 그 사람의 나중 형편이 전보다 더 심하게 되느니라

이 말씀하실 때에 무리 중에서 한 여자가 음성을 높여 가로되 당신을 밴 태와 당신을 먹인 젖이 복이 있도소이다 하니

예수께서 가라사대 오히려 하나님의 말씀을 듣고 지키는 자가 복이 있느니라 하시니라

무리가 모였을 때에 예수께서 말씀하시되 이 세대는 악한 세대라 표적을 구하되 요나의 표적 밖에는 보일 표적이 없나니

요나가 니느웨 사람들에게 표적이 됨과 같이 인자도 이 세대에 그러하리라

심판 때에 남방 여왕이 일어나 이 세대 사람을 정죄하리니 이는 그가 솔로몬의 지혜로운 말을 들으려고 땅 끝에서 왔음이어니와 솔로몬보다 더 큰 이가 여기 있으며

심판 때에 니느웨 사람들이 일어나 이 세대 사람을 정죄하리니 이는 그들이 요나의 전도를 듣고 회개하였음이어니와 요나보다 더 큰이가 여기 있느니라

누구든지 등불을 켜서 움 속에나 말 아래 두지 아니하고 등경 위에 두나니 이는 들어가는 자로 그 빛을 보게 하려 함이니라

네 몸의 등불은 눈이라 네 눈이 성하면 온 몸이 밝을 것이요 만일 나쁘면 네 몸도 어두우리라

그러므로 네 속에 있는 빛이 어둡지 아니한가 보라

네 온몸이 밝아 조금도 어두운 데가 없으면 등불의 광선이 너를 비출 때와 같이 온전히 밝으리라 하시니라

예수께서 말씀하실 때에 한 바리새인이 자기와 함께 점심 잡수시기를 청하므로 들어가 앉으셨더니

잡수시기 전에 손 씻지 아니하심을 이 바리새인이 보고 이상히 여기는지라

주께서 이르시되 너희 바리새인은 지금 잔과 대접의 겉은 깨끗이 하나 너희 속인즉 탐욕과 악독이 가득하도다

어리석은 자들아 밖을 만드신 이가 속도 만들지 아니하셨느냐

오직 그 안에 있는 것으로 구제하라 그리하면 모든 것이 너희에게 깨끗하리라

화 있을찐저 너희 바리새인이여 너희가 박하와 운향과 모든 채소의 십일조를 드리되 공의와 하나님께 대한 사랑은 버리는도다 그러나 이것도 행하고 저것도 버리지 아니하여야 할찌니라

화 있을찐저 너희 바리새인이여 너희가 회당의 높은 자리와 시장에서 문안 받는 것을 기뻐하는도다

화 있을찐저 너희여 너희는 평토장한 무덤 같아서 그 위를 밟는 사람이 알지 못하느니라

한 율법사가 예수께 대답하여 가로되 선생님 이렇게 말씀하시니 우리까지 모욕하심이니이다

가라사대 화 있을찐저 또 너희 율법사여 지기 어려운 짐을 사람에게 지우고 너희는 한 손가락도 이 짐에 대지 않는도다

화 있을찐저 너희는 선지자들의 무덤을 쌓는도다 저희를 죽인 자도 너희 조상들이로다

이와 같이 저희는 죽이고 너희는 쌓으니 너희가 너희 조상의 행한 일에 증인이 되어 옳게 여기는도다

이러므로 하나님의 지혜가 일렀으되 내가 선지자와 사도들을 저희에게 보내리니 그 중에

더러는 죽이며 또 핍박하리라 하였으니
창세 이후로 흘린 모든 선지자의 피를 이 세
대가 담당하되
곧 아벨의 피로부터 제단과 성전 사이에서 죽
임을 당한 사가랴의 피까지 하리라 내가 너희
에게 이르노니 과연 이 세대가 담당하리라
화 있을찐저 너희 율법사여 너희가 지식의
열쇠를 가져가고 너희도 들어가지 않고 또
들어가고자 하는 자도 막았느니라 하시니라
거기서 나오실 때에 서기관과 바리새인들이
맹렬히 달라붙어 여러 가지 일로 힐문하고
그 입에서 나오는 것을 잡고자 하여 목을 지
키더라

누가복음 11:14-54

무엇이 예수를 이토록 분노케 하는가

역사적 평가로만 보자면, 당시 유대 사회에서 바리새인들이 그렇게까
지 비난받아야 할 혐오스러운 주적이었느냐 하면 그렇지 않다는 것이
학계의 중론이다.[5] 그들은 나름 정치적 탐욕에도 거리를 두었으며, 경
건한 유대 전통을 온전히 계승해 이스라엘의 민족 정체성을 이어가고
자 했던 윤리적 실천을 수행하던 계층으로 평가받고 있다.

하지만 인간의 위선에 대해서 특별한 공분을 품고 있던 예수는 바리
새인들을 가장 따갑게 책망했다. 예수는 그들이 가진 욕망이 진짜 탐
욕임을 밝히기를 주저하지 않았다. 그것은 재물과 명예에 대한 욕망이
다. 바리새인들은 자기 계층의 사대주의를 강화하려는 명예욕을 절대
명예욕이라 부르지 않았다. 그것을 하나님을 섬기는 올바른 길이라 강
조했다. 그러면서 그들은 자신들이 세운 높기만 한 기준에 부합할 수
없는 현실을 살아가는 일반 백성을 우습게 깔아뭉개며, 자신들이 축적
한 재물을 하나님께 받은 축복의 증거라고 떠들어댔다. 예수의 역겨움
은 바로 이 대목에서 터져 나온다. 재물과 명예에 대한 바리새인들의

광적인 집착, 그 중심에 똬리를 튼 탐욕을 맹공격한 것이다.

누가복음에서 밝혀진 바리새인들과의 논쟁은 크게 세 가지 주제를 놓고 첨예하게 대립한다. 하나는 예수의 귀신 축출에서 나타나는 하나님의 능력이 바알세불, 즉 귀신과 악령의 힘에 의한 것이 아니냐는 바리새인들의 의심이다. 말 못하는 자의 입을 트이게 만든 귀신 축출 장면을 보고 어떤 이들은 놀란 반면, 어떤 이들은 예수가 악령의 우두머리인 바알세불의 힘을 빌렸다며 맹비난한다. 이에 대해 예수는 사탄의 세력이 원하는 것은 찍소리하지 못하는 획일적 담합이라고 말한다. 예수는 진정한 하나님의 능력은 외부적 현상이나 표적이 아닌 하나님의 아들을 믿는 단호한 믿음과 타협하지 않는 독자성에 있다고 역설한다. 그와 함께 타협의 여지 없이 자신의 편에 서지 않는 이는 결국 악령의 편에 서게 될 수밖에 없는 비극을 겪게 될 것이라며 하나님 나라를 선포하지 않는 기적 행사는 모두 헛것임을 강조한다.

두 번째는 '하나님 말씀을 듣고 지키는 자가 복된 이'라는 단호한 선언과 배치되는 바리새인들의 요나의 표적에 대한 해석이다. 요나의 표적에서 드러나는 위선의 실태는 유대 지역에서만 신의 정통성을 인정받을 수 있다는 혈연주의가 얼마나 허약한지 명백히 보여준다. 남방의 여왕, 니느웨 사람들 모두 이방 지역의 목소리다. 하지만 유대인들은 신의 소리, 하나님의 말씀에 무감각했다.

이러한 무감각성에 대한 경고가 33절에서부터 36절까지 이어지면서 예수는 자신들 안으로 찾아온 빛에 대한 감각의 회복을 촉구한다. 빛이 밝지 않은 것은 순전히 그 빛을 받아들이는 이의 태도와 반응에 달려 있다. 다시 말해 그의 눈이 성하면 빛을 온전히 받아들여 온몸이 환하게 될 테지만 눈이 성하지 못하면 아무 빛도 볼 수 없다는 것이다.

오히려 예수는 자신들 속에 빛이 있다고, 빛을 소유했다고 믿는 바리새인들이야말로 실상 아무것도 보지 못하는 어둠 속에 있음을 자각하라고 경고한다.

논쟁은 위선자들을 향한 예수의 여섯 가지 저주 말씀에서 격화된다. 세 가지는 바리새파 사람들에 대한 경고이고 나머지 세 가지는 율법학자들에 대한 경고이다. 그렇게 휘몰아치는 독설 속에서 우리는 불의와는 일체의 타협도 허락하지 않는 예수의 진면목을 볼 수 있다.

예수는 바리새파 사람들의 종교적 실천이 하나님의 심판을 자초하고 말라고 강하게 경고한다. 예수는 내면적 탐욕이나 자만심이 들끓는 인간 마음의 연약함은 무시한 채 오직 외형적 정결에만 관심을 두는 작태를 강하게 비판하며 내적인 문제를 해결하면 외형적 문제는 자연스럽게 해소될 것이라고 말한다. 예수의 지적과 반대로 당대의 바리새인들은 자질구레한 종교적 규범들에만 집중한 나머지 그 모든 것보다 우선되어야 할 하나님의 정의와 사랑에는 완전히 무관심했다.

예수는 이에 머무르지 않고 율법학자들에 대한 규탄으로 세 가지 저주 말씀을 채운다. 예수는 자신들은 어떤 실천도 하지 않으면서 어려운 율법 해석을 내놓고 까다롭게 적용하려는 율법학자들을 맹비난한다. 예수는 그들이 정작 하나님을 바로 알 수 있는 내적 깨달음의 열쇠를 제거해버림으로써 그들 자신은 물론 다른 일반 백성까지 죄다 하나님을 알지 못하게 하는 엄청난 죄악을 범했다고 경고한다. 폭풍처럼 쏟아 붓는 예수의 독설에 과연 바리새인들은 어떻게 반응했을까?

전통적 보수 신학자 조지 래드가 주목하는 지점은 형식과 내용의 괴리이다. 또 한 가지, 바리새인들의 교만도 함께 문제 삼는다. 래드는 예수가 화려한 옷을 입고 외형과 형식은 그럴싸하게 치장하는 만큼 본질에는 전혀 주목하지 않는 바리새인들처럼 오늘날 교회와 종교의 모습도 그러할 수 있음을 경고한다. 래드는 또 한 가지의 교만을 자기의, 자기 이름을 드러내는 것으로 보고 있다. 모든 사람이 보는 곳에서 기도하고 자신의 종교적 신분을 과시하며 자신만이 특별히 선택받은 하나님의 사람이라는 자부심을 교만이라 규정하며, 예수는 특히 그러한 사람의 교만을 용납하지 않았다고 말한다.[6]

반면 급진적 현대 신학자 게르하르트 브라이덴슈타인은 예수 가르침의 초점이 율법으로부터의 해방에 맞춰져야 한다고 주장한다. 브라이덴슈타인이 보는 복음은 가난한 자와 억눌린 자들의 해방이다. 오늘 현실에서의 배고픔을 해결하는 문제가 더 핵심이라는 말이다. 브라이덴슈타인은 당대의 현실을 살아가는 바리새인들이 참된 민중의 현실, 식민지 주민으로서 겪는 민중의 고통을 철저히 외면한 채 현실과는 전혀 맞지 않는 율법을 지키라고 강요하는 자체가 탐욕이라고 말한다. 따라서 형식과 내용의 괴리, 그리하여 개인적으로 더 내용에 힘을 기울여야 한다는 식의 주장보다는 율법을 강요하고 무거운 짐을 지우려 하는 종교 권력의 해체가 예수가 원하는 진정한 가르침이라고 말한다.[7]

오직 그의 나라만을 구하라

경고와 권면

(누가복음 12:1-13:9)

그동안에 무리 수만 명이 모여 서로 밟힐 만큼 되었더니 예수께서 먼저 제자들에게 말씀하여 가라사대 바리새인들의 누룩 곧 외식을 주의하라

감추인 것이 드러나지 않을 것이 없고 숨은 것이 알려지지 않을 것이 없나니

이러므로 너희가 어두운 데서 말한 모든 것이 광명한 데서 들리고 너희가 골방에서 귀에 대고 말한 것이 집 위에서 전파되리라

내가 내 친구 너희에게 말하노니 몸을 죽이고 그 후에는 능히 더 못하는 자들을 두려워하지 말라

마땅히 두려워할 자를 내가 너희에게 보이리니 곧 죽인 후에 또한 지옥에 던져 넣는 권세 있는 그를 두려워하라 내가 참으로 너희에게 이르노니 그를 두려워하라

참새 다섯이 앗사리온 둘에 팔리는 것이 아니냐 그러나 하나님 앞에는 그 하나라도 잊어버리시는 바 되지 아니하는도다

너희에게는 오히려 머리털까지도 다 세신 바 되었나니 두려워하지 말라 너희는 많은 참새보다 귀하니라

내가 또한 너희에게 말하노니 누구든지 사람 앞에서 나를 시인하면 인자도 하나님의 사자들 앞에서 저를 시인할 것이요

사람 앞에서 나를 부인하는 자는 하나님의 사자들 앞에서 부인함을 받으리라

누구든지 말로 인자를 거역하면 사하심을 받으려니와 성령을 모독하는 자는 사하심을 받지 못하리라

사람이 너희를 회당과 정사 잡은 이와 권세 있는 이 앞에 끌고 가거든 어떻게 무엇으로

대답하며 무엇으로 말할 것을 염려치 말라
마땅히 할 말을 성령이 곧 그 때에 너희에게
가르치시리라 하시니라
무리 중에 한 사람이 이르되 선생님 내 형을
명하여 유업을 나와 나누게 하소서 하니
이르시되 이 사람아 누가 나를 너희의 재판
장이나 물건 나누는 자로 세웠느냐 하시고
저희에게 이르시되 삼가 모든 탐심을 물리
치라 사람의 생명이 그 소유의 넉넉한 데 있
지 아니하니라 하시고
또 비유로 저희에게 일러 가라사대 한 부자
가 그 밭에 소출이 풍성하매
심중에 생각하여 가로되 내가 곡식 쌓아 둘
곳이 없으니 어찌할꼬 하고
또 가로되 내가 이렇게 하리라 내 곡간을 헐
고 더 크게 짓고 내 모든 곡식과 물건을 거
기 쌓아 두리라
또 내가 내 영혼에게 이르되 영혼아 여러 해
쓸 물건을 많이 쌓아 두었으니 평안히 쉬고
먹고 마시고 즐거워하자 하리라 하되
하나님은 이르시되 어리석은 자여 오늘 밤
에 네 영혼을 도로 찾으리니 그러면 네 예비
한 것이 뉘 것이 되겠느냐 하셨으니
자기를 위하여 재물을 쌓아 두고 하나님께
대하여 부요치 못한 자가 이와 같으니라
또 제자들에게 이르시되 그러므로 내가 너
희에게 이르노니 너희 목숨을 위하여 무엇
을 먹을까 몸을 위하여 무엇을 입을까 염려
하지 말라
목숨이 음식보다 중하고 몸이 의복보다 중
하니라
까마귀를 생각하라 심지도 아니하고 거두지
도 아니하며 골방도 없고 창고도 없으되 하

나님이 기르시나니 너희는 새보다 얼마나
더 귀하냐
또 너희 중에 누가 염려함으로 그 키를 한
자나 더할 수 있느냐
그런즉 지극히 작은 것이라도 능치 못하거
든 어찌 그 다른 것을 염려하느냐
백합화를 생각하여 보아라 실도 만들지 않
고 짜지도 아니하느니라 그러나 내가 너희
에게 말하노니 솔로몬의 모든 영광으로도
입은 것이 이 꽃 하나만 같지 못하였느니라
오늘 있다가 내일 아궁이에 던지우는 들풀
도 하나님이 이렇게 입히시거든 하물며 너
희일까보냐 믿음이 적은 자들아
너희는 무엇을 먹을까 무엇을 마실까 하여
구하지 말며 근심하지도 말라
이 모든 것은 세상 백성들이 구하는 것이라
너희 아버지께서 이런 것이 너희에게 있어
야 될 줄을 아시느니라
오직 너희는 그의 나라를 구하라 그리하면
이런 것을 너희에게 더하시리라
적은 무리여 무서워 말라 너희 아버지께서 그
나라를 너희에게 주시기를 기뻐하시느니라
너희 소유를 팔아 구제하여 낡아지지 아니
하는 주머니를 만들라 곧 하늘에 둔 바 다함
이 없는 보물이니 거기는 도적도 가까이 하
는 일이 없고 좀도 먹는 일이 없느니라
너희 보물 있는 곳에는 너희 마음도 있으리라
허리에 띠를 띠고 등불을 켜고 서 있으라
너희는 마치 그 주인이 혼인 집에서 돌아와
문을 두드리면 곧 열어 주려고 기다리는 사
람과 같이 되라
주인이 와서 깨어 있는 것을 보면 그 종들은
복이 있으리로다 내가 진실로 너희에게 이

르노니 주인이 띠를 띠고 그 종들을 자리에 앉히고 나아와 수종하리라

주인이 혹 이경에나 혹 삼경에 이르러서도 종들의 이같이 하는 것을 보면 그 종들은 복이 있으리로다

너희도 아는 바니 집주인이 만일 도적이 어느 때에 이를 줄 알았더면 그 집을 뚫지 못하게 하였으리라

이러므로 너희도 예비하고 있으라 생각지 않은 때에 인자가 오리라 하시니라

베드로가 여짜오되 주께서 이 비유를 우리에게 하심이니이까 모든 사람에게 하심이니이까

주께서 가라사대 지혜 있고 진실한 청지기가 되어 주인에게 그 집 종들을 맡아 때를 따라 양식을 나누어 줄 자가 누구냐

주인이 이를 때에 그 종의 이렇게 하는 것을 보면 그 종이 복이 있으리로다

내가 참으로 너희에게 이르노니 주인이 그 모든 소유를 저에게 맡기리라

만일 그 종이 마음에 생각하기를 주인이 더디 오리라 하여 노비를 때리며 먹고 마시고 취하게 되면

생각지 않은 날 알지 못하는 시간에 이 종의 주인이 이르러 엄히 때리고 신실치 아니한 자의 받는 율에 처하리니

주인의 뜻을 알고도 예비치 아니하고 그 뜻대로 행치 아니한 종은 많이 맞을 것이요

알지 못하고 맞을 일을 행한 종은 적게 맞으리라 무릇 많이 받은 자에게는 많이 찾을 것이요 많이 맡은 자에게는 많이 달라 할 것이니라

내가 불을 땅에 던지러 왔노니 이 불이 이미 붙었으면 내가 무엇을 원하리요

나는 받을 세례가 있으니 그 이루기까지 나의 답답함이 어떠하겠느냐

내가 세상에 화평을 주려고 온 줄로 아느냐 내가 너희에게 이르노니 아니라 도리어 분쟁케 하려 함이로라

이 후부터 한 집에 다섯 사람이 있어 분쟁하되 셋이 둘과, 둘이 셋과 하리니

아비가 아들과, 아들이 아비와, 어미가 딸과, 딸이 어미와, 시어미가 며느리와, 며느리가 시어미와 분쟁하리라 하시니라

또 무리에게 이르시되 너희가 구름이 서에서 일어남을 보면 곧 말하기를 소나기가 오리라 하나니 과연 그러하고

남풍이 붊을 보면 말하기를 심히 더우리라 하나니 과연 그러하니라

외식하는 자여 너희가 천지의 기상은 분변할 줄을 알면서 어찌 이 시대는 분변치 못하느냐

또 어찌하여 옳은 것을 스스로 판단치 아니하느냐

네가 너를 고소할 자와 함께 법관에게 갈 때에 길에서 화해하기를 힘쓰라 저가 너를 재판장에게 끌어가고 재판장이 너를 관속에게 넘겨주어 관속이 옥에 가둘까 염려하라

네게 이르노니 호리라도 남김이 없이 갚지 아니하여서는 결단코 저기서 나오지 못하리라 하시니라

그 때 마침 두어 사람이 와서 빌라도가 어떤 갈릴리 사람들의 피를 저희의 제물에 섞은 일로 예수께 고하니

대답하여 가라사대 너희는 이 갈릴리 사람들이 이같이 해 받음으로써 모든 갈릴리 사

람보다 죄가 더 있는 줄 아느냐

너희에게 이르노니 아니라 너희도 만일 회개치 아니하면 다 이와 같이 망하리라

또 실로암에서 망대가 무너져 치어 죽은 열여덟 사람이 예루살렘에 거한 모든 사람보다 죄가 더 있는 줄 아느냐

너희에게 이르노니 아니라 너희도 만일 회개치 아니하면 다 이와 같이 망하리라

이에 비유로 말씀하시되 한 사람이 포도원에 무화과나무를 심은 것이 있더니 와서 그 열매를 구하였으나 얻지 못한지라

과원지기에게 이르되 내가 삼 년을 와서 이 무화과나무에 실과를 구하되 얻지 못하니 찍어버리라 어찌 땅만 버리느냐

대답하여 가로되 주인이여 금년에도 그대로 두소서 내가 두루 파고 거름을 주리니

이 후에 만일 실과가 열면이어니와 그렇지 않으면 찍어버리소서 하였다 하시니라

누가복음 12:1~13:9

탐욕은 우리를 어떻게 망쳐놓는가

누가복음 12장 전체와 13장 전반부에서는 제자들에 대한 가르침과 군중을 향한 대중 설교 장면이 나온다. 예수는 12장 전체에 걸쳐 다가오는 심판에 대한 이야기를 꺼낸다. 심판에 대한 경고는 종말론에 대한 조장이나 위협이 아니다. 예수가 말하는 심판은 원인에 주목하라는 촉구의 메시지가 담겨 있다. 이것은 바로 위선에 대한 경고다.

제자들은 예수를 새로운 정치적 메시아로 내세우는 데에 큰 관심을 쏟았다. 하지만 예수는 그런 일에 관심조차 기울이지 않는다. 그는 오직 하나님 나라의 선포에만 매달릴 뿐이다. 예수는 제자들에게 당대 기득권층과 불화를 일으킬 것 같다는 이유로 자신의 말을 외면해서는 안 된다고 경고한다. 또한 그는 제자들에게 대담하게 성령의 도움을 받아 위기를 정면 돌파하라고 권한다.

이어지는 두 번째 권면은 재물에 대한 욕심과 철저히 결별하라는

것이다. 예수는 앞서 말한 다가오는 심판의 날을 대비함에 있어서 부와 명예, 탐욕에 집착하는 태도가 전혀 바람직하지 않음을 강조한다. 오히려 비우고 가난해짐으로써 탐욕으로 인해 생기는 온갖 근시안적 어리석음에서 벗어날 수 있다고 말한다.

예수가 말하는 가난함이란 수동적이고 비생산적인 것이 아니다. 그것은 절대 없어지지 않는 하늘에 재물을 쌓아두는 일이며, 하나님 나라를 적극적으로 추구하는 일이다. 그렇게 하나님 나라를 구하는 이들에게 하나님께서 축복을 내려주시리라 약속한다. 이 축복은 오직 약속을 믿는 이에게만 유효하다. 이 믿음은 현세에서 눈에 보이는 재물을 포기하고, 이제는 하늘의 처소, 예수가 약속한 하나님 나라를 위해 노력할 때 증명될 것이다.

심판은 종말론적 속성을 내포하고 있다. 또한 하나님의 심판과 함께 하나님이 보내신 사람의 아들은 언제, 어느 때 나타날지 모른다. 분명한 사실은 우리 삶에서도 그렇듯, 위기는 예기치 않은 때 전혀 예상할 수 없는 방식으로 들이닥친다. 그러므로 예수는 위기에 맞서는 제자들의 삶과 사상, 그 추구 방식이 하나님의 아들에 집중되어 있어야 한다고 말한다. 예수는 믿는다. 그로 인해 발화되는 삶의 변화는 분명 방탕하고 게으른 구태의 방식과는 다를 것이라고 말이다.

하지만 예수는 이러한 삶의 태도를 지속하는 일이 절대 쉽지 않음을 잘 알고 있었다. 그는 이러한 삶의 태도와 선교 방식이 구태와 악습, 탐욕의 기질이 몸에 밴 인간, 그런 인간들이 만들어낸 조직에 의해 거부당하는 일이 일어날 것임을 감추지 않는다. 예수는 회의와 비판으로 가득한 자신의 말을 거둬들일 어떤 틈도 두지 않는다. 오히려 자신의 주장을 더 강하게 밀어붙인다. 회개하지 않으면 심판의 날을 절대 견딜 수 없을 것이라고 말이다. 예수는 지금 자신의 말을 듣는 이 시간이 다시는 없을 유예의 시간, 다가오는 고통의 숙명에서 벗어날 가능성이 있는 시간이라고 말한다. 이 설교는 예수 언행에 담겨 있는 이중적 특성, 심판과 구원의 속성이 유감없이 드러나는 가르침이다.

누가복음 12장 중 신학적 관점들이 가장 충돌하는 부분은 10절이다. 예수가 성령을 거슬러서 모독하는 말을 하는 대목에 대한 해석 차이는 성령의 활동에 대한 견해 차이에서 비롯된 듯하다. 영원히 죄로 결박당할 것이라고 경고한 부분에서 관점이 크게 엇갈린다.

보수 신학이 이해하는 이른바 성령 훼방, 성령 모독은 사도행전에 나오는 성령을 받는 영적 세례에 대한 거부이다. 보수 신학은 성령을 아들 예수가 부활 승천 이후에 영으로 내주하여 인간의 마음 안에 동행하는 동역자 개념으로 본다.[8] 그 성령의 임재는 집단적이기도 하지만 개인적이기도 하다. 보수 신학은 성령 모독을 집단 문제로 접근하지 않고 개인의 성령 체험과 지속 차원에서 접근한다. 또한 성령을 받아들였음에도 개인적 부도덕함, 방탕, 탐욕에 물들어 삶을 살아가면 그 성령의 역사가 소진될 수 있음을 경고하는 가르침으로 이해한다.

반면 진보 평화운동가인 존 디어는 성령의 활동을 새로운 해방 운동의 하나로 본다. 디어는 해방 운동의 기원을 구약의 희년 사상에서 끌어온다. 희년 사상의 핵심은 자신의 모든 사적 소유를 하나님의 제단 앞에 내어놓는 자발적 소유 포기, 사유화된 재산의 포기, 하나님과 하나 되는 연합과 일치이다.[9] 디어는 이러한 해방 운동을 저해하고 개인의 탐욕과 종교적 욕망에 사로잡힌 이기적인 욕망이 결국 새로운 물결인 성령 운동을 방해하는 가장 크고 중대한 죄악이라고 말한다.

네 믿음이 크다

수로보니게 여인의 믿음

(마가복음 7:24-30, 마태복음 15:21-28)

예수께서 일어나사 거기를 떠나 두로 지경으로 가서 한 집에 들어가 아무도 모르게 하시려하나 숨길 수 없더라
이에 더러운 귀신 들린 어린 딸을 둔 한 여자가 예수의 소문을 듣고 곧 와서 그 발 아래 엎드리니
그 여자는 헬라인이요 수로보니게 족속이라 자기 딸에서 귀신 쫓아 주시기를 간구하거늘
예수께서 이르시되 자녀로 먼저 배불리 먹게 할찌니 자녀의 떡을 취하여 개들에게 던짐이 마땅치 아니하니라
여자가 대답하여 가로되 주여 옳소이다마는 상 아래 개들도 아이들의 먹던 부스러기를 먹나이다
예수께서 가라사대 이 말을 하였으니 돌아가라 귀신이 네 딸에게서 나갔느니라 하시매
여자가 집에 돌아가 본즉 아이가 침상에 누웠고 귀신이 나갔더라

마가복음 7:24-30

어떤 믿음이 예수를 감동하게 했을까

마가복음과 마태복음에 기록된 이방 여자의 언행에 대한 예수의 반응

은 회개하지 않고 돌이키지 않는 당대의 기득권인 유대 사람들에 대한 통렬하고 준엄한 경고로 읽힌다. 헬라인, 수로보니게 사람으로 소개되는 이 여인은 그리스 본토 여인으로 상류층에 속한 인물로 알려져 있다.[10] 하지만 그녀는 지금 가지고 있는 자신의 지위나 여러 수혜들보다도 예수의 도움이 절실하다. 예수가 베푸는 구원의 손길로 딸이 귀신에서 벗어나기를 가장 크게 바라는 것이다.

하지만 예수는 심술을 부린다. 이것은 다분히 의도적이다. 단순한 어깃장이 아니라 그 말의 배후에 치밀한 이중 전략이 숨겨져 있는 것이다. 그중 하나는 구원은 지역적으로 유대로부터 일어난다는 구원의 역사성에 대한 입증이고, 다른 하나는 하나님의 자녀들이라는 개념이 구원의 역사성과 지역성에만 달려 있지 않다는 사실이다. 이 두 가지는 분명 모순이다. 하지만 예수는 구원의 은혜가 유대와 이방 가리지 않고 모두가 누릴 수 있는 기쁨이라는 점을 깨닫게 해주며, 이 기쁨에 참여하기 위한 단 하나의 조건으로 구원을 향한 절박함을 제시한다.

예수가 수로보니게 여인의 믿음이 크다고 판단한 근거는 무엇일까? 여인의 고백에서 그 답을 찾을 수 있다. 예수가 한 말에 여인은 화를 내거나 반발하기는커녕 더 낮은 곳으로 임하는 대답을 내놓는다. 여인은 "상 아래 개들도 아이들의 먹던 부스러기를 먹나이다."라고 답한다. 이로써 믿음은 절박함에서 나오며, 이는 곧 하나님 아들에 대한 변치 않는 신뢰임을 확인할 수 있다.

예수는 여인의 고백에 압도당했다. 예수는 그렇게 압도당한 경험을 제자는 물론, 구원은 오직 유대로부터 온다고 믿는 혈연, 지연, 지역주의에 함몰된 이들에게 들려주고 싶었을 것이다. 구원은 어디에서부터 오는지를 말이다.

보수 성경신학자 월터 위셀은 이방 여인인 수로보니게 여자가 품은 믿음의 절박함에 주목하라고 요구한다. 위셀은 구원이 유대로부터 나온다는 구약 예언의 성취를 예수가 존중했다는 전제를 분명히 한다. 그럼에도 불구하고 이것은 예수는 복음이란 간절히 찾고 겸손한 모습을 보이는 모두에게 열려 있다는 사실을 보여준 기적 이야기라는 것이다.[11]

반면 진보 신학자 헬무트 틸리케는 수로보니게 여자 이야기의 역설에 주목한다. 역설의 중심에는 예수가 '자녀'라고 밝힌 유대인들이 자리한다. 더 심층으로 들어가 틸리케는 '자녀'라는 자들의 썩어빠진 민족중심주의, 혈연주의, 선민 식의 허위를 질타하고 있다고 주장한다.[12] 이것을 틸리케는 물이 고이면 썩게 되는 이치와 비교하며, 당시 비루한 탐욕에 뼛속까지 물들어버린 기득권층과 싸울 힘조차 잃어버린 무력감에 사로잡힌 민중이 가진 비참한 현실에 안주하는 모든 태도에 경종을 울리기 위해 이방의 수로보니게 여인을 주인공으로 내세웠다고 주장한다.[13]

에바다, 열리라

갈릴리 호수의 병자 치유

(마가복음 7:31-37, 8:22-26)

예수께서 다시 두로 지경에서 나와 시돈을 지나고 데가볼리 지경을 통과하여 갈릴리 호수에 이르시매
사람들이 귀 먹고 어눌한 자를 데리고 예수께 나아와 안수하여 주시기를 간구하거늘
예수께서 그 사람을 따로 데리고 무리를 떠나사 손가락을 그의 양 귀에 넣고 침 뱉아 그의 혀에 손을 대시며
하늘을 우러러 탄식하시며 그에게 이르시되 에바다 하시니 이는 열리라는 뜻이라
그의 귀가 열리고 혀의 맺힌 것이 곧 풀려 말이 분명하더라
예수께서 저희에게 경계하사 아무에게라도 이르지 말라 하시되 경계하실수록 저희가 더욱 널리 전파하니
사람들이 심히 놀라 가로되 그가 다 잘 하였도다 귀머거리도 듣게 하고 벙어리도 말하게 한다 하니라

마가복음 7:31-37

진정 열려야 할 것은 무엇인가

에바다의 외침은 한 편의 아름다운 시와 같다. 하지만 예수의 시는 사

변적이지 않다. 그의 말들은 질박한 삶의 한복판에서 일어나는 명백한
역사적 현실로 귀환한다. 낭만도, 환상도 찾아볼 수 없는 예수의 시는
그래서 진솔하지만, 또 한편으로는 아프고 쓰리다.

예수가 시돈 지방을 거쳐 데카폴리스 지방을 통과하여 갈릴리 호수
에 이른다는 정황이 묘사된다. 이를 통해 이방 지역에도 예수의 복음
이 전파되었다는 것을 짐작할 수 있다. 갈릴리 호수에서 예수는 귀 먹
고 어눌한 이를 치유한다.

예수는 병자의 어눌한 혀에 침을 바르고 하늘을 우러르며 탄식하
는 일련의 행동을 보여준다. 고대 사람들은 침이 치유의 효과와 액막
이 효과를 지니고 있다고 여겼다. 또한 하늘을 우러르는 동작은 초인
적 힘을 끌어오는 이교의 영웅 설화에 자주 등장한다.[14] 예수의 행동
은 이교적 문화와 관습과 분명 비슷한 점이 있다. 예수는 그들의 관습
을 존중한 것이다. 그러면서 그는 '에바다'라는 말을 덧붙인다. 아람어
로 추정되는 기적을 일으키는 말, '에바다'는 당대에 주술적 의미를 지
닌 말이었다.[15] 하지만 이 말이 '열려라!'라는 뜻으로 번역됨으로써 주
술에 묶여 있던 말에서 하나님의 선포로 급변한다. 예수의 기적 행위
가 새로운 국면을 맞이한 것이다.

사실 예수가 보여준 이 기적 자체는 당대의 헬레니즘 기적 행위자,
주술사들이 행했던 기적들과 거의 구별되지 않았다. 하지만 예수의 기
적 사건을 에바다, 즉 '열려라!'라는 의미의 사건으로 받아들인 이에게
는 그것이 창조의 여명을 새롭게 여는 구원의 가능성으로 읽혔을 것
이다.

에바다의 외침에 대해서는 보수와 진보 신학 모두 전형적인 예수의

기적 이야기로 본다. 다만 약간의 관점 차는 존재한다. 보수 신학은 귀 먹고 어눌한 자의 상태를 개인 차원의 질병으로 보는 반면, 진보 신학은 최소한의 말할 권리조차 박탈당한 억압받는 이스라엘 하층민들의 참혹한 현실을 보여주는 대목으로 이해한다.

기적을 대하는 수용 범주 또한 보수와 진보가 현저히 갈린다. 보수 신학자 조지프 라이트푸트는 에바다의 기적을 하나님의 아들, 예수 그리스도의 전적인 은혜로 이해한다. 라이트푸트는 인간이 할 수 있는 것은 전적 은혜의 공여자인 그리스도 예수를 절실히 믿는 믿음의 단련뿐이라고 말한다.[16]

하지만 진보 신학자 에밀 브룬너는 에바다의 선포를 예수가 인간에게 던진 개혁과 각성의 깨우침으로 이해한다. 브룬너는 예수가 실제로 귀 먹고 어눌한 자를 고쳐낸 기적의 역사적 사실 여부에 큰 의미를 부여하지 않는다. 즉 그것을 역사적 사실로서 믿느냐 믿지 않느냐가 중요하지 않다는 것이다. 브룬너가 중요하게 여기는 것은 아무 말도 할 수 없던 무능력한 백성을 일깨워낸 예수의 선각자적 태도이다. 그 의식은 불법과 부당함에 분노할 수 있는 의식, 정의를 말할 수 있는 의식을 뜻한다.[17]

뒤바뀐 천국

하늘나라에 대한 예수의 가르침

(누가복음 13:10-14:24)

안식일에 한 회당에서 가르치실 때에
십팔 년 동안을 귀신 들려 앓으며 꼬부라져
조금도 펴지 못하는 한 여자가 있더라
예수께서 보시고 불러 이르시되 여자여 네
가 네 병에서 놓였다 하시고
안수하시매 여자가 곧 펴고 하나님께 영광
을 돌리는지라
회당장이 예수께서 안식일에 병 고치시는
것을 분내어 무리에게 이르되 일할 날이 엿
새가 있으니 그 동안에 와서 고침을 받을 것
이요 안식일에는 말 것이니라 하거늘
주께서 대답하여 가라사대 외식하는 자들아
너희가 각각 안식일에 자기의 소나 나귀나
마구에서 풀어내어 이끌고 가서 물을 먹이
지 아니하느냐
그러면 십팔 년 동안 사단에게 매인바 된 이

아브라함의 딸을 안식일에 이 매임에서 푸
는 것이 합당치 아니하냐
예수께서 이 말씀을 하시매 모든 반대하는
자들은 부끄러워하고 온 무리는 그 하시는
모든 영광스러운 일을 기뻐하니라
그러므로 가라사대 하나님의 나라가 무엇과
같을꼬 내가 무엇으로 비할꼬
마치 사람이 자기 채전에 갖다 심은 겨자씨
한 알 같으니 자라 나무가 되어 공중의 새들
이 그 가지에 깃들였느니라
또 가라사대 내가 하나님의 나라를 무엇으
로 비할꼬
마치 여자가 가루 서 말 속에 갖다 넣어 전
부 부풀게 한 누룩과 같으니라 하셨더라
예수께서 각성 각촌으로 다니사 가르치시며
예루살렘으로 여행하시더니

혹이 여짜오되 주여 구원을 얻는 자가 적으니이까 저희에게 이르시되

좁은 문으로 들어가기를 힘쓰라 내가 너희에게 이르노니 들어가기를 구하여도 못하는 자가 많으리라

집주인이 일어나 문을 한 번 닫은 후에 너희가 밖에 서서 문을 두드리며 주여 열어 주소서 하면 저가 대답하여 가로되 나는 너희가 어디로서 온 자인지 알지 못하노라 하리니

그 때에 너희가 말하되 우리는 주 앞에서 먹고 마셨으며 주는 또한 우리 길거리에서 가르치셨나이다 하나

저가 너희에게 일러 가로되 나는 너희가 어디로서 왔는지 알지 못하노라 행악하는 모든 자들아 나를 떠나가라 하리라

너희가 아브라함과 이삭과 야곱과 모든 선지자는 하나님 나라에 있고 오직 너희는 밖에 쫓겨난 것을 볼 때에 거기서 슬피 울며 이를 갊이 있으리라

사람들이 동서남북으로부터 와서 하나님의 나라 잔치에 참석하리니

보라 나중 된 자로서 먼저 될 자도 있고 먼저 된 자로서 나중 될 자도 있느니라 하시더라

곧 그 때에 어떤 바리새인들이 나아와서 이르되 나가서 여기를 떠나소서 헤롯이 당신을 죽이고자 하나이다

가라사대 가서 저 여우에게 이르되 오늘과 내일 내가 귀신을 쫓아내며 병을 낫게 하다가 제삼 일에는 완전하여지리라 하라

그러나 오늘과 내일과 모레는 내가 갈 길을 가야 하리니 선지자가 예루살렘 밖에서는 죽는 법이 없느니라

예루살렘아 예루살렘아 선지자들을 죽이고 네게 파송된 자들을 돌로 치는 자여 암탉이 제 새끼를 날개 아래 모음같이 내가 너희의 자녀를 모으려 한 일이 몇 번이냐 그러나 너희가 원치 아니하였도다

보라 너희 집이 황폐하여 버린 바 되리라 내가 너희에게 이르노니 너희가 주의 이름으로 오시는 이를 찬송하리로다 할 때까지는 나를 보지 못하리라 하시니라

안식일에 예수께서 바리새인의 한 두령의 집에 떡 잡수시러 들어가시니 저희가 엿보고 있더라

주의 앞에 고창병 든 한 사람이 있는지라

예수께서 대답하여 율법사들과 바리새인들에게 일러 가라사대 안식일에 병 고쳐주는 것이 합당하냐 아니하냐

저희가 잠잠하거늘 예수께서 그 사람을 데려다가 고쳐 보내시고

또 저희에게 이르시되 너희 중에 누가 그 아들이나 소가 우물에 빠졌으면 안식일에라도 곧 끌어내지 않겠느냐 하시니

저희가 이에 대하여 대답지 못하니라

청함을 받은 사람들의 상좌 택함을 보시고 저희에게 비유로 말씀하여 가라사대

네가 누구에게나 혼인 잔치에 청함을 받았을 때에 상좌에 앉지 말라 그렇지 않으면 너보다 더 높은 사람이 청함을 받은 경우에

너와 저를 청한 자가 와서 너더러 이 사람에게 자리를 내어 주라 하리니 그 때에 네가 부끄러워 말석으로 가게 되리라

청함을 받았을 때에 차라리 가서 말석에 앉으라 그러면 너를 청한 자가 와서 너더러 벗이여 올라앉으라 하리니 그 때에야 함께 앉은 모든 사람 앞에 영광이 있으리라

무릇 자기를 높이는 자는 낮아지고 자기를 낮추는 자는 높아지리라

또 자기를 청한 자에게 이르시되 네가 점심이나 저녁이나 베풀거든 벗이나 형제나 친척이나 부한 이웃을 청하지 말라 두렵건대 그 사람들이 너를 도로 청하여 네게 갚음이 될까 하라

잔치를 배설하거든 차라리 가난한 자들과 병신들과 저는 자들과 소경들을 청하라

그리하면 저희가 갚을 것이 없는 고로 네게 복이 되리니 이는 의인들의 부활 시에 네가 갚음을 받겠음이니라 하시더라

함께 먹는 사람 중에 하나가 이 말을 듣고 이르되 무릇 하나님의 나라에서 떡을 먹는 자는 복되도다 하니

이르시되 어떤 사람이 큰 잔치를 배설하고 많은 사람을 청하였더니

잔치할 시간에 그 청하였던 자들에게 종을 보내어 가로되 오소서 모든 것이 준비되었나이다 하매

다 일치하게 사양하여 하나는 가로되 나는 밭을 샀으매 불가불 나가 보아야 하겠으니 청컨대 나를 용서하도록 하라 하고

또 하나는 가로되 나는 소 다섯 겨리를 샀으매 시험하러 가니 청컨대 나를 용서하도록 하라 하고

또 하나는 가로되 나는 장가들었으니 그러므로 가지 못하겠노라 하는지라

종이 돌아와 주인에게 그대로 고하니 이에 집주인이 노하여 그 종에게 이르되 빨리 시내의 거리와 골목으로 나가서 가난한 자들과 병신들과 소경들과 저는 자들을 데려오라 하니라

종이 가로되 주인이여 명하신 대로 하였으되 오히려 자리가 있나이다

주인이 종에게 이르되 길과 산울 가로 나가서 사람을 강권하여 데려다가 내 집을 채우라

내가 너희에게 말하노니 전에 청하였던 그 사람은 하나도 내 잔치를 맛보지 못하리라 하였다 하시니라

누가복음 13:10-14:24

천국은 어떤 곳일까

13장 22절에서부터 14장 24절까지 이르는 예수 가르침 속에서 우리는 중요한 한 가지, 천국 개념의 전도를 확인할 수 있다. 당대 유대인들에게 천국은 보편적이며, 상식적인 것이었다. 여기서 말하는 상식이란 천국에 이르는 문은 비좁고 보잘것없는 문이 아니라 시온의 대로

처럼 넓고 평탄하며, 가장 먼저 선택받은 이들이 천국에서 크고 화려한 면류관을 차지할 것이라는 통념을 뜻한다. 하지만 급작스럽게 쏟아지는 장대비처럼 퍼부어대는 예수 가르침의 포화 속에서 통념에 근거한 기득권층의 상식은 형편없이 허물어진다. 그렇게 붕괴된 자리를 뒤바뀐 천국이 대신한다.

예수는 구원받을 만한 사람이 많은지 적은지에 관심이 아예 없어 보인다. 대신 그는 구원에 이르는 길이 좁은 문이라는 사실을 강조한다. 하나님 나라에 들어가는 것은 자신이 하는 말을 단순히 듣고 따르는 것이 아니라 그 말이 가리키는 변화와 개혁에 동참하는, 악으로부터의 회개를 통해서만 가능함을 뜻한다. 이 회개에 있어 유대인들이라고 예외는 아니다. 심판의 날은 분명 인간의 통념을 뒤엎는 놀라움이 있을 테니 말이다.

예수의 이러한 경고에 몇몇 바리새인이 자신들 위에 군림하는 권력자 헤롯의 이름을 들먹거리며 위협한다. 한심한 일이다. 그들 앞에서 예수는 자신만만하다. 예수는 '여우'라는 별명을 가진 헤롯이 제아무리 정치적 압박을 가한다 해도 하늘의 길을 따르는 자신의 때를 좌우할 수 없음을 분명히 한다.

여기서 예수는 다시 한 번 천국 개념에 대한 통념을 파괴한다. 예수는 예루살렘을 향한 구약 선지자들의 예언과 탄식을 그대로 인용하면서 하나님의 임재와 신성을 정치적 야합과 재물에 대한 탐욕으로 대신해버린 현실을 개탄한다. 그로써 현실에 의존하던 통념의 허약함을 뿌리서부터 뒤흔든 것이다.

그렇게 흔들린 종교 기득권층, 여전히 안식일 규정이나 들먹거리며 외형적 계명 준수에만 집착하는 바리새인들을 향해 예수는 하나님의 천국 잔치에 초대받은, 다시 말해 구원의 생명 역사에 참여하는 이들은 자만심을 버리고, 종교적 교만을 과감히 척결하며, 이로써 낮은 데로 임하는 겸손함을 갖춰야 한다고 말한다. 그 겸손은 과연 무엇에서부터 비롯되는가? 청한 주체의 중대함에 대한 자각 아닐까? 그 청한 주체가 하나님이란 사실을 두려움과 떨림으로 인식한 이라면 14장 15절에서 24절에 걸친 청함을 받은 사람들이 세속적 염려와 일로 바빠 초대를 거부하는 일은 절대 없으리라 확신한다. 두렵고 떨림으로 구원의 잔치, 하나님 나라에 이르는 길을 발견한 이는 자신의 가난하고 보잘것없음을 삶의 전부로 고백하기 때문이다.

보수 성경 신학자 그레엄 골즈워디가 말하는 14장에 등장한 혼인 잔치와 관련된 비유의 핵심은 각성과 겸손이다. 각성에는 두 가지 측면이 있다. 하나는 자기 의에 사로잡혀 개인의 영달과 신분 과시에만 눈이 먼 상태이다. 그런 이들이 후일, 하나님 나라에 가서는 철저히 낮아지게 됨을 깨우쳐야 함을 가르치는 의미에서의 각성이 촉구된다. 또 하나의 각성은 세상의 일과 걱정, 근심으로 인해 마음과 생각이 어두워진 상태에서 깨어남을 뜻한다. 골즈워디는 14장 15절 이하에 나타난 초대받은 사람들의 행태, 즉 소를 사고 다른 이의 잔칫집에 참석하고 밭을 사서 바쁘다는 핑계를 들어 잔치에 참석하지 않는 무관심이 결국 진정한 하나님 나라 잔치에 참여하지 못하는 원인임을 지적한다.

골즈워디는 무관심과 자기 교만으로부터 벗어날 수 있는 길은 겸손, 그것도 믿음에 근거한 겸손으로 보고 있다. 골즈워디는 믿음에 근거한 겸손은 시대가 문명화되고 과학이 발전할수록 학문과 지식의 잣대로 복음을 판단하지 않는 믿음을 바탕에 둔 신앙 자세를 뜻한다고 주장한다. 그러한 겸손의 자세가 곧 믿음을 견고히 할 것이며, 하나님 나라의 초대에 언제라도 응할 수 있는 깨어 있는 존재가 될 것이라 확신한다.[18]

진보 신학자 게르하르트 에벨링은 혼인 잔치와 하나님 나라의 비유를 전복과 새로운 공동체성으로 이해한다. 에벨링은 누가복음 혼인 잔치 이야기에 믿음의 여부나 겸손해야 할 미덕 등은 나타나지 않는다고 주장한다. 가령 14장 13절을 보면 '가난한 자들, 병인들, 절름발이들, 소경들'을 청하라고 나오는데, 그들이 하나님을 믿고 율법을 지켰다는 말은 어디에도 나오지 않기 때문이다. 21절에서도 이는 계속 반복된다. 에벨링은 이를 근거로 참된 하나님 나라의 본질은 각성이나 개인적 겸손의 배양에 있지 않고, 예수가 의도적으로 가난하고 억눌린 자들의 해방 운동임을 보여주는 데 미덕이 있다고 본다.

에벨링은 예수가 억눌린 이들에게 해방과 치유를 일으키는 데 어떤 조건과 단서도 붙이지 않았다고 주장한다. 이런 맥락에서 도출된 새로운 공동체성은 잔치에 참여하는 이들의 인식 변화로 인해 풍요로워지리라 이해한다. 에벨링은 직업, 신분, 나이, 연령, 성별의 구별 없이 하나님 나라 안에서는 높고 낮음도 있을 수 없다는 평등과 화해의 공동체성이 바로 혼인 잔치 이야기를 가르친 예수의 진짜 의도라고 주장한다.[19]

내 제자가 되려면

십자가의 길

(누가복음 14:25-35)

허다한 무리가 함께 갈쌔 예수께서 돌이키
사 이르시되

무릇 내게 오는 자가 자기 부모와 처자와 형
제와 자매와 및 자기 목숨까지 미워하지 아
니하면 능히 나의 제자가 되지 못하고

누구든지 자기 십자가를 지고 나를 좇지 않
는 자도 능히 나의 제자가 되지 못하리라

너희 중에 누가 망대를 세우고자 할찐대 자
기의 가진 것이 준공하기까지에 족할는지
먼저 앉아 그 비용을 예산하지 아니하겠
느냐

그렇게 아니하여 그 기초만 쌓고 능히 이루
지 못하면 보는 자가 다 비웃어

가로되 이 사람이 역사를 시작하고 능히 이
루지 못하였다 하리라

또 어느 임금이 다른 임금과 싸우러 갈 때에
먼저 앉아 일만으로서 저 이만을 가지고 오
는 자를 대적할 수 있을까 헤아리지 아니하
겠느냐

만일 못할 터이면 저가 아직 멀리 있을 동안
에 사신을 보내어 화친을 청할찌니라

이와 같이 너희 중에 누구든지 자기의 모든
소유를 버리지 아니하면 능히 내 제자가 되
지 못하리라

소금이 좋은 것이나 소금도 만일 그 맛을 잃
었으면 무엇으로 짜게 하리요

땅에도, 거름에도 쓸데없어 내어버리느니라

들을 귀가 있는 자는 들을찌어다 하시니라

누가복음 14:25-35

자기 십자가란 무엇인가

천국에 대한 개념과 통념의 붕괴를 겪은 군중과 제자들에게 예수는 야속하게도 최소한의 숨 쉴 틈도 주지 않는다. 예수는 못 박듯 말한다. 나를 따라오려거든 자기 아버지, 어머니, 아내, 자식, 형제, 자매를 버려야 하며, 더 나아가 자기 목숨을 포기해야 한다고 말이다. 비정한 말은 여기서 끝나지 않는다. 예수는 자기 십자가를 지고 따르지 않으면 그것은 사기요, 허위라고 말한다.

　이는 분명 일말의 대가에 대한 기대도 허물어뜨리는 선포가 분명하다. 기성의 통념에 의존해오던 이들은 하나님 나라는 축복과 재물의 넘침으로 이해해왔다. 부와 명예, 안식과 위로, 일상의 평안과 영원할 것같이 이어지는 권력 등이 통념에 근거한 하나님 나라였던 것이다. 하지만 모든 것을 버리고 자신을 따르라는 예수의 말 속에 그들이 생각한 하나님 나라는 없다. 위에서 언급한 그 어느 하나도 기대할 수 없는 것이다. 그 통념들은 앞서 밝힌 예수의 가르침에 의해 이미 철저히 짓뭉개져 본래 형체조차 찾아보기 어려운 지경이 되어버렸다.

　우리는 묻는다. 과연 예수는 어떤 생각이었을까? 무슨 생각을 했기에 어떻게 이처럼 지독하게 기득권을 포기하라고 요구했을까? 무엇을 위해 그런 요구를 했을까? 그가 정말 하나님의 아들이고, 그가 말하는 하나님 나라가 있다면, 그 나라에서는 어떻게 살아야 하기에 모든 것을 다 버리라고 한 것일까?

십자가 희생에 대한 보수 신학과 진보 신학의 관점의 중심에는 희생이라는 공통점이 있다. 하지만 십자가의 신비를 주장하는 보수 신앙인 제시 펜 루이스가 말하는 십자가는 다분히 개인적이며, 자기 성찰적이다. 루이스는 십자가를 짊어지는 희생정신을 죄로부터의 구원, 은혜의 차원에서 바라본다. 그녀는 자기 안에 자리 잡은 이기심, 죄스러운 성향, 그 모든 것을 기도와 종교 활동으로 인해 소멸시키는 과정을 십자가의 길로 이해한다.[20]

하지만 진보 신학자 존 도미니크 크로산이 이야기하는 희생은 은혜의 수혜자로서의 반응이라기보다는 예수가 모범이 되어 펼쳐 보인 희생정신을 계승하는 주체적 행동으로 본다. 크로산은 예수가 말한 희생정신의 절정은 형제, 자매, 자기 부모를 버리는 결기에서 나온다고 이해한다. 이를 사회적, 제도적 차원에서 조명해 당시 유대민족을 에워싼 이기적 민족주의, 성전종교 중심주의, 야훼 중심주의, 배타주의를 철저히 해체할 것을 명령한 것으로 보는 것이 크로산을 비롯한 진보적인 현대 신학자들의 공통된 견해다. 그렇다면 이런 식의 예수의 희생정신을 따르는 오늘의 자기 십자가는 무엇인가. 크로산은 이 역시 개인의 수행이라기보다는 당면한 현실에 나타난 구조적 모순과 불평등을 돌파하고자 하는 사회적 행동으로 이해한다.[21]

아홉 명은 어디에 있느냐

믿음에 관한 예수의 말

(누가복음 17:1-19)

예수께서 제자들에게 이르시되 실족케 하는 것이 없을 수는 없으나 있게 하는 자에게는 화로다

저가 이 작은 자 중에 하나를 실족케 할찐대 차라리 연자맷돌을 그 목에 매이우고 바다에 던지우는 것이 나으리라

너희는 스스로 조심하라 만일 네 형제가 죄를 범하거든 경계하고 회개하거든 용서하라

만일 하루 일곱 번이라도 네게 죄를 얻고 일곱번 네게 돌아와 내가 회개하노라 하거든 너는 용서하라 하시더라

사도들이 주께 여짜오되 우리에게 믿음을 더하소서 하니

주께서 가라사대 너희에게 겨자씨 한알 만한 믿음이 있었더면 이 뽕나무더러 뿌리가 뽑혀 바다에 심기우라 하였을 것이요 그것이 너희에게 순종하였으리라

너희 중에 뉘게 밭을 갈거나 양을 치거나 하는 종이 있어 밭에서 돌아오면 저더러 곧 와 앉아서 먹으라 할 자가 있느냐

도리어 저더러 내 먹을 것을 예비하고 띠를 띠고 나의 먹고 마시는 동안에 수종 들고 너는 그 후에 먹고 마시라 하지 않겠느냐

명한대로 하였다고 종에게 사례하겠느냐

이와 같이 너희도 명령 받은 것을 다 행한 후에 이르기를 우리는 무익한 종이라 우리의 하여야 할 일을 한 것뿐이라 할찌니라

예수께서 예루살렘으로 가실 때에 사마리아와 갈릴리 사이로 지나가시다가

한 촌에 들어가시니 문둥병자 열 명이 예수를 만나 멀리 서서

소리를 높여 가로되 예수 선생님이여 우리

를 긍휼히 여기소서 하거늘
보시고 가라사대 가서 제사장들에게 너희
몸을 보이라 하셨더니 저희가 가다가 깨끗
함을 받은지라
그 중에 하나가 자기의 나은 것을 보고 큰
소리로 하나님께 영광을 돌리며 돌아와
예수의 발아래 엎드리어 사례하니 저는 사
마리아인이라

예수께서 대답하여 가라사대 열 사람이 다
깨끗함을 받지 아니하였느냐 그 아홉은 어
디 있느냐
이 이방인 외에는 하나님께 영광을 돌리러
돌아온 자가 없느냐 하시고
그에게 이르시되 일어나 가라 네 믿음이 너
를 구원하였느니라 하시더라

누가복음 17:1-19

우리 자신을 구원할 믿음은 무엇인가

사마리아의 경계 지역을 배경으로 한 이 이야기는 병을 치료받기 위
해 예수 앞에 열 명의 문둥병자가 나타나면서 시작된다. 예수는 치료
받은 이들에게 기존에 보인 기적 행위에 대한 반응과는 조금 다른 행
동을 요구한다. 그들의 치료받은 몸을 사제들에게 보이라는 것이다.
사제들에게 보인다는 것은 문둥병의 깨끗해짐을 확인하는 절차 중 하
나였다. 예수의 말을 들은 이들은 사제들에게 나아가 병이 깨끗하게
되었음을 확인했다. 여기까지는 앞서 반복해온 기적 행위와 다르지 않
다. 그렇지만 이후 열 명의 문둥병자가 보인 반응을 두고 보인 예수의
민감한 반응이 두드러진다.

치료받은 문둥병자 열 명 중 단 한 사람만이 다시 예수에게 돌아와
그의 발 앞에 엎드려 치유의 감격을 표했다. 이에 예수는 매우 놀랐다.
열 명의 문둥병자가 치유받았음에도 단 한 명밖에 치유의 감격을 표
현하지 않았기 때문이다. 게다가 자신 앞에 엎드린 그 한 명은 유대인
이 아닌 사마리아 사람이었다.

예수는 이 기적을 통해 문둥병자들을 고칠 수 있는 능력을 자랑하려고 한 것은 아니다. 그는 치료받은 사람의 태도에 관심을 가졌다. 분명 모든 인간에게 예수는 차별 없이 자비를 베풀었다. 그 차별 없는 신의 사랑을 받은 자는 신을 향한 깊은 신뢰를 보이고 그로 인한 감사와 감격을 표하는 것이 마땅하다. 서글픈 사실은 그렇게 율법과 가깝게 지내며 율법의 의무를 잘 이해했다는 아홉 명의 유대인보다 단 한 명의 이방인, 사마리아 사람이 기쁨의 참의미를 이해했다는 점이다.

복음주의적 신학자 하워드 마셜은 열 명의 나병 환자 중 단 한 명의 환자만이 하나님에게 영광 돌리러 온 사건을 두고 참된 믿음을 갖는 길은 어렵고 좁은 길이라는 사실을 보여준다고 말한다. 따라서 더 철저히 신앙생활을 하는 신앙인으로 살아가라고 주문한다. 마셜은 문둥병이 낫게 된 치유 기적을 근거로 처음 신앙을 시작할 때는 누구나 예수의 실제적인 고침과 기적을 체험할 수 있으나, 그것을 뒷받침해주는 믿음의 뿌리 위에 바로 서지 못한다면 결국 세상으로 떠나간 아홉 명의 나병 환자처럼 믿음을 저버릴 수 있음을 경고한 대목으로 보고 있다.[22]

반면 독일의 유명한 저항신학자 디트리히 본회퍼는 그 한 명의 나병 환자가 사마리아인, 이방인이라는 데 주목한다. 이는 누가복음에서 말하는 선한 사마리아인 비유와 맥을 같이한다고 본다. 본회퍼는 하나님께 영광을 돌리러 온 이가 이방인 혼자뿐이라는 사실이 곧 하나님 나라가 갖고 있는 전복적 성격을 말하는 결정적인 증언이라고 해석한다. 전복은 언제나 인간의 통념을 뒤엎으면서 시작된다. 그 통념은 인간의 이기심과 탐욕이 낳은 구조에서 비롯되었다.[23] 그런 맥락에서 예수 운동은 곧 해방 운동이며, 해방 운동으로서의 예수 운동은 성전

종교, 제사종교의 완벽한 정립이 목표가 아니라 도리어 탈종교화에 그 목표가 있다. 본회퍼는 성전 밖으로 나와 성전 밖에서 신음하는 억눌린 자들의 목소리를 대변하는 사회 운동이 예수 운동의 요체가 되어야 한다고 주장한다.

하나님 나라는
너희 마음 안에 있다

예수가 설명하는 하나님 나라

(누가복음 17:20-37)

바리새인들이 하나님의 나라가 어느 때에 임하나이까 묻거늘 예수께서 대답하여 가라사대 하나님의 나라는 볼 수 있게 임하는 것이 아니요

또 여기 있다 저기 있다고도 못하리니 하나님의 나라는 너희 안에 있느니라

또 제자들에게 이르시되 때가 이르리니 너희가 인자의 날 하루를 보고자 하되 보지 못하리라

사람이 너희에게 말하되 보라 저기 있다 보라 여기 있다 하리라 그러나 너희는 가지도 말고 좇지도 말라

번개가 하늘 아래 이편에서 번뜻하여 하늘 아래 저편까지 비침같이 인자도 자기 날에 그러하리라

그러나 그가 먼저 많은 고난을 받으며 이 세대에게 버린 바 되어야 할찌니라

노아의 때에 된 것과 같이 인자의 때에도 그러하리라

노아가 방주에 들어가던 날까지 사람들이 먹고 마시고 장가들고 시집가더니 홍수가 나서 저희를 다 멸하였으며

또 롯의 때와 같으리니 사람들이 먹고 마시고 사고팔고 심고 집을 짓더니

롯이 소돔에서 나가던 날에 하늘로서 불과 유황이 비오듯하여 저희를 멸하였느니라

인자의 나타나는 날에도 이러하리라

그 날에 만일 사람이 지붕 위에 있고 그 세간이 집 안에 있으면 그것을 가지러 내려오지 말 것이요 밭에 있는 자도 이와 같이 뒤로 돌이키지 말것이니라

롯의 처를 생각하라

무릇 자기 목숨을 보존하고자 하는 자는 잃을 것이요 잃는 자는 살리리라
내가 너희에게 이르노니 그 밤에 두 남자가 한 자리에 누워 있으매 하나는 데려감을 당하고 하나는 버려둠을 당할 것이요
두 여자가 함께 매를 갈고 있으매 하나는 데려감을 당하고 하나는 버려둠을 당할 것이니라

(없음)

저희가 대답하여 가로되 주여 어디오니이까 가라사대 주검 있는 곳에는 독수리가 모이느니라 하시니라

누가복음 17:20-37

하나님의 나라가 우리 안에 있다는 말인가

하나님 나라에 대한 또 하나의 개념 전도를 일으키는 예수 가르침이다. 이 대목의 백미는 단연 21절이다. "하나님의 나라는 너희 안에 있느니라." 바리새인들은 하나님 나라가 도래될 때 나타날 여러 현상, 시대 풍조, 예언 등에 지나치게 많은 의미를 부여해왔다. 그런 그들의 눈에 하나님의 아들임을 자처하는 예수가 눈엣가시였음은 불 보듯 훤하다. 그들은 예수를 시험하기 위해 대체 하나님의 나라가 언제 오느냐고 따져 묻는다. 이에 대한 예수의 답은 가히 혁명적이다. 예수는 그들이 묻는 하나님 나라, 그 도래의 가능성을 측정하거나 예측하는 어떤 가능성도 일축해버린다. 바로 그 나라가 우리 안에 있다고 말한 것이다.

바리새파 사람들은 아무리 예수를 시험한다 해도 혹시나 하는 마음을 품었을 것이다. 그들은 다음과 같은 답변을 기대했을 것이다. '하나님 나라는 내가 말한 이런저런 일이 벌어지는 것을 그대들이 보게 될 때가 올 것이다.' 하지만 예수가 말한 하나님 나라에 대한 이야기는 그들의 기대와 전혀 다르다. 예수는 하나님 나라가 여기 혹은 저기 있다

할 수 있는 성질이 아니라고 단언한다. 그에게는 하나님 나라에 대한 절대적 확신이 있다. 그 확신은 하나님 나라의 통치는 바로 자신에 의해 이루어지고 있으며, 앞으로도 그럴 것이라는 절대적 신뢰에서 비롯된 것이다. 예수는 자신의 언행을 신뢰와 믿음으로 받아들이는 자의 내면에도 생명력 넘치는 하나님 나라가 펼쳐진다는 것으로 새로이 개념을 규정한다.

이 말씀의 힘은 분명 하나님 나라의 현재성과 미래성으로 비약한다.[24] 예수의 언행에서 하나님 나라는 언제나 현재형으로 함께하기에 그것을 먼 미래의 것이라 여기지 않아야 한다. 예수의 언행 속에 담긴 생명의 심층을 인식하는 이에게 하나님 나라는 내면 깊은 곳에서 이미 이루어져 왔으며, 계속되어 이루어질 것이다.

보수 신학자 캠벨 몰간은 하나님 나라가 우리 마음 안에 있다는 의미를 마음가짐의 단련으로 이해한다. 예수가 말한 하나님 나라는 두 가지로 나뉜다. 하나는 죽은 뒤에 들어가게 될 천국이며, 또 하나는 그 천국에 들어가기 위해 지금 우리가 준비해야 할 마음가짐으로서의 천국이다. 몰간은 마음가짐으로서의 천국을 성도의 신실한 신앙생활과 동일시한다. 외형과 종교 형식에만 치우친 마음가짐으로는 종말의 때에 마련된 천국을 회복할 수 없다고 보며, 간절한 마음의 초점은 오직 신앙의 대상인 예수 그리스도를 향해야 한다고 주장한다.[25]

진보 신학 역시 하나님 나라의 내면성에 대해 두 가지 견해로 나뉜다. 하나는 하나님 나라의 현재성에 무게중심을 두는 견해이며, 다른 하나는 아예 하나님 나라라는 피안의 개념을 부정하는 견해다. 하나님 나라의 현재성에 무게중심을 두는 견해에 따르면 현실에 대한 각성과 치열함이 곧 하나님 나라 확장에 기여한다. 진보 신학은 죽어서 들어가는 천국의 소망을 두고 신앙생활에 정진하는 이들의 공통된 특성이 개인주의적이며, 타계주의적이라는 사실을 지적한다. 미래의 하나님 나라는 그저 주어지는 것이 아니라 오늘을 사는 우리가 적극적으로 회복해야 한다고 본 것이다. 물론 그 적극성은 보수 신학이 말하는 신실한 신앙생활이라기보다는 제도 개선이나 당면한 공동체의 현실 모순 타파에 가깝다.

진보 예수연구가 게르트 타이센은 "하나님 나라는 너의 마음 안에 있다."는 견해를 토대로 인간들이 생각하는 사후 천국, 하나님 나라는 없다고 주장한다.[26] 하나님 나라를 마음 안에 품는다는 것은 각자가 깨우친 깨달음의 현현이 하나님 나라라는 말이지, 예수 그리스도가 신앙의 대상이 되어 그것을 품는 마음가짐을 뜻하는 것이 아니라고 말한다. 이 경우 예수 그리스도는 깨우침의 스승, 선각자의 위치를 차지한다.

생수의 강이 흘러나리라

예수의 사자후

(요한복음 7:1-52)

이후에 예수께서 갈릴리에서 다니시고 유대에서 다니려 아니하심은 유대인들이 죽이려 함이러라

유대인의 명절인 초막절이 가까운지라

그 형제들이 예수께 이르되 당신의 행하는 일을 제자들도 보게 여기를 떠나 유대로 가소서

스스로 나타나기를 구하면서 묻혀서 일하는 사람이 없나니 이 일을 행하려 하거든 자신을 세상에 나타내소서 하니

이는 그 형제들이라도 예수를 믿지 아니함이러라

예수께서 가라사대 내 때는 아직 이르지 아니하였거니와 너희 때는 늘 준비되어 있느니라

세상이 너희를 미워하지 못하되 나를 미워하나니 이는 내가 세상의 행사를 악하다 증거함이라

너희는 명절에 올라가라 나는 내 때가 아직 차지 못하였으니 이 명절에 아직 올라가지 아니하노라

이 말씀을 하시고 갈릴리에 머물러 계시니라

그 형제들이 명절에 올라간 후 자기도 올라가시되 나타내지 않고 비밀히 하시니라

명절 중에 유대인들이 예수를 찾으면서 그가 어디 있느냐 하고

예수께 대하여 무리 중에서 수군거림이 많아 혹은 좋은 사람이라 하며 혹은 아니라 무리를 미혹하게 한다 하나

그러나 유대인들을 두려워하므로 드러나게 그를 말하는 자가 없더라

이미 명절의 중간이 되어 예수께서 성전에

올라가사 가르치시니

유대인들이 기이히 여겨 가로되 이 사람은 배우지 아니하였거늘 어떻게 글을 아느냐 하니

예수께서 대답하여 가라사대 내 교훈은 내 것이 아니요 나를 보내신 이의 것이니라

사람이 하나님의 뜻을 행하려 하면 이 교훈이 하나님께로서 왔는지 내가 스스로 말함인지 알리라

스스로 말하는 자는 자기 영광만 구하되 보내신 이의 영광을 구하는 자는 참되니 그 속에 불의가 없느니라

모세가 너희에게 율법을 주지 아니하였느냐 너희 중에 율법을 지키는 자가 없도다 너희가 어찌하여 나를 죽이려 하느냐

무리가 대답하되 당신은 귀신이 들렸도다 누가 당신을 죽이려 하나이까

예수께서 대답하여 가라사대 내가 한 가지 일을 행하매 너희가 다 이를 인하여 괴이히 여기는도다

모세가 너희에게 할례를 주었으니 (그러나 할례는 모세에게서 난 것이 아니요 조상들에게서 난 것이라) 그러므로 너희가 안식일에도 사람에게 할례를 주느니라

모세의 율법을 폐하지 아니하려고 사람이 안식일에도 할례를 받는 일이 있거든 내가 안식일에 사람의 전신을 건전케 한 것으로 너희가 나를 노여워하느냐

외모로 판단하지 말고 공의의 판단으로 판단하라 하시니라

예루살렘 사람 중에서 혹이 말하되 이는 저희가 죽이고자 하는 그 사람이 아니냐

보라 드러나게 말하되 저희가 아무 말도 아니하는도다 당국자들은 이 사람을 참으로 그리스도인 줄 알았는가

그러나 우리는 이 사람이 어디서 왔는지 아노라 그리스도께서 오실 때에는 어디서 오시는지 아는 자가 없으리라 하는지라

예수께서 성전에서 가르치시며 외쳐 가라사대 너희가 나를 알고 내가 어디서 온 것도 알거니와 내가 스스로 온 것이 아니로라 나를 보내신 이는 참이시니 너희는 그를 알지 못하나

나는 아노니 이는 내가 그에게서 났고 그가 나를 보내셨음이니라 하신대

저희가 예수를 잡고자 하나 손을 대는 자가 없으니 이는 그의 때가 아직 이르지 아니하였음이러라

무리 중에 많은 사람이 예수를 믿고 말하되 그리스도께서 오실찌라도 그 행하실 표적이 이 사람의 행한 것보다 더 많으랴 하니

예수께 대하여 무리의 수군거리는 것이 바리새인들에게 들린지라 대제사장들과 바리새인들이 그를 잡으려고 하속들을 보내니

예수께서 이르시되 내가 너희와 함께 조금 더 있다가 나를 보내신 이에게로 돌아가겠노라

너희가 나를 찾아도 만나지 못할 터이요 나 있는 곳에 오지도 못하리라 하신대

이에 유대인들이 서로 묻되 이 사람이 어디로 가기에 우리가 저를 만나지 못하리요 헬라인 중에 흩어져 사는 자들에게로 가서 헬라인을 가르칠 터인가

나를 찾아도 만나지 못할 터이요 나 있는 곳에 오지도 못하리라 한 이 말이 무슨 말이냐 하니라

배에서 생수의 강이 흘러나리라
명절 끝날 곧 큰날에 예수께서 서서 외쳐 가
라사대 누구든지 목마르거든 내게로 와서
마시라
나를 믿는 자는 성경에 이름과 같이 그 배에
서 생수의 강이 흘러나리라 하시니
이는 그를 믿는 자의 받을 성령을 가리켜 말
씀하신 것이라 (예수께서 아직 영광을 받지
못하신 고로 성령이 아직 저희에게 계시지
아니하시더라)
이 말씀을 들은 무리 중에서 혹은 이가 참으
로 그 선지자라 하며
혹은 그리스도라 하며 어떤 이들은 그리스
도가 어찌 갈릴리에서 나오겠느냐
성경에 이르기를 그리스도는 다윗의 씨로
또 다윗의 살던 촌 베들레헴에서 나오리라
하지 아니하였느냐 하며
예수를 인하여 무리 중에서 쟁론이 되니
그 중에는 그를 잡고자 하는 자들도 있으나
손을 대는 자가 없었더라

하속들이 대제사장들과 바리새인들에게로
오니 저희가 묻되 어찌하여 잡아오지 아니
하였느냐
하속들이 대답하되 그 사람의 말하는 것처
럼 말한 사람은 이때까지 없었나이다 하니
바리새인들이 대답하되 너희도 미혹되었
느냐
당국자들이나 바리새인 중에 그를 믿는 이
가 있느냐
율법을 알지 못하는 이 무리는 저주를 받은
자로다
그 중에 한 사람 곧 전에 예수께 왔던 니고
데모가 저희에게 말하되
우리 율법은 사람의 말을 듣고 그 행한 것을
알기 전에 판결하느냐
저희가 대답하여 가로되 너도 갈릴리에서
왔느냐 상고하여 보라 갈릴리에서는 선지자
가 나지 못하느니라 하였더라

요한복음 7:1-52

우리의 목마름은 무엇이며, 예수가 말한 생명수란 또 무엇인가

예루살렘을 향한 예수의 갈릴리 지역 선교 활동에 대한 기록이다. 예
수는 요한복음을 통해 자신의 사자후를 유감없이 쏟아낸다. 그 사자후
는 종교 기득권층과의 격렬한 충돌을 불러일으켰고, 예수 자신을 하나
님과 동일시하는 자기 선언으로까지 몰고 가는 기폭제가 되었다. 예루
살렘의 명절, 유대교의 형식적 의식이 들끓던 어수선한 분위기 속에

서 생명수가 강처럼 터져 나올 것이라 말한 까닭은 예수 자신이 예루살렘이라는 기득권층의 중심부에 들어서기 이전에 스스로 다짐해야 했기 때문이다. 또한 자신을 따르는 제자들에게 예수는 자신이 어째서 예루살렘에 들어서야 하는지, 향후 자신이 감당해야 할 하나님 계시자로서의 사역이 무엇인지를 확실히 각인시켜줄 필요성을 절감했기 때문이다.

예수의 형제들은 예수에게 유대 명절 중 주요 절기 중 하나인 초막절 축제 기간에 메시아적인 풍모를 드러내어 유명세를 힘입으라고 제안한다. 그들의 제안에 대해 예수는 자신의 때가 준비되지 않았다는 이유로 그들이 가진 생각의 어리석음을 에둘러 비판한다. 사실 예수는 언제나 준비되어 있다. 결국 예수의 그 비판은 기회주의적인 인간 한계에 대한 비판이다.

이어 예수는 형제들의 요구와는 정반대로 명절 중간쯤 소리 소문 없이 축제의 한복판으로 걸어 들어간다. 그렇게 예수는 강론을 시작하고 그로 인해 한바탕 논쟁을 일으킨다. 다시금 '트러블메이커'가 되었다.

요한복음 7장 1절에서 52절까지 이어지는 담화에서 예수는 자신의 정체성이 무엇인지 그 본질을 밝히는 데 주력한다. 이 부분은 크게 네 부분으로 나뉜다. 14절과 24절 단락에서 예수는 자신의 학력을 공공연히 문제 삼으며 배우지 않은 자가 무슨 재주로 가르치느냐는 물음에 자신이 사사받은 가르침의 기원을 역설한다. 예수는 사람들이 생각하는 것처럼 어떤 책을 읽고 누구 문하에서 가르침을 받았는지는 전혀 개의치 않는다. 예수는 자신의 언행이 자신의 사상으로부터 나온 것이 아니라 온전히 하나님으로부터 온 것이며, 이 사실은 하나님을 향한 진지한 복종을 통해 수용될 수 있음을 분명히 한다. 하지만 유대인들은 예수의 말을 도무지 이해하지 못했다.

25절과 36절에서는 예수에 대한 논쟁의 발화점이 그의 출생 신분에 대한 주제로 옮겨간다. 종교적 기득권을 향유하던 유대인들은 변방인 나사렛 출신인 예수가 어떻게 메시아일 수 있겠느냐는 질문을 던지며, 예수의 메시아라는 것에 거부 의사를 드러낸다. 예수는 그들의 출신 질문에 대해 거짓으로 답하거나 신분을 속일 마음이 없다. 예수는 자신이 유명한 종교 도시의 저명한 인사로서 사람들 앞에 서 있지 않다. 그는 하나님의 전권대사로서 그의 참된 뿌리가 하나님 안에 있음을 밝힌다. 자신의 출처와 기원이 하나님에게 있다는 주장을 들은 유대인들 몇 명이 그를 체포하려고 한다. 이에 대해 예수는 자기 선언의 시작에 대한 선포를 구원의 시작점으로 하려는 시도에서인지 명절 마지막 날에 "누구든지 나를 믿는 자는 그 배에서 생수의 강이 흘러나올 것이라."는 성령의 선물을 선포한다.

생수의 강에 대한 선포로 인해 두 가지 논란이 벌어졌다. 예수를 예언자로 생각하는 이들과 예수가 갈릴리 출신임을 문제 삼으며 그는 메시아일 수 없다는 이들이 첨예하게 부딪힌 것이다. 예수는 논쟁이나 인간의 반응에 따라 자신의 언행을 수정하는 식으로 대응하지 않는다. 그는 자신이 하나님의 보내신 자임을 밝히는 데에만 언행의 모든 초점을 맞췄다. 그렇지 않고서야 대중적이고 안전한 길을 마다하고 사서 고생하는 '고난의 트러블메이커'를 자처할 이유를 어디 있겠는가.

생수의 강에 대한 보수 개혁신학자 안토니 후크마의 해석은 복음과의 동일시로 압축할 수 있다. 구약성경에서는 물을 때때로 생명 산출의 근거로 보았다는 데 착안하여, 후크마는 유대인이 중요하게 여기던 명절 마지막 날에 예수가 생수의 강이 터져 나오리라 선포한 이 말씀을 구원의 복음으로 봐야 한다고 주장한다. 또한 후크마는 7장 37절에서 밝힌 목마름을 영적 목마름으로 해석한다. 그 근거로 요한복음 4장에서 사마리아 여인에게 예수가 한 말을 든다. 후크마는 예수가 사마리아 여자에게 "내가 주는 물은 영원히 목마르지 않는다."며 자신이 주는 생명수는 이 땅에서 목마름을 반복케 하는 물과는 다르다는 점을 강조했다고 이해하는 것이다. 후크마는 현실에서의 목마름을 충분조건으로 보고 영적 목마름을 필요조건으로 보아 현실의 목마름은 오직 영적 목마름의 충족을 위한 도구로 쓰여야 함을 강조한다.[27]

반면 진보 신학자 존 디어는 생수의 강에 대한 예수의 가르침을 현실 목마름과 영적 목마름으로 구분하는 해석에 반대한다. 디어는 현실 목마름의 해소를 통해 추상적이기만 한 영적 목마름이 해결될 것이라 기대한다. 현실의 목마름과 영적 목마름을 구별해오던 이들이 바로 성전종교의 주역들, 바리새인들과 산헤드린 구성원들, 율법학자, 서기관들[28]이었는데, 그들은 영적 해갈을 그토록 강조했음에도 정작 현실에서는 가난하고 억눌린 자의 재산을 종교라는 명목으로 착취하여 그렇게 빼앗은 것으로 자기 현실의 목마름을 해소해왔다는 사실에 분노해야 한다고 이해한다. 그런 맥락에서 디어는 예수가 자신에게서 생수의 강을 터져 나오리라고 말한 가르침은 피상적인 영적 신비가 아니라 현실에서의 목마름, 그 근원적 모순을 백성들이 바로 의식할 수 있도록 해주는 깨우침으로 본다.

당신들의 아비는 악마다

예수의 자기 선언 Ⅰ

(요한복음 8:12-59)

예수께서 또 일러 가라사대 나는 세상의 빛이니 나를 따르는 자는 어두움에 다니지 아니하고 생명의 빛을 얻으리라

바리새인들이 가로되 네가 너를 위하여 증거하니 네 증거는 참되지 아니하도다

예수께서 대답하여 가라사대 내가 나를 위하여 증거하여도 내 증거가 참되니 나는 내가 어디서 오며 어디로 가는 것을 앎이어니와 너희는 내가 어디서 오며 어디로 가는 것을 알지 못하느니라

너희는 육체를 따라 판단하나 나는 아무도 판단치 아니하노라

만일 내가 판단하여도 내 판단이 참되니 이는 내가 혼자 있는 것이 아니요 나를 보내신 이가 나와 함께 계심이라

너희 율법에도 두 사람의 증거가 참되다 기록하였으니

내가 나를 위하여 증거하는 자가 되고 나를 보내신 아버지도 나를 위하여 증거하시느니라

이에 저희가 묻되 네 아버지가 어디 있느냐 예수께서 대답하시되 너희는 나를 알지 못하고 내 아버지도 알지 못하는도다 나를 알았더면 내 아버지도 알았으리라

이 말씀은 성전에서 가르치실 때에 연보 궤 앞에서 하셨으나 잡는 사람이 없으니 이는 그의 때가 아직 이르지 아니하였음이러라

다시 이르시되 내가 가리니 너희가 나를 찾다가 너희 죄 가운데서 죽겠고 나의 가는 곳에는 너희가 오지 못하리라

유대인들이 가로되 저가 나의 가는 곳에는 너희가 오지 못하리라 하니 저가 자결하려

는가

예수께서 가라사대 너희는 아래서 났고 나
는 위에서 났으며 너희는 이 세상에 속하였
고 나는 이 세상에 속하지 아니하였느니라

이러므로 내가 너희에게 말하기를 너희가
너희 죄 가운데서 죽으리라 하였노라 너희
가 만일 내가 그인 줄 믿지 아니하면 너희
죄 가운데서 죽으리라

저희가 말하되 네가 누구냐 예수께서 가라
사대 나는 처음부터 너희에게 말하여 온 자
니라

내가 너희를 대하여 말하고 판단할 것이 많
으나 나를 보내신 이가 참되시매 내가 그에
게 들은 그것을 세상에게 말하노라 하시되

저희는 아버지를 가리켜 말씀하신 줄을 깨
닫지 못하더라

이에 예수께서 가라사대 너희는 인자를 든
후에 내가 그인 줄을 알고 또 내가 스스로 아
무것도 하지 아니하고 오직 아버지께서 가르
치신 대로 이런 것을 말하는 줄도 알리라

나를 보내신 이가 나와 함께하시도다 내가
항상 그의 기뻐하시는 일을 행하므로 나를
혼자 두지 아니하셨느니라

이 말씀을 하시매 많은 사람이 믿더라

그러므로 예수께서 자기를 믿은 유대인들에
게 이르시되 너희가 내 말에 거하면 참 내
제자가 되고

진리를 알찌니 진리가 너희를 자유케 하리라

저희가 대답하되 우리가 아브라함의 자손이
라 남의 종이 된 적이 없거늘 어찌하여 우리
가 자유케 되리라 하느냐

예수께서 대답하시되 진실로 진실로 너희에
게 이르노니 죄를 범하는 자마다 죄의 종이라

종은 영원히 집에 거하지 못하되 아들은 영
원히 거하나니

그러므로 아들이 너희를 자유케 하면 너희
가 참으로 자유하리라

나도 너희가 아브라함의 자손인줄 아노라
그러나 내 말이 너희 속에 있을 곳이 없으므
로 나를 죽이려 하는도다

나는 내 아버지에게서 본 것을 말하고 너희
는 너희 아비에게서 들은 것을 행하느니라

대답하여 가로되 우리 아버지는 아브라함이
라 하니 예수께서 가라사대 너희가 아브라함
의 자손이면 아브라함의 행사를 할것이어늘
지금 하나님께 들은 진리를 너희에게 말한
사람인 나를 죽이려 하는도다 아브라함은
이렇게 하지 아니하였느니라

너희는 너희 아비의 행사를 하는도다 대답
하되 우리가 음란한 데서 나지 아니하였고
아버지는 한 분뿐이시니 곧 하나님이시로다

예수께서 가라사대 하나님이 너희 아버지였
으면 너희가 나를 사랑하였으리니 이는 내
가 하나님께로 나서 왔음이라 나는 스스로
온 것이 아니요 아버지께서 나를 보내신 것
이니라

어찌하여 내 말을 깨닫지 못하느냐 이는 내
말을 들을 줄 알지 못함이로다

너희는 너희 아비 마귀에게서 났으니 너희
아비의 욕심을 너희도 행하고자 하느니라
저는 처음부터 살인한 자요 진리가 그 속에
없으므로 진리에 서지 못하고 거짓을 말할
때마다 제 것으로 말하나니 이는 저가 거짓
말장이요 거짓의 아비가 되었음이니라

내가 진리를 말하므로 너희가 나를 믿지 아
니하는도다

너희 중에 누가 나를 죄로 책잡겠느냐 내가 진리를 말하매 어찌하여 나를 믿지 아니하느냐

하나님께 속한 자는 하나님의 말씀을 듣나니 너희가 듣지 아니함은 하나님께 속하지 아니 하였음이로다

유대인들이 대답하여 가로되 우리가 너를 사마리아 사람이라 또는 귀신이 들렸다 하는 말이 옳지 아니하냐

예수께서 대답하시되 나는 귀신 들린 것이 아니라 오직 내 아버지를 공경함이어늘 너희가 나를 무시하는도다

나는 내 영광을 구치 아니하나 구하고 판단하시는 이가 계시니라

진실로 진실로 너희에게 이르노니 사람이 내 말을 지키면 죽음을 영원히 보지 아니하리라

유대인들이 가로되 지금 네가 귀신 들린 줄을 아노라 아브라함과 선지자들도 죽었거늘 네 말은 사람이 내 말을 지키면 죽음을 영원히 맛보지 아니하리라 하니

너는 이미 죽은 우리 조상 아브라함보다 크냐 또 선지자들도 죽었거늘 너는 너를 누구라 하느냐

예수께서 대답하시되 내가 내게 영광을 돌리면 내 영광이 아무것도 아니어니와 내게 영광을 돌리시는 이는 내 아버지시니 곧 너희가 너희 하나님이라 칭하는 그이시라

너희는 그를 알지 못하되 나는 아노니 만일 내가 알지 못한다 하면 나도 너희같이 거짓말장이가 되리라 나는 그를 알고 또 그의 말씀을 지키노라

너희 조상 아브라함은 나의 때 볼 것을 즐거워하다가 보고 기뻐하였느니라

유대인들이 가로되 네가 아직 오십도 못되었는데 아브라함을 보았느냐

예수께서 가라사대 진실로 진실로 너희에게 이르노니 아브라함이 나기 전부터 내가 있느니라 하시니

저희가 돌을 들어 치려하거늘 예수께서 숨어 성전에서 나가시니라

요한복음 8:12-59

악마의 아들들은 누구인가

이 가르침은 언뜻 보면 예수와 바리새인들로 대표되는 종교 기득권층과의 길고 지루한 논쟁의 연속으로 보인다. 하지만 이 가르침을 넓게 보면 예수의 자기 선언이라는 크고 깊은 의미가 있음을 알 수 있다. 논쟁가들은 예수의 언행과 출신을 문제 삼으며 그가 신성을 모독한다며

공격하지만 그때마다 예수는 숨기지 않고 자신의 정체를 밝힌다. 이런 예수의 언행은 후일 복음으로 기록되었을 때, 하나님의 보내신 자, 하나님의 뜻을 전하는 전달자로서의 입지를 견고히 하는 결과를 낳는다.

　12절과 20절에서부터 예수는 자신이 곧 세상의 빛이라는 자기 선포로 길고 지루한 논쟁을 끝맺으려 한다. 예수는 자기 존재에 대해 자세히 설명하기보다는 스스로 증언하는 데 집중한다. 예수를 의심하는 유대인들은 그를 재판정에 선 피의자 취급한다. 그래서 예수에게 끊임없이 법적 효력과 증인, 표적을 요구한다. 그들은 예수가 자신을 변호하는 말과 자기가 누구인지에 대해 하는 말을 전면 부정한다. 예수는 두 가지 관점에서 이의를 제기한다. 첫째, 일반 사람들과 다르게 예수는 자신의 기원과 가야 할 길을 알고 있기에 자기를 증명하는 데 사람이나 국가, 제도의 평가를 듣지 않아도 된다는 것이다. 둘째, 외형적으로만 보면 예수가 자신을 홀로 증거하고 판단하는 것처럼 보일 뿐이지, 실상 예수의 자기 증언은 자신과 아버지와 떼려야 뗄 수 없는 관계에 있으므로 유대 율법을 받아들이는 자들에게도 타당함을 인정받아야 한다는 것이다. 왜냐하면 유대 율법의 창조 주체가 하나님이며, 예수는 자신이 하나님으로부터의 기원과 목적을 갖고 있음을 자각했기 때문이다.[29]

　예수 자신의 기원, 삶의 목적에 대한 자각은 21절에서 30절에 걸쳐 더 구체화된다. 예수는 자신이 이 세상에 속한, 곧 아래로부터 온 자가 아니라 위로부터, 하나님으로부터 온 자라는 사실을 강조한다. 여기서 예수는 자신이 가는 곳을 아무도 따라올 수 없다고 단정한다. 그 말은 일견 타당하다. 왜냐하면 그는 다른 사람들과 전혀 공유할 수 없는 죽음과 영광의 자리로 돌아가기 때문이다.

이러한 이유에서 예수는 명백히 하나님의 계시 그 자체다. 이 순간 예수는 자신에 대해 아주 단호히 말한다. 아버지에게 받은 것을 가르치고 아버지에 대한 자발적 순종에만 매달려 왔음을 다른 누구보다 예수 자신이 잘 알고 있기 때문이다. 따라서 예수는 영원하고 자존하는 하나님을 떠올리게 하는 여러 용어로 자신을 주저하지 않고 표현한다.

이러한 예수의 거침없음은 31절과 59절에서 더 심화된다. 예수는 자신을 하나님 영광의 계시로 받아들이지 못하고 여전히 의심과 냉소의 눈길로 바라보는 모든 유대 종교인의 행위를 악으로 규정한다. 예수는 자신을 통해 진리가 나타나고 그렇게 나타난 진리를 통해 사람들의 궁극적 자유가 성취됨을 선언했다. 하지만 이 증언은 분명 예수의 적대자들에게는 심각한 걸림돌이었을 것이다. 예수의 적대자들은 자신들이 아브라함의 후손임을 더욱 강조하고자 했지만, 예수는 그들이 선보인 사악한 행위로만 보면 절대 아브라함의 후손일 수 없음을 역설한 탓이다. 예수는 그들이 만약 아브라함의 후손이라면 자신의 모든 것을 걸고 아버지의 영광을 이야기하는 자신을 거부할 수 없었으리라 말한다.

여기에서 종교 기득권층이 생각하는 아브라함의 후손과 예수가 생각하는 아브라함의 후손에 대한 개념 차이가 명백해진다. 예수는 아브라함의 참후손을 혈연 개념으로 보지 않았다. 예수가 말한 아브라함의 후손은 자신을 세상의 빛이라고 외친 선언에 적극적으로 반응하는 신앙을 가진 이들 모두다. 그들이 이방인이든 여자든 아이들이든, 예수에게 문제가 될 수 없었다. 예수는 바로 이러한 차별의 철폐를 복음이라 부르기를 망설이지 않았다.

자신을 진리로, 아브라함을 자신의 조상으로 생각하고 믿어온 이들과 그들을 악마의 자손으로 단죄한 예수의 견해 차이를 보수 개혁신학자 테드 피터스는 근원적 차이로 받아들인다. 이것은 하나님과 마귀, 천국과 지옥이라는 개념 차이에 대한 강조로 연결된다.[30] 테드는 예수가 요한복음 8장 가르침에서 자신은 아브라함, 다윗의 자손이기도 하지만 하나님의 아들, 유일한 독생자로서 모든 인류를 구원할 것임을 분명히 했다고 본다. 그러한 점에서 종교적 전통에 사로잡혀 자신들은 진실성 있게 하나님을 믿는다고 주장하던 유대인들, 특히 종교의 핵심부에 있는 이들을 예수가 악마의 자녀로 규정한 것은 매우 당연하다. 종교인들은 권위와 지식으로 참된 진리를 갈망하는 수많은 백성조차 진리에 들어갈 수 없게 막아버렸기 때문이다.

반면 역사적 예수를 연구하는 현대 신학자 제임스 로빈슨은 악마의 자녀라고 단죄한 예수의 선포 핵심에는 기득권에 기생하고 빌붙어 민중들에게 고통과 불안을 일으킨 당대 종교 권력가들의 탐욕에 대한 강한 질타가 담겨 있다고 주장한다. 예수가 분노한 부분은 자신들을 아브라함의 자손 운운하면서 자신들의 예루살렘 성전종교가 막강한 야훼의 신적 전통을 이어받는 유일한 선민인 것처럼 선전하고 조장하는 작태에 대한 고발이라는 것이다. 또한 로빈슨은 요한 신학의 뿌리가 영과 육을 구분하는 이원론에 근거한 것이기에 8장에서 자신이 하나님으로부터 보내졌고, 시간을 초월해 있는 존재라고 밝힌 예수의 발언들은 후대 기록자들의 가필이라 주장하며,[31] 예수 발언 자체의 역사적 사실을 회의적으로 평가한다.

나는 선한 목자다

예수의 자기 선언 II

(요한복음 10:1-21)

내가 진실로 진실로 너희에게 이르노니 양의 우리에 문으로 들어가지 아니하고 다른 데로 넘어가는 자는 절도며 강도요

문으로 들어가는 이가 양의 목자라

문지기는 그를 위하여 문을 열고 양은 그의 음성을 듣나니 그가 자기 양의 이름을 각각 불러 인도하여 내느니라

자기 양을 다 내어 놓은 후에 앞서 가면 양들이 그의 음성을 아는고로 따라 오되

타인의 음성은 알지 못하는고로 타인을 따르지 아니하고 도리어 도망하느니라

예수께서 이 비유로 저희에게 말씀하셨으나 저희는 그 하신 말씀이 무엇인지 알지 못하니라

그러므로 예수께서 다시 이르시되 내가 진실로 진실로 너희에게 말하노니 나는 양의 문이라

나보다 먼저 온 자는 다 절도요 강도니 양들이 듣지 아니하였느니라

내가 문이니 누구든지 나로 말미암아 들어가면 구원을 얻고 또는 들어가며 나오며 꼴을 얻으리라

도적이 오는 것은 도적질하고 죽이고 멸망시키려는 것뿐이요 내가 온 것은 양으로 생명을 얻게 하고 더 풍성히 얻게 하려는 것이라

나는 선한 목자라 선한 목자는 양들을 위하여 목숨을 버리거니와

삯군은 목자도 아니요 양도 제 양이 아니라 이리가 오는 것을 보면 양을 버리고 달아나나니 이리가 양을 늑탈하고 또 헤치느니라

달아나는 것은 저가 삯군인 까닭에 양을 돌아보지 아니함이나

나는 선한 목자라 내가 내 양을 알고 양도 나를 아는 것이

아버지께서 나를 아시고 내가 아버지를 아는 것 같으니 나는 양을 위하여 목숨을 버리노라

또 이 우리에 들지 아니한 다른 양들이 내게 있어 내가 인도하여야 할 터이니 저희도 내 음성을 듣고 한 무리가 되어 한 목자에게 있으리라

아버지께서 나를 사랑하시는 것은 내가 다시 목숨을 얻기 위하여 목숨을 버림이라

이를 내게서 빼앗는 자가 있는 것이 아니라 내가 스스로 버리노라 나는 버릴 권세도 있고 다시 얻을 권세도 있으니 이 계명은 내 아버지에게서 받았노라 하시니라

이 말씀을 인하여 유대인 중에 다시 분쟁이 일어나니

그 중에 많은 사람이 말하되 저가 귀신 들려 미쳤거늘 어찌하여 그 말을 듣느냐 하며

혹은 말하되 이 말은 귀신 들린 자의 말이 아니라 귀신이 소경의 눈을 뜨게 할 수 있느냐 하더라

요한복음 10:1–21

예수는 선한 목자인가

선한 목자에 대한 이야기는 9장에서 외친 예수의 자기 선언의 연장선에서 보면 더 깊이 이해할 수 있다. 예수는 요한복음 10장의 포문을 여는 가르침에서 자신을 삯군과 비교되는 선한 목자라고 선언한다. 삯군 목자들은 눈 가리고 아웅 식으로 가난하고 억눌린 자, 눈먼 자를 보면서 자기는 하나님의 율법을 지키는 선택받은 백성이라는 종교적 자만심에 빠진 분명한 죄를 짓고 있다고 예수는 보았다. 예수는 그러한 자만을 철저히 거부하고 양들을 위해 목숨 버리기를 주저하지 않는 존재임을 분명히 한다.

예수는 삯군 목자의 모습을 도둑, 강도로 표현했다. 도둑과 강도는 한 개인이라기보다는 한 부류의 사람들, 집단을 의미한다. 당대 시대 조류를 휩쓸던 수많은 자칭 '구원자'를 가리키는 듯하다.[32] 그들은 진

정한 구원의 문, 생명의 문을 애써 외면하며 다른 곳으로 넘어가려는 편법과 불법으로 일관하며 구원의 흉내만 내며 백성들을 호도한다.

생명의 문은 어디에 있는가? 누가 그 문으로 우리를 인도하는가? 예수는 제자들과 자신을 따르는 이들, 더 나아가 자신의 적대자들에게 일견 모순적이지만 가장 적극적으로 선언을 이어간다. 곧 자신이 양들의 문이며, 양을 인도하는 선한 목자라는 것이다.

예수가 이토록 자신 있게 자신을 선한 목자로 단언하는 근거는 도둑과 자신의 공공연한 비교에 있다. 도둑은 양의 생명을 앗아가고 파괴하는 일에 혈안이 되어 있지만, 선한 목자는 결국 양을 위해 자기 목숨을 내어 놓는다. 실제로 이 선언은 후일 실제로 일어난다. 십자가 희생이 바로 그것이다.

양들을 위해 자기 목숨을 내놓은 이 선한 목자로서의 예수가 말한 '우리에 들지 않은 다른 양들'이라는 표현에서 예수의 자비가 특정 민족만을 위해 구원의 손짓을 한 것이 아님을 알 수 있다. '우리'는 의심의 여지없이 이스라엘이며, 또 그리스도 자신의 양 무리와 그리스도에게 속하지 않은 무리들, 곧 불신앙에 사로잡힌 유대인들도 포함한다. 예수의 선한 목자로서의 희생은 유대교라는 지역주의가 가리키는 '우리'에 들어 있는 양 무리만이 아니다. 그 '우리'에 들지 않은 무리, 곧 이방인들에게도 동일하게 적용된다. 구원의 손길이 지역주의, 혈통주의를 넘어서서 전 인류애로 확장되는 것이다.

선한 목자로 선포된 요한복음 10장 가르침을 보수 개혁신학자 존 비슬리 머레이는 이 대목을 구원의 유일성과 보편성이라는 주제로 집약한다. 구원의 유일성이라는 요한복음 10장 8절 가르침에 나온 것처럼 자신보다 먼저 온 자, 자신을 통하지 않고 온 자는 모두 절도, 강도라고 말하며, 자신을 통하지 않고서는 참된 목자의 음성을 들을 수 없음을 강조한다. 머레이는 16절에서 "이 우리에 들지 아니한 다른 양들이 내게 있다."고 말했듯이 생명과 구원은 이제 유대인들만의 전유물이 아니라 유대교라는 울타리를 뛰어 넘어 지구촌 모든 이에게 전파되리라는 보편성의 확증이라고 말한다.

머레이는 예수가 선한 목자일 수밖에 없는 결정적 근거로 자기 희생, 즉 목숨까지도 버리는 희생을 들며, 그 희생은 단연 십자가 보혈이라고 말한다. 머레이는 십자가의 죽음을 통해 예수가 양으로 비유된 모든 인간을 진리로 인도할 수 있는 유일한 구원자임을 강조한다.[33)]

비신화화 성서 해석으로 유명한 현대 신학자 루돌프 볼트만은 16절의 "이 우리에 들지 않은 다른 양들"이 본래 예수가 말하고자 했던 구원의 핵심으로 봐야 한다고 주장한다. 이때, 예수가 말한 우리는 본래 하나님이 모든 인간의 구원을 위해 펼쳐놓은, 차별도 없고 성역도 없는 인류 전체였는데, 성전화된 종교 권력이 자신들만의 성역을 만들고 누구도 쉽게 들어오지 못하도록 울타리를 쳐놓았다는 것이다. 그러므로 예수는 이 높은 울타리를 넘어 울타리 밖에서 최소한의 인간 권리마저 박탈당한, 방황하는 백성들을 구원하기 위해 직접 울타리를 뛰어넘은 것이다. 그리고 울타리 안에서 기득권 유지에만 애쓰던 종교 권력에 놀아나는 세속 권력가들의 야합으로 인해 예수가 결국 십자가에 못 박히게 되었다는 것이 볼트만의 관점이다. 결국 볼트만이 주장하는 희생의 본질은 인간의 욕망, 그 아집을 폭로하는 고발이 낳은 비극을 보여주는 행위이다. 오직 그 희생을 통해 인간은 오늘 우리 사회의 문제, 현실 문제에 눈을 떠야 한다고 그는 주장한다.[34)]

나와 아버지는 하나다

예수의 자기 선언 Ⅲ

(요한복음 10:22-42)

예루살렘에 수전절이 이르니 때는 겨울이라
예수께서 성전 안 솔로몬 행각에서 다니시니
유대인들이 에워싸고 가로되 당신이 언제까
지나 우리 마음을 의혹케 하려나이까 그리
스도여든 밝히 말하시오 하니
예수께서 대답하시되 내가 너희에게 말하였
으되 믿지 아니하는도다 내가 내 아버지의
이름으로 행하는 일들이 나를 증거하는 것
이어늘
너희가 내 양이 아니므로 믿지 아니하는도다
내 양은 내 음성을 들으며 나는 저희를 알며
저희는 나를 따르느니라
내가 저희에게 영생을 주노니 영원히 멸망
치 아니할 터이요 또 저희를 내 손에서 빼앗
을 자가 없느니라
저희를 주신 내 아버지는 만유보다 크시매

아무도 아버지 손에서 빼앗을 수 없느니라
나와 아버지는 하나이니라 하신대
유대인들이 다시 돌을 들어 치려 하거늘
예수께서 대답하시되 내가 아버지께로 말미
암아 여러 가지 선한 일을 너희에게 보였거
늘 그 중에 어떤 일로 나를 돌로 치려하느냐
유대인들이 대답하되 선한 일을 인하여 우
리가 너를 돌로 치려는 것이 아니라 참람함
을 인함이니 네가 사람이 되어 자칭 하나님
이라 함이로라
예수께서 가라사대 너희 율법에 기록한 바
내가 너희를 신이라 하였노라 하지 아니하
였느냐
성경은 폐하지 못하나니 하나님의 말씀을
받은 사람들을 신이라 하셨거든
하물며 아버지께서 거룩하게 하사 세상에

보내신 자가 나는 하나님 아들이라 하는 것
으로 너희가 어찌 참람하다 하느냐
만일 내가 내 아버지의 일을 행치 아니하거
든 나를 믿지 말려니와
내가 행하거든 나를 믿지 아니할찌라도 그
일은 믿으라 그러면 너희가 아버지께서 내
안에 계시고 내가 아버지 안에 있음을 깨달
아 알리라 하신대
저희가 다시 예수를 잡고자 하였으나 그 손

에서 벗어나 나가시니라
다시 요단강 저편 요한이 처음으로 세례 주
던 곳에 가사 거기 거하시니
많은 사람이 왔다가 말하되 요한은 아무 표
적도 행치 아니하였으나 요한이 이 사람을
가리켜 말한 것은 다 참이라 하더라
그리하여 거기서 많은 사람이 예수를 믿으
니라

요한복음 10:22-42

나와 아버지는 하나다

예수가 자신을 선한 목자로 선언했음에도, 예수를 향한 불신앙과 회
의, 의심으로 가득한 유대인들의 추궁은 여전히 계속된다. 이에 예수
는 이 지루한 논쟁에 종지부를 찍는 폭탄 선언을 한다. 그러나 그로 인
해 더욱 확연하게 패가 나뉘었다. 어떤 이는 예수를 붙잡아 죽이려 했
고, 그와는 대조적으로 또 어떤 이는 예수를 구원자라 믿기 시작했다.

　예수는 자신이 아버지의 이름으로 행한 모든 기적, 비유 이야기가
절대 자신의 인간적 상상력이나 망상의 결과라고 생각하지 않았다. 아
마도 예수는 단 한 순간도 의심의 여지없이 자신의 기원이 아버지, 곧
하나님으로부터 시작되었음을 믿었다. 그러한 무한 신뢰는 자신에게
당당한 신적 권위를 스스로 부여하는 명백한 증거가 되었을 것이다.
그렇기에 예수는 자신을 향해 거칠고 공격적이며, 사변적인 추궁을 멈
추지 않는 종교 기득권층, 불신앙으로 가득한 유대인들을 향해 한 치
의 물러섬 없이 맞설 수 있었던 것인지도 모른다.

예수는 25절에서 "내 아버지의 이름으로 행하는 일들이 나를 증거한다."며 자신의 지위와 연결시킨다. 예수의 지위는 분명 땅 위의 권력자가 부여한 것이 아니다. 그것은 아버지의 이름에서 비롯되었다. 예수는 자신의 지위가 땅의 인정을 받은 것이 아닌 하늘의 인정받은 것임을 강조한다. 그리고 이 강조는 양들로 상징되던 자신의 영적 지위를 믿고 신뢰하는 모든 이에게 영원한 생명이 부여된다는 점으로 연결된다. 예수는 절대적 결속력의 표현, "아무도 그들을 내 손에서 빼앗아 갈 수 없다."는 말로써 이를 못 박는다.

예수는 여기서 한 걸음 더 나아간다. 궁극적으로 "나와 아버지는 하나." 하고 선언한다. 이것은 자신을 통해 뜻을 계시하고자 했던 하나님과의 끊임없이 정신적 소통을 지속하던 예수의 필연적인 고백이다. 하나님은 그의 뜻을 따라 성육신하신 아들 안에서 가난하고 억눌린 인간 군상에게 매우 독특한 방식으로 만남의 근거를 마련하셨다. 예수는 모든 언행의 초점을 자신을 이 땅의 계시자로서 파송한 하나님을 향한 자발적 순종에 맞추고 순간순간을 맞이해왔다. 그런 맥락에서 아버지와 아들의 하나 됨은 본질의 하나 됨이면서도 사랑과 복종의 하나 됨이기도 하다.

그러나 예수의 진정성은 불신앙으로 가득한 이들 앞에서 아무런 효력도 발휘하지 못한다. 오히려 그들은 예수의 발언이 신과 인간을 동일시하는 신성모독의 극치라며 돌을 들기에 바빴다. 이러한 군중의 반응, 그들을 선동하던 종교 기득권층의 뿌리 깊은 위선에 예수는 한 발자국도 물러서지 않고 맞선다. 예수는 그들이 즐겨 살펴보던 구약성서, 그중에서도 시편의 가르침을 인용하면서 하나님의 왕적 권위의 위임을 받은 백성들은 곧 신, 하나님이란 사실을 읽지도, 듣지도 못하였냐고 책망하듯 되받아친다.

　예수의 자기 선언은 이렇듯 유대교가 말하는 것처럼 극악무도한 이교도의 가르침을 변용한 악마의 현혹이 될 수 없다. 예수는 자신과 아버지가 하나라는 점이 증명되고 있음을 재차 밝힌다. 예수의 언행은 오직 하나님의 일들의 충실한 실천이었음을 그 자신이 누구보다도 잘 알고 있다. 예수는 자신의 말을 받아들이기 힘들어하는 이들에게 "내가 행하거든 나는 믿지 아니할지라도 그 일은 믿으라."고 말한다.

　예수의 일이 하나님의 직접적인 개입에 의해 이뤄진 일이라는 확신은 "아버지께서 내 안에 있고 또 내가 아버지 안에 있다."는 인식으로 연결된다. 생명의 내재성과 호환성에 대한 고백은 믿음의 길에서 보면 출발점이 아니라 종착점 위에 있는 것처럼 보인다. 그것은 교리적 사변으로서는 절대 받아들일 수 없는 예수의 '일들'이 갖고 있는 생명과 사랑의 진정성이 낳은 신앙의 자연스러운 결실이다. 이 결실에 감동받은 많은 이가 예수를 믿기 시작했다. 이것은 분명 예수의 자기 선언에 그들의 내면이 격동했다는, 피할 수 없는 역사적 증거다.

미국 근본주의 신학의 거장 존 그레셤 메이첸은 나와 아버지가 하나라고 밝힌 예수의 자기 선언을 삼위일체와 연관시켜 기독교의 심오한 영적 신비로 이해한다. 예수는 하나님이 보내신 자로서 하나님과 동일한 존재이지만 동시에 모든 인간을 위한 구원의 희생양, 한 톨의 밀알이 나고 죽고 부활하는 생명 과정을 거쳤다는 것이다. 메이첸은 이제 예수의 영인 보혜사 성령을 통해 인간의 마음 안에 동행하며 인간을 구원의 하나님에게로 이끈다고 보고, 이것이 바로 기독교 구원의 신비인 삼위일체의 정수로 이해한다.[35] 그런 맥락에서 메이첸은 아버지와 하나라고 밝힌 예수의 가르침을 복음으로 믿고 받아들이는 신앙의 태도가 그리스도인의 정체성을 좌우하는 중요한 핵심으로 간주한다. 예수를 단지 도덕 교사나 다른 종교의 성인들과 동일한 차원으로 이해해서는 안 된다고 보는 것이 메이첸이 해석하는 하나 됨이다.

반면 사신死神 신학의 대표 주자이자 미국의 현대 신학자 토마스 알타이저는 아버지와 하나라는 예수의 발언을 정신의 연대, 그 폭넓은 가능성으로 이해해야 한다고 주장한다. 예수가 말한 아버지와 하나라는 발언의 진위는 하나님이라는 신적 속성이 종교 권력으로서 군림하고 인간을 억압하는 것이 아니라, 가장 인간적이고 보편적인 감정과 이성을 복원해내는 정신의 부활로 보는 것이다. 알타이저는 예수는 바로 자신이 하나님의 신적 속성을 그대로 계승할 수 있는 정신의 계승자임을 명백히 한 사건이라 본다.[36)]

그렇지만 진보 신학의 견해 가운데서도 신적 신성함에 대한 대목에서는 의견이 갈린다. 예수를 신성을 가진 신성의 참여자, 즉 구원의 주체로 보는 노선은 '나와 아버지는 하나'라는 선포 안에 정신의 계승과 함께 신과의 하나 됨을 말하는 강조점이 있다고 본다. 하지만 앞서 살핀 급진 신학, 사신 신학적 관점에서는 '아버지와 나는 하나'라는 의미를 정신의 연대, 정신의 계승에만 한정한다.[37)]

당신이 그리스도다

베드로의 고백

(마가복음 8:27-9:1, 마태복음 16:13-28)

예수와 제자들이 가이사랴 빌립보 여러 마을로 나가실쌔 노중에서 제자들에게 물어 가라사대 사람들이 나를 누구라고 하느냐 여짜와 가로되 세례 요한이라 하고 더러는 엘리야, 더러는 선지자 중의 하나라 하나이다 또 물으시되 너희는 나를 누구라 하느냐 베드로가 대답하여 가로되 주는 그리스도시니이다 하매

이에 자기의 일을 아무에게도 말하지 말라 경계하시고

인자가 많은 고난을 받고 장로들과 대제사장들과 서기관들에게 버린 바 되어 죽임을 당하고 사흘 만에 살아나야 할 것을 비로소 저희에게 가르치시되

드러내놓고 이 말씀을 하시니 베드로가 예수를 붙들고 간하매

예수께서 돌이키사 제자들을 보시며 베드로를 꾸짖어 가라사대 사단아 내 뒤로 물러가라 네가 하나님의 일을 생각지 아니하고 도리어 사람의 일을 생각하는도다 하시고

무리와 제자들을 불러 이르시되 아무든지 나를 따라 오려거든 자기를 부인하고 자기 십자가를 지고 나를 좇을 것이니라

누구든지 제 목숨을 구원코자 하면 잃을 것이요 누구든지 나와 복음을 위하여 제 목숨을 잃으면 구원하리라

사람이 만일 온 천하를 얻고도 제 목숨을 잃으면 무엇이 유익하리요

사람이 무엇을 주고 제 목숨을 바꾸겠느냐

누구든지 이 음란하고 죄 많은 세대에서 나와 내 말을 부끄러워하면 인자도 아버지의 영광으로 거룩한 천사들과 함께 올 때에 그

사람을 부끄러워하리라
또 저희에게 이르시되 내가 진실로 너희에
게 이르노니 여기 섰는 사람 중에 죽기 전에

하나님의 나라가 권능으로 임하는 것을 볼
자들도 있느니라 하시니라

마가복음 8:27–9:1

우리는 예수를 누구라 부를 것인가

예수는 빌립보 가이사랴 지역에서 제자들에게 사람들이 자신을 어떻게 생각하는지 물었다. 누구는 세례자 요한이라고, 또 누구는 엘리야, 또 누구는 예언자 가운데 한 분이라고 생각했다. 구원의 때를 예고하는 자라고 여긴 셈이다. 하지만 모두 틀렸다. 예수는 그리스도로, 예언자 이상의 의미를 지니는 인물이다. 베드로가 다른 제자들보다 더 나은 대답을 내놓은 듯하지만, 그가 인식하는 그리스도는 승리와 정복, 위엄을 가진 자일 뿐이다. 이유인즉 베드로의 신앙고백이 허위라는 점이 이후 행동으로 밝혀지기 때문이다.

"당신은 그리스도다."라고 말한 베드로의 대답을 듣자마자 예수는 고난과 죽음, 사흘 만의 부활에 대해 말한다. 고난과 죽음에 대한 언급은 이후 이사야서, 시편 등에도 빈번히 등장한다. 예수는 박해받는 의인이 향후 받게 될 모독과 하나님에 의한 구원을 숨기지 않고 드러냈다. 여기에는 필연성이 내포되어 있다. 예수는 자신에게 주어진 그 일들, 고난과 죽음을 절대 외면할 수 없는, 반드시 도래할 일임을 분명히 했다. 예수는 이제 군중에게 비유 같은 방식으로 에둘러 표현했던 내용을 더 숨기지 않고 말한 것이다. 이렇듯 예수의 수난과 부활에 대한 예고로 인해 인류 구원의 드라마가 전개되리라는 점이다.

그런데 베드로는 예수에게 강하게 항의하였다. 베드로의 항의는 유혹의 성격이 있다. 그것은 인간의 관점에서는 지극히 타당한 요구일지도 모른다. 베드로는 예수가 왕 중의 왕이기를 바랐다. 그래서 지금까지의 핍박과 설움을 단번에 해소하는 극적인 드라마를 원했다. 하지만 예수는 그를 '사탄'으로 몰아붙인다. 한 순간에 가장 충실한 제자가 하나님의 뜻을 가로막는 사탄으로 전락한 것이다.

보수 개혁신학자 존 비슬리 머레이는 그리스도임을 고백했다가 곧바로 예수에게 사탄이란 경멸적인 표현을 들은 베드로를 그의 급한 성격이 낳은 어리석음으로 본다. 그렇지만 머레이는 베드로의 그리스도 고백은 높이 평가하며, 그의 사도적 권위를 뒷받침하는 대목으로 본다. 또한 예수의 수난 예고를 가로막는 대목에서는 그의 급한 성격, 예수의 죽음을 방관할 수 없다는 베드로만의 충성심이 낳은 오해로도 이해한다.[38]

반면 진보 해방신학자 구스타보 구티에레스는 베드로가 예수의 수난 예고를 가로막은 이유를 불순함의 극치로 본다. 베드로가 그리스도를 여타 다른 종교 권력가와 같이 군림하고 억압하는 메시아로 생각했기 때문이다.[39]

한편, 여성 신학에서는 이 대목을 남성 제자들이 한계가 적나라하게 드러난 장면이라고 주장한다.

변화하는 예수

예수의 변모와 그 후폭풍

(마가복음 9:2-29, 마태복음 17:1-13)

엿새 후에 예수께서 베드로와 야고보와 요한을 데리시고 따로 높은 산에 올라가셨더니 그들 앞에서 변형되사

그 옷이 광채가 나며 세상에서 빨래하는 자가 그렇게 희게 할 수 없을 만큼 매우 희어졌더라

이에 엘리야가 모세와 함께 그들에게 나타나 예수와 더불어 말하거늘 베드로가 예수께 고하되 랍비여 우리가 여기 있는 것이 좋사오니 우리가 초막 셋을 짓되 하나는 주를 위하여, 하나는 모세를 위하여, 하나는 엘리야를 위하여 하사이다 하니 이는 그들이 몹시 무서워하므로 그가 무슨 말을 할지 알지 못함이더라

마침 구름이 와서 그들을 덮으며 구름 속에서 소리가 나되 이는 내 사랑하는 아들이니 너희는 그의 말을 들으라 하는지라

문득 둘러보니 아무도 보이지 아니하고 오직 예수와 자기들뿐이었더라

그들이 산에서 내려올 때에 예수께서 경고하시되 인자가 죽은 자 가운데서 살아날 때까지는 본 것을 아무에게도 이르지 말라 하시니 그들이 이 말씀을 마음에 두며 서로 문의하되 죽은 자 가운데서 살아나는 것이 무엇일까 하고

이에 예수께 묻자와 이르되 어찌하여 서기관들이 엘리야가 먼저 와야 하리라 하나이까

이르시되 엘리야가 과연 먼저 와서 모든 것을 회복하거니와 어찌 인자에 대하여 기록하기를 많은 고난을 받고 멸시를 당하리라 하였느냐

그러나 내가 너희에게 이르노니 엘리야가

왔으되 기록된 바와 같이 사람들이 함부로 대우하였느니라 하시니라

이에 그들이 제자들에게 와서 보니 큰 무리가 그들을 둘러싸고 서기관들이 그들과 더불어 변론하고 있더라

온 무리가 곧 예수를 보고 매우 놀라며 달려와 문안하거늘 예수께서 물으시되 너희가 무엇을 그들과 변론하느냐

무리 중의 하나가 대답하되 선생님 말 못하게 귀신 들린 내 아들을 선생님께 데려왔나이다

귀신이 어디서든지 그를 잡으면 거꾸러져 거품을 흘리며 이를 갈며 그리고 파리해지는지라 내가 선생님의 제자들에게 내쫓아 달라 하였으나 그들이 능히 하지 못하더이다

대답하여 이르시되 믿음이 없는 세대여 내가 얼마나 너희와 함께 있으며 얼마나 너희에게 참으리요 그를 내게로 데려오라 하시매 이에 데리고 오니 귀신이 예수를 보고 곧 그아이로 심히 경련을 일으키게 하는지라 그가 땅에 엎드러져 구르며 거품을 흘리더라

예수께서 그 아버지에게 물으시되 언제부터 이렇게 되었느냐 하시니 이르되 어릴 때부터니이다

귀신이 그를 죽이려고 불과 물에 자주 던졌나이다 그러나 무엇을 하실 수 있거든 우리를 불쌍히 여기사 도와주옵소서

예수께서 이르시되 할 수 있거든 이 무슨 말이냐 믿는 자에게는 능히 하지 못할 일이 없느니라 하시니 곧 그 아이의 아버지가 소리를 질러 이르되 내가 믿나이다 나의 믿음 없는 것을 도와주소서 하더라

예수께서 무리가 달려와 모이는 것을 보시고 그 더러운 귀신을 꾸짖어 이르시되 말 못하고 못 듣는 귀신아 내가 네게 명하노니 그아이에게서 나오고 다시 들어가지 말라 하시매 귀신이 소리 지르며 아이로 심히 경련을 일으키게 하고 나가니 그 아이가 죽은 것같이 되어 많은 사람이 말하기를 죽었다 하니 예수께서 그 손을 잡아 일으키시니 이에 일어서니라

집에 들어가시매 제자들이 조용히 묻자오되 우리는 어찌하여 능히 그 귀신을 쫓아내지 못하였나이까

이르시되 기도 외에 다른 것으로는 이런 종류가 나갈 수 없느니라 하시니라

마가복음 9:2-29

예수의 몸은 왜 변했는가

예수의 몸이 빛의 아우라에 휩싸여 변화한다. 이른바 변화 이야기의 전거가 되는 이야기는 구약성서 출애굽기 24장이다.[40) 구약성서에서

모세가 그랬던 것처럼 예수도 세 명의 수행자를 데리고 산으로 올라간다. 모세의 경우에는 일곱째 날에 하나님의 소리가 들려오는 반면, 예수는 엿새 후에 산에 올라가 그 형체가 변한다. 모세와 예수 모두 하나님의 소리가 구름 속에서 들려왔다는 공통점이 있다. 차이점은 예수의 몸 자체가 변화함으로써 신의 현시가 예수의 존재에게서 직접적으로 일어났지만, 모세는 그렇지 않았다는 것이다.

예수는 그 자신의 몸에서 신의 현시가 일어나고 그와 함께 구름 속에서 하나님의 소리가 들려온다. 세 명의 제자가 증인이 된다. 이런 현상은 예수가 하나님의 아들임을 알리는 일종의 즉위식이라는 점을 암시한다. 세속 권력과 차별점을 두는 초자연적 현상의 기반을 통해서 예수는 단숨에 모든 것에서 권위를 획득했음을 볼 수 있다.

하지만 이에 대한 제자 베드로는 이 상황을 전혀 이해하지 못한다. 베드로를 비롯한 다른 두 제자는 이 현상을 지복 상태에의 안주로만 받아들인다. 예수의 초자연적 변화를 맛본 그들은 또 다시 하나님 나라를 이뤄내려는 사람의 아들 예수의 고난과 그에 대한 필연성을 애써 부정한다.

예수는 제자들의 이런 이해 없음을 쉽게 봐주거나 어영부영 넘어가지 않는다. 이 영광스러운 천상의 임재 사건을 통해 제자들에게 예수는 다시 한 번 자신의 고난과 영광을 재차 상기시킨다. 제자들이 제대로 이해하지 못했음은 부활에 대한 그들의 생각이 보여준 초라한 한계이다. 제자들은 예수의 부활을 일반 통념으로서의 죽은 자들을 위한 위로 차원으로 취급하려 든다. 그들은 예수의 고난 역시 애써 잊고 싶은 현실의 하나로 간주한다.

제자들의 미온적인 태도는 어떤 결과를 낳았는가. 예수의 극적 변화에 대한 흥분은 절대 오래가지 않았다. 군중이 제자들을 에워싸고 있는 가운데 제자들은 그 누구도 입을 막아버려 말 못하는 병자가 되어버린 아이를 지배하는 귀신을 쫓아내지 못하고 전전긍긍한다. 예수는 제자들의 무능을 가차 없이 비난하고 질타한다. 예수는 믿음이 없는 무능력한 세대의 구태를 제자들이 그대로 따르고 있음을 개탄한다.

제자들은 예수에게 묻는다. "우리는 어찌하여 능히 그 귀신을 쫓아내지 못 하였나이까?" 예수의 답은 단순하지만 강한 인상을 남긴다. "기도 외에 다른 것으로는 이런 종류가 나갈 수 없"다는 것이다. 여기서 말하는 기도는 무엇일까? 이것을 단순히 곤경에 처한 나를 하나님이 도와줄 것이라는 막연한 기대로만 생각한다면 그 진정성은 상실될 것이다. 예수가 생각하는 기도의 진정성은 하나님을 향한 나아감과 그것에 대한 다짐에 있다. 하나님의 뜻을 향해 나아가겠다는 확고한 다짐 말이다. 그것이 바로 신앙이다. 하나님의 뜻을 향해 뚜벅뚜벅 걸어가는 예수의 고난과 영광의 행보를 외면하지 않고, 있는 그대로 바라보는 것. 그것이 바로 기도의 원천이다.

보수 신학자 윌리엄 바클레이는 이 사건에서 보인 예수의 변화를 역사적 사실, 믿음의 기록으로 이해해야 한다고 말한다. 예수가 변화한 일로 인해 제자들에게 자신의 메시아 됨을 한 번 더 확고히 했음은 물론, 수천 년이 지난 지금 이 자리의 우리에게까지도 예수의 신성성과 경이로움을 전해주고 있기 때문이다. 또한 바클레이는 엘리야의 기록, 구약 성경의 기록에서 인자가 고난과 멸시를 받아야 한다는 구절을 상기시키며 앞서 마가복음 8장에서 인자의 수난 예고를 뒷받침하는 장면으로 해석한다. 비록 예수는 비천한 고난을 받게 되지만, 그 고난

을 받는 이가 바로 메시아이므로 극적 대비가 더 도드라진다고 주장한 것이다.[41]

반면 진보 성서연구가 게르트 타이센은 이 사건의 의미를 후대 성서 기록자들이 편집해 넣었다고 생각한다. 8장에서의 예수의 수난 예고가 주후 1세기를 살던 박해받는 기독교인들에게는 절망이기만 했기에 이를 하나님 영광의 현현이라는 기적과 대비시켜 주제를 극적으로 드러내기 위한 일종의 문학적 장치라고 본다.[42]

이러한 관점의 차이는 아마도 성서를 대하는 보수 신학과 진보 신학의 근본적인 차이로 볼 수 있다. 보수 신학은 복음의 모든 기록이 역사적 실제에 뿌리를 두고 있다고 간주하고 성서를 접하지만 진보 신학에서는 해석의 무게중심을 복음서가 기록된 정황, 시대 배경 등을 종합하여 본 기록 의도에 두기 때문이다.

어린아이를 영접하라

제자도에 관한 가르침

(마가복음 9:30-50)

그곳을 떠나 갈릴리 가운데로 지날쌔 예수께서 아무에게도 알리고자 아니하시니

이는 제자들을 가르치시며 또 인자가 사람들의 손에 넘기워 죽임을 당하고 죽은 지 삼일 만에 살아나리라는 것을 말씀하시는 연고더라

그러나 제자들은 이 말씀을 깨닫지 못하고 묻기도 무서워하더라

가버나움에 이르러 집에 계실쌔 제자들에게 물으시되 너희가 노중에서 서로 토론한 것이 무엇이냐 하시되

저희가 잠잠하니 이는 노중에서 서로 누가 크냐 하고 쟁론하였음이라

예수께서 앉으사 열두 제자를 불러서 이르시되 아무든지 첫째가 되고자 하면 뭇사람의 끝이 되며 뭇사람을 섬기는 자가 되어야 하리라 하시고

어린아이 하나를 데려다가 그들 가운데 세우시고 안으시며 제자들에게 이르시되

누구든지 내 이름으로 이런 어린아이 하나를 영접하면 곧 나를 영접함이요 누구든지 나를 영접하면 나를 영접함이 아니요 나를 보내신 이를 영접함이니라

요한이 예수께 여짜오되 선생님 우리를 따르지 않는 어떤 자가 주의 이름으로 귀신을 내어쫓는 것을 우리가 보고 우리를 따르지 아니하므로 금하였나이다

예수께서 가라사대 금하지 말라 내 이름을 의탁하여 능한 일을 행하고 즉시로 나를 비방할 자가 없느니라

우리를 반대하지 않는 자는 우리를 위하는 자니라

누구든지 너희를 그리스도에게 속한 자라 하여 물 한 그릇을 주면 내가 진실로 너희에게 이르노니 저가 결단코 상을 잃지 않으리라 또 누구든지 나를 믿는 이 소자 중 하나를 실족케 하면 차라리 연자 맷돌을 그 목에 달리우고 바다에 던지움이 나으리라

만일 네 손이 너를 범죄케 하거든 찍어버리라 불구자로 영생에 들어가는 것이 두 손을 가지고 지옥 꺼지지 않는 불에 들어가는 것보다 나으니라

(없음)

만일 네 발이 너를 범죄케 하거든 찍어 버리라 절뚝발이로 영생에 들어가는 것이 두 발을 가지고 지옥에 던지우는 것보다 나으니라

(없음)

만일 네 눈이 너를 범죄케 하거든 빼어버리라 한 눈으로 하나님의 나라에 들어가는 것이 두 눈을 가지고 지옥에 던지우는 것보다 나으니라

거기는 구더기도 죽지 않고 불도 꺼지지 아니하느니라

사람마다 불로서 소금 치듯함을 받으리라

소금은 좋은 것이로되 만일 소금이 그 맛을 잃으면 무엇으로 이를 짜게 하리요 너희 속에 소금을 두고 서로 화목하라 하시니라

마가복음 9:30~50

예수가 생각한 제자도는 무엇일까

예수의 계속되는 책망과 가르침에 이어 두 번째 수난 예고가 마가복음 9장 31절과 32절에 거듭 반복된다. 두 번째 예고에 대한 제자들의 반응은 여전히 예수의 기대에 어긋난다. 그들은 이제 예수의 말씀에 대해 따져 묻기를 아예 포기했다고 기록되어 있다. 묻기조차 꺼려질 정도의 제자들의 몰이해로 인해 무거웠을 예수의 마음이 느껴지는 대목이다.

제자들의 이러한 의도적인 외면은 점점 더 구태와 한심함으로 커진다. 제자들은 어린아이를 세우고서 누구든지 어린아이를 대할 때 자신을 영접하듯 하라는 예수의 가르침이 무슨 뜻인지 깊이 알려 하지 않는다. 제자들은 서로 누가 크냐는 서열 문제에만 집착할 뿐이다.

예수가 말한 갈릴리에서 예루살렘으로 가는 길은 고난과 영광을 각오한 고난의 길이다. 그런데 그 여정을 앞두고 제자들은 자기네들 가운데 누가 더 위대하냐는 서열 문제로 다투고 있다. 이러한 다툼은 세속적 무리의 다툼만은 아니었다. 당시 극단적 종교 수행을 강조하던 에세네파의 쿰란 공동체마저도 피안의 세계에 대해 확고한 서열을 상정했으며, 공동체 생활에서 상하 질서를 중시했기 때문이다.[43]

하지만 예수는 종교적 전통에 무관심할 뿐더러 오히려 그것을 전복할 것을 제안한다. 인구조사 대상에도 속하지 않는 어린아이와 대망의 메시아의 가치를 동일하게 본 것이다. 어린아이에 대한 예수의 다정한 태도는 교회 공동체 안에서 작은 자들을 대할 때의 기본 태도로 연결된다. '예수의 이름으로' 행하는 모든 일의 초점은 교회 공동체의 낮은 자를 향한다. 예수는 미미한 자들과 자신을 동일시하며 이들을 영접함이 곧 하나님 자신을 영접하는 것이라고까지 확대한다. 이러한 선포는 곧 인류에 대한 참을 수 없는 보편적 사랑의 발로라고밖에 볼 수 없을 것이다.

어린아이를 영접하는 것, 가장 작은 자를 실족하지 않게 하는 것 등의 예수 가르침을 보수 신학자 헨리 바클레이 스웨트는 그리스도인의 신실함과 그 미덕을 강화하라는 의미로 본다. 스웨트는 신실함이란 때로는 사람들이 하찮게 여기고 중요하지 않게 취급하는 것이라 하더라도 소중히 여기고 최선을 다해 임해야 함을 뜻한다고 말한다. 아울러 스웨트는 오직 예수님의 우리를 향한 사랑을 생각하면 어린아이를 고압적으로 대하던 태도를 버릴 수 있으리라 말한다. 스웨트는 하나님이 인간을 바라볼 때에도 아무것도 모르고 순진하기만 한 어린아이를 대하는 것처럼 섬세한 사랑으로 대했다고 본다. 이처럼 하나님의 구원 생명에 참여한 그리스도인 역시 그러한 사랑의 마음으로 어린아이를 대하는 것, 그것이 참된 인간 사랑이라고 말한다.[44]

진보 해방 신학자 구스타보 구티에레스는 어린아이와 작은 자에 대한 새로운 시각이 필요한 이유를 당대의 사회 환경, 더 나아가 교회 안에서의 환경, 인식의 문제로 본다. 당대에 어린아이는 여성과 더불어 사회구성원으로서 제대로 인정받지 못했다. 그런 이들에게 눈을 돌리라는 예수의 강경한 가르침을 구티에레스는 하나님 나라의 본질이 모든 이가 차별 없이 생명을 누릴 수 있는 인권 회복이라고 해석한다.[45]

성전의 주인은 누구인가

성전세 논쟁

(마태복음 17:24-27)

가버나움에 이르니 반 세겔 받는 자들이 베드로에게 나아와 이르되 너의 선생은 반 세겔을 내지 아니하느냐
이르되 내신다 하고 집에 들어가니 예수께서 먼저 이르시되 시몬아 네 생각은 어떠하냐 세상 임금들이 누구에게 관세와 국세를 받느냐 자기 아들에게냐 타인에게냐
베드로가 이르되 타인에게니이다 예수께서 이르시되 그렇다면 아들들은 세를 면하리라 그러나 우리가 그들이 실족하지 않게 하기 위하여 네가 바다에 가서 낚시를 던져 먼저 오르는 고기를 가져 입을 열면 돈 한 세겔을 얻을 것이니 가져다가 나와 너를 위하여 주라 하시니라

마태복음 17:24-27

성전세는 왜 뜨거운 감자인가

가버나움 지역에서 거둔 성전세는 로마 권력이 징수하는 세금으로 보

이지 않는다. 성전세와 같은 세금과 관련된 부분은 세상의 왕들로 상징되는 유대 종교 기득권층의 상징으로 읽을 만한 구석이 많다.[46) 예수는 베드로에게서 한 가지 긍정적인 답변을 이끌어낸다. 유대 종교의 제의는 그것이 하나의 관례가 되어버렸으므로, 그 자체만으로도 이미 종교의 본질인 하나님과 그 자녀들과의 영적 혈통의 순수성이 훼손되고 말 뿐이다. 예수는 단언한다. 왕의 자녀들은 통행세나 성전세를 낼 필요가 없다고 말이다.

하지만 예수는 곧 이어서 자유와 함께 공존의 배려에 관해 가르침을 준다. 그리스도교 공동체는 분명 완전하고 근본적인 자유를 구가하게 될 것이지만 그것이 신앙의 중심과 부딪히지 않는 범위 내에서, 여전히 그 자유에 대한 중요성을 체득하지 못한 이들을 위해서라도 다른 중요한 가치들, 제의적 가치에 사고의 무게중심을 둔 이들과 함께 공존할 필요가 있다고 가르친다. 하나님은 자신의 아들을 십자가에 이르기까지 율법이 포함하고 있는 모든 것과 더불어 율법 아래 두셨으나, 동시에 그 아들을 위해 모든 것을 행하며 스스로 율법이 요구하는 모든 것을 지불해내셨다.

보수 신학과 진보 신학의 관점은 성전세 논쟁에서 제법 첨예하게 대립된다. 보수 개혁주의자 존 스토트는 하나님 나라의 법과 세상의 법을 모두 존중하라는 예수의 가르침이 성전세에도 적용된다고 여긴다. 본래 예수는 그 자신이 성전이기 때문에 성전세를 납부해야 할 필요가 없으나 세상의 질서를 존중하고 사람들에게 괜한 오해를 사는 일이 없어야 하기 때문에 그렇게 한다는 것이다. 스토트는 기독교가 수행해야 할 사명은 오직 복음과 영혼 구원이므로 영혼 구원을 저해하는 여러 불미스러운 오해들을 사전에 제거하고 집중력 있는 선교사역에 매진해야 하는 것이 예수의 참뜻이라고 주장한다.[47]

반면 급진적 현대 신학자 로버트 펑크는 편집비평 차원에서 17장 27절의 예수 발언을 후대 기록자들이 의도적으로 추가한 내용이라고 보고 있다.[48] 펑크는 대신 예수 가르침의 핵심은 26절 '아들들은 세를 면한다.'에 있다고 강조한다. 펑크는 당대의 성전세가 유대교를 숭배하고 그 종교를 따르지 않으면 유대 사회에서 생존할 수 없는 종교적 억압을 악용한 대표적 사례로 보고, 예수가 예루살렘을 성역화하고 성전세를 징수하는 종교 권력에 정면으로 맞섰다고 이해한다.

어린아이와 같이 되어라

겸손과 용서에 관한 설교

(마태복음 18:1-35)

그 때에 제자들이 예수께 나아와 이르되 천국에서는 누가 크니이까

예수께서 한 어린아이를 불러 그들 가운데 세우시고

이르시되 진실로 너희에게 이르노니 너희가 돌이켜 어린아이들과 같이 되지 아니하면 결단코 천국에 들어가지 못하리라

그러므로 누구든지 이 어린아이와 같이 자기를 낮추는 사람이 천국에서 큰 자니라

또 누구든지 내 이름으로 이런 어린아이 하나를 영접하면 곧 나를 영접함이니

누구든지 나를 믿는 이 작은 자 중 하나를 실족하게 하면 차라리 연자 맷돌이 그 목에 달려서 깊은 바다에 빠뜨려지는 것이 나으니라

실족하게 하는 일들이 있음으로 말미암아 세상에 화가 있도다 실족하게 하는 일이 없을 수는 없으나 실족하게 하는 그 사람에게는 화가 있도다

만일 네 손이나 네 발이 너를 범죄하게 하거든 찍어 내버리라 장애인이나 다리 저는 자로 영생에 들어가는 것이 두 손과 두 발을 가지고 영원한 불에 던져지는 것보다 나으니라

만일 네 눈이 너를 범죄하게 하거든 빼어 내버리라 한 눈으로 영생에 들어가는 것이 두 눈을 가지고 지옥 불에 던져지는 것보다 나으니라

삼가 이 작은 자 중의 하나도 업신여기지 말라 너희에게 말하노니 그들의 천사들이 하늘에서 하늘에 계신 내 아버지의 얼굴을 항상 뵈옵느니라

(없음)

너희 생각에는 어떠하냐 만일 어떤 사람이 양 백 마리가 있는데 그 중의 하나가 길을 잃었으면 그 아흔아홉 마리를 산에 두고 가서 길 잃은 양을 찾지 않겠느냐

진실로 너희에게 이르노니 만일 찾으면 길을 잃지 아니한 아흔아홉 마리보다 이것을 더 기뻐하리라

이와 같이 이 작은 자 중의 하나라도 잃는 것은 하늘에 계신 너희 아버지의 뜻이 아니니라

네 형제가 죄를 범하거든 가서 너와 그 사람과만 상대하여 권고하라 만일 들으면 네가 네 형제를 얻은 것이요

만일 듣지 않거든 한두 사람을 데리고 가서 두세 증인의 입으로 말마다 확증하게 하라

만일 그들의 말도 듣지 않거든 교회에 말하고 교회의 말도 듣지 않거든 이방인과 세리와 같이 여기라

진실로 너희에게 이르노니 무엇이든지 너희가 땅에서 매면 하늘에서도 매일 것이요 무엇이든지 땅에서 풀면 하늘에서도 풀리리라

진실로 다시 너희에게 이르노니 너희 중의 두 사람이 땅에서 합심하여 무엇이든지 구하면 하늘에 계신 내 아버지께서 그들을 위하여 이루게 하시리라

두세 사람이 내 이름으로 모인 곳에는 나도 그들 중에 있느니라

그 때에 베드로가 나아와 이르되 주여 형제가 내게 죄를 범하면 몇 번이나 용서하여 주리이까 일곱 번까지 하오리이까

예수께서 이르시되 네게 이르노니 일곱 번뿐 아니라 일곱 번을 일흔 번까지라도 할지니라

그러므로 천국은 그 종들과 결산하려 하던 어떤 임금과 같으니

결산할 때에 만 달란트 빚진 자 하나를 데려오매

갚을 것이 없는지라 주인이 명하여 그 몸과 아내와 자식들과 모든 소유를 다 팔아 갚게 하라 하니

그 종이 엎드려 절하며 이르되 내게 참으소서 다 갚으리이다 하거늘

그 종의 주인이 불쌍히 여겨 놓아 보내며 그 빚을 탕감하여 주었더니

그 종이 나가서 자기에게 백 데나리온 빚진 동료 한 사람을 만나 붙들어 목을 잡고 이르되 빚을 갚으라 하매

그 동료가 엎드려 간구하여 이르되 나에게 참아 주소서 갚으리이다 하되

허락하지 아니하고 이에 가서 그가 빚을 갚도록 옥에 가두거늘

그 동료들이 그것을 보고 몹시 딱하게 여겨 주인에게 가서 그 일을 다 알리니

이에 주인이 그를 불러다가 말하되 악한 종아 네가 빌기에 내가 네 빚을 전부 탕감하여 주었거늘

내가 너를 불쌍히 여김과 같이 너도 네 동료를 불쌍히 여김이 마땅하지 아니하냐 하고

주인이 노하여 그 빚을 다 갚도록 그를 옥졸들에게 넘기니라

너희가 각각 마음으로부터 형제를 용서하지 아니하면 나의 하늘 아버지께서도 너희에게 이와 같이 하시리라

마태복음 18:1-35

왜 어린아이와 같이 되어야 하는가

제자들의 서열 논쟁, 통념에 의존한 신앙 등의 상태를 부수기 위한 예수의 노력이 돋보이는 마태복음 18장 가르침의 핵심 주제는 겸손과 용서다. 겸손의 예로 앞서도 언급된 바 있는 어린아이에 대한 비유가 소개된다. 예수는 어린아이와 같이 되라는 권면의 핵심 덕목이 자신을 낮추는 것, 곧 겸손에 있다고 말한다. 하지만 이 낮춤이 형식적인 겸손이 되지 않게 하려면 주님의 겸손을 이해하고 받아들여야 한다. 그 사람만이 형식과 마음 두 측면 모두에서 진정한 겸손을 이뤄낼 수 있다. 그렇게 되기 위해서는 순수함과 무구함이 필요하다.

이렇듯 예수는 인간이 아버지에 대한 순수함을 다시 배워야 한다고 말한다. 하나님에게 의지하는 것을 아는 것과 그에게 모든 것을 신뢰하고 그로부터 비롯되는 모든 것을 배워야만 하는 것이다. 이 말씀은 가난한 사람과 보잘것없는 사람에 대한 축복의 말씀과 동일한 지평에서 해석 가능하다. 예수에게 있어서 겸손은 참회를 통해 가능한데, 그 참회는 종교적 의식이나 수행을 통해서가 아니라 어린아이와 같은 인격적 순수함이 있어야 할 수 있다.

이어지는 가르침에서 예수는 잃어버린 양에 대한 관심과 사랑의 끈을 놓치지 말라고 강조한다. 그는 또한 가난한 자들을 업신여겼을 때 치르게 되는, 상상을 초월한 대가에 대해 말하며 어느 순간까지라도 공동체의 존속을 위해 인내심을 가져야 한다고 가르친다. 그러다 베드로가 궁금증을 참지 못하고 용서의 한계에 대해 질문한다. 베드로도 이쯤 되었으니 예수가 이야기하는 겸손과 그로 인한 용서의 덕목이 얼마나 중요한지 정도는 알았을 것이다. 용서가 보복의 자리를 대신해야 한다는 것도 말이다. 하지만 그는 그래도 분명히 짚고 넘어갈 것이 있었던 모양이다. 베드로는 또다시 항의하듯 묻는다. 도대체 언제까지 용서하면 그 이후 용서할 수 없는 때를 맞이하게 될 것인가? 하지만 베드로의 의문에 예수는 찬물을 끼얹는다. 예수는 용서와 사랑에는 한계를 두지 말라며 용서의 기준 역시 무한대로 확장해버린다. 그리고 일만 달란트 채무에 대한 비유 이야기를 한다.

일만 달란트 채무에 대한 비유는 과장된 측면이 있다. 당시 노동자의 통상 하루 임금이 일 데나리온이며, 갈릴리와 베레아 지역에서 거두어지는 세액을 모두 합친 액수가 이백 달란트란 점을 고려해보면, 일만 달란트라는 돈은 상상할 수 없이 큰 빚이기 때문이다.[49] 이는 하나님의 행동이 모든 인간적인 행동을 훨씬 능가한다는 사실의 표현이며, 그만큼 인간에게 있어서 하나님의 구원 은총은 산술적으로 측량 가능한 차원이 아니라는 사실을 가리킨다.

이러한 인간의 생각으로는 전혀 이해할 수 없는 하나님의 의를 품으면 세속에서 부당하고 억울한 일을 당할지도 모르지만, 예수는 도리어 사랑의 마음으로 세속의 삶을 덧씌운 통념의 베일을 벗겨내라고 제자들에게 당부했다. 예수는 스스로 모욕을 당하고 손해를 입을지라도 절대 복수를 하지 않고 하나님의 크신 용서로부터 살면서 그러한 용서를 끊임없이 실천하는 자에게 용서의 수혜를 얻은 다른 이들 역시 필연적으로 변화하리라 확신했던 것이다.

보수 성경주석가 요아킴 예레미아스는 잃어버린 양에 대한 이야기를 예수의 무조건적인 사랑으로 이해한다. 예수의 무조건적 사랑은 다수결의 논리에 휩쓸리지 않고 단 한 명이라도 복음을 접하지 못하고 방황하는 어린 양이 있다면 끝까지 찾아 복음의 생명 가운데로 인도하겠다는 의지에 담겨 있다고 말한다. 오늘의 교회 역시 그러한 복음 구령의 자세로 한 명이라도 예수의 복음을 듣지 못하는 비극이 없도록 복음 전파에 힘써야 하는 목표를 가져야 한다는 의미이다. 예레미아스의 이러한 주장처럼 오늘날 가톨릭의 복음 전파에 적극적으로 적용되고 있으며, 이것은 세계 곳곳에 성서가 보급되고 교회가 지어지는 결과로 이어졌다.[50]

반면 진보 신학은 잃어버린 양에 주목함과 동시에 아흔아홉 마리 양의 실체, 그 허위에 주목한다. 진보 신학이 보는 잃어버린 양은 체계와 조직 정비에만 혈안이 된 아흔 아홉 마리의 권력에 기생하는 탐욕적 시스템이 내버린 희생양이라는 관점에서 생각해보라고 주문한다.

인문학자 최진석은 13절에 나온 '길을 잃지 않은 아흔아홉 마리'의 길을 잃지 않음이 도리어 역설적으로 보지 못하나 본다고 말하는 당대의 종교 권력가들과 무엇 하나 다르지 않다고 말한다. 반면 잃어버린 존재들은 사회와 체제, 계급에서 밀려난 변외의 잉여들, 경쟁 체제와 식민지 시대가 내버린 희생양들이며,[51] 예수가 찾는 이들은 바로 그러한 이들이라고 말한다. 이러한 견해를 바탕으로 진보 신학은 오늘의 교회도 아흔아홉 마리에 집중하고 나머지 한 마리마저 아흔아홉 마리가 가진 완고한 종교적 기준으로 평가하고 정죄하는 일을 그만두고, 한 마리의 양, 즉 이 땅 위의 소수자들을 찾아가는 것이 종교의 본령이라고 강조한다.

제8부

예루살렘을 향하어

예수의 유대 사역 I

갈릴리 사역은 예루살렘으로 향하는 마지막 관문인 유대 지역에 도착하면서 새로운 국면에 접어든다. 여기에서의 예수 언행은 초기의 언행, 즉 세례 요한에게 세례받고 하나님 나라를 예언할 때 예수가 보인 풍운아적 기질을 떠올리게 한다. 갈릴리와 그 주변 지역, 유대 지역에 이르는 동안 예수는 한층 더 혁명적이고 과감해졌다. 예수를 추정하던 이들은 당혹스러움을 감추지 못했다. 그들이 기대했던 예수의 모습은 세련된 선각자의 모습이었을 것이다. 그들 생각에 종교의 발원지라고까지 알려진 예루살렘에 들어설 때 최소한 종교적 위엄을 갖추고, 인정받는 모양새는 갖춰야 했다.

하지만 예수의 언행은 언제나 그러했듯, 제자들의 기대와 통념에서 벗어난다. 예수는 더 급진적이고 과격해졌다. 이혼 논쟁에서 보인 파격적인 언행도 그러했고, 투표권도 없고 공적 자리에서 말하는 것조차 인정받지 못하던 어린아이를 두둔하는 언행을 했을 때도 그러했지만, 당대 존경받던 부자 청년에게 면박을 주며 돌려세웠을 때 제자들과 추종 세력이 느낀 당혹스러움은 매우 컸다.

분명 예수는 당대 유대교에서는 찾아볼 수 없던 독특한 메시아적 풍모를 지니고 있었다. 우리가 주목해야 하는 것은 어떤 자리에도 안주하지 않는, 그래서 자신을 반대하는 이도 많았던 예수가 어떻게 오늘날 가장 큰 영향력을 지닌 종교의 중심에 서게 되었는지에 대한 것이다. 과연 예수의 언행에서 그 비밀의 열쇠를 찾을 수 있을까?

이제 둘은 한 몸이니라

이혼 논쟁

(마가복음 10:1-12, 마태복음 19:1-12)

예수께서 거기서 떠나 유대 지경과 요단강 건너편으로 가시니 무리가 다시 모여 들거늘 예수께서 다시 전례대로 가르치시더니

바리새인들이 예수께 나아와 그를 시험하여 묻되 사람이 아내를 내어버리는 것이 옳으니이까

대답하여 가라사대 모세가 어떻게 너희에게 명하였느냐

가로되 모세는 이혼 증서를 써주어 내어버리기를 허락하였나이다

예수께서 저희에게 이르시되 너희 마음의 완악함을 인하여 이 명령을 기록하였거니와 창조 시로부터 저희를 남자와 여자로 만드셨으니

이러므로 사람이 그 부모를 떠나서

그 둘이 한 몸이 될찌니라 이러한즉 이제 둘이 아니요 한 몸이니

그러므로 하나님이 짝지어 주신 것을 사람이 나누지 못할찌니라 하시더라

집에서 제자들이 다시 이 일을 묻자온대

이르시되 누구든지 그 아내를 내어버리고 다른 데 장가드는 자는 본처에게 간음을 행함이요

또 아내가 남편을 버리고 다른 데로 시집가면 간음을 행함이니라

마가복음 10:1-12

예수는 이혼을 어떻게 생각했을까

예루살렘으로 향하는 동안 예수의 가르침은 계속된다. 그는 예루살렘으로 들어가기 전 요단 강 건너편으로 건너간다. 이로써 한 가지가 분명해졌다. 예수가 갈릴리 지역에서의 체류를 이제 포기했다는 사실이다. 비록 다른 지역에서 숙고와 배회의 시간을 보내기는 했어도 예수의 최종 목적지는 예루살렘이라는 점이 분명해진 것이다.

수많은 군중 앞에서 예수를 욕보이려는 바리새파 사람들이 이혼에 대한 예수의 입장을 묻는다. 군중 틈에 있던 바리새인들이 예수에게 다가와 남편이 아내를 버려도 좋으냐고 물었다. 그 질문에는 처음부터 예수를 율법이라는 그물망 속에 엮어 넣고 저울질하려는 악의에 찬 의도가 담겨 있다. 당시 이혼은 합법이었으므로, 예수는 이 율법에 대해 어떤 식으로도 답을 주어야 했다. 이에 대해 예수는 모세 규정의 본질적인 정신이 무엇인지를 규명하고자 한다.

예수가 되묻는다. "모세가 어떻게 너희에게 명하였느냐?" 이에 바리새파 사람들은 모세가 이혼증서를 써주어 아내를 내버리기를 허락했다고 답한다. 하지만 이혼증서를 쓸 수 있는 결정적 사유에 대한 해석은 지금도 마찬가지지만 당대에도 상당히 모호했다. 그 모호함으로 가득한 율법을 절대 계명이라 운운하며 떠들어대는 바리새인들에게 예수는 그들의 마음이 완악하다고 단정한다. 완악함이란 지속적인 불순종을 뜻하며, 이는 하나님의 명령에 무감각해진 인간의 마음 상태를 상징한다.

이후 예수는 이야기의 본질을 남녀 관계의 창조적 결합으로 옮겨간다. 예수는 창세기 1장 27절과 창세기 2장 24절의 내용을 인용한다. 남자와 여자를 창조했다는 창조기사 이야기와 이혼 이야기 사이에는 공통분모가 없어 보인다. 하지만 본질에 집중했던 예수는 창조의 결속력을 이야기하는 창조 기사로서, 완악함에 사로잡혀 율법을 해석하는 바리새파 사람들의 대책 없는 완고함에 경종을 울리고자 했다.

또한 창조 기사 때 구체적으로 언급된 두 사람의 결속과 관련된 이야기는 공동체의 결합으로 그 의미가 확장된다. "둘이 한 몸이 된다."는 것은 새로이 만들어진 친족관계뿐만 아니라 부부의 신체적이며 성적인 결합도 가리킨다.[1] 이 결합은 본질적 창조 질서 안에서 적극적으로 인정받으며, 신체를 넘어 인격적인 결속으로까지 발전된다.

이에 대한 원칙적인 결론은 다음과 같다. 하나님이 결합한 것을 인간이 풀어서는 안 된다는 것이다. 예수는 하나님과 인간을 대조함으로써 이혼증서에 대한 모세의 규정 자체를 인간이 편의상 만들어낸 규정, 다시 말해 상황 윤리라고 낙인찍는다. 모세의 규정은 하나님의 뜻과 그의 창조 질서를 조망하기 위한 도구일 뿐임을 분명히 한 것이다.

보수 신학자 존 그레셤 메이첸은 남자와 여자의 결합, 그 본질에 주목해야 한다고 주장한다. 결혼 제도에 앞서 남자와 여자가 서로 만나 결합하는 데 있어 하나님의 섭리가 우선적으로 개입된다는 것이다. 그런 맥락에서 메이첸은 위의 가르침을 이혼을 방조하는 가르침이 아니라 오히려 하나님께서 맺어주신 결혼관계의 성스러운 결합을 강조하는 가르침이라고 주장한다. 메이첸은 사람이 만들어낸 제도는 그 이후의 문제이므로 결혼한 부부는 그 운명이 이제 하늘에 있다는 데 더 큰 의미 부여를 해야 한다고 이해한다.[2]

진보 신학에서는 이혼 규정에 대한 예수의 가르침이 철저한 가부장제로 굳어버린 율법에 대한 근본적 해체를 촉구한 것이라고 주장한다.

여자가 마음에 들지 않으면 언제든 이혼증서를 적어 내어버릴 수 있다는 식의 율법 해석의 근간에는 여성을 인격체로 보지 않고 한 가족의 소유물로 보는 견해가 깊이 내재되어 있다는 것이다. 진보 신학은 이 구절을 남자와 여자의 관계가 하나님이라는 자유와 진리의 선택권 아래에서 이루어지는 것이지, 가부장적 악습이 만들어낸 강요로 재단될 수 없음을 분명히 하는 가르침으로 이해한다. 또한 결혼 관계의 지속 여부와 같은 현대의 사생활 문제에까지 종교가 간섭하는 월권을 범하는 것은 해석의 결정적인 오류라고 주장한다.[3]

성 소수자에 대한 견해를 밝힌 진보 신학자 레이몬드 브라운은 마태복음 19장 11절과 12절에 언급된 이혼 담화 이후에 연결된 거세된 남자 이야기에 주목한다. 브라운은 성서에 기록된 거세된 남성이 독신을 위해 자발적으로 거행한 금욕주의자가 아님을 지적한다. 금욕을 위해 독신을 주장하는 것 역시 헬레니즘 세계, 유대 세계 어디서도 찾아볼 수 없었던 해괴한 논리라는 것이다. 또한 거세된 남자들은 남성과 여성, 성 정체성에 모두 연루되지 못한 이들, 곧 양성애자들이나 성행위가 동성애적 행위에만 집중된 성적 소수자일 것이라고 추정한다.[4]

얼핏 보기엔 이혼 이야기와 어울리지 않을 법한 성 소수자로 상징되는 거세당한 남자들 이야기의 연결고리를 브라운은 가부장적 틀에 굳어버린 결혼 제도와 이혼 제도 너머 사람이 사람을 사랑하는 가장 기본적인 원리로 본다. 그런 맥락에서 브라운은 예수의 가르침 자체는 이미 충분히 혁명적이며, 그것은 양성애, 동성애와 같은 성 소수자들의 인권도 함께해야 한다는 의미를 담고 있다고 주장한다.

천국에서 가장 큰 자

어린아이를 대하는 태도

(마가복음 10:13-16, 마태복음 18:1-9)

사람들이 예수의 만져주심을 바라고 어린아이들을 데리고 오매 제자들이 꾸짖거늘 예수께서 보시고 분히 여겨 이르시되 어린아이들의 내게 오는 것을 용납하고 금하지 말라 하나님의 나라가 이런 자의 것이니라 내가 진실로 너희에게 이르노니 누구든지 하나님의 나라를 어린아이와 같이 받들지 않는 자는 결단코 들어가지 못하리라 하시고 그 어린아이들을 안고 저희 위에 안수하시고 축복하시니라

마가복음 10:13-16

하나님의 나라는 누구를 위한 곳인가

어린아이를 위하는 예수의 태도는 당대 상식을 뒤엎는 행위였다. 이 이야기는 이전 예수의 언행을 통해서도 여러 번 언급된 바 있다. 하지만 어린아이 이야기가 여기서 다시 반복되는 까닭은 자신의 언행을

듣고 보았음에도 여전히 아이들을 거칠고 무례하게 대하는 제자들을 질책하려는 의도가 담겨 있음을 짐작할 수 있다.

예수가 어린아이를 어루만진 것은 치유 기적에서 나오는 동작이라기보다는 손을 얹음으로써 축복을 내리는 것을 의미한다. 곧 어린아이를 어루만짐으로써 축복의 힘이 어린아이에게 전해지도록 한 것이다. 그런데 이를 지켜본 제자들의 반응은 차갑기만 하다. 그들이 어린아이를 취급하는 태도는 여전히 거만하다. 다정하지도 않다. 이는 당대 사람들의 어린아이를 대하는 뿌리 깊은 편견에 근거한다. 그들은 어린이를 무례하게 취급해도 거리낄 것이 없다고 생각했다.[5] 어린이는 사회적으로 보잘것없다고 보는 당시의 통념을 그대로 계승한 것이다. 이에 예수는 분노한다. 하나님의 나라가 어린아이들의 것이라고 말하는 예수의 말은 명백히 전복적이다. 예수는 편견에 사로잡힌 제자들의 생각을 바로 잡고자 한다.

하나님의 나라는 조건 없는 은총이다. 이는 하나님이 인간에게 아무 대가를 기대하지 않고 선사하는 선물이다. 어린이는 분명 율법 행위에 비추어보면 하나님 앞에서 제대로 된 공적도 세울 수 없는 존재다. 하지만 예수는 하나님 나라를 이런 어린이들과 같이 아무 일도 할 수 없는 이들에게 약속한다. 이로써 그는 가부장제 사회에 팽배해 있던 공로 사상을 맹공격한다. 예수는 하나님을 깊은 신뢰 가운데에서 아버지로 부르며 하나님의 선물을 받을 수 있는 어린아이의 순수함을 높게 평가했기 때문이다.

청교도 신학자 리처드 백스터는 어린아이와 하나님 나라를 동일시하는 마가복음의 가르침을 통해, 어린아이와 같은 순수함과 그 단순함에서 비롯된 믿음이 필요하다고 본다. 단순함은 현대사회를 살아갈수록 지식과 학력, 문명의 잣대로 하나님 나라를 판단하려는 인간의 생각을 제거하는 데 효율적인 인식 도구가 될 수 있다. 이러한 근거를 토대로 백스터는 단순함을 배양하려면 무엇보다 겸손으로부터 비롯된 믿음을 가져야 한다고, 즉 어떤 의심도 내려놓고 예수 그리스도라는 신앙 대상에 대한 무한한 사랑과 존경을 품어야 한다고 말한다.

진보 신학 역시 어린아이를 단순함, 순수함으로 본다는 점은 보수 신학과 견해를 같이한다. 하지만 진보 신학자 중 한 사람인 흑인해방 신학자 제임스 콘은 어린아이가 어른들의 돌봄이 필요하거나 절대적인 종속성을 가진 존재로 보지 않는다. 콘은 어린아이를 흑인과 마찬가지로 사회적, 문화적, 계층적으로 자기 목소리를 낼 수 없는 사회적 약자와 동일시한다. 콘은 앞서 소개된 이혼증서 일화에서 사회적 약자인 여성에게 할애된 관심을 엿보았다면, 이어지는 마가복음 10장 13절에서 16절의 어린아이 이야기 역시 사회적 약자를 배려하지 않는 하나님 나라는 기대도 하지 말라는 예수의 강력한 휴머니즘으로 읽어야 한다고 말한다.[6]

네 있는 것을 모두 가난한 자에게 주어라

부자 청년 이야기

(마가복음 10:17-31, 누가복음 19:1-27, 마태복음 19:16-30)

예수께서 길에 나가실쌔 한 사람이 달려와서 꿇어 앉아 묻자오되 선한 선생님이여 내가 무엇을 하여야 영생을 얻으리이까

예수께서 이르시되 네가 어찌하여 나를 선하다 일컫느냐 하나님 한 분 외에는 선한 이가 없느니라

네가 계명을 아나니 살인하지 말라, 간음하지 말라, 도적질하지 말라, 거짓 증거하지 말라, 속여 취하지 말라, 네 부모를 공경하라 하였느니라

여짜오되 선생님이여 이것은 내가 어려서부터 다 지키었나이다

예수께서 그를 보시고 사랑하사 가라사대 네게 오히려 한 가지 부족한 것이 있으니 가서 네 있는 것을 다 팔아 가난한 자들을 주라 그리하면 하늘에서 보화가 네게 있으리

라 그리고 와서 나를 좇으라 하시니

그 사람은 재물이 많은고로 이 말씀을 인하여 슬픈 기색을 띠고 근심하며 가니라

예수께서 둘러보시고 제자들에게 이르시되 재물이 있는 자는 하나님의 나라에 들어가기가 심히 어렵도다 하시니

제자들이 그 말씀에 놀라는지라 예수께서 다시 대답하여 가라사대 얘들아 하나님의 나라에 들어가기가 어떻게 어려운지 어떤 사본에, 재물을 의지하는 자는 하나님의 나라에 약대가 바늘귀로 나가는 것이 부자가 하나님의 나라에 들어가는 것보다 쉬우니라 하신대

제자들이 심히 놀라 서로 말하되 그런즉 누가 구원을 얻을 수 있는가 하니

예수께서 저희를 보시며 가라사대 사람으로

는 할 수 없으되 하나님으로는 그렇지 아니 하니 하나님으로서는 다 하실 수 있느니라
베드로가 여짜와 가로되 보소서 우리가 모든 것을 버리고 주를 좇았나이다
예수께서 가라사대 내가 진실로 너희에게 이르노니 나와 및 복음을 위하여 집이나 형제나 자매나 어미나 아비나 자식이나 전토를 버린 자는

금세에 있어 집과 형제와 자매와 모친과 자식과 전토를 백 배나 받되 핍박을 겸하여 받고 내세에 영생을 받지 못할 자가 없느니라
그러나 먼저 된 자로서 나중 되고 나중 된 자로서 먼저 될 자가 많으니라

마가복음 10:17-31

영생을 얻기 위해 필요한 것은 무엇일까

마가복음, 마태복음, 누가복음 등 소위 공관복음으로 알려진 세 복음서에 모두 등장하는 부자 청년 이야기는 예수의 가르침 중 대표적인 전복 텍스트로 읽기에 손색이 없다. 이 이야기가 어째서 전복적인가? 당대의 종교 기득권층은 부를 율법과 하나님을 최선을 다해 섬긴 대가로 얻게 되는 당연한 전리품, 신의 은총으로 여겼다. 그런데 예수는 부자 청년에게 부자 개념에 대한 근간을 뿌리째 뒤흔든다.

부자 청년은 예수를 '선한 선생님'이고 부르기까지 하며 지극한 존경심을 나타낸다. 그의 태도에서 예수를 조롱하려는 의도는 찾아보기 어렵다. 부자 청년은 진심으로 예수를 찾았다. 그리고 영원한 생명에 이르는 길이 무엇인지 물었다. 이러한 그의 진정성에 예수 역시 진정성 있게 답한다. 예수는 부자 청년에게 계명을 상기시킨다. 그는 자신 있게 답한다. 어렸을 때부터 그 계명을 실천했다고 말이다. 그러자 예수는 훨씬 더 큰 것을 제안한다. "네 있는 것을 다 팔아 가난한 자들에게 주라. 그리고 와서 나를 좇으라." 그 제안을 들은 제자들이 많이 놀

랐음은 충분히 상상할 수 있다. 재산을 모두 가난한 사람들에게 나누어주라는 것은 놀랍고도 급진적인, 새로운 요구로 보인다. 이 요구는 결국 예수 자신을 뒤따르라는 부름과도 밀접히 연결되어 있다. 재산을 포기하는 것을 구원의 의미로 확장했기 때문이다. 지상의 재산을 모두 기부하면 천상 세계에서 이를 다 보상받는다는 것은 유대교적인 표상에서 비롯된 것으로 보인다.[7] 유대교 역시 가난한 자들을 돌보는 일을 중요하게 여겼다. 하지만 예수는 이보다 더 고차원적이다. 예수를 뒤따르는 일은 스스로 가난해져서 이 세상에서 어떤 위안도 기대하지 않고, 예수와의 인격적인 유대만을 좇는 일이다.

예수의 요구에 부자 청년의 갈등은 더 심화된다. 모든 재산을 포기하기는 쉽지 않을 것이며, 예수가 예루살렘을 향해 걷고자 하는 고난과 영광의 길을 자신이 감당할 수 없을지도 모르기 때문이다. 그렇게 부자 청년은 번뇌와 슬픔을 가득 안은 채 예수에게서 멀어졌다. 예수는 제자들에게 탄식하듯 말한다. 재물 속에 도사린 추악한 위험에 대해 경고한다. "약대(낙타)가 바늘귀로 나가는 것이 부자가 하나님의 나라에 들어가는 것보다 쉬우니라."

제자들은 혼란과 충격에 빠졌다. 그런즉 누가 구원을 얻을 수 있는가? 예수는 하나님의 전적인 주권을 강조하며 사람은 할 수 없는 일을 하나님은 하실 수 있다고 답한다. 이로써 구원에 대해 염려하지 말고 하나님께 전적으로 의존하라고 말한 것이다. 세속적 욕심을 버리고 예수를 뒤따르는 이에게 하나님의 은혜가 주어질 것이다.

보수 복음주의자 드와이트 무디는 부자 청년을 근심하게 만든 근심의 근원을 부유함으로 본다. 무디는 부를 두 가지 측면에서 이해한다. 한 가지는 실제적인 물질의 부유함이요, 다른 하나는 영적인 자만심에서 비롯된 교만이다. 무디가 이해하는 부자의 재물, 그 축적의 근원은 탐욕이다. 자기만을 생각하는 탐욕이 부를 축적하게 만들었으며, 그러한 부를 마음에 가득 담아둔 상태에서는 예수의 참된 제자가 될 수 없다고 보는 것이다.

또 하나, 무디는 부자 청년의 부유한 까닭이 바로 교만 때문이라고 말한다. 부자 청년은 자신이 하나님의 명령인 율법을 철저히 잘 지켰다고 예수 앞에 당당히 말하며 자신의 영적 교만함을 과시했다. 예수가 본 것은 그러한 교만이다. 교만은 인간의 타락한 마음을 대표하는 핵심이다. 그것은 마음의 어느 한 부분만 자극되어도 한 순간에 허물어지고 말 모래성에 지나지 않는다. 무디는 이 교만을 극복하면 예수가 영적 보상과 함께 물질적 보상도 약속하는 커다란 축복을 허락한다고 본다. 예수와 교회를 위해 적극적인 헌신을 행한 자는 다가오는 사후 세계만이 아니라 오늘날의 삶에서도 축복과 돌봄을 받는다는 무디와 같은 복음주의적 주장은 교회를 찾는 많은 이에게 현세의 위로를 약속하는 가르침으로 설교되고 있다.

진보 신학자 가브리엘 바하니안은 부자 청년 이야기의 핵심을 부자 청년이 쌓아올린 재물, 맘몬의 탐욕으로 이해한다. 당시 로마가 이스라엘을 점령한 이래 로마의 권력 아래 빌붙어 배를 불리는 불법적 재산 축재가 기승을 부리기 시작했다. 바하니안이 진단하는 부는 제대로 된 땀의 대가가 아닌 혼란과 불법에 적당히 편승하고 기생해 벌어들인 불법의 산물이다. 불안과 혼란이 지배하는 시대일수록 소유권 주장은 더욱 강해질 수밖에 없다. 재물을 독점하려는 탐욕은 독약처럼 인간의 영혼을 잠식할 것이다. 바하니안은 인간의 그런 맹점을 너무나 잘 알고 있던 예수가 말한 가진 것을 다 팔아 가난한 자들에게 나눠주라는 명령이야말로 혁명적인 해방 운동의 유일무이한 가치라고 주장한다. 불행히도 부자 청년은 끝내 소유를 포기하지 못했다. 바하니안은 이렇듯 사유재산에 대한 집착을 버리지 못하는 한계를 보여준 이야기를 통해 천국에 들어가는 것, 진정한 예수 정신의 구현이 절대 쉬운 문제가 아님을 보여주었다고 말한다.[8]

나중 된 자가 먼저 되리라

포도원 이야기

(마태복음 20:1-16)

천국은 마치 품군을 얻어 포도원에 들여보내려고 이른 아침에 나간 집주인과 같으니 저가 하루 한 데나리온씩 품군들과 약속하여 포도원에 들여보내고
또 제삼 시에 나가 보니 장터에 놀고 섰는 사람들이 또 있는지라
저희에게 이르되 너희도 포도원에 들어가라 내가 너희에게 상당하게 주리라 하니 저희가 가고
제육 시와 제구 시에 또 나가 그와 같이하고
제십일 시에도 나가 보니 섰는 사람들이 또 있는지라
가로되 너희는 어찌하여 종일토록 놀고 여기 섰느뇨 가로되 우리를 품군으로 쓰는 이가 없음이니이다 가로되 너희도 포도원에 들어가라 하니라

저물매 포도원 주인이 청지기에게 이르되 품군들을 불러 나중 온 자로부터 시작하여 먼저 온 자까지 삯을 주라 하니
제십일 시에 온 자들이 와서 한 데나리온씩을 받거늘
먼저 온 자들이 와서 더 받을 줄 알았더니 저희도 한 데나리온씩 받은지라
받은 후 집주인을 원망하여 가로되
나중 온 이 사람들은 한 시간만 일하였거늘 저희를 종일 수고와 더위를 견딘 우리와 같게 하였나이다
주인이 그 중의 한 사람에게 대답하여 가로되 친구여 내가 네게 잘못한 것이 없노라 네가 나와 한 데나리온의 약속을 하지 아니하였느냐
네 것이나 가지고 가라 나중 온 이 사람에게

너와 같이 주는 것이 내 뜻이니라
내 것을 가지고 내 뜻대로 할 것이 아니냐
내가 선하므로 네가 악하게 보느냐

이와 같이 나중 된 자로서 먼저 되고 먼저
된 자로서 나중 되리라

마태복음 20:1-16

우리의 생각과 하나님의 생각은 어떻게 다른가

포도원 이야기에서 예수는 다시 한 번 하나님의 뜻과 의로움이 인간의 통념과 상식을 뛰어넘는다는 사실을 확인할 수 있다. 이 비유는 팔레스타인의 하루 노동 주기에 따라 서술되었다. 그들은 태양이 비칠 때부터 별이 뜰 때까지 일했다.[9] 이 이야기를 인간의 상식에 맞는 노동의 대가라는 시각에서 바라보면 주인을 향해 공분을 일으키기 마련이다. 주인은 아침 일찍 나온 일꾼에게도, 작업이 거의 마무리되는 늦은 오후에 나온 일꾼에게도 동일한 임금을 지불했기 때문이다.

이 사실을 알게 된 일꾼들은 주인이라는 호칭을 생략하고 그를 원망한다. 반면 주인은 친근하고 마음의 존경을 담아 '친구'라는 호칭으로 그들을 부르며, 그들이 자신을 원망해서는 안 된다며 처음부터 분명히 약속했다고 답한다. 마지막 사람에게도 똑같은 돈을 주는 것은 자신의 선의일 뿐, 그들에게 잘못한 것은 없다는 것이다.

예수는 이처럼 나중 된 자가 먼저 되고, 먼저 된 자가 나중 되리라는 전복을 말하기 위해 이런 행동을 했다. 우리가 믿고 있는 의로움에 대해 나름의 기준과 생각을 갖고 있는 자라면 이것을 받아들이기 힘들 것이다. 예수는 하나님의 선한 행위가 인간 법에 의해 측정되고 판단된다면, 이 선한 행위는 정당할 수 없다. 하나님이 인간의 공적 사상에 비추어 일한 행위보다 훨씬 더, 혹은 무한히 많은 것을 선물로 주신다는 것을 이해하지 못하는 자는 하나님의 보상 역시 하나님의 선함이라는 사실을 이해하지 못하는 셈이다.

이렇듯 예수의 비유에는 그 안에 농밀하게 녹아든 하나님의 의가 담겨 있다. 하나님의 의는 매우 기이하다. 하나님의 의를 인간의 이해로 판단하려 할 때, 하나님의 의는 그에게 오히려 정당하지 못하게 보일 것이다. 그것은 인간이 가지고 있는 법과 전통을 넘어서기 때문에 인간에게는 전복적으로 보인다. 따라서 자신의 노력으로 세운 공적과 의를 인정받고자 하는 이들에게 하나님의 선함은 고통스러운 걸림돌일지도 모르겠다. 하지만 예수는 말한다. 얼마나 오랫동안, 그리고 얼마나 많이 일했느냐가 중요한 게 아니라 부름을 받았다는 것, 일하게 되었다는 것을 자각했다는 것만이 중요하다고 말이다.

종교개혁의 핵심 인물인 장 칼뱅은 이 포도원 이야기를 하나님 은혜의 절대 주권을 단적으로 보여준 예로 이해한다. 칼뱅은 하나님이 인간을 구원하는 행위가 인간에게 무엇을 기대했기 때문에 한 행동이 아니라는 점과, 각 인간에게 베푸는 은혜 또한 때론 인간의 통념과 상식을 뛰어넘을 수 있음을 말하고자 함이라고 주장한다. 그런 맥락에서 칼뱅은 교회와 기독교인이 가져야 할 신앙심의 주요 덕목 중 하나로 겸손과 불평 없는 순종을 말한다. 겸손은 우리의 구원이 우리의 공덕으로 이뤄진 것이 아니요, 오직 하나님의 은혜 덕분이라는 고백을 가능케 한다. 또한 불평 없는 순종은 어떤 상황에서든 자신의 처지를 비관하거나 불평하지 않고 오직 하나님만 바라봄으로써 그와 든든한 관계를 지속할 수 있다고 말한다.[10]

반면 진보 해방신학자 구스타보 구티에레스는 이 가르침을 더 이상 자본주의 경제 논리가 지배할 수 없는 새로운 가치관의 도래로 이해한다. 본질적으로 노동은 존엄한 것이다. 구티에레스는 노동 자체의 소중한 가치를 나누는 것이 계급과 빈부 격차, 신분 차이로부터 해방된 새로운 하나님 나라 백성이 품어야 할 마음가짐이라 말한다. 그런 맥락에서 포도원 이야기는 새로운 노동 가치관을 제시한다고 본다. 일한 만큼만 얻는 형평성, 효율성, 자본주의적 가치관에서 비롯된 경쟁 논리의 해체를 조장하는 가르침이라고 본 것이다.

이 대목에서 주목해야 할 해석은 마태복음 20장 15절에 발언된 집주인의 말이다. "내 것을 가지고 내 뜻대로" 하는 것이 정당하지 않느냐는 집주인의 발언은 표면적으로만 보면 자본가가 자기 재산을 마음대로 처분한 것이라고 볼 수 있다. 하지만 구티에레스는 이 집주인이 예수의 가르침 속에서 자본가, 권력가, 지배계급이 중심이 되는 세상이 아니라, 자본주의적 분배 원칙에 입각하는 모든 가능성을 뒤흔드는 무산계급, 즉 프롤레타리아가 주체가 되는 해방 공동체를 뜻한다고 주장한다.[11] 이러한 해방 공동체는 노동하는 사람, 그 노동의 존엄을 이해하는 자들로 구성될 것이다. 그들은 이 세상에서는 대부분 가난하고 억눌려 있다. 구티에레스는 예수가 바로 이렇게 철저히 소외된 이들의 편에서 해방 운동을 말한 것이라 이해한다.

사흘 만에 다시 살아나리라

예수의 수난 예고와 제자들의 반응

(마가복음 10:32-45)

예루살렘으로 올라가는 길에 예수께서 제자들 앞에 서서 가시는데 저희가 놀라고 좇는 자들은 두려워하더라 이에 다시 열두 제자를 데리시고 자기의 당할 일을 일러 가라사대

보라 우리가 예루살렘에 올라가노니 인자가 대제사장들과 서기관들에게 넘기우매 저희가 죽이기로 결안하고 이방인들에게 넘겨주겠고

그들은 능욕하며 침 뱉으며 채찍질하고 죽일 것이니 저는 삼 일 만에 살아나리라 하시니라

세베대의 아들 야고보와 요한이 주께 나아와 여짜오되 선생님이여 무엇이든지 우리의 구하는 바를 우리에게 하여주시기를 원하옵나이다

이르시되 너희에게 무엇을 하여주기를 원하느냐

여짜오되 주의 영광 중에서 우리를 하나는 주의 우편에, 하나는 좌편에 앉게 하여 주옵소서

예수께서 가라사대 너희 구하는 것을 너희가 알지 못하는도다 너희가 나의 마시는 잔을 마시며 나의 받는 세례를 받을 수 있느냐 저희가 말하되 할 수 있나이다 예수께서 이르시되 너희가 나의 마시는 잔을 마시며 나의 받는 세례를 받으려니와

내 좌우편에 앉는 것은 나의 줄 것이 아니라 누구를 위하여 예비되었든지 그들이 얻을 것이니라

열 제자가 듣고 야고보와 요한에 대하여 분히 여기거늘

예수께서 불러다가 이르시되 이방인의 소위

집권자들이 저희를 임의로 주관하고 그 대인들이 저희에게 권세를 부리는 줄을 너희가 알거니와

너희 중에는 그렇지 아니하니 너희 중에 누구든지 크고자 하는 자는 너희를 섬기는 자가 되고

너희 중에 누구든지 으뜸이 되고자 하는 자는 모든 사람의 종이 되어야 하리라

인자의 온 것은 섬김을 받으려 함이 아니라 도리어 섬기려 하고 자기 목숨을 많은 사람의 대속물로 주려 함이니라

마가복음 10:32-45

예수가 마실 잔은 우리에게 어떤 의미인가

예수의 고난과 영광에 대해 세 번째 반복되는 가르침이다. 세 번째 수난 예고는 예수와 제자들 모두에게 특별히 더 중요하다. 예루살렘이라는 목적과 방향이 분명해졌기 때문이다. 예수는 자신의 결단에 따라 목적지인 예루살렘을 향해 앞장선다. 자신의 뒤를 따르는 제자들에게 예수는 이 길이 부와 권력이 보장된 길이 아니라 수난의 길이라고 분명히 말한다. 예수는 누구의 강요도 받지 않고 오직 하나님의 뜻에 이끌려 죽음의 길을 향해 갔다. 아버지의 뜻 안에서 자신에게 주어진 죽음을 순종의 결의로 받아들인 것이다.

그는 치욕적인 수난의 길 끝에서 폭력적으로 죽임을 당할 테지만, 죽음을 넘어 사흘 후 부활하리라는 확신에 차 있다. 하지만 이러한 예수의 고백에도 세베대의 아들 야고보와 요한은 형편없는 모습을 보인다. 서로 으뜸이 되는 자리를 차지하기 위한 욕망을 드러내고, 그로 인해 다투기까지 한다. 예수의 단호한 모습과는 아주 대조적이다. 예수는 자리보전을 위한 청탁을 일삼는 제자들의 작태를 보며 분통을 터뜨린다. 자신의 뜻을 아예 이해하지 못한 제자들을 어떻게 받아들여야

하는가? 이 대목에서 잔과 세례가 등장한다. 이를 구약성서의 전통에
비추어 보면 개인과 민족에게 건네는 잔은 좋은 의미든 나쁜 의미든
운명에 대한 상징으로 읽을 수 있다.[12] 잔과 세례는 견디기 힘든 고난
과 직결된다. 예수는 잔의 비유를 통해 자신의 죽음이 개인의 고난뿐
아니라 모든 인류를 대신해 받은 하나님의 심판임을 말하는 것이다.

예수는 제자들을 책망하다가, 한 걸음 더 나아가 그들이 갖고 있는
탐욕과 집권자들의 권력의지를 산산이 분해하려 한다. 그는 지상의 관
료와 재력가들이 자신들의 권력을 남용하며 군중을 억압한다고 말한
다. 당대에 복음서를 접하는 이들은 로마 황제 네로의 극악한 독재를
경험하였다. 예수는 적어도 자신을 따르는 이라면 새로운 공동체 구성
을 위해 새로운 인식을 지녀야 함을 역설한다. 편견과 아집, 권력의지
를 포기함으로써 말이다. 예수는 교회 공동체만큼은 높은 자리와 개인
의 영달을 구하는 탐욕스러운 집단이 아니라 하인이나 노예를 이웃으
로 섬기는 공존의 집단이어야 한다고 가르친다.

한국의 대표적 보수 신학자 박형룡은 자리다툼에 눈이 먼 제자들의
부패한 정신의 근원을 타락한 인간의 근본적인 이기심으로 본다. 또한
그 이기심을 극복할 수 있는 유일한 길을 희생의 십자가, 예수의 수난
을 깊이 생각하는 묵상과 신앙생활을 통해 이뤄낼 수 있다고 주장한
다. 박형룡은 지금 세 번째 수난 예고 다음 바로 이어진 세배대의 아들
야고보와 요한의 자리다툼의 작태가 예수 수난에 대한 이해가 부족한
데서 기인했다고 본다. 그와 함께 교회의 신앙생활 역시 눈앞에 보이
는 축복과 개인의 소유욕, 이기심을 드러내는 기도와 행위로는 절대
구원의 참의미를 깨달을 수 없음을 역설한다.

반면 진보 신학자 아라이 사사구는 이 이야기를 인간에게 주어진 적극성을 통해 하나님 나라가 일어남을 가르치기 위한 대목이라고 이해한다. 제자들이 높은 자리를 욕망하는 것은 당대의 종교 권력 소유자들처럼 계급체제를 안정화하기 위한 의도에서 비롯된 것이다. 하지만 그것은 정신 혁명을 도모하는 하나님 나라의 정신과 정면으로 위배된다. 사사구는 이 사실을 간과해서는 안 된다고 주장한다. 이렇듯 사사구는 삶의 한복판으로 들어온 하나님 나라의 정신을 우리 인간의 말뿐이 아닌 행동과 실천으로 보여주는 의무를 다할 때에야 비로소 빛을 발하기 때문이다. 그런 맥락에서 사사구는 예수의 수난, 예수의 희생은 하나님 나라 정신이 부패하고 썩은 기득권만을 내세우는 이 땅에 펼쳐질 때 나타나는 아주 당연한 일이라고 주장한다.[13]

보기를 원하나이다

눈먼 자 바디매오를 고치신 예수

(마가복음 10:46-52)

저희가 여리고에 이르렀더니 예수께서 제자들과 허다한 무리와 함께 여리고에서 나가실 때에 디매오의 아들인 소경 거지 바디매오가 길가에 앉았다가

나사렛 예수시란 말을 듣고 소리 질러 가로되 다윗의 자손 예수여 나를 불쌍히 여기소서 하거늘

많은 사람이 꾸짖어 잠잠하라 하되 그가 더욱 심히 소리 질러 가로되 다윗의 자손이여 나를 불쌍히 여기소서 하는지라

예수께서 머물러 서서 저를 부르라 하시니 저희가 그 소경을 부르며 이르되 안심하고 일어나라 너를 부르신다 하매

소경이 겉옷을 내어버리고 뛰어 일어나 예수께 나아오거늘

예수께서 일러 가라사대 네게 무엇을 하여주기를 원하느냐 소경이 가로되 선생님이여 보기를 원하나이다

예수께서 이르시되 가라 네 믿음이 너를 구원하였느니라 하시니 저가 곧 보게 되어 예수를 길에서 좇으니라

마가복음 10:46-52

예수의 기적은 우리를 어떻게 변화시키는가

예루살렘으로 들어서는 여정에 눈먼 자 바디매오가 합류한다. 이 기적 이야기는 순교를 각오하고 들어서는 십자가 고난의 여정에 지금까지 길을 잃고 헤매던 한 눈먼 자가 눈을 뜬 이후 예수의 길에 동참한다는 이야기다. 예수는 예루살렘으로 가는 도중 요르단 저지대의 오아시스에 있는 종려나무의 도시로 알려진 여리고[14]에서 눈이 멀고 가진 것이 아무것도 없는 걸인 바디매오를 만난다. 그는 예수를 큰 소리로 다윗의 자손이라 부르며 자비를 베풀어달라고 간청한다. 여기서 다윗은 맥락 없는 낯선 이름 같지만, 그것은 민족의 족보 개념이 아니라 그리스도론적으로 해석되어야 옳을 것이다. 다윗의 아들이라는 외침을 통해 예수의 메시아적 표상에 대한 실체에 한 걸음 더 다가가는 결과를 낳는다. 예수는 분명 다윗의 아들, 이스라엘의 왕이다. 그러나 이 왕은 모든 이를 위해 대속적인 죽음을 감당해야 할 희생자이다.

바디매오의 눈 뜸은 단순히 사물을 식별하는 기적만을 뜻하지 않는다. 바디매오에게 허락한 예수의 사랑은 바디매오로 하여금 기적의 신앙화를 가능케 한다. 눈도 먼 데다가 삶에 아무런 희망도 없던 그가 예수를 뒤따르게 되었다. 뒤따른다는 뜻의 희랍어 동사 '아콜루데인$\alpha\kappa o\lambda\upsilon\theta\varepsilon\iota\nu$'의 의미를 충분히 고려할 필요가 있다. 이제 그는 예수의 뒤를 따르게 되므로 그는 제자다. 그렇게 제자가 된 그가 예수와 함께 걸어갈 길은 고난의 길이다.

보수주의 신학자 벤저민 워필드가 본 눈먼 자의 치유가 갖는 메시지는 주변 상황과 사회적 관계에 함몰되어 자신의 진정성을 가로막는 위선적 태도에서 벗어나 집요하게 믿음을 고백해야 함을 뜻한다고 말한다. 제자들이 조용히 하라고 다그쳐도 오직 자신이 예수에게 응답을 받으면 자신의 현재 상태에서 구원받을 수 있음을 확신한 것은, 체면과 교만함을 모두 내려놓고 오직 하나님만 구하는 데서 비롯된다. 이것은 보수 신학이 보는 집요한 믿음이 품고 있는 소중한 미덕이다.

진보 신학자 오스카 쿨만은 눈먼 자의 치유 이후에 주목한다. 이 치유 기적은 예수가 예루살렘으로 들어가기 전 사실상 마지막으로 기록된 사건이다. 쿨만은 눈먼 자가 고침을 받은 후 예수를 따라 예루살렘으로 들어갔다는 것은 결국 예수의 수난과 고난의 길을 선택했다는 것으로 이해한다. 그런 맥락에서 쿨만은 눈먼 자의 고백이 의미심장하다고 말한다. 눈먼 자가 원한 것은 처음에는 육체적으로 눈을 뜨는 것이었지만, 나중에는 진정한 세계에 눈을 뜨고자 하는 열망이 되었기 때문이다.[15]

거룩한 낭비

예수의 머리에 향유를 뿌린 여인

(마가복음 14:3-9, 요한복음 11:55-12:11)

예수께서 베다니 문둥이 시몬의 집에서 식사하실 때에 한 여자가 매우 값진 향유 곧 순전한 나드 한 옥합을 가지고 와서 그 옥합을 깨뜨리고 예수의 머리에 부으니 헬, 기대어 누워

어떤 사람들이 분내어 서로 말하되 무슨 의사로 이 향유를 허비하였는가

이 향유를 삼백 데나리온 이상에 팔아 가난한 자들에게 줄 수 있었겠도다 하며 그 여자를 책망하는지라

예수께서 가라사대 가만 두어라 너희가 어찌하여 저를 괴롭게 하느냐 저가 내게 좋은 일을 하였느니라

가난한 자들은 항상 너희와 함께 있으니 아무 때라도 원하는 대로 도울 수 있거니와 나는 너희와 항상 함께 있지 아니하리라

저가 힘을 다하여 내 몸에 향유를 부어 내 장사를 미리 준비하였느니라

내가 진실로 너희에게 이르노니 온 천하에 어디서든지 복음이 전파되는 곳에는 이 여자의 행한 일도 말하여 저를 기념하리라 하시니라

마가복음 14:3-9

예수는 어째서 이 여인을 칭찬했는가

이곳은 베다니로 알려진 나병, 곧 문둥병을 앓고 있는 환자 시몬의 집으로, 예수가 예루살렘에 체류하는 동안 머물렀던 숙소로 추정된다. 이는 이른바 도유 사건으로, 예루살렘에 머무르는 동안 예수에게 일어나는 사건 중 가장 주목할 만한 사건 중 하나이다. 남자들만의 식사에 향유로 가득 채운 옥합을 들고 온 여인이 망설이지 않고 예수 머리에 기름을 붓는다. 마가복음에는 머리에 부었다고 되어 있지만, 요한복음에는 향유로 예수의 발을 닦았다고 되어 있다. 복음서마다 어디에 기름을 부었는지는 다르지만, 어쨌든 중요한 것은 여인이 자신이 갖고 온 값비싼 향유를 아낌없이 예수 몸 위에 쏟아 부었다는 사실이다.

여인이 그렇게 한 동기가 무엇인지 그 자리에 모인 이들은 전혀 몰랐다. 그녀는 망설임 없이, 아낌없이 기름을 붓는다. 이를 지켜보던 제자들은 깜짝 놀랐다. 그 자리에 있던 몇 사람이 여인의 행위를 놓고 비난했다. 그렇게 쏟아버린 향유의 값은 삼백 데나리온 이상으로, 당시 성인 남자의 일 년 연봉에 해당하는 큰 돈이다. 가롯 유다는 그 돈을 가난한 이들을 위한 구제에 쓰지 않고 한 순간에 쏟아 부어버린 여인의 무모함을 강하게 질타한다. 그 속내에는 여인의 행동을 막지 않은 예수를 향한 비난도 담겨 있다.

그러나 예수는 여인의 돌발 행동을 옹호한다. 곧 죽을 사람의 장례 절차가 미리 일어났을 뿐이라며 말이다. 예수는 "가난한 자들은 항상 너희와 함께 있으니 아무 때라도 원하는 대로 도울 수 있거니와 나는 너희와 항상 함께 있지 아니하리라."고 말한다. 이로써 기름을 부은 이 사건이 예수의 죽음의 예고라는 것을 알 수 있다. 장례 절차가 조금 일찍 일어났을 뿐이라며, 예언자적인 통찰력을 가지고 여인의 행위에 새로운 의미를 부여한 것이다. 예수는 복음이 증거되는 곳이라면 이 여인의 행위도 함께 기억되리라고 말한다. 예수에게 의미 있는 이 사건이 복음의 맥락에서 부활의 기쁨과 함께할 것이다. 왜냐하면 복음이란 십자가와 부활, 고난과 영광을 함께 말하기 때문이다.

보수 신학과 진보 신학 모두 예수의 머리에 향유를 부은 사건이 십자가와 부활의 의미를 암시한다는 데 동의한다. 그 여인은 우리의 왕이 죽을 것을 알고 있었으며, 그 앎이 곧 복음에 대한 깊은 이해로 발전되었다고 말한다.

진보 신학, 특히 여성 신학자 엘리자베스 슈슬러 피오렌자는 그리스도론을 세우는 길목마다 당시 가부장제 질서에 예속되어 있던 남성 제자들과 다르게 여성들이 기념비적 가치를 만들어냈다고 주장한다. 피오렌자는 이러한 여성을 익명으로 처리한 것을 두고 여성은 이름조차 기록하지 않으려 하는 주류의 남성 성서기록자들이 벌인 일종의 폭력으로 본다.[16]

나드 한 옥합을 깬 여인에 대한 다른 진보 신학적 관점도 있다. 여인의 행위로 인해 예수 수난사의 서막이 열림과 동시에 일상성의 파괴가 이뤄진다고 보는 관점이다. 예수가 여인의 행위를 옹호하는 대목에서 여성이 일궈낸 신학적 성취는 단순한 신앙의 발견이 아니라 새 역사를 써내려 가는 해방 역사의 시작으로 이해한 것이다.

하지만 보수 신학에서는 여자와 가롯 유다를 대립점에 두고 가롯 유다의 인간적인 책망과 대치되는 입장에서 여자의 믿음을 강조한 것이지, 여성에게 어떤 특별한 역할이 주어졌다고는 보지 않는다.

제9부

예루살렘에서

예수의 유대 사역 Ⅱ

마침내 예수가 예루살렘으로 들어선다. 이 시기는 그리스도 예수
의 처형 이전 주일부터 화요일까지다. 여기에서부터는 이전까지의 공생애
시기와는 다른 긴장과 속도감이 느껴진다. 그만큼 숨 막히는 기대와 갈등이
극에 달하는 순간이다.

　종교의 성지 예루살렘에 들어선 예수는 군중의 구미를 당길 만한 말을 하
지 못했다. 태생부터가 그랬던 것일까. 그는 이제 군중에게 지상에서의 새
시대를 고하는 희망의 메시지를 던지지 않는다. 그는 보잘것없는 나귀새끼
를 타고 예루살렘 성전을 향해 들어서는 촌극을 연출한다. 종교 기득권층,
제사장 계급과 바리새인들은 물론, '바르다'고 여겨지지 않는 소시민들도 서
슴지 않고 비판했다. 성전 안에서 희생제물을 파는 행상인, 환전상을 성전

밖으로 내쫓은 것이다. 예수를 따르던 제자들조차 새파랗게 질려버릴 정도였다.

　예수는 유대 지도자들의 악의에 찬 질문에 맞선다. 십자포화처럼 예수를 비난하는 기득권층과의 격론은 이제 종교의 중심인 성전 안에서 벌어진다. 예수는 격론을 벌이며 서기관과 바리새인, 유대 지도자들의 안일함을 무참히 짓밟는다. 그들의 존립 근거를 낱낱이 무너뜨리고 그것이 무의미하다고 외친다. 이러한 예수의 경고는 지도자들을 향한 악의에 찬 한풀이와는 결이 다르다. 이스라엘을 위한, 인간을 향한 진정한 사랑이 허위로 덧씌워진 그릇된 유대교 체제에 대한 고발이기 때문이다. 예수의 독설에는 바로 그러한 사랑이 전제되어 있다.

나귀를 타고 온 메시아

예수의 예루살렘 입성기

(마가복음 11:1-10, 누가복음 19:41-44)

저희가 예루살렘에 가까이 와서 감람산 벳
바게와 베다니에 이르렀을 때에 예수께서
제자 중 둘을 보내시며
이르시되 너희 맞은편 마을로 가라 그리로
들어가면 곧 아직 아무 사람도 타 보지 않은
나귀 새끼의 매여 있는 것을 보리니 풀어 끌
고 오너라
만일 누가 너희에게 왜 이리 하느냐 묻거든
주가 쓰시겠다 하라 그리하면 즉시 이리로
보내리라 하시니 혹 즉시 돌려보내리라 하
라 하시니
제자들이 가서 본즉 나귀 새끼가 문 앞 거리
에 매여 있는지라 그것을 푸니
거기 섰는 사람 중 어떤 이들이 가로되 나귀
새끼를 풀어 무엇하려느냐 하매

제자들이 예수의 이르신 대로 말한대 이에
허락하는지라
나귀 새끼를 예수께로 끌고 와서 자기들의
겉옷을 그 위에 걸쳐두매 예수께서 타시니
많은 사람은 자기 겉옷과 다른 이들은 밭에
서 벤 나무가지를 길에 펴며
앞에서 가고 뒤에서 따르는 자들이 소리 지
르되 호산나 찬송하리로다 주의 이름으로
오시는 이여
찬송하리로다 오는 우리 조상 다윗의 나라
여 가장 높은 곳에서 호산나 하더라
예수께서 예루살렘에 이르러 성전에 들어가
사 모든 것을 둘러보시고 때가 이미 저물매
열두 제자를 데리시고 베다니에 나가시다

마가복음 11:1-10

예수는 왜 나귀를 타고 들어오는가

예수가 드디어 예루살렘으로 들어온다. 자신의 운명을 직감한 예수는 피하지 않고, 누구에게도 영향을 받지 않으며 독자적으로 그 운명을 감당하고자 한다. 그는 고난과 영광이 예고되어 있는 예루살렘으로 성큼성큼 들어온다.

예루살렘 입성에 관한 일화는 크게 두 부분으로 나뉜다. 첫 번째는 타고 갈 짐승을 준비하는 장면이고, 두 번째는 예루살렘 입성 당시 군중이 보인 반응이다. 예루살렘 입성기 도입부에서 전면에 부각되는 도시는 예루살렘이지만 베다니에 대한 언급도 흥미롭다. 사실 베다니 지역에서 예루살렘 도성을 육안으로 보기는 어렵다.[1] 그런데 왜 베다니 지역이 등장했을까? 베다니는 감람산의 동쪽 비탈 정도에 위치한 마을로, 감람산을 바라볼 수 있지만 그렇다고 예루살렘처럼 화려한 곳은 아니다. 감람산은 구약성서에서 기도의 장소로 자리매김한 곳이다. 예수는 모두가 주목하는 곳은 아니지만 홀로 기도할 수 있는 곳을 찾았던 듯하다. 또한 당시 사람들이 메시아가 빈 들에서 홀연히 출연할 것이라는 기대가 만연했다는 점을 생각하면, 예수는 오히려 사람들의 기대에 반하는 곳, 신을 향한 기도의 장소로 감람산을 택했을 가능성도 유추해볼 수 있다.

나귀를 타고 예루살렘에 들어서는 것은 메시아적 행보이다. 예수가 나귀를 가져오라고 명한 이 기이한 지시는 스가랴 9장 9절과 창세기 49장 11절에서 그 이유를 찾을 수 있다. 스가랴 9장 9절에는 전차와 말, 활과 같은 군사 무기를 없애고 민족들에게 진정한 평화를 가져다줄 평화의 왕은 새끼 나귀를 타고 온다고 묘사되어 있다. 창세기 49

장 11절에도 매어놓은 나귀의 상징이 곧 통치자가 주권을 잡을 유다 지파에 대한 야곱의 축복과 연관이 있다.[2] 사람을 태워본 적 없는 새끼 나귀를 선택한 것은 제의적 전통에도 벗어나지 않는다. 유대교와 고대 세계에서는 제의에 쓸 짐승을 고를 때 짐승의 순결성을 가장 중요하게 여긴다. 예수는 제자들에게 순결이라는 맥락에 충실히 부합하는, 한 번도 사람을 태운 적 없는 새끼 나귀를 끌고 오라는 지시를 내림으로써 메시아와 관련된 성서의 가르침을 왜곡됨 없이 그대로 이행하려 한다. 예루살렘 입성에서도 하나님의 뜻과 의지를 지킨 셈이다. 제자들이 짐승을 데려오자 다른 이들이 짐승, 나귀 새끼의 등 위에 겉옷을 얹어 놓는다. 이후 벌어지는 입성 장면은 마치 이스라엘의 즉위식을 떠올리게 한다.

8절 이후부터 예수를 환호하는 군중이 등장한다. 그들은 예루살렘 거주민이라기보다는 예수와 함께 갈릴리에서 나온 사람이라 볼 수 있다. 겉옷들을 길 위에 펼치는 행위는 나뭇가지들을 꺾는 행위와 함께 긴장감을 자아낸다. 겉옷을 펼쳐놓는 것은 의심의 여지없이 제왕의 즉위식과 연결된다.[3] 사람들이 예수를 메시아로 생각하기에 이른 것이다. 예수를 에워싼 행렬은 그를 보며 호산나를 외치고 70인역 시편 117편 26절의 말로 예수를 찬양한다. 그들이 외치는 호산나의 외침 속에는 종교적 메시아와 함께 정치적 메시아 그림도 무리 없이 스며든다.

예수의 생각은 그들과 다르다. 어쩌면 예수의 최측근에 있는 이들조차 예수 공생애 끝까지 그의 생각을 이해하지 못했을지도 모른다. 예수는 그들의 정치적 기대를 만족시킬 만한 메시아에 대한 약속을 이행하지 않았다. 그는 오직 하나님 뜻의 성취에만 관심을 가질 뿐이다.

이후 예수가 성전 안으로 들어섰을 때, 그의 제자들만 남는다. 예수는 예루살렘에 들어와도 변하지 않는다. 또 다시 종교 기득권층과의 논쟁은 격화될 것이고 아마도 돌이킬 수 없는 길로 들어설 것이다.

이어지는 성전 안에서 벌인 예수의 과격한 언행은 누구도 막을 수 없는 강고한 메시아적 행위로 상승된다. 예수는 이제 메시아가 되었다. 하지만 그 메시아는 이후 누구도 기대하지 않는 십자가 처형의 희생양이 되고 말 것이다.

보수주의 신학자 알렉산더 하지는 예수의 성전 입성을 구약성서의 선지서 예언을 성취한 것으로 봐야 한다고 주장한다. 하지는 스가랴서 9장 9절의 가르침에 등장하는 나귀 새끼를 타고 나오는 온유하고 겸손한 왕이 바로 예수라며, 예루살렘이라는 종교적 중심지에 들어오는 메시아, 왕으로서의 예수 자신을 겸손의 아이콘으로 자리매김하려 했다는 의도로 이해한다고 말한다.

반면 민중 신학자 안병무는 예수의 예루살렘 입성을 수많은 민중의 진정한 열망과 과도한 군중심리가 한꺼번에 담겨 있는 복합 텍스트로 이해한다. 안병무는 민중의 진정한 열망, 순수하게 메시아를 기다리던 갈망 자체가 예수를 환영하는 동력으로 작용했다고 본다. 하지만 민중이 기대하는 메시아 상에 담겨 있는 과도한 군중심리는 경계해야 한다고 말한다. 만약 민중이 하늘에서 온 힘을 이용해 자신들도 권력을 장악하면 이전 기득권층과 똑같이 권력을 행사하려 드는 보상심리가 녹아들어 있다고 보기 때문이다.[4]

영원토록 열매를 따 먹지 못하리라

저주받은 무화과나무

(마가복음 11:12-14, 20-25, 누가복음 13:6-9)

이튿날 저희가 베다니에서 나왔을 때에 예수께서 시장하신지라
멀리서 잎사귀 있는 한 무화과나무를 보시고 혹 그 나무에 무엇이 있을까 하여 가셨더니 가서 보신즉 잎사귀 외에 아무것도 없더라 이는 무화과의 때가 아님이라
예수께서 나무에게 일러 가라사대 이제부터 영원토록 사람이 네게서 열매를 따 먹지 못하리라 하시니 제자들이 이를 듣더라

마가복음 11:12-14

예수는 왜 무화과나무를 저주했을까

베다니에서 도시로 이동하는 도중 예수가 배고픔을 느낀다. 하지만 무화과나무 이야기는 예수의 굶주림에 대한 욕구 해소를 말하려는 것이 아니다. 이 이야기는 그 자체로 심오한 의미를 품고 있다.

열매를 기대하고 무화과나무 앞에 선 예수는 열매가 없자 크게 실

망한다. 그러자 예수는 무화과나무를 저주한다. 무화과나무와 열매에 대한 상징적 설명은 그 유래를 구약성서에서 찾을 수 있다. 호세아서 9장 10절을 보면 이스라엘을 '만물 무화과'라 부른다. 선지자 예레미야는 환상 가운데 두 광주리를 보았더니, 한 광주리에는 아주 좋은 무화과가 가득하고, 다른 광주리에는 먹을 수 없을 정도로 형편없는 무화과로 가득했다. 또한 미가서 7장 1절 이하에서는 선지자의 탄식이 나온다. "답답하다. 여름 과일을 따러 나섰다가 먹고 싶던 무화과 하나 만지지 못하다니!"

　　예수가 무화과나무에 열매가 없음을 보며 느낀 실망감은 자신의 말을 끝까지 거부하는 이스라엘에 대한 환멸로 볼 수 있다. 존재의 이유를 상실한 무화과나무는 버림받은 이스라엘을 나타내며, 이는 결국 이스라엘이 하나님의 선택된 백성이기를 스스로 포기했음을 뜻하기 때문이다. 예수는 이 이야기를 이스라엘과 관련된 상징으로 풀어냈다. 짧은 해프닝 같지만, 예수의 무화과나무 저주 사건은 이스라엘이 선택된 하나님 백성으로서의 역할을 더 이상 하지 않게 되었다는 슬픈 현실에 대한 고발이다.

무화과나무를 저주한 사건에 대해 보수 신학과 진보 신학은 뚜렷한 견해차를 가지고 있다. 본래 하나님의 백성 이스라엘이 더 이상 하나님의 백성으로서 자각하지 못함에 대한 고발 사건으로 보는 것은 동일하다. 하지만 보수 복음주의자로 알려진 칼 헨리는 이것을 영적 각성으로 보고, 인간의 타락한 본성을 넘어서는 하나님을 향한 신실함의 상실이라 해석한다.[5)]

　　반대로 해방신학 담론을 펼치는 현대 신학자 로버트 브라운은 이스라엘의 기득권층이 우상을 숭배하고, 권력에 편승하는 위선적 태도를 보이며 가난한 자들을 품지 않고 자기들 잇속만 챙기려 드는 맘몬주의적 태도를 지닌 것이 이스라엘을 타락시킨 주범이라 본다. 예루살렘 입성이 뜻하는 바는 예루살렘에서 역사하는 하나님을 향한 종교적 열망의 표출일진데, 예루살렘이라는 종교적 성지를 장악한 율법사, 산헤드린 공의회원, 바리새인이 제 역할을 전혀 하지 못한 것에 대한 예수의 준엄한 경고로 봐야 한다는 것이 무화과나무 저주 사건에 대한 로버트 브라운의 해석이다.[6]

내 아버지의 집을
장사하는 집으로 만들지 마라

성전 정화 사건

(마가복음 11:15-19, 누가복음 19:45-48)

저희가 예루살렘에 들어가니라 예수께서 성전에 들어가사 성전 안에서 매매하는 자들을 내어 쫓으시며 돈 바꾸는 자들의 상과 비둘기 파는 자들의 의자를 둘러 엎으시며 아무나 기구를 가지고 성전 안으로 지나다님을 허치 아니하시고
이에 가르쳐 이르시되 기록된 바 내 집은 만민의 기도하는 집이라 칭함을 받으리라고 하지 아니하였느냐 너희는 강도의 굴혈을 만들었도다 하시매
대제사장들과 서기관들이 듣고 예수를 어떻게 멸할까 하고 꾀하니 이는 무리가 다 그의 교훈을 기이히 여기므로 그를 두려워함일러라
매양 저물매 저희가 성 밖으로 나가더라

마가복음 11:15-19

예수는 왜 분노하는가

성전 숙청은 그 중요성과 위중함 탓인지 복음서마다 다루어진다. 가

장 먼저 쓰인 것으로 알려진 마가복음에서는 이 장면을 예수가 나귀를 타고 군중의 환호를 받으며 예루살렘에 입성한 뒤 성전 안으로 들어가 벌인 결정적인 사건으로 묘사한다. 요한복음에서는 성전 숙청 사건이 전반부에 등장하여 장차 일어나게 될 기득권층과의 격렬한 대립에 대한 비극의 전조로 활용되었다면, 마가복음에서는 더 이상 물러설수 없는 예수의 입장을 확인하는 대목으로 나온다.[7]

성전에서는 명절을 맞이하여 시장이 크게 열렸다. 희생 제사에 사용할 짐승과 물건을 마련하기 위해 많은 사람이 모였다. 사람들은 제사에 쓸 짐승을 잘 구해야만 제사를 올바르고 의미 있게 치를 수 있다고 믿었다. 일부 품목은 독과점이었지만, 성전 당국에서는 이러한 매매 활동을 묵인했다. 환전상 역시 마찬가지다. 또 이스라엘 사람들은 성전세를 납부하기 위해 이방 화폐가 아닌 고대 히브리 화폐나 관례적으로 사용되던 화폐를 활용했다.[8] 이러한 일련의 풍경만 보면 부패라고까지 말할 수는 없다. 그런데 예수는 느닷없이 성전 안으로 들어와 과격하게 좌판을 둘러엎는다.

예수가 문제 삼은 것은 무엇일까? 성전 안 시장에서 통용되는 매매 물품들은 일상용품이 아니라 제의에 필요한 것들이었다. 예수는 그 물품들을 거래하지 못하게 했을 뿐 아니라, 성전 자체를 폐지하라고 말했다. 예수의 눈에 비친 예루살렘은 어떤 기대도, 어떤 개선의 여지도 찾아볼 수 없는 곳이었다. 예수는 성전을 만민이 기도해야 할 집이라고 표현함으로써 자신의 행동에 대한 여러 논란을 일축해버린다. 그것은 당시에 성전을 점유했던 이들, 즉 종교 기득권층의 어떤 미사여구나 제의적 엄숙함으로도 하나님을 향한 의미 있는 기도가 불가능하다는 폭탄 선언이었다.

성전을 강도의 소굴로 만들었다는 예수의 외침은 하루하루 힘겹게 삶을 꾸려가는 장사꾼들을 향한 것이 아니다. 그들의 배후에 숨어 호의호식하는 위선적인 유대교 지도자들을 향한 맹비난이다.

복음서에 등장하는 예수의 언행을 모두 살펴봐도 이 정도의 격렬함을 찾아보기 어렵다. 유대교를 향한 예수의 가장 심한 이 비난의 장면 앞에서 과연 그의 곁을 지키고 있던 제자들은 어떤 생각을 했을까?

보수 복음주의 설교자 조나단 에드워즈는 성전 정화 사건을 영적 타락에 대한 예수의 절규로 읽는다. 에드워즈는 거룩해야 할 하나님의 성전을 매매와 종교적 형식주의의 늪에 빠뜨려 버린 현실을 준엄하게 꾸짖는 하나님 아들로서의 자기 정체성이 분명히 드러난 사건으로 봐야 한다고 말한다. 그와 함께 에드워즈는 오늘날의 교회가 지켜야 할 가장 중요한 덕목으로 기도를 꼽는다. 기도는 인간의 마음과 종교 행위를 하나로 통합시키는 주요한 영적 매개다. 마음과 혼이 담긴 기도가 배제되면 그만큼 종교는 일상의 수단이 되거나 상업주의, 세속 논리에 빠지게 된다. 이것이 에드워즈가 이해한 성전 정화 사건의 핵심이다.

반면 진보 신학자 클라우스 크리거는 예수의 공생애 막바지에 일어난 성전 정화 사건을 전형적인 반예루살렘운동, 당대의 사회 운동, 혁명 운동의 연장선으로 봐야 한다고 주장한다.[9] 크리거는 당시에 젤롯당이나 에세네파 등은 물론, 갈릴리 백성들의 반예루살렘 감정이 극도로 고조된 상태였음을 지적한다. 예루살렘 기득권층은 민족 해방을 위해 애쓰지 않고 로마 권력에 기생하는, 나약하고 비겁한 태도를 보였기 때문이다. 또한 크리거는 예수가 "내 아버지의 집을 장사하는 집으로 만들지 말라."고 경고한 의도의 핵심을 단순한 종교개혁 가치 이상으로 본다. 그것은 곧 유대 종교의 그늘 아래서 온갖 권력의 잇속을 차지하던 기존의 귀족층을 향한 통렬한 사회비판이자 혁신의 메시지다. 그런 맥락에서 크리거는 예수의 예루살렘 입성을 기성 권력과 그 권력에 야합한 체계, 그러한 체계로 인해 질식당하는 가난하고 억눌린 자들의 절규에 대한 응답으로 이해한다. 또한 그는 그러한 응답이 종교개혁 의지를 넘어서서 사회 전체, 인간 전체를 위한 휴머니즘적 접근에서 바라봐야 한다고 말한다.

하늘의 권세냐 땅의 권세냐

권세의 기원

(마태복음 21:23-27, 마가복음 11:27-12:44)

예수께서 성전에 들어가 가르치실쌔 대제사장들과 백성의 장로들이 나아와 가로되 네가 무슨 권세로 이런 일을 하느뇨 또 누가 이 권세를 주었느뇨

예수께서 대답하시되 나도 한 말을 너희에게 물으리니 너희가 대답하면 나도 무슨 권세로 이런 일을 하는지 이르리라

요한의 세례가 어디로서 왔느냐 하늘로서냐 사람에게로서냐 저희가 서로 의논하여 가로되 만일 하늘로서라 하면 어찌하여 저를 믿지 아니하였느냐 할것이요

만일 사람에게로서라 하면 모든 사람이 요한을 선지자로 여기니 백성이 무섭다 하여 예수께 대답하여 가로되 우리가 알지 못하노라 하니 예수께서 가라사대 나도 무슨 권세로 이런 일을 하는지 너희에게 이르지 아니하리라

마태복음 21:23-27

하늘과 땅, 예수는 어디에 있는가

예수가 다시 제자들을 데리고 성전 경내로 들어선다. 성전에서 예수가

거닐었다는 '페리파테인περιπατειν'이라는 표현은 소극적인 가르침이 아닌 논쟁을 유발하는 적극적인 성격을 가진다. 성전 안에서의 예수 언행은 필연적으로 대제사장 세력, 율법학자, 그리고 유명인사인 장로들로 하여금 예수와 논쟁하도록 이끄는 구심점 역할을 했다.

유력 세도가 몇몇이 예수에게 이런 일을 하는 권위의 근원을 추궁한다. 어쩌면 예수는 그들의 질문을 기다렸는지도 모른다. 예수는 자신의 권위가 율법학자들의 권위를 질적으로 능가한다는 것을 알리고, 자신에게 주어진 사명의식을 드러내고 싶었던 듯하다.

예수가 되묻는다. 요한의 세례가 사람의 것인지, 하늘의 것인지에 대해 말이다. 요한의 세례를 언급함으로써 예수의 권위는 요한의 세례와 같은 선상에 놓인다. 그렇다고 해서 자신과 요한 사이의 서열이나 역사적 관계에 대해 말하려 했던 것은 아니다. 예수는 요한을 통해 세례가 전해졌다는 사실을 상기시키는 데에만 집중한다. 다시 말해 요한의 세례는 예수의 권위를 증명해주는 사실적 근거로 활용되는 것이다.

예수의 반문으로 인해 산헤드린 의원 전체는 곤경에 빠진다. 그들이 만약 세례 요한에 대해 요한의 신적 권위를 인정한다면, 예수의 메시아적 지위를 인정하는 꼴이 된다. 그 반대 역시 문제가 된다. 그들은 자신들이 만약 요한의 세례를 인간적 제도로 규정해버리면 군중과의 한바탕 갈등을 감내해야 한다. 대중을 선동하는 데 능한 그들은 대중으로부터 외면받기를 절대 원하지 않았다. 그런 기회주의적 태도는 그들의 기득권 유지에 있어 피할 수 없는 필수 항목인 탓이다. 그들은 여론과 등을 돌리는 일을 벌일 수 없었을 것이다.

진퇴양난에 빠진 산헤드린 의원들은 예수의 물음에 답변할 수 없다고 함으로써 예수 역시도 자신의 권위, 그 근원을 굳이 말하지 않겠다는 정당성을 부여받는다. 결국 그들의 유구무언으로 인해 예수의 메시아적 권위가 더욱 견고해진 것이다.

보수 신학자 로버트 건드리는 이 대목을 예수가 하나님의 아들이라는 사실의 신앙적 항변으로 이해한다. 건드리는 예수를 구약의 한 선지자, 또는 백성을 혹세무민하는 선동가쯤으로 격하시키려는 종교 지도자들의 질문을 불신앙의 전형으로 본다. 또한 그에 대한 예수의 "요한의 세례가 하늘로서냐 아님 사람에게로냐?"라는 질문에 종교 지도자들이 대답하지 않은 것을 신앙 없음으로 이해한다. 따라서 건드리는 그리스도인이 예수를 바라보는 데 필요한 것은 예수를 하나님의 아들로 긍정하는 영적 마음가짐이라고 주장한다.[10]

반면 여성 해방 신학자 메리 댈리는 예수의 답변을 권세에 대한 출처, 그 전통성을 묻는 기득권층의 질문 자체에 대한 야유라고 본다. 기득권층은 항상 누구누구의 후손인가를 따지며, 파벌이나 혈연, 지연, 학연을 통해 자신들의 권력을 인정받으려고만 한다. 댈리는 예수가 아래로부터의 혁명, 즉 민중 봉기에 대한 두려움과 백성을 어떻게든 통제하고 그 위에 군림하려 드는 기득권층이 가진 욕망의 비루함을 폭로함으로써 인간의 권력이 얼마나 허망한 것인지를 말하려 했다고 주장한다.[11]

세 가지 비유

예루살렘 성전에서의 가르침

(마태복음 21:28-22:14)

그러나 너희 생각에는 어떠하뇨 한 사람이 두 아들이 있는데 맏아들에게 가서 이르되 얘 오늘 포도원에 가서 일하라 하니

대답하여 가로되 아버지여 가겠소이다 하더니 가지 아니하고

둘째 아들에게 가서 또 이같이 말하니 대답하여 가로되 싫소이다 하더니 그 후에 뉘우치고 갔으니

그 둘 중에 누가 아비의 뜻대로 하였느뇨 가로되 둘째 아들이니이다 예수께서 저희에게 이르시되 내가 진실로 너희에게 이르노니 세리들과 창기들이 너희보다 먼저 하나님의 나라에 들어가리라

요한이 의의 도로 너희에게 왔거늘 너희는 저를 믿지 아니하였으되 세리와 창기는 믿었으며 너희는 이것을 보고도 종시 뉘우쳐 믿지 아니하였도다

다시 한 비유를 들으라 한 집주인이 포도원을 만들고 산울로 두르고 거기 즙 짜는 구유를 파고 망대를 짓고 농부들에게 세로 주고 타국에 갔더니

실과 때가 가까우매 그 실과를 받으려고 자기 종들을 농부들에게 보내니

농부들이 종들을 잡아 하나는 심히 때리고 하나는 죽이고 하나는 돌로 쳤거늘

다시 다른 종들을 처음보다 많이 보내니 저희에게도 그렇게 하였는지라

후에 자기 아들을 보내며 가로되 저희가 내 아들은 공경하리라 하였더니

농부들이 그 아들을 보고 서로 말하되 이는 상속자니 자 죽이고 그의 유업을 차지하자 하고 이에 잡아 포도원 밖에 내어쫓아 죽였느니라

그러면 포도원 주인이 올 때에 이 농부들을 어떻게 하겠느뇨

저희가 말하되 이 악한 자들을 진멸하고 포도원은 제때에 실과를 바칠 만한 다른 농부들에게 세로 줄찌니이다

예수께서 가라사대 너희가 성경에 건축자들의 버린 돌이 모퉁이의 머릿돌이 되었나니 이것은 주로 말미암아 된 것이요 우리 눈에 기이하도다 함을 읽어 본 일이 없느냐

그러므로 내가 너희에게 이르노니 하나님의 나라를 너희는 빼앗기고 그 나라의 열매 맺는 백성이 받으리라

이 돌 위에 떨어지는 자는 깨어지겠고 이 돌이 사람 위에 떨어지면 저를 가루로 만들어 흩으리라 하시니

대제사장들과 바리새인들이 예수의 비유를 듣고 자기들을 가리켜 말씀하심인 줄 알고 잡고자 하나 무리를 무서워하니 이는 저희가 예수를 선지자로 앎이었더라

예수께서 다시 비유로 대답하여 가라사대

천국은 마치 자기 아들을 위하여 혼인 잔치를 베푼 어떤 임금과 같으니

그 종들을 보내어 그 청한 사람들을 혼인 잔치에 오라 하였더니 오기를 싫어하거늘

다시 다른 종들을 보내며 가로되 청한 사람들에게 이르기를 내가 오찬을 준비하되 나의 소와 살진 짐승을 잡고 모든 것을 갖추었으니 혼인 잔치에 오소서 하라 하였더니

저희가 돌아보지도 않고 하나는 자기 밭으로, 하나는 자기 상업차로 가고

그 남은 자들은 종들을 잡아 능욕하고 죽이니

임금이 노하여 군대를 보내어 그 살인한 자들을 진멸하고 그 동네를 불사르고

이에 종들에게 이르되 혼인 잔치는 예비되었으나 청한 사람들은 합당치 아니하니

사거리 길에 가서 사람을 만나는 대로 혼인 잔치에 청하여 오너라 한대

종들이 길에 나가 악한 자나 선한 자나 만나는 대로 모두 데려오니 혼인자리에 손이 가득한지라

임금이 손을 보러 들어올쌔 거기서 예복을 입지 않은 한 사람을 보고

가로되 친구여 어찌하여 예복을 입지 않고 여기 들어왔느냐 하니 저가 유구무언이어늘 임금이 사환들에게 말하되 그 수족을 결박하여 바깥 어두움에 내어 던지라 거기서 슬피 울며 이를 갊이 있으리라 하니라

청함을 받은 자는 많되 택함을 입은 자는 적으니라

마태복음 21:28~21:14

예루살렘 성전 안에서 예수는 무엇을 말하려 했는가

권세의 근원에 대한 분명한 의지를 피력한 예수가 예루살렘 성전 안

에서 펼쳐 보인 이 세 가지 비유는 마태복음에만 나온다. 하지만 특정 복음서에만 나온다고 해서 중요하지 않은 것은 아니다. 이 비유들은 예수 권세에 대한 공동체, 특히 예수의 언행을 받아들이는 독자의 선택에 도움을 준다.

첫 번째 비유인 두 아들 이야기는 단순 명료하다. 이 비유를 통한 유일한 대답은 다음과 같다. 처음엔 아버지의 청을 거절했던 둘째 아들은 뒤에 마음을 돌이켜 아버지의 뜻을 행했지만, 첫째 아들은 대답은 잘해놓고도 결국 아무것도 행하지 않았다는 것이다.

과연 이 비유는 누구를 염두에 두고 한 말이었을까? 이야기는 믿음은 있지만 하나님의 뜻을 실천하지 않는 자들과 이스라엘에게 배척받아도 하나님의 뜻을 성취하는 이들을 비유한다. 즉 하나님의 뜻을 행하겠다고 말은 하지만 하나님 뜻의 현현인 예수를 배척하는 무리들과 자신들은 하나님 뜻을 도저히 실천할 수 없다 말하면서도 가난한 자와 억압받는 자에게 친히 찾아온 예수를 눈물로 받아들이는 세리와 창녀들을 가리키는 셈이다.

두 번째 비유는 포도원 상속 비유다. 이 비유는 이미 마가복음에서 다루어진 적이 있지만, 마태복음에서는 예수 자신의 메시아적 가치를 받아들이느냐 그렇지 않느냐라는 선택의 기로에 선 이들에게 주어지는 의미로 재해석될 여지가 충분하다. 상속자를 살해하고 그 자리를 차지하고자 하는 주인을 배신한 배은망덕한 이들이 과연 누구일지에 대한 궁리는 앞서 밝힌 두 아들 비유와 동일하게 다뤄진다.

세 번째 비유는 마가복음과 누가복음에서 공히 다루었던 하늘나라에 대한 비유 중 혼인잔치와 관련된 것이다. 누가복음 22장 1절에서 10절까지의 내용은 다른 복음서와 유사한 맥락으로 전개되지만 마태복음에서는 또 하나의 메시지가 첨가된다. 바로 급작스럽게 혼인잔치에 초대받은 이들이 예복을 준비하지 않았으므로 다시 추방당하게 된다는 메시지다. 이러한 예수의 첨언은 바로 위의 두 번째 비유의 연속성에 미루어 볼 때, 이제는 교회 공동체, 믿음의 진영 안으로 들어왔다고 자부하는 이들에게 던지는 경고다. 마태복음 21장에서 25장에 걸쳐 예수는 공동체를 향해 결속을 요구하는 가르침을 내린다. 이로 미루어 보건대 예수의 세 번째 비유는 공동체에게 이미 예루살렘에 임박한 심판을 맞이해 새로운 각성을 촉구하고자 한 듯하다.

예복은 새로운 존재 양식을 뜻한다.[12] 새로운 존재 방식에 참여하기 위해서는 마음가짐과 의식 역시 새로워지지 않으면 안 된다. 예수는 결미를 장식하는 말에서 "청함을 받은 자는 많되 택함을 입은 자는 적으니라."고 말함으로써 자신을 따르고자 결의한 모든 이에게 하나님의 구원은 변하지 않는 불변의 가치라고 믿는 그릇된 안도감이 위험하다고 경고한다. 왜냐하면 사랑은 매일매일 새롭게 이뤄 나가야 하기 때문이다. 예수는 사람들이 그저 잔치 자리에 자리 잡고 앉을 수는 있으나 예복, 곧 새로운 존재 방식에 대한 준비가 되어 있으면 참된 하늘나라의 체현을 이뤄낼 수 없음을 분명히 한다. 이 말을 제자들은 과연 어떻게 받아들였을까?

세 가지 비유 이야기 중 첫 번째 이야기인 두 아들 이야기를 보는 보수를 표방하는 신학자 돈 카슨의 관점은 형식적인 믿음이 아닌 행하는 믿음에 대한 교훈으로 이해한다. 여기서 형식적인 믿음이란 말만 행하겠다고 하고서 정작 하나님이 원하는 것을 아무것도 행하지 않은 당시의 유대인들에 대한 경고다. 이는 오늘날 무늬만 기독교인인 이들에게도 해당되는 이야기다. 동시에 카슨은 참기독교인이란 믿음의 열매를 진정한 마음의 열심을 통해 내어 보이고 입증함으로써 하나님의 자녀로서 세상의 빛과 소금이 되는 길이 필요하다는 것으로 두 아들 이야기의 교훈을 집약한다.[13)

반면 진보 신학자 존 던은 두 아들 비유를 말한 뒤 이어진 예수의 말에 주목한다. 예수는 두 아들 비유를 말한 다음 유대인들, 종교 기득권층을 향해 "세리들과 창기들이 너희보다 먼저 하나님의 나라에 들어가리라."라고 선언한다. 던은 이 선언을 기존 사회의 가치관, 통념을 완전히 뒤엎는 혁명적 선언으로 이해한다. 이 선언 하나로 예수는 '거룩하다'는 평계로 여태껏 보장되어온 모든 가치와 제도, 포장된 도덕, 윤리로 지탱되는 체계, 선악을 분별하여 심판하고 응징하는 법 체제를 단번에 무너뜨릴 만한 혁명적 의미를 담아냈다는 것이다. 또한 던은 후에 뉘우친 아들의 진정성을 전복의 시대, 참하나님의 시대를 살아가는 이의 마음가짐이라고 말한다. 결국 던의 주장처럼 진보 신학은 세 가지 비유를 예수가 부조리한 사회를 개혁하고자 한 혁명적 인물이었음을 명확히 하는 이야기로 이해한다.[14)

가이사의 것은 가이사에게

납세 문제

(마가복음 12:13-17, 마태복음 22:15-22)

저희가 예수의 말씀을 책잡으려 하여 바리새인과 헤롯당 중에서 사람을 보내매

와서 가로되 선생님이여 우리가 아노니 당신은 참되시고 아무라도 꺼리는 일이 없으시니 이는 사람을 외모로 보지 않고 오직 참으로써 하나님의 도를 가르치심이니이다 가이사에게 세를 바치는 것이 가하니이까 불가하니이까 우리가 바치리이까 말리이까 한대 예수께서 그 외식함을 아시고 이르시되 어찌하여 나를 시험하느냐 데나리온 하나를 가져다가 내게 보이라 하시니

가져왔거늘 예수께서 가라사대 이 화상과 이 글이 뉘 것이냐 가로되 가이사의 것이니이다 이에 예수께서 가라사대 가이사의 것은 가이사에게, 하나님의 것은 하나님께 바치라 하시니 저희가 예수께 대하여 심히 기이히 여기더라

마가복음 12:13-17

하나님의 것은 무엇일까

바리새파 사람들과 헤롯당 사람들이 함께 예수를 찾아와 납세에 대한

문제로 공격하는 장면이다. 본래 바리새파 사람들은 종교적 경건함을 지향하기에 정치적 야합을 일삼던 헤롯당 사람들과 어울리기를 꺼렸다. 그런데 그들이 지금 예수를 공격하기 위해 헤롯당 사람들과 함께 야합한다. 두 파벌 모두 예수가 자신들이 가진 기득권을 근본적으로 위협한다고 파악했기에 예수를 공격한 것이다. 어떤 파벌이든 자신들의 이해관계가 걸리면 힘을 합치기 마련이다.

시작부터 그들은 예수에게 가이사에게 세금을 바치는 게 옳으냐, 옳지 않느냐는 민감한 문제에 관해 묻는다. 당시 세금은 하나님이 유대민족에게 부과한 짐으로 여겼으므로 바리새파 사람들은 세금을 꼬박꼬박 바쳐왔다. 이 상황에서 예수가 어느 한쪽의 편에 서게 되면 곤경에 빠지기 십상이다. 만약 세금을 납부해야 한다면 신학적인 문제가 거론되며 딜레마에 빠질 것이며, 거부할 때는 과격단체인 젤롯당과 같은 취급을 당할 것이기 때문이다. 바리새인들은 이로 인해 예수가 깊은 고민에 빠질 수밖에 없을 것이라 예상했다.

그러나 예수의 반응은 언제나처럼 즉각적이다. 그는 가이사의 것은 가이사에게, 하나님의 것은 하나님에게 바치라고 말한다. 당시 화폐에는 통치자가 새겨져 있었다. 예수가 그들에게 내보이라는 것은 화폐다. 황제의 흉상이 새겨진 은화는 권력을 상징한다. 눈에 보이는 권력을 부정할 수 없는 것은 세상을 사는 이들이 당면한 숙명이기는 하지만, 예수는 이 숙명 너머 지배자든 피지배자든 권력가든 억압당하는 백성이든 모두가 하나님에게 복종해야 한다고 말한다. '하나님의 것'이라는 하나님 소유권의 지상 개입을 종말론적인 지평에서 보면 지상통치의 필연적인 유한성과 하나님 통치의 영원함으로 대비된다. 결국 예수의 대답은 국가 권력 너머에 있는 신적 권력을 바라보라는 뜻이다. 하나님은 언제나 그보다 높은 요구로 인간의 의식을 고양시킨다. 이는 인간이 처한 상황에서 명확히 결단과 책임 의식을 가져야 한다는 말과도 연결된다. 하나님은 인간을 기계나 모르모트로 만들지 않았다는 사실을, 하나님의 아들이 하나님을 대신해 들려준 셈이다.

보수 신학자 박윤선은 가이사의 것과 하나님의 것을 이른바 두 왕국론으로 해석한다.[15] 두 왕국론의 핵심은 기독교인은 비록 땅의 시민이지만 궁극적으로는 하늘의 시민이기에 결국 두 영역의 시민으로 살아가야 한다는 것이다. 그런 맥락에서 가이사의 것을 땅의 가치나 땅에서 거둬들이는 세금, 법과 같은 세속의 질서로 보고, 일단 세속의 질서에 순응하고 존중해야 한다고 말한다. 하지만 궁극적으로 섬겨야 할 대상은 오직 하나님뿐이며, 진실되게 예배함으로써 비록 몸은 이 땅을 살아가는 땅의 백성일지라도 영혼은 하나님의 백성된 삶을 사는 하나님 왕국의 백성이란 점을 명심해야 한다고 주장한다.

진보 신학자 가브리엘 바하니안은 예수가 한 번도 국가라는 개념을 존중했다는 대목을 찾을 수 없다고 주장한다. 예수가 이해한 권력은 하늘의 권력, 하나님의 권력뿐이다. 바하니안은 모든 백성이 하나님의 백성이라는 휴머니즘에 입각한 보편성, 평등성에 핵심이 있다고 본다. 즉, 하나님의 권력은 모든 백성에게 동등한 인권과 존엄으로 표현된 수평적 연대이지, 계급과 빈부차, 정통과 이단으로 구분하는 개념이 아니라는 것이다. 그런 맥락에서 바하니안은 가이사의 권력이라는 개념 자체가 잘못된 것이며, 그것을 인간이 인간을 지배하고 억누르는 권력으로 이해하는 기득권층의 이해 자체가 형편없음을 갈파해낸 예수의 혁명적인 답변으로 해석해야 한다고 주장한다.[16]

하나님은 누구의 하나님인가

살아 있는 자의 하나님

(마가복음 12:18-27, 마태복음 22:23-33)

부활이 없다 하는 사두개인들이 예수께 와서 물어 가로되

선생님이여 모세가 우리에게 써 주기를 사람의 형이 자식이 없이 아내를 두고 죽거든 그 동생이 그 아내를 취하여 형을 위하여 후사를 세울찌니라 하였나이다

칠 형제가 있었는데 맏이 아내를 취하였다가 후사가 없이 죽고

둘째도 그 여자를 취하였다가 후사가 없이 죽고 셋째도 그렇게 하여

일곱이 다 후사가 없었고 최후에 여자도 죽었나이다

일곱 사람이 다 그를 아내로 취하였으니 부활을 당하여 저희가 살아날 때에 그 중에 뉘 아내가 되리이까

예수께서 가라사대 너희가 성경도 하나님의 능력도 알지 못하므로 오해함이 아니냐

사람이 죽은 자 가운데서 살아날 때에는 장가도 아니가고 시집도 아니가고 하늘에 있는 천사들과 같으니라

죽은 자의 살아난다는 것을 의논할찐대 너희가 모세의 책 중 가시나무떨기에 관한 글에 하나님께서 모세에게 이르시되 나는 아브라함의 하나님이요 이삭의 하나님이요 야곱의 하나님이로라 하신 말씀을 읽어보지 못하였느냐

하나님은 죽은 자의 하나님이 아니요 산 자의 하나님이시라 너희가 크게 오해하였도다 하시니라

마가복음 12:18-27

예수가 생각하는 부활은 무엇인가

사두개인들의 부활 이해는 구약성서의 해묵은 전통 중 하나인 수혼법에 대한 논의에서 비롯되었다.[17] 신명기 25장 5절에서 10절에 걸친 가르침에 따르면 이스라엘 사람은 형제가 아들을 남기지 않고 죽을 경우, 죽은 형제의 아내를 맞아 형제의 이름이 "이스라엘에서 소멸하지 않게 하고" 그 형제의 가문을 세워줄 의무가 있다. 이러한 그들의 관점은 현세의 삶에만 집중되어 있다. 그들에게는 부활조차 현실의 연장이다.

예수는 그들의 질문 자체가 오류라고 지적한다. 예수가 언급하는 하나님의 능력과 권능은 죽은 자를 살려내는 부활의 관점에 집중되어 있다. 이러한 맥락에서 부활의 세계에서 남녀의 구분은 없고 모두 천사 같다고 한 것은 묵시 사상을 예수가 창조적으로 변용한 것으로 보인다. 하나님 체험의 새로움은 현재의 고루한 집착과 별개의 것이다. 부활한 뒤의 젠더가 남성과 여성의 초극적 개념인 것은 바로 새로움에 대해 현세에서 이해할 수 있는 가장 최상의 예시다.

예수에 의해 부활 개념은 새롭게 정의된다. 부활은 지상적인 삶에서 초월적인 삶으로 옮겨가는 것을 뜻한다. 부활은 사후에만 일어나는 것이 아니다. 하나님이 살아 있는 자의 하나님이듯 바로 지금 하나님 나라에 대한 새로움에 참여하는 이들에게는 그 자체가 이미 부활의 시작이다.

보수 신학자 헤이스는 부활을 영적 생명의 소생으로 보고 이를 믿음의 차원으로 이해해야 한다고 주장한다. 영적 생명의 소생이란 인간의 부활은 세속적이고 속된 차원에서 논할 수 있는 차원이 아니고, 전적인 하나님의 은혜요, 선물이라는 관점에서 접근해야 함을 뜻한다. 또한 헤이스는 믿음의 차원에서 받아들여야 한다는 것을 예수의 십자가 처형 이후의 부활을 역사적 실제로서 믿고 받아들이는 이에게만 사두개인들과 같은 세속 차원의 저급한 인식에서 벗어나 예수의 가르침을 영원의 인식으로 수용할 수 있다고 주장한다.[18]

반면 민중 신학자 안병무는 예수의 부활에 대한 발언에서 영적 맥락에 초점을 맞추기보다는 새로운 세계, 혁명적 세계가 도래함을 받아들이지 못하는 사두개인들의 강고한 통념에 막을 내려야 하는 메시지로 이해해야 한다고 말한다. 사두개인들의 통념이란 천국이나 사후 세계마저 가부장제 전통을 그대로 이어받아 여성을 결혼이라는 제도를 통해 단순히 혈통을 잇는 종족번식의 도구로만 이해하는 썩은 생각을 말한다. 안병무는 예수가 말한 부활을 단순한 사후의 부활이 아닌 새로운 세계의 인식, 새로운 패러다임으로 보았다. 부활 세상인 새로운 세상에서는 가부장적 통념으로 점철된 결혼 자체가 없다는 혁명적 선포로 읽어야 한다는 것이 안병무의 부활 해석이다.[19]

이웃을 네 몸과 같이 사랑하라

가장 중요한 계명

(마가복음 12:28-34, 마태복음 22:34-40)

서기관 중 한 사람이 저희의 변론하는 것을 듣고 예수께서 대답 잘하신 줄을 알고 나아와 묻되 모든 계명 중에 첫째가 무엇이니이까

예수께서 대답하시되 첫째는 이것이니 이스라엘아 들으라 주 곧 우리 하나님은 유일한 주시라

네 마음을 다하고 목숨을 다하고 뜻을 다하고 힘을 다하여 주 너의 하나님을 사랑하라 하신 것이요

둘째는 이것이니 네 이웃을 네 몸과 같이 사랑하라 하신 것이라 이에서 더 큰 계명이 없느니라

서기관이 가로되 선생님이여 옳소이다 하나님은 한 분이시요 그 외에 다른 이가 없다 하신 말씀이 참이니이다

또 마음을 다하고 지혜를 다하고 힘을 다하여 하나님을 사랑하는 것과 또 이웃을 제 몸과 같이 사랑하는 것이 전체로 드리는 모든 번제물과 기타 제물보다 나으니이다

예수께서 그 지혜 있게 대답함을 보시고 이르시되 네가 하나님의 나라에 멀지 않도다 하시니 그 후에 감히 묻는 자가 없더라

마가복음 12:28-34

예수는 계명이 무엇이라 생각했을까

예루살렘 성전 안에서 예수는 종교 기득권층과 첨예한 논쟁만 벌인 것은 아니었다. 예수에게 다가온 한 율법학자는 예수에게 중요한 질문을 던진다. "모든 계명 중에 첫째가 무엇입니까?" 어쩌면 예수는 누군가 이 질문을 해주기를 기다렸는지도 모른다. 악의를 가지고 덫만 놓으려는 기득권자들의 위선에 지쳐 있던 예수에게 이 질문은 단비와 같았을 것이다.

이 율법학자는 율법 중에 으뜸이 무엇이냐고 묻지 않았다. 그는 계명 가운데 가장 으뜸이 무엇이냐고 물었다. 그가 말하는 계명은 단순히 율법학파나 지역주의가 만들어낸 자의적인 전통의 영역을 벗어난다. 계명은 사람 사는 공동체에서 통용되는 모든 사회적 합의를 말한다.[20] 그러므로 율법학자의 관심은 사람들이 궁리해놓은 해석에 관한 것이 아니다. 그는 하나님 뜻의 핵심이 무엇인지 궁금해했다.

율법학자의 진정성을 알아본 것일까. 예수는 하나님 사랑과 이웃 사랑이 하나님 뜻의 핵심이라고 말한다. 예수는 하나님 사랑, 이웃 사랑을 가볍게 하나의 슬로건으로 받아들이는 것에 반대한다. 마음과 목숨과 뜻과 힘을 다해 하나님을 사랑하라는 말에서 예수의 의지를 느낄 수 있다. 그 말 안에는 인간에게 주어진 모든 것을 걸고 하나님을 사랑하라는 절박함이 묻어 있다.

예수의 말을 들은 율법학자는 질문을 더 던지지 않는다. 그는 예수가 하나님 뜻의 핵심이 무엇인지 분명히 알고 있으며, 그에 따른 신앙고백이 이루어졌음을 인정한다. 이어지는 율법학자의 거침없는 답변에 예수 역시 "네가 하나님의 나라에 멀지 않도다." 하시며 기쁘게 화

답한다. 그 후 누구도 예수에게 따지는 사람이 없었다.

하지만 이후에 더 치밀하고 교활한 음모가 도사리게 되었음을 부정하기 어렵다. 율법학자의 돌연한 신앙고백은 같은 율법학자와 사두개파 사람, 그리고 친여당파인 헤롯파 사람 모두의 치부를 드러내는 결과를 불러왔다. 예수가 한 율법학자의 양심선언을 지지한 것은 결국 나머지 율법학자, 종교 기득권층의 침묵이 비양심적 작태의 극치임을 고발한 것이나 다름없기 때문이다. 이로써 유대인들은 더 예수에게 다가가지 않았다. 이들은 마음을 돌리지 않고 예수를 더욱 배척했다. 종교 기득권층은 이제 예수를 죽여야만 자신들을 향한 위협도 가라앉을 것이라고 결론 내린 것이다.

복음주의적 성서학자 제임스 패커는 이웃 사랑에 대한 예수의 발언을 기독론의 핵심 강령으로 이해한다. 예수가 생각한 가장 큰 계명은 바로 사랑이며, 이 사랑이 결국 모든 율법의 중심에 자리 잡았으므로 이스라엘 백성에게 율법을 허락한 하나님의 참뜻도 알게 된다는 것이 패커의 주장이다.

또 그는 사랑의 우선순위에 주목한다. 먼저 하나님을 사랑해야 한다는 것이다. 하나님을 사랑한 다음에야 이웃을 사랑할 수 있다는 것이다. 이러한 주장에는 죄악으로 물든 인간은 제아무리 사랑을 실천한다 해도 그 사랑은 하나님과 하나 되는 사랑을 할 수 없다는 이해가 전제되어 있다. 하나님을 사랑한다는 것은 곧 사랑의 절정을 보여준 예수 그리스도의 십자가와 그의 부활을 믿는 것이다. 그 신앙고백의 바탕 위에서 이웃 사랑을 실천할 때, 비로소 이웃에 대한 사랑이 유효한 가치를 가지게 된다는 것, 이것이 패커의 주장이다.[21]

반면 진보 신학자 다가와 겐조는 하나님 사랑과 이웃 사랑에는 우선순위가 없다고 본다. 두 가지를 원인과 결과의 논리로 보지도 않는다. 오히려 다가와는 모든 편견을 넘어서서 이웃을 사랑할 때, 비로소 하나님 사랑을 이해할 수 있다고 말한다. 하나님의 아들이 철저한 인간이 되어온 이유가 바로 그것이기 때문이다. 다가와는 성서는 신이 인간에게 부여한 수직적인 은혜의 기록이 아니라 인간이 인간의 자리에서 진리를 찾아가는, 철저한 인간의 이야기라는 전제하에 사랑을 말한다. 이때의 이웃은 고통받고 억눌린 백성들, 우리와 같은 사람이다. 다가와는 이러한 이웃은 믿지 못하는 자와 믿는 자, 종교인과 비종교인과 같은 구분 자체가 없으며, 억눌리고 부당한 피해를 받는 사람이라면 인종, 종교, 연령, 학력을 떠나 모든 자를 아우른다고 주장한다.[22]

그리스도는 다윗의 자손인가

다윗의 감동

(마가복음 12:35-37, 마태복음 22:41-46)

예수께서 성전에서 가르치실쌔 대답하여 가라사대 어찌하여 서기관들이 그리스도를 다윗의 자손이라 하느뇨
다윗이 성령에 감동하여 친히 말하되 주께서 내 주께 이르시되 내가 네 원수를 네 발 아래 둘 때까지 내 우편에 앉았으라 하셨도

다 하였느니라
다윗이 그리스도를 주라 하였은즉 어찌 그의 자손이 되겠느냐 하시더라 백성이 즐겁게 듣더라

마가복음 12:35-37

그리스도는 누구로부터 시작되었는가

예수는 자신을 위협하는 모든 적대자를 침묵하게 만든 뒤 성전 경내에서 다시 가르침을 주기 시작한다. 이때 예수는 다윗의 자손에 대한 자신의 견해를 밝힌다. 메시아가 다윗의 자손이라는 견해는 당대 유대

교 사회에 넓게 확산된 사상 중 하나였다.[23] 솔로몬의 시편 17편 21절에 처음으로 소개된 바 있는 다윗의 자손이라는 메시아 칭호는 혈통의 의미라기보다는 정신의 계승으로 보아야 한다는 편이 진실에 더 가까운 듯하다.

이러한 견해는 다윗의 저술로 알려져 있는 시편 110편 1절에 그대로 농축되어 있다. 다윗은 성령의 감동을 받아 메시아의 도래를 예언한 바 있다. 다윗은 장래를 내다보는 혜안을 모두 담아 그리스도가 하나님의 오른편에 앉게 될 것을 예언한 것이다.

다윗의 고백은 그러므로 예수에게 지금까지 지루하게 소모되어온 출신 논쟁, 메시아 근원 논쟁 등 모든 논쟁에 찬물을 끼얹는 효과를 가져왔다. 예수는 한편으로는 자신이 다윗의 자손임을 밝혀 정신적 계승의 정통성을 얻음과 동시에, 다른 한편으로 하나님의 아들임을 밝히며 자신이 하나님이 보낸 자, 즉 메시아임을 분명히 했다. 이 맥락에서 다윗의 고백은 결국 그리스도교의 신앙고백과 일치함을 확증하는 유용한 단서가 된다.

보수 복음주의 신학자 케빈 밴후저는 예수의 다윗 자손 발언을 구약성서의 두 가지 성취를 거둔 쾌거라고 평가한다. 즉, 예수가 구약 시대 이스라엘 백성이 존경해 마지않는 다윗의 신앙고백이 가리키는 메시아임을 분명히 하여 혈통과 영적 개념, 두 마리 토끼를 모두 충족시킨 발언으로 이해한 것이다. 밴후저는 이를 한층 발전시켜 예수는 인간의 몸을 입고 온 사람의 아들이지만, 동시에 예수는 무염수태라는 매우 독특하고 신비로운 출생을 통해 인간으로 나신 하나님의 아들이라는 믿음의 신비로 존재한다고 말한다. 이것이 바로 기독교 교리의 근간을

이루는 신비 중의 신비이며, 이를 받아들이는 믿음이 인간을 구원한다고 본 것이다.[24]

반면 현대의 진보 신학자 마르틴 디벨리우스는 이 이야기에는 교리적 신비보다는 혈통의 구분 자체가 무의미하다는 메시지가 담겨 있다고 생각한다. 문헌비평의 관점으로 이 이야기를 대하는 진보 신학자들 사이에서는 예수의 이 말이 실제 예수가 한 말이 아니라 이후 기독교가 형성되는 과정에서 예수의 신성성과 역사성 모두를 충족하기 위해 삽입된 추가 삽입절로 보는 관점에서 봐야 한다는 입장을 견지한다.[25]

그런 점을 제외하고도 디벨리우스는 대개의 진보 신학자들이 예수의 발언을 구약 성취에 집중하는 의도가 담겼다고 보는 의견에 반대한다. 진보 신학은 여전히 메시아를 이스라엘의 혈연적 관계에서만 찾고자 하는 인식에 매여 있는 서기관, 바리새인과 같은 종교 기득권층의 고루한 사고방식에 대한 시니컬한 풍자로 읽어야 한다고 본다.

회칠한 무덤이여

유대 지도자들을 향한 경고

(마태복음 23:27-36)

화 있을찐저 외식하는 서기관들과 바리새인들이여 회칠한 무덤 같으니 겉으로는 아름답게 보이나 그 안에는 죽은 사람의 뼈와 모든 더러운 것이 가득하도다

이와 같이 너희도 겉으로는 사람에게 옳게 보이되 안으로는 외식과 불법이 가득하도다

화 있을찐저 외식하는 서기관들과 바리새인들이여 너희는 선지자들의 무덤을 쌓고 의인들의 비석을 꾸미며 가로되

만일 우리가 조상 때에 있었더면 우리는 저희가 선지자의 피를 흘리는 데 참예하지 아니하였으리라 하니

그러면 너희가 선지자를 죽인 자의 자손 됨을 스스로 증거함이로다

너희가 너희 조상의 양을 채우라

뱀들아 독사의 새끼들아 너희가 어떻게 지옥의 판결을 피하겠느냐

그러므로 내가 너희에게 선지자들과 지혜 있는 자들과 서기관들을 보내매 너희가 그 중에서 더러는 죽이고 십자가에 못 박고 그 중에 더러는 너희 회당에서 채찍질하고 이 동네에서 저 동네로 구박하리라

그러므로 의인 아벨의 피로부터 성전과 제단 사이에서 너희가 죽인 바라갸의 아들 사가랴의 피까지 땅 위에서 흘린 의로운 피가 다 너희에게 돌아가리라

내가 진실로 너희에게 이르노니 이것이 다 이 세대에게 돌아가리라

마태복음 23:27-36

독사의 새끼, 그들은 누구인가

전통과 율법을 통해 의로움을 얻으려는 바리새파를 향한 예수의 공격은 거칠다 못해 과격하기까지 하다. 사실 저렇게까지 작심하고 비난을 쏟아 부어야만 했는지 의문이 들 때도 있다. 하지만 예수의 거칠고 공격적인 언행의 이면에서 진정한 가치가 왜곡되는 현실의 변화를 향한 간절한 소망을 읽을 수 있다.

첫 번째 비난은 무거운 짐에 대한 직유다. 무거운 짐이 의미하는 바는 세세하고 까다로운 계명들이다. 바리새파가 해석한 율법이 그들에게는 그들의 정체성을 유지해주고 명예와 가치를 지켜주는 도구가 될 수 있겠으나, 많은 이에게 그들의 율법은 하나님의 선물이 아닌 고통을 유발했다. 더욱이 현실 여건상, 삶의 여러 정황으로 인해 율법을 지킬 수 없는 이들에게 불필요한 죄의식만 양산할 뿐이었다.

예수는 5절 가르침을 통해 하나님을 찾기보다는 사람들, 인정받고 권력을 얻고 싶어서 몸이 달아 있는 바리새인들을 맹비난한다. 예수는 바리새파 사람들의 허영뿐 아니라 허례허식으로 가득찬 그들의 모순적인 태도를 비난한다. 또한 순종을 측정 가능하고 인간이 판단할 수 있는 업적으로 간주하는 종교성 이면의 역겨움을 고발한다.

8절에서 10절부터는 위계관계의 규정에 대한 예수의 강한 거부 의사를 확인할 수 있다. 그리스도교 공동체는 근본적으로 수평적인 형제애로 뭉친 집단이다.[26] 그들의 아버지인 하나님과 그들의 스승인 예수의 권위는 유일무이한 권위로서, 그 어느 것과도 비길 수 없다. 그런데 그 유일무이한 권위를 가진 자가 계급을 거부한다. 높은 자, 많이 가진 자가 아닌 낮은 자에게로 다가간다. 이런 상황에서 도대체 높은 자로 칭송받기를 원하는 뻔뻔한 자가 그리스도교 공동체에, 더 나아가 보편적 인류애의 가치에 어떤 의미를 부여할 수 있단 말인가.

예수의 분노는 저주로까지 이어진다. 첫 번째 저주는 율법학자들이 가진 하늘나라의 열쇠를 향해 던진다. 예수는 그들이 사람들의 하늘나라 입성의 가부를 결정하는 심판관인 양 행세하는 작태를 용납하지 않는다.

예수의 강한 말씀은 계속된다. 예수는 진실한 마음으로 생명을 추구하는 이들에게 또 다시 고루한 율법의 잣대를 들이밀며, 새롭게 자라나는 생명의 싹을 짓밟아버리는 바리새인의 위선을 비난한다. 그들의 위선은 제단을 만들고 그 제단에 맹세하는 행위에 만족해버림으로써 하나님으로부터 도망치고 하나님의 뜻과 생각은 잊어버리는 허위에서 비롯된다. 예수는 바로 그 점을 공격한다.

예수는 율법학자들과 바리새인들의 위선과 악한 성향을 회칠한 무덤, 탐욕과 방종으로 가득한 겉만 번지르르한 잔에 비유한다. 이러한 예수의 질타 뒤에 있는 근본적 배경에는 하나님의 심판에 관한 예수의 확신이 있다. 예수의 전 인격을 통해 감지되는 하나님 심판에 대한 두려움은 지금까지의 역사 전체를 궁극적으로 종결시킨다는 점에서 필연으로 인식된다. 분명한 것은 심판의 대가다. 고대 사상에 따르면 억울한 고통 속에서 흘린 피는 분명한 복수를 이룰 때까지 소리친다고 했다. 피의 호소에 대한 예수의 외침은 향후 나타나게 될 율법학자와 바리새파의 위선과 이기심이 어떤 비극을 초래할지에 대한 예견의 징후이다.

결국 예수는 참된 예언자이지만, 종교 기득권층의 선동과 썩은 전통을 등에 업은 이들의 손에 의해 살해당할 장본인이 되고 말 것이다. 예수는 자신의 운명을 알고 있음에도 자기 신변의 안위를 전혀 걱정하지 않는다. 도리어 그는 하나님의 심판을 자초하는 종교적 위선을 향해 소리친다. 종교 기득권층의 강고하고도 교묘한 군중 호도가 어떻게 수많은 유대인을, 더 나아가 인류의 존엄을 유린하고 짓밟는지 잘 알고 있었기 때문이다.

보수 개혁주의 신학자 코넬리우스 반틸은 종교 지도자들에 대한 예수의 맹렬한 비난을 종교적 타락에 대한 준엄한 꾸짖음이라 해석한다. 반틸은 종교가 타락한 가장 큰 까닭이 위선과 교만이라고 본다. 위선으로는 형식적으로만 종교에 접근하고 부도덕하고 불성실한 태도나 하나님을 거래 대상으로 보는 맹세 행위의 거짓, 물질적인 헌금을 통해 마음의 위안을 얻으려는 이기심, 외적 씻음을 내면의 순결성보다 우선하는 행위 등을 꼽을 수 있다.

교만은 마지막 일곱 번째 화를 드러낸 하나님을 향한 반역 행위의 근간이다. 결국 반틸은 인간의 교만한 마음이 숙주처럼 자라나 겉으로는 하나님을 섬긴다면서도 결국에는 자기 의를 하나님보다 더 앞세우는 인간의 교만이 하나님의 심판을 초래할 것이라고 주장한다. 여기서 반틸은 종교 지도자들을 향한 경고를 위선과 교만이라는 모든 인간이 가질 수 있는 보편적 개념으로 해석한다. 즉, 타락한 인간이 가진 마음에는 위선과 교만의 의지가 언제나 꿈틀거리고 있다는 것이 반틸이 이해하는 인간의 한계이며, 이 한계는 전적으로 하나님에 대한 믿음을 통해서만 극복할 수 있다고 주장한다.[27]

이에 반해 진보 신학자 디트리히 본회퍼는 보수 신학이 말하는 위선과 교만을 인간의 개인적 문제로 이해하는 것을 비판한다. 본회퍼는 이를 계급적 불평등과 부조리의 문제로 바라봐야 한다고 주장한다. 그는 예수가 맹비난을 퍼붓는 대상은 당대의 상류계급, 스스로 자신들을 구별된 자라고 부르는 엘리트 계급인 바리새인을 향하는 것임을 잊어서는 안 된다며, 이를 확장해 낡고 고루하고 추악한 권력의 노예가 된 인간들을 향해 강력한 전복을 예고한 이야기로 말씀을 해석한다.

그런 맥락에서 본회퍼는 권력의지의 부당함은 역사를 뛰어넘어 인류가 고민해야 할 부분이지만, 이를 거시적인 안목과 구조적 모순으로 받아들이지 않고 개인의 위선과 교만이라는 미시적 문제로만 보면 결국 거대한 권력 행위의 야만에 대해서는 침묵할 수밖에 없는 문제가 생길 수 있음을 지적한다.[28]

진실한 돈

과부의 헌금

(마가복음 12:41-44)

예수께서 연보 궤를 대하여 앉으사 무리의 연보 궤에 돈 넣는 것을 보실쌔 여러 부자는 많이 넣는데

한 가난한 과부는 와서 두 렙돈 곧 한 고드란트를 넣는지라

예수께서 제자들을 불러다가 이르시되 내가 진실로 너희에게 이르노니 이 가난한 과부는 연보 궤에 넣는 모든 사람보다 많이 넣었도다

저희는 다 그 풍족한 중에서 넣었거니와 이 과부는 그 구차한 중에서 자기 모든 소유 곧 생활비 전부를 넣었느니라 하셨더라

마가복음 12:41-44

헌금의 진정한 의미는 무엇인가

부자들이 공개 석상에서 보란 듯이 큰 돈을 쾌척할 때가 있지만, 예수는 이를 역겹다고 본 듯하다. 하지만 예수는 부자들에 대한 직접적으

로 비난하는 대신 진정한 헌금의 본질이 무엇인지에 주목했다. 공개적으로 헌금하며 부자들은 자신들이 공동체와 회당에 어느 정도 기여하고 있다고 생각하여 무한한 긍지와 자부심을 느꼈을 것이다. 그에 반해 가난한 과부는 가진 것이 없었기에 자신의 가진 것을 모두 털어 넣어도 자부심은 커녕 자괴감에 시달렸을 것이다. 하지만 예수는 이 상황을 보란 듯 역전시킨다. 예수는 가난하면서도 자신의 모든 것을 내놓은 과부의 믿음을 기억해야 한다고 말한다. 과부가 헌금한 것은 그녀가 지닌 전부였다. 그것은 당장 내일 써야 할 식비일 수도 있고, 하룻밤 이슬을 피하게 해줄 숙박비일지도 모른다. 하지만 누구도 과부의 이러한 중대한 결단에 박수쳐주지 않는다. 모인 이들은 큰 돈을 헌금한 부자만 환대하고 그에게 아부하고 줄서는 것에만 관심을 쏟을 뿐이다.

예수처럼 과부의 믿음에 주목하는 일이 쉽지 않은 이유는 우리 마음속에 누구나 차지하고 싶은 부에 대한 욕망이나 명예욕, 공동체 안에서의 인정욕구가 크게 자리하고 있기 때문이다. 그래서 예수의 언행은 우리에게 불편하지만 진실과 대좌하게 만드는 필연적인 결과를 불러온다.

기독교 윤리학자 올리버 오도노반은 과부의 헌금을 섬김의 참된 모본으로 봐야 한다고 주장한다. 오도노반은 교회와 자신이 믿고 섬기는 대상을 향한 진정한 섬김은 자신이 가진 모든 것을 드리고도 모자라다는 생각에 안타까워하는 과부의 마음에서 그 답을 찾을 수 있다고 주장한다.[29]

하지만 진보 신학자 다가와 겐조는 이 이야기를 가난한 과부의 헌신을 섬김보다는 당시 권력욕에만 사로잡혀 있던 위선적 권력가들을 향해 통렬히 야유하는 이야기이다. 다가와는 그 이유를 과부를 칭찬하기 이전에 권력자들에게 했던 예수의 비난에서 찾을 수 있다고 말한다. 예수는 마가복음 12장 40절에서 "저들은 과부의 가산을 삼키며 위선적으로 길게 기도하는 자"라며 권력가들의 행태를 비판한 다음, 가난한 과부의 행동을 칭찬했다. 다가와는 예수가 당시 종교적 심성을 달리 표현할 길 없어 자신이 가진 모든 열망을 제단 위에 내어 놓은 과부의 그 마음조차 탐욕에 찌든 권력가의 추악한 뱃속으로 들어가는 현실을 개탄한 나머지 이와 같은 발언을 했다고 이해한다.[30]

제10부

충격과 공포

감람산에서의 예수 언행

예루살렘 성전에서 일대 파란을 일으킨 예수가 잠시 성전을 떠난다. 성전을 떠나 기드론 골짜기 건너편 동쪽을 향해 움직이기 시작한 예수는 곧장 감람산 기슭으로 올라간다. 기도하기 위해서인지, 어떤 이유에서인지는 알려지지 않았다. 하지만 분명한 것은 감람산 기슭으로 올라가는 예수를 따르던 제자들의 시선이 묵묵히 산을 향해 걸어 올라가는 예수의 뒷모습이 아니라, 화려함과 부에 잠식당한 성전의 아름다움에 있었다는 사실이다. 제자들은 기대에 한껏 벽차오른다. 이제 곧 예수의 메시아 권위가 공식화되면 저 아름다운 성전도 자신들의 차지가 될 것이라 믿었다. 하지만 예수는 제자들의 기대를 저버리는 선언을 하고 만다. 성전의 멸망을 예언한 것이다.

예수의 예언은 극적인 상징성을 품고 있다. 예수는 성전의 재앙을 예견하면서 어떠한 자비도 베풀지 않았다. 예수의 이러한 예언은 역사적 진실이 되고 말았다. 연대에 대한 의견도 분분하고 해석의 차이도 있지만, 주후 70년경 로마 군대에게 저항하던 유대인들이 대대적으로 살육당하고 포로를 잡히는 참극이 벌어진다. 그때 예루살렘 성마저 이방 거주자들에 의해 함락당하고 말았다. 이러한 참혹한 현실 속에서 어떤 희망도 버텨내기 힘들었다.

이 멸망의 예언은 이 시대에서만 끝나지 않았다. 인류 역사는 예루살렘 성전 파괴보다도 더 끔찍하고 부조리한 홀로코스트를 겪어야 했고, 두 차례의 세계대전을 견뎌야 했으며, 지금도 곳곳에서 전쟁과 테러가 일어나고 있다. 비극이 2천 년 넘게 이 세상을 잠식하고 있는 셈이다. 예수는 인류 역사의 모든 고통을 실제적으로 일어날 자비가 무너진 야수성이 지배하는 참상이라 말했다.

동시에 예수의 멸망 예언은 천상적 사건의 묘사로 인해 극적인 상징으로 변한다. 상징성에 대한 여러 신학적 해석학의 첨예한 차이와 이질성에도 불구하고 한 가지 공통점이 존재한다. 바로 예수 언행으로 인해 제자들이 세속적인 기대를 더는 할 수 없게 되었다는 점이다. 이제 남은 것은 고난과 부활뿐이다. 세속적 욕망에 대한 모든 기대가 무너진 제자들에게 예수가 말하는 부활은 어떤 의미였을까?

미움을 받더라도 끝까지 견뎌라

재난의 시작

(마가복음 13:1-13)

예수께서 성전에서 나가실 때에 제자 중 하나가 이르되 선생님이여 보소서 이 돌들이 어떠하며 이 건물들이 어떠하니이까

예수께서 이르시되 네가 이 큰 건물들을 보느냐 돌 하나도 돌 위에 남지 않고 다 무너뜨려지리라 하시니라

예수께서 감람산에서 성전을 마주 대하여 앉으셨을 때에 베드로와 야고보와 요한과 안드레가 조용히 묻되

우리에게 이르소서 어느 때에 이런 일이 있겠사오며 이 모든 일이 이루어지려 할 때에 무슨 징조가 있사오리이까

예수께서 이르시되 너희가 사람의 미혹을 받지 않도록 주의하라

많은 사람이 내 이름으로 와서 이르되 내가 그라 하여 많은 사람을 미혹하리라

난리와 난리의 소문을 들을 때에 두려워하지 말라 이런 일이 있어야 하되 아직 끝은 아니니라

민족이 민족을, 나라가 나라를 대적하여 일어나겠고 곳곳에 지진이 있으며 기근이 있으리니 이는 재난의 시작이니라

너희는 스스로 조심하라 사람들이 너희를 공회에 넘겨주겠고 너희를 회당에서 매질하겠으며 나로 말미암아 너희가 권력자들과 임금들 앞에 서리니 이는 그들에게 증거가 되려 함이라

또 복음이 먼저 만국에 전파되어야 할 것이니라

사람들이 너희를 끌어다가 넘겨줄 때에 무슨 말을 할까 미리 염려하지 말고 무엇이든지 그 때에 너희에게 주시는 그 말을 하라

말하는 이는 너희가 아니요 성령이시니라 형제가 형제를, 아버지가 자식을 죽는 데에 내주며 자식들이 부모를 대적하여 죽게 하리라

또 너희가 내 이름으로 말미암아 모든 사람에게 미움을 받을 것이나 끝까지 견디는 자는 구원을 받으리라

마가복음 13:1-13

무슨 수로 끝까지 견딘다는 말인가

예수의 마지막 때에 대한 언급은 옛 시대와 오는 시대의 전무후무한 종말론적 경고로 읽힌다. 베드로, 야고보, 요한, 안드레. 조용히 물어오는 네 명의 제자들을 향한 가르침으로 전개된다.

제자들은 성전에 대해 벅차게 감격하여 질문했을 것이다. 성전 건물의 화려함과 위대함에 도취된 유대인들의 자부심을 그대로 옮겨 담은 듯한 제자들의 말에서 예수는 제자들로서는 전혀 예상하지 못한 충격적인 발언을 쏟아낸다. 성전이 완전히 파괴되리라 예언한 것이다.

"이 큰 건물들을 보느냐? 돌 하나도 돌 위에 남지 않고 다 무너뜨려지리라."라는 예수의 충격적인 발언으로 인해 제자들은 두려움에 사로잡혔을 것이다. 예수한 이렇게 분위기를 조성한 후 본격적으로 재난을 경고한다.

그 포문을 여는 것이 미혹된 자들에 대한 경고이다. 예수는 제자들로부터 때와 표징에 대한 질문을 받고 난 뒤 사람의 미혹에 대해 경고했다. 여기엔 특정한 의도가 내포되어 있다. 예수는 이 말이 종말 후 일어난 일들을 궁금해하는 호기심을 해결해주는 정도의 차원에서 그치지 않고, 종말론적 각성으로 제자들이 압도되길 바랐다. 지금도 이

따끔 등장하기는 하지만, 당시에는 메시아라 자처하는 사람이 더 많이 있었다. 이에 예수는 이렇게 밝힌다. 다시 올 사람의 아들은 다른 방식으로 올 것이라고 말이다. 그들은 영향력을 펼치고 싶은 욕구로 인해 자신을 현실 세계에 드러낼 테지만, 예수의 재림은 역사를 돌파하고 종결짓는 차원에서 일어날 것이다.

예수의 예언은 미혹자들에 대한 경고 이후 곧바로 환란과 기근, 전쟁의 공포로 이어진다. 전쟁에 대한 소문은 분명 세상 사람들과 더불어 교회 공동체마저 불안에 빠뜨릴 것이다. 하지만 예수는 그렇다 해서 교회 공동체가 흔들려서는 안 된다고 말한다. 전쟁으로 인한 환란은 당시의 유대 전쟁을 떠올리게 한다. 그러나 예수가 말한 전쟁의 범주는 물리적인 전쟁만이 아니라 전 지구적 범위로까지 확장된다. 유대 전쟁뿐만 아니라 기근과 지진과 같은 자연재해까지 포괄한다.

구약성서에서는 재난을 '해산의 진통'이라고 표현하여 메시아가 나타나기까지 있을 진통을 예고했다.[1] 이것은 종말 이전의 재난의 때를 가리킨다. 일종의 고통스러운 해산 과정을 거친 다음에야 구원의 시기가 오리라고 한 것이다. 그러므로 예수는 이런 힘든 과정을 이겨내라고 주문한다.

특히 예수는 제자들이 받을 고통에 대해 담담히 설명하며 그 고통을 감내하라고 말한다. 그들은 법정에 서게 될 것이고, 세속인들의 심판 속에서 핍박받게 될 것이다. 예수는 그 고통 속에서도 복음이 지구촌 모든 민족에게 전파되어야 한다고 강조한다. 이 통찰은 교회 공동체로 하여금 박해받는 상황을 제대로 이해할 수 있게 이끌어줄 것이다. 교회 공동체는 자신들이 책임져야 할 역사적인 사명인 세계 선교가 종말 이전에 반드시 일어나야 함을 자각해야만 한다. 그것은 인간의 의지나 욕구에 따라 이뤄지는 것이 아니다. 박해받는 제자들이 세상을 향해 외치는 외침은 성령 안에서 이뤄진다. 순교자는 특별한 성령의 매개가 된다. 따라서 예수는 그들이 자신을 어떻게 변호해야 할지 염려할 필요가 없다고 말한다.

성령의 특별함이 주는 위로에도, 이어지는 예수의 경고에서는 일말의 동정도 느껴지지 않는다. 예수의 추종자는 가족들에게도 박해받으며 그들과 적대적인 관계를 맺게 될 것이다. 예수는 그 시련을 미화하거나 감하지 않는다. 대신 예수는 그들이 겪게 될 시련의 절정에 비례하는 희망을 제시한다. "끝까지 견디는 자는 구원을 받으리라."

마지막이라는 뜻으로 쓰인 희랍어 '텔로스$\tau\epsilon\lambda o\varsigma$'는 이중적 의미를 지닌다.[2] 이 말은 사전적으로 명백한 죽음을 가리킨다. 하지만 마가복음, 마태복음에서 쓰인 이 말은 그 이상의 의미를 갖는다. 기다리는 세상의 종말이 이미 개인의 죽음에서 주어질 수 있다는 의미다. 이때 얻게 될 구원은 단지 신체적 곤궁으로부터의 해방만을 뜻하지 않는다. 하나님에 의한 궁극적인 구원을 가리킨다.

보수 복음주의 신학자 C. E. B. 크랜필드는 예루살렘의 환란에 대해 예견된 종말 이야기를 당시 로마 황제의 기독교 탄압과 유대 반란 이후 진압 전쟁으로 혼란스러운 와중에 일어났던 영적 박해에 대한 보편적 경고로 확장한다. 다시 말해 성서가 기록될 당시 혼란스러운 시대 상황에서 예수를 믿는 기독교인이 어떤 마음가짐을 가져야 하는지에 대한 지침으로 읽어야 한다는 것이다.[3]

하지만 이러한 영적 경고에 대해 종말론자들은 예수가 말한 이 시대의 끝 날이 곧 다가올 것이라며, 종말을 문자 그대로 받아들여 종말론에 심취했다.[4] 그들은 세상이 말세라는 가르침에 십분 공감하여 세속적인 사건에는 최대한 소극적으로 대응하며 개인, 가족, 그리고 교회 문제에만 집중하는 폐쇄적인 사람들이었다.

반면 진보 신학자 에텔베르트 스타우퍼는 마가복음 13장 초반부에 열거된 상황을 영적 메시지로 읽기보다는 당대 혼란상에 대한 역사 기록으로 봐야 한다고 주장한다. 다시 말해 메시지의 무게 중심을 하나님 말씀이라는 영적 보편성에 두기보다는 시대 현실에 대한 바른 통찰력을 요구하는 메시지로 이해해야 한다는 것이다. 스타우퍼는 본 이야기를 관통하는 핵심이 재난의 시작과 재난을 통과하는 과정에서 품어야 할 복음의 정신이라고 주장한다. 스타우퍼가 말하는 복음의 정신은 힘든 사회에서 살아남기 위해 내 가족, 내 교회만 아는 이기심을 내려놓고 희생정신과 인권 존중의 바른 자세를 가지는 것을 뜻한다. 스타우퍼는 재난의 현실에서 흔들릴 수 있는 인권이라는 대의를 잃지 않고 모든 이가 함께 평화를 지향하는 대승적 원칙을 견지하는 자세가 혼란스러운 이 시대를 살아가는 인간의 바른 자세라고 주장한다.[5]

화가 있으리로다

전무후무한 환란

(마가복음 13:14-23)

멸망의 가증한 것이 서지 못할 곳에 선 것을 보거든 (읽는 자는 깨달을진저) 그 때에 유대에 있는 자들은 산으로 도망할지어다 지붕 위에 있는 자는 내려가지도 말고 집에 있는 무엇을 가지러 들어가지도 말며 밭에 있는 자는 겉옷을 가지러 뒤로 돌이키지 말지어다 그 날에는 아이 밴 자들과 젖먹이는 자들에게 화가 있으리로다 이 일이 겨울에 일어나지 않도록 기도하라 이는 그 날들이 환난의 날이 되겠음이라 하나님께서 창조하신 시초부터 지금까지 이런 환난이 없었고 후에도 없으리라 만일 주께서 그 날들을 감하지 아니하셨더라면 모든 육체가 구원을 얻지 못할 것이거늘 자기가 택하신 자들을 위하여 그 날들을 감하셨느니라 그 때에 어떤 사람이 너희에게 말하되 보라 그리스도가 여기 있다 보라 저기 있다 하여도 믿지 말라 거짓 그리스도들과 거짓 선지자들이 일어나서 이적과 기사를 행하여 할 수만 있으면 택하신 자들을 미혹하려 하리라 너희는 삼가라 내가 모든 일을 너희에게 미리 말하였노라

마가복음 13:14-23

멸망의 가증한 것이란 무엇인가

새롭게 제시되는 환란의 징조 중 눈에 띄는 것은 세상에서의 거짓 그리스도의 득세와 가증한 것이 세상의 지배권을 가지고 인류를 지배한다는 예언이다. '가증한 것'은 구약성서에서 혐오하는 대상, 특히 손으로 만든 우상을 가리킨다. '멸망의 가증한 것'이라는 표현은 다니엘서 11장 31절이나 12장 11절 등에도 언급된 바 있다. 예수는 가증한 것이 세상 권력을 차지하게 되었을 때 산으로 도피하라고 말한다. 유대 전통에서 산으로 도피하라는 것은 견고한 도성인 예루살렘을 피난처로 삼았을 때의 안정감을 믿지 말라는 의미다.

도성이 위협받는다는 것은 유대 전쟁을 뜻한다. 또한 서지 못할 곳이라고 표현된 곳은 거룩한 장소로, 그곳에 선 것은 분명하게 알려질 가증스럽게 인격화된 존재인 적그리스도를 뜻한다. 이렇듯 가증한 것이 등장하면 도피하기 어렵겠지만, 만약 산으로 도망친다면 로마 군대를 피할 수 있을 테니 산으로 도피하는 것이 가장 안전하다고 진단한 듯하다. 지붕 위에 있는 자, 밭에 있는 자라는 상징어는 위 사건, 가증한 것의 득세로 인한 세계 지형의 근본적 변동에 대한 놀라움을 적절하게 해설한다. 근본적 변혁이 일어나는 상태에서 무엇을 가져오려고 집 안으로 다시 들어가거나 하는 행동은 사건의 위중함에 비교해볼 때 아무 도움도 되지 않을 것이다.

이런 일들이 겨울에 일어나지 않기를 염원하는 예수의 말에서 추위를 맞은 팔레스타인 지역의 자연 특징을 찾을 수 있다. 곧 겨울철 내내 우기에 접어들어 진흙탕 길을 질퍽거리며 걸어 다녀야 하는 팔레스타인 지역을 살아가는 이들의 지극히 현실적인 고민이 묻어 있다.[6] 이는 하나님의 자비로 이러한 도피 생활이 곤궁의 극한 형국 속에서도 그들의 자유와 존엄을 훼손하지 않게 해달라는 기도와 맥을 같이한다.

하나님의 자비는 남은 백성을 위해 재앙의 날들을 감하셨다고 말씀하신 예수 가르침에서 절정에 이른다. 만약 이러한 하나님의 결정이 없었다면 땅에 있는 모든 인간, 모든 육체는 필멸하고 말 것이다. 이렇듯 구원은 신체적인 난처함으로부터의 해방까지 포괄한다. 환란은 하나님을 향한 전적 신뢰를 범속한 차원으로 끌어내리려 하기 때문이다. 예수는 이를 삼가고 조심하라고 경고한다. 앞으로 일어날 일에 대해 아무 걱정도 하지 말라는 가르침이 아니다. 오히려 그것은 환란에 철저히 대비하라는 가르침이다.

보수 복음주의 신학자 C. E. B. 크랜필드는 14절에 언급된 멸망의 가증한 것, 22절에 언급된 거짓 그리스도와 거짓 선지자 등을 당대 역사에서는 로마 황제, 그릇된 가르침을 남발하는 종교 지도자로, 오늘의 현실에서는 타락한 인간 본성을 쫓는 세속의 지도자나 그들의 가르침으로 이해한다. 즉, 참그리스도의 복음은 초월적 생명을 부여하는 영적 가르침으로, 그에 반대되는 가르침을 세속적 가르침으로 구분하고 그것을 하나님의 교훈인 양 말하는 모든 문화, 흐름, 경향, 주장, 철학 등을 거짓의 범주로 규정하고 지양해야 한다는 것이다.[7]

그보다 더 보수적인 입장을 고수하는 장 칼뱅은 거짓 그리스도를 적그리스도와 동일시한다. 그런 맥락에서 악마로 언명되는 실제로 하나님과 대적하는 악한 초자연적 존재가 인간 세상을 지배하며 인간을 불신앙의 늪에 빠뜨리는 것이 종말 시대의 징조라고 주장한다.[8]

반면 현대의 진보 신학자 스티브 슐츠는 극렬한 환란의 도래를 심판과 하나님 나라의 혼재라는 관점에서 접근해야 한다고 주장한다. 멸망의 가증한 것과 거짓 그리스도의 득세가 뜻하는 바는 이 땅의 기득권 세력, 종교 권력이 가난한 자들을 탄압하는 막장으로 보는 것이다. 슐츠는 그러한 광기의 결말은 언제나 자멸로 나타났음에 주목해야 한다고 말한다. 수많은 역사적 교훈이 이를 뒷받침하고 있다. 과거 독재 정권의 언론과 인권, 표현의 자유를 탄압하던 그 무자비성이 고조되면 고조될수록 정의의 심판, 그 새벽 여명이 가까이 왔음을 암시하는 역설적 희망이라는 점에 주목한다.9) 그런 맥락에서 슐츠를 비롯한 진보 신학자들은 거짓 그리스도를 기득권 세력이 펼쳐 보이는 마지막 발악, 그 징후로 봐야 한다고 보며, 오히려 그 이면에 자리 잡은 새 시대의 하나님 나라를 소망할 수 있다고 본다.

그날이 오면

종말의 징조들

(마가복음 13:24-32)

무화과나무의 비유를 배우라 그 가지가 연하여지고 잎사귀를 내면 여름이 가까운 줄 아나니

이와 같이 너희가 이런 일이 일어나는 것을 보거든 인자가 가까이 곧 문 앞에 이른 줄 알라

내가 진실로 너희에게 말하노니 이 세대가 지나가기 전에 이 일이 다 일어나리라

천지는 없어지겠으나 내 말은 없어지지 아니하리라

그러나 그 날과 그 때는 아무도 모르나니 하늘에 있는 천사들도, 아들도 모르고 아버지만 아시느니라

마가복음 13:24-32

그날은 언제 오는가

이 재난은 분명 지상의 사건이 아닌 천상의 사건이다. 그러므로 지상의 고통이 천상의 돌발적인 개입에 의해 평정되는 단계로 접어들었음

을 알 수 있다. 해, 달, 별, 천체의 변화는 당시 묵시 문학에서 주로 쓰이던 소재였다.[10] 이사야서 13장 10절의 "하늘의 별들과 삼성성좌는 빛을 잃고 해는 떠도 침침하고 달 또한 밝게 비치지 않는다."는 구절과 70인역 이사야 34장 4절의 "포도나무 잎이 말라 떨어지듯, 무화과나무의 낙엽이 지듯 별들이 우수수 떨어진다." 등에서 이미 천상의 지각 변동에 대한 예견이 있었다. 구약성서에서는 이러한 변화 예언을 하나님의 분노의 심판을 말하는 야훼의 날에 나타나는 현상이라 본다.[11]

예수 역시 하늘의 별이 떨어지는 재난 현상을 죄인들에 대한 심판은 반드시 이뤄진다는 사실에 대한 은유로서 강조한다. 이러한 묘사는 엄중한 처벌은 물론, 우주의 변화까지 함께 나타낸다. 이 종말극은 사람의 아들이 현시하는 사태의 도래에서 절정에 이른다.

예수는 사람의 아들, 구원자이자 심판주가 하늘의 구름을 타고 온다고 말한다. 구름을 타고 온다는 것에서 예수 자신이 신적인 존재임을 분명히 알 수 있다. 시편 8장 6절에서 언급된 그를 둘러싼 큰 권능과 영광은 어둠과 혼란과는 분명히 구별되는 재림주의 존엄과 관련 있다.

그 존귀한 존재가 심판의 날에 자신의 백성들을 불러 모은다. 이 극적인 장면을 예수는 지구상에 모든 흩어진 이가 한 곳으로 모인다고 묘사한다. '하늘 끝에서 땅 끝까지'라는 표현은 땅과 하늘의 가장 높은 곳, 또는 갈릴리 또는 산 자들과 죽은 자들의 영역에 관련하거나 그 어떤 상황 속에서도 선택받았음에 대한 확증을 잊지 않는 이들에게 반드시 찾아오고야 말 사람의 아들의 강한 구원 의지를 나타낸다.

보수 성경신학자 빈센트 테일러는 천체의 흔들림과 인자의 재림을 문학적 상상력으로만 이해하려는 시도 일체를 비신앙이라고 본다. 테일러는 이를 영적 관점에서 실제로 이해해야 한다고 주장한다. 인간은 영적 관점을 온전히 이해할 수 없겠지만, 하나님은 만물의 창조주이기 때문에 초자연적 방법으로 자신의 심판과 구원의 초자연성을 약속한 대로 펼쳐 보일 수 있다는 것이다. 그런 맥락에서 테일러는 32절의 '그날과 그때', 즉 종말의 때는 아무도 모르며 오직 아버지 하나님만 알고 있다는 가르침을 통해 종말과 구원으로 압축되는 심오한 대주제가 오직 창조주인 하나님의 주권에 있음을 말한다고 본다. 그것을 믿는 것이 겸손한 믿음이요, 기독교인의 바른 신앙 자세라고 말한다.[12]

반면 진보 신학자 제임스 로빈슨은 인자의 임함을 말하는 텍스트를 묵시 문학의 관점에서 이해해야 한다고 본다. 그런 맥락에서 로빈슨에게 그리스도의 강림을 천체가 흔들리는 초자연적 사건을 믿음의 관점으로 이해하는 것은 그에게 큰 관심사가 아니다. 로빈슨이 주의 깊게 보는 것은 아무도 모르게 임하는 메시아 강림의 돌연성과 필연성이다.[13] 어느 누구도 돌연 발생하는 심판을 피할 수 없다. 그 필연성은 예측할 수 없는 체제 전복의 불가피성을 동반한다. 즉, 메시아의 임재는 어떤 교리, 또는 철저히 준비하고 체제로서의 안정을 추구해온 상층계급을 무력화시키는 체제 전복의 혁명을 의미한다고 본다.

하나님 나라의 도래를 예수는 임박한 현실로 묘사하는데, 로빈슨은 이 임박한 현실을 이미 온 현실이라고 말하며, 동시에 인간의 깨어난 자각, 각성된 의식으로 인해 일궈내야 할 미래라고 주장한다. 결국 로빈슨은 예수가 말한 하나님 나라는 인간의 손과 깨어난 정신에 의한 마땅한 응답이며, 진리와 정의에 대한 외침이 드높아질수록 더 발작적으로 세상과 기득권층의 탄압은 일어날 테지만, 하나님 나라는 반드시 승리하리라는 희망의 메시지가 담겨 있다고 주장한다.

깨어 있으라

각성 촉구

(마가복음 13:33-37, 마태복음 24:37-25:46)

주의하라 깨어 있으라 그 때가 언제인지 알지 못함이라

가령 사람이 집을 떠나 타국으로 갈 때에 그 종들에게 권한을 주어 각각 사무를 맡기며 문지기에게 깨어 있으라 명함과 같으니

그러므로 깨어 있으라 집주인이 언제 올는지 혹 저물 때일는지, 밤중일는지, 닭 울 때일는지, 새벽일는지 너희가 알지 못함이라

그가 홀연히 와서 너희가 자는 것을 보지 않도록 하라

깨어 있으라 내가 너희에게 하는 이 말은 모든 사람에게 하는 말이니라 하시니라

마가복음 13:33-37

어떤 것이 깨어 있는 것일까

앞선 단락에서 예수는 자신이 말한 사람의 아들의 영적이면서도 종말론적 도래의 순간은 아무도 모른다고 단언한 바 있다. 예수는 때에 대

한 구체적인 예측이나 예견에 힘을 쓰는 것이 적어도 교회 공동체에게 소모적인 일이라는 사실을 분명히 하기 위해 "깨어 있으라."는 근본적 각성을 촉구하며 종말 예고를 마무리한다.

예수는 교회 공동체가 오직 믿는 마음으로 하나님이 언제까지라도 변함없는 역사의 주인이라고 믿어야 하며, 마지막 때에도 하나님이 모든 사물과 역사, 체계를 지배한다고 믿어야 한다고 강조한다. 그리스도인에게는 그때가 언제인지 정확하게 예측하는 일이 중요하지 않다. 바로 지금 자신이 말한 메시지의 핵심, 그 참의미를 지키는 일이 중요할 뿐이다. "주의하라."는 말뜻에 담긴 권면을 보면 예수 언행 속에 담긴 속뜻을 헤아릴 수 있다.

예수는 깨어 있으라는 각성을 촉구하기 위해 문지기 비유를 든다. 이 비유에서 하려고 한 말은 신의 임현 시기에 깨어 있음으로써 자신에게 주어진 역할에 최선을 다해야 한다는 것이다. 깨어 있음이란 망상과 도취, 세속에 세뇌되지 않고, 맑은 정신과 마음으로 종말론적 구원 확증으로 인해 환기된 긍정적인 긴장 속에서 자신을 내어놓아야 함을 뜻한다. 문지기 비유의 핵심은 집주인이 언제 돌아올지 모른다는 점이 문지기로 하여금 언제나 깨어 있을 수밖에 없게 한다는 것이다. 문지기는 깨어 있으라는 집주인으로 상징되는 하나님의 특별한 소명을 부여받음으로서 일종의 특별한 영적 지위를 얻는다. 그 영적 지위는 종말론을 일종의 협박이나 위협의 도구로 삼는 태도와 완전히 구별된다. 문지기는 주인이 갑자기 예기치 않은 때에 올지 모르므로 늘 준비하고 깨어 있어야 한다.

예수는 제자들에게 충격과 공포로 도색된 마지막 날에 대한 징후와 예견이 담긴 언행을 절대 숨기지 않았다. 하지만 그것은 온통 파멸로만 얼룩져 있지는 않다. 오히려 예수는 종말론적 시대에서 깨어 있음이 갖는 구원의 소중함이 얼마나 위대한지를 강조함으로써, 종말할 날만을 열광적으로 동경하거나 그 시기가 구체적으로 어느 때인지만 계산하며 살아가는 무력한 도피주의자가 양산되는 것을 막는다. 예수가 말한 종말의 인식, 깨어 있음의 궁극적인 미덕은 오늘의 시대 상황에 주목하고 주가 위임한 '깨어 있음'의 권한을 과감히 행사하며, 그에 대한 책임을 다하는 것이다.

마지막 때에 닥쳐들 수난에 대한 각오와 그때에 대한 각성이 주는 영적 희열은 서로 분리되거나 외면할 수 있는 성질이 아니다. 장차 구름 타고 오실 천상의 메시아, 사람의 아들이 먼저 십자가의 길을 가기 때문이다.

보수 개혁주의 신학자 안토니 후크마가 이해하는 예수의 "깨어 있으라."는 단 한 가지, 믿음의 강화에 집중된다. 하나님의 전능한 심판과 구원의 역사, 그 시기와 때를 우리는 알지 못하므로 깨어 있지 않으면 닥쳐올 화를 피할 수 없다는 것이 후크마가 본 예수 가르침의 핵심이다. 후크마는 그 핵심 속에 담긴 깨어 있음의 필요조건으로 믿음을 이야기한다.[14]

하지만 후크마를 대표로 하는 개혁주의 신학, 즉 보수 신학자들은 믿음이 단순히 기계적으로 '아멘'만을 외치는 주술적인 주문으로 이해되어서는 안 된다고 말한다. 보수 신학은 참믿음을 위해서는 적극적인 실천이 필요하다고 강조한다. 그 실천은 신앙생활의 강화, 교회 활동의 적극성, 활발한 복음 전파와 선교 등으로, 세상의 비도덕적 행태와의 구별된 삶을 살게 한다.

반면 진보 신학자 조엘 카마이클은 깨어 있음의 메시지를 하나님 나라의 새로운 개념 이해, 그로 인한 사회적 실천이라고 주장한다. 카마이클이 이해하는 깨어 있지 못함은 단순히 예수를 영적 구원자로 보는 믿음의 부재가 아니다. 사회와 세상을 에워싼 모든 부조리, 구조악, 부당함 등에 대해 눈 막고 귀 막는 행태가 곧 깨어 있지 못함이다. 그런 맥락에서 카마이클은 예수가 말한 깨어 있음을 당대에는 로마 권력, 예루살렘으로 상징되는 종교 권력에 대한 저항으로 읽어야 하고, 오늘의 현실에서는 종교, 정치, 사회를 짓누르는 맘몬의 세력과 탐욕, 이기심이 낳은 구조악의 철폐를 위한 투쟁으로 보아야 한다고 주장한다.[15]

제11부

최후의 만찬

다락방과 겟세마네

앞서 예고된 수난이 임박한 목요일 밤이다. 예수의 마지막 순간은 매우 빠르게 진행된다. 이른바 십자가 죽음과 고난이 있던 예수의 마지막 주간에 이미 유대 지도자들은 예수를 죽이려고 음모를 꾸미기 시작했다. 임박한 체포의 순간, 예수는 목요일 밤 열두 제자와 함께 최후의 만찬을 준비한다. 마지막 만찬을 마친 뒤 예수는 겟세마네 동산으로 출발하고 체포되었다.

이 과정에서 가장 주목할 만한 사건은 믿었던 제자 가룟 유다의 배신과 그리스도가 유월절 식사 과정에서 보인 종의 모습이다. 종의 모습은 세족식에서 절정에 이른다. 세족식은 구약성서 이사야서의 고난받는 종의 절정과 일치한다. 이로 인해 제자들은 크게 실망한다. 하지만 예수의 가르침은 그런 실망에 아랑곳하지 않고 마지막 가르침을 내린다. 이것이 이른바 고별 강화다.

요한복음 14장에서 17장까지 이어지는 길고 장엄한 고별 강화는 마지막 유월절 식사 때의 말씀 이후 처음이다. 그 말씀은 딱딱하고 어려운 설교도 아니고, 어리석은 제자들을 책망하는 말씀도 아니다. 그는 온갖 우울과 절망에 사로잡힌 제자들에게 근심을 거두고 하나님과 자신을 향한 절대 희망을 품으라고 독려한다. 이는 유대 문학의 고별 강화와 여러 측면에서 유사하다. 유대 문학에 등장하는 유명한 영웅은 장엄한 죽음을 앞두고 그의 제자들과 추종자들에게 자신이 죽은 후 어떻게 살아야 할지를 가르쳐준다. 예수 역시 그와 크게 다르지 않다. 하지만 한 가지 분명한 차이가 있다. 그것은 바로 예수가 고뇌했다는 점이다.

끔찍한 십자가 처형의 시간이 다가오자 예수는 겟세마네 동산에서 오열한다. 울고 또 울며 자신의 솔직한 마음을 쏟아낸다. 예수 역시 죽음의 공포, 그 두려움과 싸울 수밖에 없는 인간이었던 것이다. 그건 어쩌면 인간만이 가질 수 있는 모순으로 가득한 위대함일 터이다.

우리를 위하여 준비하라

최후의 만찬 I

(마가복음 14:10-16)

열둘 중의 하나인 가룟 유다가 예수를 넘겨 주려고 대제사장들에게 가매

그들이 듣고 기뻐하여 돈을 주기로 약속하니 유다가 예수를 어떻게 넘겨줄까 하고 그 기회를 찾더라

무교절의 첫날 곧 유월절 양 잡는 날에 제자들이 예수께 여짜오되 우리가 어디로 가서 선생님께서 유월절 음식을 잡수시게 준비하기를 원하시나이까 하매

예수께서 제자 중의 둘을 보내시며 이르시되 성 내로 들어가라 그리하면 물 한 동이를 가지고 가는 사람을 만나리니 그를 따라가서

어디든지 그가 들어가는 그 집주인에게 이르되 선생님의 말씀이 내가 내 제자들과 함께 유월절 음식을 먹을 나의 객실이 어디 있느냐 하시더라 하라

그리하면 자리를 펴고 준비한 큰 다락방을 보이리니 거기서 우리를 위하여 준비하라 하시니

제자들이 나가 성내로 들어가서 예수께서 하시던 말씀대로 만나 유월절 음식을 준비하니라

마가복음 14:10-16

예수가 내어줄 몸은 무엇인가

예수에게 있어서 그날은 가장 비극적인 날이었다. 십자가 형벌을 예감하는 예수 앞에 마지막 식사가 기다리고 있다. 그런데 마지막 식사를 앞두고 충성스러운 열두 제자 중 한 사람인 가룟 유다가 배신하리라는 것을 예감해야 하는 현실, 예수는 과연 그 악몽 같은 시간을 어떻게 견뎌냈을까?

잘 알려진 바대로 최후의 만찬 직전 유다의 배신이 예측되는 장면이 묘사된다. 유다가 대사제를 찾아갔다는 점에서 무리에서 분명히 이탈했음을 알 수 있다. 그럼에도 기록자가 그를 열두 제자 중의 하나로 언급한 것은 경고하기 위함이다. 예수와 제아무리 개인적 친밀 관계가 형성되어 있던 유다라 해도 그의 배신 행위를 막을 수는 없었다. 그가 스스로 적대자 집단인 대사제들을 찾아갔기 때문이다. 이러한 유다의 행위를 어떤 주술적인 힘, 악마적인 힘에 이끌려 제 의지와는 상관없이 벌어진 일이라 보기 어렵다. 그는 충분히 이성적이고 자유의지를 가진 존재였다. 열두 제자 중 누구보다 총명했다. 유다의 선택은 전적으로 그 자신의 주체적 결정으로 의해 자유롭게 행해졌음이 확실하다. 예수에 대한 실망에서 비롯된 충동이든 치밀하게 계획된 것이든, 유다는 그 배신 행위로 인해 면죄부를 받기 힘든 나락으로 떨어지고 만다.

유다가 계략을 꾸미기 시작하고 얼마 후, 사람들이 유월절 행사를 위해 음식을 준비하느라 분주하다. 유월절에 하는 양 도살은 유월절 전날에 보통 거행되었지만, 마가복음에는 준비일과 축제일에 하는 일이 뒤섞여 묘사되어 있다.[1] 예수가 유월절 풍습에 크게 얽매이지 않았다는 점을 알 수 있는 대목이다.

유월절 축제 기간이 되면 예루살렘 주민들은 순례자들에게 관대하게 행사 장소를 빌려줬다. 예수는 열두 지파 사이에 분배되지 않았던 예루살렘 집 중 하나인 큰 다락방을 골라 그곳에서 마지막 만찬을 준비한다. 예수는 큰 다락방은 도시 가옥의 위층에 있는 가장 큰 방이기 때문에, 이곳에서 식사를 한다면 이스라엘 백성이 이집트 종살이로부터 해방되었음을 기념하기에 적당해 보였던 모양이다.[2] 예수는 아무리 가난한 사람도 유월절 식사를 편히 즐길 권리가 있음을 보여주고 싶었던 것이다.

보수 복음주의 설교가로 알려진 찰스 스펄전은 예수의 최후의 만찬에서 새로운 약속의 갱신, 새로운 본성의 탄생을 예고하는 보편적 구원론의 확장에 주목해야 한다고 주장한다. 새로운 약속의 갱신은 크게 구약 모세의 약속과 신약 그리스도의 약속으로 분류된다. 구약시대에는 모세를 통해 하나님과 인간 사이에 율법이 주어졌다면, 신약시대에는 그리스도가 말한 새로운 양식과 피, 말씀을 통해 율법을 넘어서는 복음이 성취되었다는 것이다. 아울러 새로운 본성의 탄생은 예수가 언급한 피 흘림의 예견을 구약 이사야서 53장 12절에 언급된 대로 '많은 사람의 죄를 담당하며 범죄자를 위하여 기도'하는 하나님 종의 예표로 이해한다. 스펄전은 예수의 피 흘림을 통한 구속으로 죄에 속한 인간이 아닌 하나님의 의로움과 함께하는 새로운 본성을 취하게 되었다고 주장한다.

진보 신학 역시 최후의 만찬을 통해 예수의 십자가 죽음을 예견하고 새로운 인간 본성의 탄생을 예감한다는 관점에서는 보수 신학과 의견을 같이한다. 하지만 진보 신학은 새로운 인간 본성을 개인적 죄의 차원에 국한시키지 않는다. 현대의 진보 신학자 칼 브라텐은 최후의 만찬 자체에 담긴 인간의 결의를 통한 사회 전체 구조의 변화, 체제의 변혁을 읽어야 한다고 주장한다. 브라텐은 예수가 예루살렘에서 맞이한 이 유월절 식사가 마지막 식사임을 기억할 필요가 있다고 말한다. 이 식사가 바로 하나님 나라를 이 땅에 이루기 위한 최후 투쟁의 격전지로 향하는 결기의 현장임을 잊어서는 안 된다는 것이다. 브라텐은 이러한 예수의 결의가 한 개인의 카리스마에 국한되고 인간은 그런 예수의 길을 충실히 따르는 믿음에만 집중하는 관점을 비판한다. 예수의 결의는 곧 오늘 인간의 결의로 연결되어야 한다. 브라텐은 그 결의는 모순과 부조리로 가득한 세상을 향해 오늘의 인간 역시 죽기를 무서워하지 않는 예수의 결의처럼 분연히 나서는 적극적 투쟁의지가 없으면 불가능하다고 말한다.[3]

이것은 내 몸이고 피니라

최후의 만찬 II

(마가복음 14:17-26)

저물매 그 열둘을 데리시고 가서 다 앉아 먹을 때에 예수께서 이르시되 내가 진실로 너희에게 이르노니 너희 중의 한 사람 곧 나와 함께 먹는 자가 나를 팔리라 하신대 그들이 근심하며 하나씩 하나씩 나는 아니지요 하고 말하기 시작하니 그들에게 이르시되 열둘 중 하나 곧 나와 함께 그릇에 손을 넣는 자니라

인자는 자기에게 대하여 기록된 대로 가거니와 인자를 파는 그 사람에게는 화가 있으리로다 그 사람은 차라리 나지 아니하였더라면 자기에게 좋을 뻔하였느니라 하시니라

그들이 먹을 때에 예수께서 떡을 가지사 축복하시고 떼어 제자들에게 주시며 이르시되 받으라 이것은 내 몸이니라 하시고 또 잔을 가지사 감사기도하시고 그들에게 주시니 다 이를 마시며 이르시되 이것은 많은 사람을 위하여 흘리는 나의 피 곧 언약의 피니라

진실로 너희에게 이르노니 내가 포도나무에서 난 것을 하나님 나라에서 새 것으로 마시는 날까지 다시 마시지 아니하리라 하시니라

이에 그들이 찬미하고 감람산으로 가니라

마가복음 14:17-26

배신당할 것을 아는 예수의 마음은 어떠했을까

안타깝게도 최후의 만찬은 감사와 축제의 기쁨으로만 채워지지 않았다. 예수는 식사 시간 중 열두 제자 중 한 사람이 자신을 넘기리라고 말한다. 예수는 유다가 자신을 넘길 것을 이미 알고 있었던 것이다. 이점은 제자들에게 분명 당혹스럽고 슬픈 일이 아닐 수 없다. 그들은 근심에 잠겼다.

예수는 이에 아랑곳하지 않고 하던 일을 계속한다. 자신의 죽음이라는 운명을 앞두고 그는 "인자는 자기에 대하여 기록된 대로 가거니와."라고 못 박듯이 말한다. 그 뒤 예수는 제자들이 먹는 식사 중 빵 조각을 떼어 축사하고, 잔을 들어 감사기도를 시작한다. '들다' '축사하다' '떼다' 등의 용어는 유대교 식사기도에서 사용하는 전문 용어 중 하나다. 하지만 여기에 예수는 누룩 없는 빵이라는 유월절 예배에 상관되는 상징을 사용함으로써[4] 직접 떼어낸 이 빵을 자신의 몸과 관련시킨다. 몸은 한 인물, 한 인격을 나타낸다. "이것은 나 자신이다."는 말에서 이를 확인할 수 있다. 이로써 식사하는 자들은 식사를 통해 예수와 새로운 친교를 맺게 된다. 예수는 여태까지 제자들과 함께하는 식사에 참여했지만 앞으로는 식사 교제에 참여하게 된 이들이 함께 떼어 먹는 빵이 예수 자신이 될 것이다. 예수는 그때 정작 빵을 먹지 않았다. 제자들과 함께 앞으로 예수의 말을 기억하는 이들이 희생 제물이 되신 예수의 몸을 먹는 자가 될 것이다. 이 몸을 먹는 자들은 수난당한 그리스도와 결합될 뿐 아니라, 그의 죽음과 죽음이 베푸는 축복에도 참여할 것이다.

또한 예수는 잔을 들어 감사기도를 드렸다. 예수는 이 잔을 자신이 흘릴 피와 관련시킨다. 이 피는 계약의 피로, 구약성서 출애굽기 24장 8절을 떠올리게 한다. 출애굽기의 한 장면에서 모세는 율법과 희생제사에 대한 백성의 의무에 따라 백성에게 백성의 피를 뿌리며 다음과 같이 말한다. "이것은 주께서 이 모든 말씀에 따라 너희와 세우신 언약의 피다." 그 뒤 모세 역시 백성들과 함께 친교의 식사를 함께했다.[5]

성서에 따르면 피는 의심의 여지없이 생명의 담지자이므로 피를 흘리는 것은 죽음과 같은 의미를 지닌다. 결국 예수의 잔은 죽으러 가는 주님과의 사귐을 허락해준다는 것이 분명해진다. 출애굽기 24장에 의하면 옛 계약의 피는 속죄의 능력을 지니지는 않았지만, 이제는 인류의 희생을 위한 하나님 아들의 희생 제의로 인해 계약과 속죄의 결합이 이뤄진 것이다.

보수 성서신학자 메튜 헨리는 예수가 잔을 들어 기도하는 장면에서 자신이 흘릴 십자가의 피와 연결시켜 신비스러운 성 만찬 예식의 근원을 설명하는 언행으로 이해한다. 헨리가 보는 이 피는 여하의 인간들과 동일한 피가 아니라 하나님의 아들이며, 하나님 자신인 존재가 타락한 인간을 위해 흘리는 단 한 번의 속죄를 상징한다. 헨리는 이 피 흘림의 역사성을 묵상하고 기념하는 것이 종교 예식의 주요한 가치이자 실제적 가치를 지닌다고 보았다. 오늘날 가톨릭의 성체 미사와 개신교의 성찬식 모두 예수의 유일무이한 속죄 능력에 대한 개념으로 이해하고 있다는 점에서 헨리가 본 예수의 십자가 보혈이 갖는 중요성은 두말할 필요가 없다.[6]

하지만 진보 민중 신학자 안병무는 피 흘림을 예수의 하나님 나라를 향한 중단 없는 결의로 이해하지 않는다면, 그 피는 주술이나 부적이나 다를 바 없다고 강하게 비판한다.[7] 즉 예수가 예견한 피 흘림은 십자가 도상에서 흘린 예수의 피가 실제적이고 화학적인 속죄의 작용을 한다고 보는 것이 보혈의 구원론에 빠져 있는 보수 신학의 한계라며 비판하는 것이다. 안병무가 말한 피 흘림, 그로 상징되는 예수가 들어 올린 잔, 포도주는 정신의 해방을 통해 처음이자 마지막으로 인간의 존엄을 이야기할 수 있는 예수의 고결한 투쟁 정신을 나타낸다고 이해해야 한다고 주장한다.

내가 너희에게 행한 것같이

세족식

(요한복음 13:1-20)

유월절 전에 예수께서 자기가 세상을 떠나 아버지께로 돌아가실 때가 이른 줄 아시고 세상에 있는 자기 사람들을 사랑하시되 끝까지 사랑하시니라

마귀가 벌써 시몬의 아들 가룟 유다의 마음에 예수를 팔려는 생각을 넣었더라

저녁 먹는 중 예수는 아버지께서 모든 것을 자기 손에 맡기신 것과 또 자기가 하나님께로부터 오셨다가 하나님께로 돌아가실 것을 아시고

저녁 잡수시던 자리에서 일어나 겉옷을 벗고 수건을 가져다가 허리에 두르시고

이에 대야에 물을 떠서 제자들의 발을 씻으시고 그 두르신 수건으로 닦기를 시작하여 시몬 베드로에게 이르시니 베드로가 이르되 주여 주께서 내 발을 씻으시나이까

예수께서 대답하여 이르시되 내가 하는 것을 네가 지금은 알지 못하나 이 후에는 알리라 베드로가 이르되 내 발을 절대로 씻지 못하시리이다 예수께서 대답하시되 내가 너를 씻어 주지 아니하면 네가 나와 상관이 없느니라

시몬 베드로가 이르되 주여 내 발뿐 아니라 손과 머리도 씻어 주옵소서

예수께서 이르시되 이미 목욕한 자는 발밖에 씻을 필요가 없느니라 온몸이 깨끗하니라 너희가 깨끗하나 다는 아니니라 하시니 이는 자기를 팔 자가 누구인지 아심이라 그러므로 다는 깨끗하지 아니하다 하시니라

그들의 발을 씻으신 후에 옷을 입으시고 다시 앉아 그들에게 이르시되 내가 너희에게 행한 것을 너희가 아느냐

너희가 나를 선생이라 또는 주라 하니 너희 말이 옳도다 내가 그러하다

내가 주와 또는 선생이 되어 너희 발을 씻었으니 너희도 서로 발을 씻어 주는 것이 옳으니라

내가 너희에게 행한 것같이 너희도 행하게 하려 하여 본을 보였노라

내가 진실로 진실로 너희에게 이르노니 종이 주인보다 크지 못하고 보냄을 받은 자가 보낸 자보다 크지 못하나니

너희가 이것을 알고 행하면 복이 있으리라

내가 너희 모두를 가리켜 말하는 것이 아니니라 나는 내가 택한 자들이 누구인지 앎이라 그러나 내 떡을 먹는 자가 내게 발꿈치를 들었다 한 성경을 응하게 하려는 것이니라

지금부터 일이 일어나기 전에 미리 너희에게 일러 둠은 일이 일어날 때에 내가 그인 줄 너희가 믿게 하려 함이로라

내가 진실로 진실로 너희에게 이르노니 내가 보낸 자를 영접하는 자는 나를 영접하는 것이요 나를 영접하는 자는 나를 보내신 이를 영접하는 것이니라

요한복음 13:1-20

왜 유다는 예수를 팔아넘기려 하는가

다른 복음서에서는 다루지 않았지만, 요한복음에는 최후의 만찬 때 예수가 제자들 발을 씻겨주는 장면이 등장한다. 후대는 세족식이라는 의식으로 예수의 이런 독특한 언행을 기념한다. 예수는 식사 중에 제자들의 발을 씻긴 다음, 겸손과 사랑에 대한 말을 덧붙였다. 예수가 공생애에서 보여준 여타의 언행이 그러했듯, 여기에서도 일상 속에서 그 파격을 보여주었다. 예수는 그의 제자 가운데 '섬기는 자'(누가복음 22장 27절 참고)가 있다며 사람의 아들을 겸손하게 섬긴다. 이 태도는 죽음이라는 희생에서 절정에 다다른다. 발을 씻음과 예수의 죽음이 연결되는 것이다. 이는 하나님이 그리스도의 사역을 통하여 모든 백성을 스스로 정결케 했다는 의미와 함께, 선생이요 주인인 예수의 제자들과 종들 역시 예수의 모범을 따라 그가 보여준 겸손을 행해야 한다는 두

가지 메시지를 전달하고 있다. 이렇듯 예수는 자기를 낮춤으로써 하나님의 영광을 향한다.

예수가 제자들의 발을 씻어준 행위는 모범적이고 계시적인 차원과 지혜 차원에서 논해야 한다.[8] 예수가 말했듯이 이제는 제자들도 서로의 발을 씻겨야 한다. 그렇게 서로 사랑을 나누고 보여줄 때, 그들과 그리스도와의 사랑 역시 발전할 것이다. 하지만 당시 제자들은 이 상호애를 제대로 이해하지 못했다. 베드로는 열두 제자 중 누구보다 열정적으로 예수에게 헌신하고 있었지만, 그의 열정이 오히려 그를 잘못된 길로 강하게 이끌 수도 있을 터였다. 베드로는 예수에게 발뿐만 아니라 손과 머리도 씻어달라고 말한다. 예수가 발을 씻어주는 행위가 마치 종교적 특혜와 같아서, 손과 머리까지도 씻김을 받아 주술적인 측면에서 큰 유익을 얻으리라 오해했음을 짐작할 수 있다.

서로의 발을 씻기는 행위는 무엇을 의미할까? 예수는 자신을 영접하는 이는 아버지를 영접하는 것이라고 밝힘으로써 예수 자신의 활동이 아버지의 활동과 동일하다고 말한다. 또한 자신을 보는 것이 곧 아버지를 보는 것이므로 예수가 모범을 보여 아버지와 아들의 연합을 선보이고, 사람들이 그 사랑을 본받기를 바랐다.

하지만 이렇게 아버지의 뜻을 갈파하는 현장에서도 균열은 일어났다. 그는 이미 그러한 균열이 일어날 것을 알고 있었다. "나의 빵을 먹은 자가 나를 배반하였다."는 성경 말씀이 이뤄질 것을 안 것이다.

세족식에 대한 진보 신학과 보수 신학의 관점은 비슷한 점과 묘하게 불일치하는 점이 공존한다. 진보와 보수 모두 세족식의 교훈을 겸손과 상징적 의미로서의 세례, 두 측면에서 이해한다. 겸손의 측면에서 하는 이해는 모두가 군림하고 우러러볼 수 있는 메시아 위치에 있는 예수가 종의 신분을 가진 사람이나 할 수 있는 섬김의 자세인 제자들의 발을 씻었다는 점에서 교회나 종교는 어떤 특권의식에 사로잡혀서도 안 되며, 오직 하나님의 복음만 나눌 수 있어야 한다는 것이다. 그런데 이 겸손에 대해서 복음주의 저술가 C. S. 루이스는 하나님의 복음이라는 공통분모 아래 모든 이가 같다는 특권 의식 지양에 대해서만 말하는 반면, 진보 신학자들은 예수가 종의 자리로 내려앉은 사건을 체제 전복의 가능성을 보여준 상징으로 해석한다.

진보 신학자들은 종과 주인의 관계 자체가 허물어지는 것이 계급 철폐를 단적으로 보여준다며 예수가 가장 먼저 이 체제 전복의 선봉에 선 것으로 이해한다. 루이스는 상징적 의미로서의 세례를 발을 씻는 행위인 정결 행위로 이해하는 관점으로 접근한다. 정결 예식으로서의 세족에서 발은 세상의 모든 부도덕함, 불완전성을 뜻한다. 루이스는 예수가 친히 제자들의 발을 씻어주는 모본을 보여준 이유는 앞으로 세상을 살아가게 될 인간들이 저지르게 될 세속적 부도덕성을 정결하게 하는 일을 지속해야 함을 상징한다고 주장한다.

반면 진보 신학이 본 발 씻음은 정결에 대한 개념 접근에서 보수 신학과 큰 차이를 보인다. 진보 신학이 본 정결은 정화, 곧 투명성이다. 그런데 그 투명성의 기준은 개인의 도덕적 흠결 여부에 대한 판단이 아니라 사회 정의에 있어야 한다고 본다. 진보 신학은 발 씻음의 겸손이 체제 전복의 신호탄이었다면 그를 통한 투명성을 향한 부단한 정진 역시 개인 수행이 아니라 체제 전복 과정에서 나타나는 온갖 구태와 고루한 의식과의 투쟁을 뜻한다고 본 것이다.

또한 진보 신학의 일부에서는 상대의 발을 씻어주는 행위를 남성

종조차 하지 않는 여성들의 일이었음에 주목한다. 여성 신학자 엘리자베스 슈슬러 피오렌자는 예수가 그 일을 직접 수행한 것은 젠더의 역할로 굳어져버린 남성과 여성의 오래된 편견에 근거한 성역할을 그 근간에서부터 전복시킨 사건이라고 본다.[9] 피오렌자는 예수의 발 씻음이 단순한 겸손이나 섬김의 표지가 아니라 당대의 지배 이데올로기로 자리 잡은 모든 가부장적 정통성과 굳어버린 질서에 의문부호를 던지는 자세, 질문하고 전복하는 자세가 참된 제자의 길임을 역설한 것으로 이해한다.

세 번 나를 부인하리라

베드로와 예수

(마가복음 14:27-31, 누가복음 22:35-38)

예수께서 제자들에게 이르시되 너희가 다 나를 버리리라 이는 기록된 바 내가 목자를 치리니 양들이 흩어지리라 하였음이니라
그러나 내가 살아난 후에 너희보다 먼저 갈릴리로 가리라
베드로가 여짜오되 다 버릴지라도 나는 그리하지 않겠나이다

예수께서 이르시되 내가 진실로 네게 이르노니 오늘 이 밤 닭이 두 번 울기 전에 네가 세 번 나를 부인하리라
베드로가 힘 있게 말하되 내가 주와 함께 죽을지언정 주를 부인하지 않겠나이다 하고 모든 제자도 이와 같이 말하니라

마가복음 14:27-31

베드로를 바라보는 예수의 마음은 어떠했을까

식사와 세족식을 마친 뒤 예수는 다시 감람산으로 향한다. 기도하기 위해서이다. 이 과정에서 예수의 고뇌와 갈등은 고조된다. 그는 다시

말한다. 예수는 동행하는 열두 제자에게 그들이 앞으로 철저하고 끔찍한 과오 앞에 무력하게 방치되리라 예고한다. 걸려 넘어진다는 말은 배교를 뜻한다. 예수는 제자들이 자신의 고난에 의해 따라오는 그들에게 부과된 신앙의 시험을 극복하지 못하리라고 비극적 어조로, 하지만 담담히 게워낸다.

예수는 말한다. "목자를 치리니 양들이 흩어지리라." 이 목자상은 신약성서에서 자주 예수의 죽음과 결부되어 사용된다. 목자의 죽음과 제자들이 겪게 될 좌절에 대한 예언을 통해 예수가 하나님의 섭리를 속속들이 파악하고 있음을 알 수 있다. 하지만 십자가가 예수의 모든 것이 아니듯 제자들의 흩어짐도 마지막은 아니다. 예수의 부활과 제자들의 새로운 시작이 이어지기 때문이다. 예수는 부활한 자가 되어 제자들보다 먼저 갈릴리로 갈 것이다. 제자들은 예수의 이 말을 부활한 존재가 지상으로 돌아오는 것으로 이해했는데, 그들의 이해에 의하면 부활한 자는 재림한 때에 그의 일이 완성될 갈릴리로 승리의 행진을 할 것으로 밝힌다.

이어지는 베드로의 강고한 답변, "다 버릴지라도 나는 그리하지 않겠다."는 말은 오직 배교의 예고를 극적으로 보이게 할 뿐이다. 베드로는 다른 이들과 자신을 비교하면서 자신만은 배신하지 않을 거라고 말한다. 이처럼 자신만을 다짐하는 베드로의 태도에서 제자들이 이미 해체되고 와해되기 시작했음을 짐작해볼 수 있다. 베드로의 확신에 대한 예수의 대답은 참혹하다. 베드로의 자기 확신에도 예수는 그가 닭이 울기 전에 자신을 세 번 부인하리라고 말한다. 하지만 여전히 베드로는 예수의 말을 부정한다. 자신을 확신할 따름이다.

보수 칼뱅주의 신학자 토마스 찰머는 베드로의 메시아 부인을 예고한 예수의 말씀을 통해 인간의 한계를 인정하고 자기 의의 사악함을 깨달아야 한다고 주장한다. 찰머는 베드로가 자기 의에만 의존하는 신앙의 한계를 극복하기 위해서 반드시 성령을 받아야 한다고 말한다. 성령을 받는 사건은 사도행전 2장에 언급된 마가의 다락방에 일어난 오순절 성령 강림의 이야기를 대표적인 효시로 손꼽는다. 찰머는 베드로가 인간의 생각에만 의존한다면 언제까지라도 기회주의적이고 세상에 대한 두려움에 휘둘릴 수밖에 없겠으나 성령을 통해 겸손의 미덕을 배운다면 오히려 담대하게 예수를 그리스도로 시인하는 참기독교인으로 거듭날 수 있다고 말한다.

반면 진보 신학자 월터 라우션부시가 보는 베드로의 배교 예견은 베드로를 포함한 당대 제자들이 품고 있던 불순한 이기심과 탐욕이 낳은 필멸로 이해한다. 이는 베드로가 예수의 십자가 선택을 패배로 보고 그렇게 될 경우 체제 전복 이후 자신들이 차지하게 될 기득권이 산산이 무산될 것을 인정하지 못한 데서 비롯된 과잉 충성이라는 것이다.[10] 물론 진보 신학자들 중에서도 베드로의 과잉 충성을 탐욕의 결과로 보는 견해와 인간적 정에 얽매인 감정이라 보는 견해를 가진 자로 나뉜다. 하지만 두 경우 모두 보수 신학처럼 누구나 성령을 받지 못한 인간이라면 베드로처럼 예수를 부인할 수 있다는 식으로 받아들이지는 않는다.

내가 너희 안에 있으리라

다락방 고별 담론

(요한복음 14:1-31)

너희는 마음에 근심하지 말라 하나님을 믿으니 또 나를 믿으라

내 아버지 집에 거할 곳이 많도다 그렇지 않으면 너희에게 일렀으리라 내가 너희를 위하여 거처를 예비하러 가노니

가서 너희를 위하여 거처를 예비하면 내가 다시 와서 너희를 내게로 영접하여 나 있는 곳에 너희도 있게 하리라

내가 어디로 가는지 그 길을 너희가 아느니라

도마가 이르되 주여 주께서 어디로 가시는지 우리가 알지 못하거늘 그 길을 어찌 알겠사옵나이까

예수께서 이르시되 내가 곧 길이요 진리요 생명이니 나로 말미암지 않고는 아버지께로 올 자가 없느니라

너희가 나를 알았더라면 내 아버지도 알았으리로다 이제부터는 너희가 그를 알았고 또 보았느니라

빌립이 이르되 주여 아버지를 우리에게 보여 주옵소서 그리하면 족하겠나이다

예수께서 이르시되 빌립아 내가 이렇게 오래 너희와 함께 있으되 네가 나를 알지 못하느냐 나를 본 자는 아버지를 보았거늘 어찌하여 아버지를 보이라 하느냐

내가 아버지 안에 거하고 아버지는 내 안에 계신 것을 네가 믿지 아니하느냐 내가 너희에게 이르는 말은 스스로 하는 것이 아니라 아버지께서 내 안에 계셔서 그의 일을 하시는 것이라

내가 아버지 안에 거하고 아버지께서 내 안에 계심을 믿으라 그렇지 못하겠거든 행하는 그 일로 말미암아 나를 믿으라

내가 진실로 진실로 너희에게 이르노니 나를 믿는 자는 내가 하는 일을 그도 할 것이요 또한 그보다 큰 일도 하리니 이는 내가 아버지께로 감이라

너희가 내 이름으로 무엇을 구하든지 내가 행하리니 이는 아버지로 하여금 아들로 말미암아 영광을 받으시게 하려 함이라

내 이름으로 무엇이든지 내게 구하면 내가 행하리라

너희가 나를 사랑하면 나의 계명을 지키리라

내가 아버지께 구하겠으니 그가 또 다른 보혜사를 너희에게 주사 영원토록 너희와 함께 있게 하리니

그는 진리의 영이라 세상은 능히 그를 받지 못하나니 이는 그를 보지도 못하고 알지도 못함이라 그러나 너희는 그를 아나니 그는 너희와 함께 거하심이요 또 너희 속에 계시겠음이라

내가 너희를 고아와 같이 버려두지 아니하고 너희에게로 오리라

조금 있으면 세상은 다시 나를 보지 못할 것이로되 너희는 나를 보리니 이는 내가 살아 있고 너희도 살아 있겠음이라

그 날에는 내가 아버지 안에, 너희가 내 안에, 내가 너희 안에 있는 것을 너희가 알리라

나의 계명을 지키는 자라야 나를 사랑하는 자니 나를 사랑하는 자는 내 아버지께 사랑을 받을 것이요 나도 그를 사랑하여 그에게 나를 나타내리라

가룟인 아닌 유다가 이르되 주여 어찌하여 자기를 우리에게는 나타내시고 세상에는 아니하려 하시나이까

예수께서 대답하여 이르시되 사람이 나를 사랑하면 내 말을 지키리니 내 아버지께서 그를 사랑하실 것이요 우리가 그에게 가서 거처를 그와 함께하리라

나를 사랑하지 아니하는 자는 내 말을 지키지 아니하나니 너희가 듣는 말은 내 말이 아니요 나를 보내신 아버지의 말씀이니라

내가 아직 너희와 함께 있어서 이 말을 너희에게 하였거니와

보혜사 곧 아버지께서 내 이름으로 보내실 성령 그가 너희에게 모든 것을 가르치고 내가 너희에게 말한 모든 것을 생각나게 하리라

평안을 너희에게 끼치노니 곧 나의 평안을 너희에게 주노라 내가 너희에게 주는 것은 세상이 주는 것과 같지 아니하니라 너희는 마음에 근심하지도 말고 두려워하지도 말라

내가 갔다가 너희에게로 온다 하는 말을 너희가 들었나니 나를 사랑하였더라면 내가 아버지께로 감을 기뻐하였으리라 아버지는 나보다 크심이라

이제 일이 일어나기 전에 너희에게 말한 것은 일이 일어날 때에 너희로 믿게 하려 함이라

이 후에는 내가 너희와 말을 많이 하지 아니하리니 이 세상의 임금이 오겠음이라 그러나 그는 내게 관계할 것이 없으니

오직 내가 아버지를 사랑하는 것과 아버지께서 명하신 대로 행하는 것을 세상이 알게 하려 함이로라 일어나라 여기를 떠나자 하시니라

요한복음 14:1-31

성령은 우리에게 어떤 의미인가

배신의 아이콘인 유다가 밤에 그곳을 빠져나간 뒤 예수는 남아 있는 제자들에게 긴 시간에 걸쳐 고별 담론을 펼쳐 보인다. 예수는 아버지 하나님에 대한 자기 확신과 남겨지게 될 제자들을 향한 진심 어린 위로의 말을 전한다. 그는 자신과 자신을 따르는 이들을 배척하는 세상에 대한 허무함을 때론 부드럽게, 때론 격렬한 어조로 성토한다. 이 중 자신을 길이요, 진리요, 생명이라 밝힌 요한복음 14장에서의 발언은 자신이 하나님의 뜻을 전달하고자 했던 뜻의 전부임을 다시 한 번 확언하고 있다.

이렇듯 예수는 죽음이 임박했으므로 자신의 생애와 선교가 갖는 의미를 요약하며 자신이 아버지에게로 떠나는 것이 제자들에게 어떻게 유익한지 설명한다. 이로써 예수는 자신의 떠나감이 비록 다른 방식이기는 하지만 제자들에게 새로운 차원에서 지속되는 하나님 임재의 경험으로 연결될 것이므로 완전한 이별을 뜻하는 것은 아니라고 말하고 싶었던 듯하다.

새로운 차원에 대한 이해는 다음과 같다. 예수는 자신의 죽음을 통해 그 즉시 아버지와 함께 영광에 이르게 되지만, 그 후 세상에 하늘의 구름을 타고 오듯 자신을 과시하는 것이 아니라 자신을 믿는 이들에게 자신의 모습을 드러내기 위해 아버지와 함께 올 것인데, 그때의 방식은 새로운 국면을 불러올 것임을 분명히 한다.

다시 온다는 의미를 알리기 위해 예수는 근심하지 말라는 말로 고별 담론을 이어간다. 예수는 제자들을 사로잡은 불안을 없애려는 데 집중한다. 그와 함께 이어지는 도마의 물음에 예수는 자신을 길, 진리,

생명이라고 말한다. 길이라는 표현에서 예수가 사람들이 하나님에게로 나아갈 수 있는 유일한 통로임을 분명히 하는 그의 핵심 사상을 엿볼 수 있다. 이와 함께 예수는 자신은 모든 진리와 생명의 원천인 하나님에게로 이르는 길이므로 곧 사람들에게 진리와 생명임을 밝힌다.

　이러한 예수의 자기 선언에 대해 또 다른 제자 빌립이 질문하자 예수는 안타까운 질책을 내뱉는다. 예수는 자신을 보았으면 이미 자신 안에 숨 쉬고 있는 진리를 통해 아버지 하나님을 보았음을 의심하지 말라고 한다. 제자들은 더 확실히 아버지를 보고 싶어 한다. 이는 제자들이 여전히 하나님의 계시를 여실히 드러내는 예수의 인격과 일을 이해하지 못하고 있음을 반증하는 대목이다. 예수를 보는 것이 곧 아버지를 보는 것이다. 아버지가 예수 안에 있고 아버지가 행하는 모든 일의 대행자이기 때문이다.

　이러한 제자들의 이해를 돕기 위해 예수는 16절 이하에서부터 '보혜사'를 요청한다. 그리스어의 원래 의미로 '법적 보조자' '지지자' '도움을 주는 자' 등의 뜻이 있는 이 말은 오직 그리스도에 대해 증거하는 진리의 영이다. 그리스도에 대해 증거하는 보혜사는 미래의 종말론적 심판을 실현함으로써 불신의 세계를 비난하거나 드러내는 데 집중한다. 이 진리의 영이 제자들로 하여금 예수가 이미 말하고 행한 바를 기억하게 함으로써 제자들을 온갖 미혹과 유혹의 악습과 구태의 구렁에서 건져내어 오직 진리로 이끌 것이라고 예수는 힘주어 말한다.

　진리의 영에 대한 설명을 한 뒤 예수는 "근심도 말고 두려워하지도 말라."며 샬롬, 즉 평안을 기원한다. 평안은 의례적인 작별 인사[11]이지만 다락방 안에서 한 예수의 말에는 훨씬 더 깊고 진한 진심이 담겨 있어 제자들의 가슴을 울린다. 이 평화는 제자들의 내면을 잠식한 불안과 공포를 제거하고 마음의 동요를 잠재울 것이다. 그것은 그리스도만이 줄 수 있는 전적인 은혜요, 선물이다.

보수 신학자 존 C. 라일은 크게 14장에서부터 시작해 17장으로 마무리되는 요한복음의 텍스트를 약칭하여 다락방 강화라고 부른다.[12] 최후의 만찬에서 이어진 예수의 고별 강론이 만찬 장소인 다락방에서 펼쳐졌기에 그렇게 부르는 것이다. 라일은 이러한 다락방 강화에서 임박한 수난의 때를 앞둔 제자들에게 심원한 기독교적 진리를 제시함으로써 미래의 교회가 가져야 할 복음이 당대의 현실 인식보다 훨씬 더 영적이면서도 능력 있는 확장을 담보한다고 주장한다. 이러한 보수 신학의 뿌리라 볼 수 있는 교회 성장 신학자들은 14장 12절에 나온 "그보다 큰일도 하리니."라는 예수 가르침을 하나의 지상명령으로 인식하고 적극적이고 약자를 외면하지 않는 삶을 살아야 할 기반을 이루는 가르침으로 인식한다.

진보 신학은 대체로 요한복음의 문학적 뿌리가 영지주의, 즉 선택받은 자에게만 영적인 지식이 주어진다는 종교 사상에 근거했다고 보므로 그러한 관점에서 폭넓은 사유가 요청된다고 말한다. 폭넓은 사유는 동양 사유와의 교감으로 발전되는데, 진보 신학적 담론에서는 서구 합리주의로는 논하기 어려운 요한복음만의 오묘한 특질이 이른바 동양 신학적 틀에서 구현될 가능성이 높다고 주장한다.

동양 철학적 개념에서 요한복음 14장을 살펴보면 예수가 자신을 '길, 진리, 생명'으로 밝힌 구절이 예수의 유일성에 대한 강조가 아닌 구도의 보편성으로서 하나님과 인간이 하나를 이루는 길을 여는 텍스트이다. 철학자이며 신학자인 김용옥은 동양의 사유 개념에서는 모든 인간의 마음 안에 예수가 생명 정신으로 화육했으므로 예수는 더 이상 고유 명사가 아닌 보통 명사로서 보아야 한다고 말한다. 그런 맥락에서 제시된 길, 진리, 생명의 단어는 구도를 뜻하는 용어로 아들이 아버지와 하나이듯 아들을 우리 마음에 내어준 예수를 받아들인 지금의 '나' 역시 구도자로서의 아버지와 하나를 이룬다는 불이관계로서의 일체라고 주장한다.[13]

이제부터 너희는 내 친구다

포도나무와 가지

(요한복음 15:1-17)

나는 참포도나무요 내 아버지는 농부라

무릇 내게 붙어 있어 열매를 맺지 아니하는 가지는 아버지께서 그것을 제거해 버리시고 무릇 열매를 맺는 가지는 더 열매를 맺게 하려 하여 그것을 깨끗하게 하시느니라

너희는 내가 일러준 말로 이미 깨끗하여졌으니

내 안에 거하라 나도 너희 안에 거하리라 가지가 포도나무에 붙어 있지 아니하면 스스로 열매를 맺을 수 없음같이 너희도 내 안에 있지 아니하면 그러하리라

나는 포도나무요 너희는 가지라 그가 내 안에, 내가 그 안에 거하면 사람이 열매를 많이 맺나니 나를 떠나서는 너희가 아무것도 할 수 없음이라

사람이 내 안에 거하지 아니하면 가지처럼 밖에 버려져 마르나니 사람들이 그것을 모아다가 불에 던져 사르느니라

너희가 내 안에 거하고 내 말이 너희 안에 거하면 무엇이든지 원하는 대로 구하라 그리하면 이루리라

너희가 열매를 많이 맺으면 내 아버지께서 영광을 받으실 것이요 너희는 내 제자가 되리라

아버지께서 나를 사랑하신 것같이 나도 너희를 사랑하였으니 나의 사랑 안에 거하라

내가 아버지의 계명을 지켜 그의 사랑 안에 거하는 것같이 너희도 내 계명을 지키면 내 사랑 안에 거하리라

내가 이것을 너희에게 이름은 내 기쁨이 너희 안에 있어 너희 기쁨을 충만하게 하려 함이라

내 계명은 곧 내가 너희를 사랑한 것같이 너희도 서로 사랑하라 하는 이것이니라
사람이 친구를 위하여 자기 목숨을 버리면 이보다 더 큰 사랑이 없나니
너희는 내가 명하는 대로 행하면 곧 나의 친구라
이제부터는 너희를 종이라 하지 아니하리니 종은 주인이 하는 것을 알지 못함이라 너희를 친구라 하였노니 내가 내 아버지께 들은 것을 다 너희에게 알게 하였음이라
너희가 나를 택한 것이 아니요 내가 너희를 택하여 세웠나니 이는 너희로 가서 열매를 맺게 하고 또 너희 열매가 항상 있게 하여 내 이름으로 아버지께 무엇을 구하든지 다 받게 하려 함이라
내가 이것을 너희에게 명함은 너희로 서로 사랑하게 하려 함이라

요한복음 15:1~17

사랑하는 것, 그것만이 계명의 전부인가

예수는 자신이 비록 현실에서는 부재해도 진리의 영을 통해 궁극적인 평안을 얻게 될 생명 원리를 더 구체적으로 설명하기 위해 포도나무의 비유를 든다. 포도나무는 당시에도 가장 높이 평가받는 나무 가운데 하나였다. 이를 알레고리적 용법으로 조명해보면 민족과 사람 사이에서도 가장 큰 특권이 부여되는 상징물이라는 것을 알 수 있다.[14]

그리스도 자신이 포도나무이고 하나님을 믿는 이들은 그 가지들로서 접붙임되어 스스로 열매 맺은 열매로부터 포도주를 얻게 될 것이다. 믿는 이들은 이렇듯 그리스도와 떼려야 뗄 수 없는 관계로 연합되어 있다. 그러므로 그를 떠나서는 아무것도 할 수 없다는 예수의 말은 제자들을 향한 강한 사랑을 표현한 말이다. 그리스도가 인간을 위해 죽음으로써 희생하면서 이루어지는 이러한 연합은 믿는 자들의 응답적인 사랑과 복종을 통해 완성된다. 이것이 바로 오늘 예수를 믿고 따르는 그리스도교의 본질이다.

그리고 예수는 자신의 말이 곧 포도나무와 함께하는 가지의 생명 수혈이 궁극적인 활동임을 밝힌 뒤, 이 안에서 마음껏 구하고 기도하라고 가르친다. 예수의 이 말에는 자신이 하나님에게로 이르는 길임을 신뢰하는 이들을 향한 무한한 애정이 담겨 있다. 또한 예수는 진실로 복종하는 그리스도인은 절대 하나님의 뜻에 위배되는 기도를 할 수 없으리라는 믿음이 전제되어 있다. 그리고 그 신뢰에 상응하는 응답이 주어진다.

이렇듯 포도나무 비유를 통해 나타난 예수의 연합에 대한 집요함은 이제 예수와 제자들 사이의 사랑의 범주를 넘어서서 제자와 제자, 사람과 사람이 서로 사랑하라는 새로운 계명의 차원으로 확장된다. 예수의 계명은 매우 단순하다. "내가 너희를 사랑한 것같이 너희도 서로 사랑하라." 그 하나뿐이다. 서로를 사랑하는 그리스도인들의 상호애는 인간에 대한 예수의 사랑, 더 나아가 아버지와 아들 사이에 영속하는 사랑이다. 동시에 영원한 하나님의 사랑은 자기 친구들을 위해 아낌없이 목숨을 버린 한 인간의 죽음, 그 불변의 초상인 예수 그리스도의 죽음에서 완전하고도 비교 불가한 사랑이기도 하다.

예수는 인간을 위해 목숨을 버리는, 그보다 더 큰 것이 있을 수 없는 완전한 사랑을 제자들에게 보여주었다. 예수는 제자들과 더 이상 자신의 뜻을 이해하지 못하고 기계적 복종만 일삼는 종이 아닌 친구가 되기를 원한다. 종과 친구의 차이점은 하나님의 뜻을 행하느냐 행하지 않느냐에 있는 것이 아니라, 그 뜻을 제대로 이해하느냐 이해하지 못하느냐에 달려 있다. 예수는 제자들에게 하나님의 계획을 전하며 그들과 이제 '친구들'이 되었다고 선언했다. 이 말은 제자들에게 일종의 사랑의 의무가 되었다. 제자들은 이제 맹목적 복종과 몰이해의 차원에서 벗어나 친구를 위해 목숨을 아끼지 않는다는 말의 진위가 무엇인지 제대로 헤아려야 하는 친구가 되어야만 한다.

보수 신학자 알렉산더 맥클라렌은 요한복음에 등장하는 포도나무 비유가 구약성서에 등장하는 포도원에 배경을 둔 이야기임을 지적하며, 하나님과 인간의 언약 관계가 성립되었음을 설명하는 신비로운 이야기라 말한다. 그는 요한복음의 친밀감이 예수 그리스도가 수직적 개념으로서 주인과 종이 아닌 친구 관계로 설정한다는 점에서 가히 요한복음을 사랑의 복음이라 규정해도 손색이 없다고 본다.

　동양철학 개념으로 요한복음을 읽는 박영호는 이 이야기가 예수와 인간이 주체 대 비주체의 상명하복 관계, 즉 계급적 위계관계가 아닌 주체 대 주체의 대등한 관계로 상승시킨 이야기라고 본다.[15] 박영호는 제자들이 종의 신분에서 벗어나 예수의 친구로 관계를 바꾸는 것이 곧 참된 변화를 뜻하는 거듭남의 신비라고 말한다.

　또한 여성 신학자 최영실은 포도나무 비유를 반위계적 이미지, 더 나아가 탈가부장적 이미지를 새롭게 만드는 은유로 읽어야 한다고 주장한다. 최영실이 말하는 포도나무의 은유의 핵심은 남성 위주의 수직적 위계관계가 아닌, 상호 공동체, 즉 서로에게 머무는 공동체를 지향하는 모본을 제시한 데 있다고 말한다. 이것이 여성적 언어의 중요성을 보여주는 텍스트라고 최영실은 말한다.

세상이 우리를 미워해도

예수와 함께한다는 것

(요한복음 15:18-16:4)

세상이 너희를 미워하면 너희보다 먼저 나를 미워한 줄을 알라

너희가 세상에 속하였으면 세상이 자기의 것을 사랑할 것이나 너희는 세상에 속한 자가 아니요 도리어 내가 너희를 세상에서 택하였기 때문에 세상이 너희를 미워하느니라

내가 너희에게 종이 주인보다 더 크지 못하다 한 말을 기억하라 사람들이 나를 박해하였은즉 너희도 박해할 것이요 내 말을 지켰은즉 너희 말도 지킬 것이라

그러나 사람들이 내 이름으로 말미암아 이 모든 일을 너희에게 하리니 이는 나를 보내신 이를 알지 못함이라

내가 와서 그들에게 말하지 아니하였더라면 죄가 없었으려니와 지금은 그 죄를 핑계할 수 없느니라

나를 미워하는 자는 또 내 아버지를 미워하느니라

내가 아무도 못한 일을 그들 중에서 하지 아니하였더라면 그들에게 죄가 없었으려니와 지금은 그들이 나와 내 아버지를 보았고 또 미워하였도다

그러나 이는 그들의 율법에 기록된 바 그들이 이유 없이 나를 미워하였다 한 말을 응하게 하려 함이라

내가 아버지께로부터 너희에게 보낼 보혜사 곧 아버지께로부터 나오시는 진리의 성령이 오실 때에 그가 나를 증언하실 것이요

너희도 처음부터 나와 함께 있었으므로 증언하느니라

내가 이것을 너희에게 이름은 너희로 실족하지 않게 하려 함이니

사람들이 너희를 출교할 뿐 아니라 때가 이르면 무릇 너희를 죽이는 자가 생각하기를 이것이 하나님을 섬기는 일이라 하리라 그들이 이런 일을 할 것은 아버지와 나를 알지 못함이라

오직 너희에게 이 말을 한 것은 너희로 그 때를 당하면 내가 너희에게 말한 이것을 기억나게 하려 함이요 처음부터 이 말을 하지 아니한 것은 내가 너희와 함께 있었음이라

요한복음 15:18–16:4

세상은 왜 예수를 미워하는가

하나님 뜻의 총아인 그리스도에 대한 결속과 더할 수 없는 사랑의 연합체인 예수는 세상의 미움을 각오해야 할 현실과 마주하게 한다. 마지막 날로 언명되는 종말의 시대에는 메시아와 그를 따르는 이들에 대한 강한 적대감을 느끼게 할 악의 폭력이 대대적이고 조직적으로 가해질 것이다. 당대 로마 지배자들의 횡포, 유대교 기득권층의 그리스도교 핍박 등이 그렇다. 로마의 그리스도교인들은 이러한 박해와 고난 속에서 그리스도의 신앙을 고수해야 하며 끝까지 인내해야만 했다. 예수는 이러한 상황의 도래를 미리 예견하고 예기치 않은 상황의 돌발 속에서도 자신을 따르고 기억하라고 권면한다.

예수는 세상의 미움은 궁극적으로 자신을 보낸 하나님에 대한 미움으로까지 연결됨을 분명히 하며, 세상이 하나님과 적대적 관계가 될 때 다가올 파국을 묘사한다. 예수의 등장으로 인해 세상은 이제 그들의 죄에 대해 핑계를 대거나 은폐할 수 있는 퇴로가 차단되고 말았다. 반대로 세상에서 미움을 받게 되는 이는 세상의 죄를 폭로하는 예수의 영, 아버지께로부터 오는 진리의 영, 즉 성령의 견인을 받게 되고, 예수를 증거하는 편에 서게 될 것이다. 이를 통해 예수는 세상으로부

터 받게 될 제자들의 고통을 절대적 차원의 위로로 끌어 올리려 한다.

보수 개혁주의 신학자 캠벨 몰간은 세상의 미움을 예수 그리스도와 교회를 이해하지 못하는 세속의 핍박으로 규정하고, 그것에서 탈피하고 극복하기 위한 방법을 예수의 영, 즉 성령에서 찾아야 한다고 말한다. 또한 몰간은 보혜사 성령의 능력을 현실적 측면보다는 영적 메시지 도래에 초점을 맞추고, 세상의 언어와 종교 언어의 차이, 세상 가치관과 종교 가치관의 차이가 필연적으로 일어날 수밖에 없음을 인정해야 한다고 본다.[16]

　반면 진보 신학자 게르하르트 에벨링이 이해하는 성령의 다른 이름인 보혜사는 법적 용어이며, 피고측 변호인을 의미한다는 점에서 주목할 필요가 있다고 본다. 에벨링에 따르면 이러한 법적 용어는 곧 인간이 가진 이성의 언어이며, 동시에 감성의 언어, 정의의 언어이다. 에벨링은 이제 곧 예수의 부재를 경험하게 될 제자들이 향후 개척해내야 할 정의의 길, 해방의 길은 사상이나 개념, 제도가 아닌 예수의 해방 정신을 제대로 이해하는 이들의 머리와 가슴에 담긴 이성과 감성의 언어라고 보는 것이다.[17]

내가 세상을 이기었노라

심판과 구원

(요한복음 16:5-33)

지금 내가 나를 보내신 이에게로 가는데 너희 중에서 나더러 어디로 가는지 묻는 자가 없고

도리어 내가 이 말을 하므로 너희 마음에 근심이 가득하였도다

그러나 내가 너희에게 실상을 말하노니 내가 떠나가는 것이 너희에게 유익이라 내가 떠나가지 아니하면 보혜사가 너희에게로 오시지 아니할 것이요 가면 내가 그를 너희에게로 보내리니

그가 와서 죄에 대하여, 의에 대하여, 심판에 대하여 세상을 책망하시리라

죄에 대하여라 함은 그들이 나를 믿지 아니함이요

의에 대하여라 함은 내가 아버지께로 가니 너희가 다시 나를 보지 못함이요

심판에 대하여라 함은 이 세상 임금이 심판을 받았음이라

내가 아직도 너희에게 이를 것이 많으나 지금은 너희가 감당하지 못하리라

그러나 진리의 성령이 오시면 그가 너희를 모든 진리 가운데로 인도하시리니 그가 스스로 말하지 않고 오직 들은 것을 말하며 장래 일을 너희에게 알리시리라

그가 내 영광을 나타내리니 내 것을 가지고 너희에게 알리시겠음이라

무릇 아버지께 있는 것은 다 내 것이라 그러므로 내가 말하기를 그가 내 것을 가지고 너희에게 알리시리라 하였노라

조금 있으면 너희가 나를 보지 못하겠고 또 조금 있으면 나를 보리라 하시니

제자 중에서 서로 말하되 우리에게 말씀하

신 바 조금 있으면 나를 보지 못하겠고 또 조금 있으면 나를 보리라 하시며 또 내가 아버지께로 감이라 하신 것이 무슨 말씀이냐 하고

또 말하되 조금 있으면이라 하신 말씀이 무슨 말씀이냐 무엇을 말씀하시는지 알지 못하노라 하거늘

예수께서 그 묻고자 함을 아시고 이르시되 내 말이 조금 있으면 나를 보지 못하겠고 또 조금 있으면 나를 보리라 하므로 서로 문의하느냐

내가 진실로 진실로 너희에게 이르노니 너희는 곡하고 애통하겠으나 세상은 기뻐하리라 너희는 근심하겠으나 너희 근심이 도리어 기쁨이 되리라

여자가 해산하게 되면 그 때가 이르렀으므로 근심하나 아기를 낳으면 세상에 사람 난 기쁨으로 말미암아 그 고통을 다시 기억하지 아니하느니라

지금은 너희가 근심하나 내가 다시 너희를 보리니 너희 마음이 기쁠 것이요 너희 기쁨을 빼앗을 자가 없으리라

그 날에는 너희가 아무것도 내게 묻지 아니하리라 내가 진실로 진실로 너희에게 이르노니 너희가 무엇이든지 아버지께 구하는 것을 내 이름으로 주시리라

지금까지는 너희가 내 이름으로 아무것도 구하지 아니하였으나 구하라 그리하면 받으리니 너희 기쁨이 충만하리라

이것을 비유로 너희에게 일렀거니와 때가 이르면 다시는 비유로 너희에게 이르지 않고 아버지에 대한 것을 밝히 이르리라

그 날에 너희가 내 이름으로 구할 것이요 내가 너희를 위하여 아버지께 구하겠다 하는 말이 아니니

이는 너희가 나를 사랑하고 또 내가 하나님께로부터 온 줄 믿었으므로 아버지께서 친히 너희를 사랑하심이라

내가 아버지에게서 나와 세상에 왔고 다시 세상을 떠나 아버지께로 가노라 하시니

제자들이 말하되 지금은 밝히 말씀하시고 아무 비유로도 하지 아니하시니

우리가 지금에야 주께서 모든 것을 아시고 또 사람의 물음을 기다리시지 않는 줄 아나이다 이로써 하나님께로부터 나오심을 우리가 믿사옵나이다

예수께서 대답하시되 이제는 너희가 믿느냐 보라 너희가 다 각각 제 곳으로 흩어지고 나를 혼자 둘 때가 오나니 벌써 왔도다 그러나 내가 혼자 있는 것이 아니라 아버지께서 나와 함께 계시느니라

이것을 너희에게 이르는 것은 너희로 내 안에서 평안을 누리게 하려 함이라 세상에서는 너희가 환난을 당하나 담대하라 내가 세상을 이기었노라

요한복음 16:5-33

세상을 이겼다는 의미는 무엇인가

세상의 미움이라는 의미의 본질 깊은 곳까지 파고든 예수는 제자들이 맞이하게 될 현실의 어려움을 과장하지도, 축소하지도 않고 있는 그대로 말한다. 예수가 떠나가도 보혜사를 통해 예수의 선교는 계속될 것이다. 죄와 의에 대한 심판의 관점에서 판결을 내리는 과정은 예수의 사역뿐만 아니라 교회의 사명과도 연결된다. 세상의 죄, 하나님의 의, 그리고 이 양자가 충돌하는 순간 심판이 일어나는 것이다.

세상은 결코 녹록치 않게 예수를 따르는 이들을 박해할 것이다. 그들의 시스템은 예수의 제자들을 자신들의 판, 회당에서 내쫓을 것이며, 자신들의 행위가 하나님을 진정성 있게 섬기는 일이라며 자기들 행위를 정당화할 것이다. 그러면 세상에 예속되어 있는 많은 이는 그들의 말을 들을 것이고, 그것이 맞다며 찬동할 것이다. 예수는 제자들이 그러한 기만적인 현실에서 벗어나길 원했다. 예수는 예견한다. 자신의 말을 들으면 걸려 넘어지게 하는 배교의 위협에서 구원해주리라는 것을.

물론 현실은 안타까움 그 자체다. 예수는 제자들이 자신이 떠나야 한다는 말에 마냥 슬퍼하고만 있는 깨달음 없는 현실에 절망한다. 그러나 예수는 절대 포기하지 않는다. 제자들의 슬픔을 어떻게든 깨우쳐야 할 절박함으로 바꾸기 위해 애쓴다. 예수는 제자들이 보혜사를 받아들이면 그 진리의 영이 하나님을 받아들이지 못하는 죄를 더 이상 짓지 않도록 바로잡아 주리라고 확언한다. 제자들에게 예수의 십자가 형벌은 더없는 절망이었겠으나 예수의 생각은 정반대였다. 그는 자신의 십자가 죽음으로 인해 세상의 마성이 폭로되는 것이야말로 세상

통치자의 심판을 명백히 보여주는 일이기 때문이다. 예수는 단언한다. 이 세상의 통치자가 심판받았다고 말이다.

이어지는 예수의 담론들은 그의 말을 듣고 있는 이들에게는 급작스럽게 휘몰아치는 급류와 같다. 그것은 한바탕 우리의 내면을 수습할 수 없는 격정의 소용돌이에 빠져들게 만드는 강렬한 정염과도 같다. 예수는 자신의 가고 옴, 슬픔과 기쁨, 고난과 평화, 요청과 수락, 봄과 보지 못함, 비유와 직설적인 말이 세상과 하나님의 관계 속 모든 인식 속에 깊게 뿌리박혀 있는 인간의 근원적인 불안을 종식시키는 진정한 해방의 길임을 역설한다.

하지만 우리는 묻지 않을 수 없다. 왜 해방의 길은 역설인가? 예수는 가는 것이 오는 것을 끌어오기 때문에 십자가의 죽음만이 부활을 가져온다고 역설한다. 예수의 십자가 죽음이 없고서는 부활도 없기 때문이다. 또한 세상에서 얻는 슬픔, 그 말할 수 없는 해산의 고통은 부활의 기쁨으로 인해 오간 데 없게 될 것이다. 그 또한 역설이다. 고난과 슬픔은 장려할 수 없는 비극이기 때문이다. 그 비극이 없으면 해산하는 생명의 산출 역시 없으므로 역설 중의 역설이다. 예수는 또한 비유 속에 모호하게 인간 삶의 현실을 숨겨놓지 않는다. 하지만 여전히 제자들에게 예수는 어렵고 난해한 비유일 뿐이다. 이 또한 역설이다.

그러나 제자들은 이 역설로 인해 자신들 안에 풀리지 않고 쌓인 산적한 모순들을 뒤로 한 채 한 가지 신앙고백을 한다. "이제 우리가 믿사옵나이다." 역설의 극치는 제자들의 그 깨달음이 제자들 스스로 깨달은 것이 아니라는 점이다. 예수는 제자들의 내면에 어떤 모순이 내재되어 있었는지를 이미 알고 그들의 질문에 미리 답했기 때문이다. 이처럼 인간의 깨달음은 그와 아버지의 주도에 따라 이뤄지는 것이지 인간의 혼자서만 얻을 수 있는 것이 아니다. 이로써 명확해지는 것은 인간을 향한 아버지의 사랑이다. 그것이 사랑이 아니라면 아버지께서 주도적으로 우리에게 은혜를 내리실 까닭이 없다.

끝으로 예수는 선포한다. 자신이 세상을 이기었노라고 말이다. 더 이상 악은 그리스도에 속한 사람들에게 그 어떤 해악도 끼칠 수 없다. 결국 하나님의 자녀들은 악을 넘어선 하나님의 자발적 사랑의 영역, 그 중심으로 모여들 것이다.

보수 개혁주의 신학자 레이놀드는 16장의 마지막 예수의 말 "내가 세상을 이기었노라."는 표현을 예수 자신의 수난과 부활의 필연성을 밝힌 전 우주적 메시지로 받아들인다. 레이놀드는 이긴다는 것은 타락한 죄악으로부터의 승리이며, 이 승리는 시대, 역사, 문화, 국경을 초월한 영적 승리와 동일하다고 생각한다. 레이놀드는 그 영적 승리가 곧 구원이라고 말한다. 그런 맥락에서 기독교인이 집중해야 할 신앙생활의 모든 초점은 바로 예수의 수난과 부활이 곧 타락한 근원 죄로부터의 자유임을 믿는 믿음에 있다고 주장한다.[18]

반면 민중 신학자 서남동은 '세상을 이긴다'는 의미를 타계주의적 영성의 해방으로 읽기보다는 이 땅에서의 하나님 나라, 하나님 정의의 도래로 인한 평화 구현이라고 이해한다. 이때의 승리는 구태와 악습이 제도화되어 버린 현실의 모든 모순이 철폐되고 무너지는 새로운 세상이자 새로운 가치관의 승리로 봐야 한다는 것이다. 서남동은 기독교인이 행해야 할 신앙생활은 바로 이러한 새로운 가치관이 무리 없이 우리 사회의 상식으로 자리 잡도록 인식을 개선하는 행동이어야 한다고 주장한다.[19]

내가 그들을 위하여 비옵나이다

예수의 기도

(요한복음 17:1-26)

예수께서 이 말씀을 하시고 눈을 들어 하늘을 우러러 이르시되 아버지여 때가 이르렀사오니 아들을 영화롭게 하사 아들로 아버지를 영화롭게 하게 하옵소서

아버지께서 아들에게 주신 모든 사람에게 영생을 주게 하시려고 만민을 다스리는 권세를 아들에게 주셨음이로소이다

영생은 곧 유일하신 참하나님과 그가 보내신 자 예수 그리스도를 아는 것이니이다

아버지께서 내게 하라고 주신 일을 내가 이루어 아버지를 이 세상에서 영화롭게 하였사오니

아버지여 창세전에 내가 아버지와 함께 가졌던 영화로써 지금도 아버지와 함께 나를 영화롭게 하옵소서

세상 중에서 내게 주신 사람들에게 내가 아버지의 이름을 나타내었나이다 그들은 아버지의 것이었는데 내게 주셨으며 그들은 아버지의 말씀을 지키었나이다

지금 그들은 아버지께서 내게 주신 것이 다 아버지로부터 온 것인 줄 알았나이다

나는 아버지께서 내게 주신 말씀들을 그들에게 주었사오며 그들은 이것을 받고 내가 아버지께로부터 나온 줄을 참으로 아오며 아버지께서 나를 보내신 줄도 믿었사옵나이다

내가 그들을 위하여 비옵나니 내가 비옵는 것은 세상을 위함이 아니요 내게 주신 자들을 위함이니이다 그들은 아버지의 것이로소이다

내 것은 다 아버지의 것이요 아버지의 것은 내 것이온데 내가 그들로 말미암아 영광을 받았나이다

나는 세상에 더 있지 아니하오나 그들은 세상에 있사옵고 나는 아버지께로 가옵나니 거룩하신 아버지여 내게 주신 아버지의 이름으로 그들을 보전하사 우리와 같이 그들도 하나가 되게 하옵소서

내가 그들과 함께 있을 때에 내게 주신 아버지의 이름으로 그들을 보전하고 지키었나이다 그 중의 하나도 멸망하지 않고 다만 멸망의 자식뿐이오니 이는 성경을 응하게 함이니이다

지금 내가 아버지께로 가오니 내가 세상에서 이 말을 하옵는 것은 그들로 내 기쁨을 그들 안에 충만히 가지게 하려 함이니이다

내가 아버지의 말씀을 그들에게 주었사오매 세상이 그들을 미워하였사오니 이는 내가 세상에 속하지 아니함같이 그들도 세상에 속하지 아니함으로 인함이니이다

내가 비옵는 것은 그들을 세상에서 데려가시기를 위함이 아니요 다만 악에 빠지지 않게 보전하시기를 위함이니이다

내가 세상에 속하지 아니함같이 그들도 세상에 속하지 아니하였사옵나이다

그들을 진리로 거룩하게 하옵소서 아버지의 말씀은 진리니이다

아버지께서 나를 세상에 보내신 것같이 나도 그들을 세상에 보내었고

또 그들을 위하여 내가 나를 거룩하게 하오니 이는 그들도 진리로 거룩함을 얻게 하려 함이니이다

내가 비옵는 것은 이 사람들만 위함이 아니요 또 그들의 말로 말미암아 나를 믿는 사람들도 위함이니

아버지여, 아버지께서 내 안에, 내가 아버지 안에 있는 것같이 그들도 다 하나가 되어 우리 안에 있게 하사 세상으로 아버지께서 나를 보내신 것을 믿게 하옵소서

내게 주신 영광을 내가 그들에게 주었사오니 이는 우리가 하나가 된 것같이 그들도 하나가 되게 하려 함이니이다

곧 내가 그들 안에 있고 아버지께서 내 안에 계시어 그들로 온전함을 이루어 하나가 되게 하려 함은 아버지께서 나를 보내신 것과 또 나를 사랑하심같이 그들도 사랑하신 것을 세상으로 알게 하려 함이로소이다

아버지여 내게 주신 자도 나 있는 곳에 나와 함께 있어 아버지께서 창세전부터 나를 사랑하시므로 내게 주신 나의 영광을 그들로 보게 하시기를 원하옵나이다

의로우신 아버지여 세상이 아버지를 알지 못하여도 나는 아버지를 알았사옵고 그들도 아버지께서 나를 보내신 줄 알았사옵나이다

내가 아버지의 이름을 그들에게 알게 하였고 또 알게 하리니 이는 나를 사랑하신 사랑이 그들 안에 있고 나도 그들 안에 있게 하려 함이니이다

요한복음 17:1-26

어떻게 하나님과 하나가 될 수 있는가

예수의 기도는 완전히 이타적이다. 그는 자신의 말이 하나님이 세상을 살아가는 제자들, 그리스도인들에 대한 말임을 확고히 하기 위해 하늘을 우러르며 기도한다. 그의 기도는 절박하다. 예수의 기도를 듣고 나면 그가 정말 우리를 사랑한다는 느낌을 받을 수 있다. 예수의 기도에 묻어 나오는 그의 절박함 때문에 더 그러하다. 느낌은 때론 이성을 앞지른다.

기도는 네 개의 단락으로 나눌 수 있다. 예수는 먼저 아버지를 부른 뒤, 아버지의 부름에 철저히 복종함으로써 비로소 그 일을 완성하였음을 고백한다. 그는 아버지께서 주신 사람들이 있음을 감사하며, 그가 아버지와 함께 영위했던 영광의 상태가 되기를 간청한다.

두 번째 기도에서 예수는 제자들을 위한 기도로 화제를 바꾼다. 제자들은 이제 모두 세상 밖으로 나오게 되었고, 그로 인해 세상으로부터 공격받게 될 것이다. 이제부터 예수는 제자들이 스스로 보호할 수 있는 방법을 가르치는 데 열정을 쏟아 붓는다. 예수는 자신이 부재할 때에도 제자들이 하나님의 진리를 끝까지 지킬 수 있게 되기를 간절히 기도한다. 그들은 예수 안에, 또 하나님 안에서 언제까지나 하나로 있어야 한다. 그들은 앞으로 헤쳐 나갈 세상에 대한 그들의 사명이 있음을 잊지 말라는 당부도 전한다.

세 번째 기도에서 예수는 기도의 범위를 확대한다. 그 기도는 사도들에 의해 전파되고 증거되어 후대에게까지 확대되는 것이다. 후세대 그리스도인들 역시 하나님과 그의 보내신 자 안에서 하나가 되어야 할 것이다. 그들 역시 세상 안에 남아 하나님과 연합된 하나로서 세상을 납득시키고 설득시키는 삶을 살아가야 한다고 말한다.

마지막 네 번째 기도에서 예수는 세상이 하나님을 알지 못하는 현실로 돌아온다. 이 막막한 현실 속에서 구별되는 믿는 이들이 보게 되는 아버지의 환희와 격정이 자신들의 사명을 일깨워주고, 그 사명이 사랑에 대한 발견으로 연결되어 영원히 그 사랑을 발견하도록 해달라는 간청으로 마무리한다.

요한복음 17장 전체에 걸친 예수의 기도에는 아버지께 대한 그의 복종이 오롯이 나타난다. 그 기도는 그의 죽음이 하나님의 영광을 드러내는 유일한 수단이라는 사실과 제자들을 세상으로부터 구별해 선택하는 것, 예수의 인격 안에서 하나님을 계시하고 세상을 향한 제자들의 선교가 갖는 당위성과 사랑을 통한 궁극적 연합, 끝으로 이러한 행위들이 그리스도인들과 그리스도, 그리고 하나님 안에서 영원히 상호 내주하는 현재진행형임에 대한 내용이다. 이 기도에서 아버지와 아들의 영원한 연합이 드러난다. 기도를 통해 하나님의 아들이 여전히 살아 숨 쉬는 인간으로 존재하면서도 하나님과의 온전한 연합체임이 가장 분명하게 나타나는 셈이다.

보수 개혁주의 신학자 아브라함 카이퍼가 요한복음 17장에서 주목한 주제는 영광이다. 예수의 기도는 하나님의 영광만을 향한다는 것이다. 영광은 곧 하나님의 사랑에서 비롯된다. 영광은 만물이 창조되기 이전, 곧 창세전부터 예정된 하나님의 고유 주권으로 인식된다. 카이퍼는 인간이 창세전부터 예비해놓은 하나님 사랑의 궁극인, 그리스도와 하나를 이루는 연합의 신비를 통해 영광에 이를 수 있음을 말하는 것이 바로 복음이라고 이해한다.

진보 신학도 요한복음 17장의 주요 테마가 영광이라는 것에는 동의한다. 하지만 관점은 보수 신학의 이해와 사뭇 다르다. 보수 신학이 이해하는 영광이 땅에서부터 하늘로 올라서는 신적 영광이라면, 진보 신학이 이해하는 영광은 하늘에서부터 땅으로 내려와 역사적 예수의 사상과 정신으로 완성되는 인간 차원에서의 새 하늘과 새 땅의 구현이다. 진보 신학이 이해하는 하나님의 영광은 하나님의 사랑인데, 이 사랑은 세상의 철저한 구조악과의 투쟁과 진실을 보고자 하는 열망을 통해 완성된다고 본다.[20]

이 잔을 거두어주옵소서

예수의 절규

(마가복음 14:32-42)

그들이 겟세마네라 하는 곳에 이르매 예수께서 제자들에게 이르시되 내가 기도할 동안에 너희는 여기 앉아 있으라 하시고

베드로와 야고보와 요한을 데리고 가실새 심히 놀라시며 슬퍼하사

말씀하시되 내 마음이 심히 고민하여 죽게 되었으니 너희는 여기 머물러 깨어 있으라 하시고

조금 나아가사 땅에 엎드리어 될 수 있는 대로 이때가 자기에게서 지나가기를 구하여

이르시되 아빠 아버지여 아버지께는 모든 것이 가능하오니 이 잔을 내게서 옮기시옵소서 그러나 나의 원대로 마시옵고 아버지의 원대로 하옵소서 하시고

돌아오사 제자들이 자는 것을 보시고 베드로에게 말씀하시되 시몬아 자느냐 네가 한 시간도 깨어 있을 수 없더냐

시험에 들지 않게 깨어 있어 기도하라 마음에는 원이로되 육신이 약하도다 하시고

다시 나아가 동일한 말씀으로 기도하시고

다시 오사 보신즉 그들이 자니 이는 그들의 눈이 심히 피곤함이라 그들이 예수께 무엇으로 대답할 줄을 알지 못하더라

세 번째 오사 그들에게 이르시되 이제는 자고 쉬라 그만 되었다 때가 왔도다 보라 인자가 죄인의 손에 팔리느니라

일어나라 함께 가자 보라 나를 파는 자가 가까이 왔느니라

마가복음 14:32-42

겟세마네에서의 기도는 절규인가

겟세마네에서 토해낸 예수의 기도는 더 이상 기도가 아니다. 그것은 자신의 죽음을 놓고 벌이는 절규요, 죽음의 투쟁이다. 하지만 안타깝게도 예수가 절규할 때 함께하는 이가 아무도 없다. 함께 따라 나선 제자들은 예수의 이 극단적 고뇌를 공감할 여력도 없었고, 이유도 찾지 못했다. 결국 예수는 홀로 고통과 절망의 길로 들어선다.

예수는 감람산이 있는 겟세마네에서 혼자 기도하기 위해 제자들을 뒤로 남겨둔다. 예수의 기도에서 그의 공포와 불안의 기척이 묻어난다. 고난의 시편과 유사한 맥락으로 이어지는 예수의 기도는 곤경에 빠진 한 인간의 탄식이다. 예수는 자신의 의로움을 자각한다. 이 의로움은 필연적으로 고난을 수반한다는 것 또한 그는 잘 알고 있다. 그럼에도 예수의 불안은 극에 달한다. 앞으로 자신이 부활할 것임을 알고 있음에도 마음이 괴로워 죽을 지경이다. 예수는 아버지에게 아버지께서는 모든 것을 하실 수 있으니 이 잔을 거두어달라고 말한다.

그러나 그는 역시 자신이 감당해야 할 고난이 다른 모든 이를 위한 것임을 알고 있다. 그는 이어 말한다. "나의 원대로 마시옵고 아버지의 원대로 하옵소서." 고난을 앞둔 극도의 불안함 속에서도 하나님의 뜻에 전적으로 굴복하겠다고 말한다. 예수의 이러한 고투는 희생제의의 절정을 이루는 그리스도론의 차원으로 격상된다.[21]

예수는 이후 제자들을 보며, 특히 베드로를 질타한다. 깨어 있음과 기도는 긴밀히 결부되어 있다. 기도할 때 자신의 깨어 있음을 알 수 있다. 예수는 베드로가 자는 것을 책망하면서 긴박한 시대, 긴박한 영적 현실에서 기도함으로써 깨어 있기를 요구한다. 제자들을 비롯한 오늘의 우리들 역시 깨어 기도할 때에만 자신에게 닥친 유혹에서 벗어날 수 있고, 유혹과 함께 찾아오는 시험을 이겨낼 수 있다.

하지만 그들의 눈은 피곤에 절어 있다. 피곤하다는 것은 그들, 제자들이 영적으로 눈이 멀었음을 뜻한다. 예수의 지시를 따르지 못한 그들은 변명도 할 수 없었다. 이 다가오는 십자가 처형 앞에서 제자들은 완전히 무력했고, 예수의 뜻을 전혀 이해하지 못하는 나락에 떨어져 있었다.

하지만 예수는 제자들의 이러한 모습에 절망하지 않는다. 그는 자신의 '때', 그 죽음과 고통의 때를 선포함으로써 역설적으로 예수가 자신에게 주어진 '때'를 수동적으로 받아들이지 않고 능동적으로 찾았다. 그로 인해 그가 자유의 지평을 획득했다. 예수는 신의 구원 계획에 있어서 도살장에 끌려가는 노예가 되지 않고 자유로운 사랑 안에서 하나님 아버지의 뜻을 자발적으로 선택했다.

예수가 제자들에게 일어나 함께 가서 자신이 팔리는 광경을 보라고 말한다. 이제까지 거듭 예고되었던 일이 현실이 되는 순간이다. 하지만 제자들은 아무런 준비도 되어 있지 않았다. 예수가 수난을 예고했을 때 그들은 한사코 귀를 틀어막았기에 고난을 감당할 만한 그 어떤 정신적 내공도 갖지 않았다.

이후 유다의 극악무도함이 여실히 드러난다. 스승을 죄인들의 손에 넘겨주며 배신한 것이다. 하지만 그조차 하나님의 섭리 안에서 전개된다. 예수한 예고했던 순서대로 사건들이 벌어지는 셈이다.

진보 신학에서는 겟세마네에서 한 예수의 기도를 인성의 출현으로 보는 반면, 보수 개혁주의 신학자 루이스 벌코프는 이를 신성의 출현으로 본다. 벌코프는 예수의 기도에서 하나님 뜻에 순종하는 것에 주목한다. 예수는 본래 자신의 신성, 자신이 그리스도라는 점을 요한에게 세례받을 때부터 인지하고 있었기 때문에, 죽음으로 하나님에게 영광을 돌릴 일을 예감하고 있었다. 예수가 이미 자신에게 예견된 미래와 신성을 자각하고 있는 상태에서 하나님이 허락한 잔을 받아들 수밖에 없음을 항상 기억하는 태도, 그것이 오늘의 기독교인이 늘 갖추고 있어야 할 신앙 덕목이라고 말한다.

진보 신학자 존 매쿼리는 예수가 자신의 신성을 처음부터 끝까지 자각하고 있었다는 보수 신학의 입장을 기계론적이라며 비판한다. 매쿼리는 예수는 오히려 처음부터 끝까지 우리와 같은 성정을 가진 사람이란 점을 강조한다. 사람으로서 가질 수 있는 두려움, 공포, 떨림, 그 모든 것을 갖고 있음이 특별히 강조된 기도가 바로 겟세마네에서의 기도라는 것이다. 매쿼리는 바로 이 지점에서 하나님 나라, 그 뜻의 나타남이 갖는 엄청난 혁명의 당위를 읽을 수 있어야 한다고 말한다. 뼛속까지 인간인 예수로 하여금 죽음의 공포가 불을 보듯 훤히 예측되면서도 그 길을 걸어갈 수밖에 없는 결심을 하게 만들 정도로 하나님 나라의 혁명성, 모든 이가 평등하고 정의롭게 살아가는 개벽시대를 향한 강한 염원이 다시금 입증된 텍스트라는 것이다.[22]

칼을 내려놓으라

체포된 예수

(마가복음 14:43-52, 마태복음 26:52-56, 누가복음 22:47-53)

예수께서 말씀하실 때에 곧 열둘 중의 하나인 유다가 왔는데 대제사장들과 서기관들과 장로들에게서 파송된 무리가 검과 몽치를 가지고 그와 함께하였더라

예수를 파는 자가 이미 그들과 군호를 짜 이르되 내가 입맞추는 자가 그이니 그를 잡아 단단히 끌어 가라 하였는지라

이에 와서 곧 예수께 나아와 랍비여 하고 입을 맞추니

그들이 예수께 손을 대어 잡거늘

곁에 서 있는 자 중의 한 사람이 칼을 빼어 대제사장의 종을 쳐 그 귀를 떨어뜨리니라

예수께서 무리에게 말씀하여 이르시되 너희가 강도를 잡는 것같이 검과 몽치를 가지고 나를 잡으러 나왔느냐

내가 날마다 너희와 함께 성전에 있으면서 가르쳤으되 너희가 나를 잡지 아니하였도다 그러나 이는 성경을 이루려 함이니라 하시더라

제자들이 다 예수를 버리고 도망하니라

한 청년이 벗은 몸에 베 홑이불을 두르고 예수를 따라가다가 무리에게 잡히매

베 홑이불을 버리고 벗은 몸으로 도망하니라

마가복음 14:43-52

저항하지 않는 예수를 기다리는 운명은 무엇일까

배신자가 가까이 오고 있다는 예수의 말이 끝나기가 무섭게 유다가 등장한다. 그토록 충직했던 제자 중 한 명인 그가 흉악한 배신자로 돌변했다. 그와 함께 온 사람들은 산헤드린의 세 당파에서 파견한 자들이다. 이로써 유대교의 최고법정기관에서 예수를 체포했음이 정황상 분명해진다.[23]

그들은 야심한 밤에 예수를 잡으러 왔다. 낮에 예수를 체포한다면 군중이 민란을 일으킬지도 모를 노릇이기 때문이다. 그들은 무장한 병력을 끌고 나타났다. 제자들이 해를 가할지도 모른다는 생각에서다. 그들에게 예수는, 자신들의 기득권을 위협하는 테러리스트였다. 유다는 예수를 보고 입을 맞춘다. 여느 때라면 그 입맞춤은 여느 스승과 제자 사이에 일어날 수 있는 평범한 인사였겠지만, 이 대목에서는 그가 할 비열한 배신이 겹쳐지며 그가 더 가증스럽게 보인다.

예수가 결국 체포되었다. 그 순간 누군가 대사제의 귀를 잘라버린다 (마가복음에서는 익명으로 처리되었지만, 요한복음에서는 베드로라고 언급되었다). 이 아비규환을 예수는 가라앉힌다. 너희가 지금 자신을 잡으러 온 것은 성경에 이미 다 나온 것을 실현하기 위함이라고 말함으로써 말이다. 하지만 이해할 수 없을 정도로 예수를 따랐던 모든 이가 저항 한 번 해보지 않고 도망쳐버렸다.

곤궁에 빠진 의인은 친구와 형제와 친척들로부터도 버림받는다. 체포된 예수의 마지막에는 아무도 남아 있지 않았다. 그의 곁에 그토록 충성을 맹세하던 이들은 모두 어디 있는가? 예수는 제자들 없이 홀로 서 있다. 그는 이제 외롭고 고독한 길을 홀로 가야만 한다. 그것이 예수의 운명이었을까?

보수 개혁주의 신학자 벤자민 월필드는 베드로의 과격한 행위를 만류하고 순순히 군사들에게 끌려가는 예수의 언행을 그 자체로 모든 사람의 죄를 짊어지고 가는 하나님의 어린 양이라는 구약 예언의 성취로 보아야 한다고 말한다. 월필드는 하나님의 아들이 갖는 전능한 권위, 무엇이든 할 수 있는 창조적 능력이 있음에도 이를 억제하고 체포되는 모습에서 하나님의 인간을 향한 무한한 사랑을 느낄 수 있다고 말한다.

반면 진보 신학자 존 하워드 요더는 베드로의 칼을 거두게 하고 로마의 권력가들, 기득권층에게 순순히 잡혀가는 예수를 혁명의 또 다른 이름인 비폭력으로 이루는 새로운 혁명의 패러다임을 제시한 사건으로 이해한다. 당시 예수의 제자들 중 상당수의 젤롯당원들, 즉 무력 봉기로 빼앗긴 민족의식을 되찾으려는 열심당원이 다수 포진해 있었던 점을 기억해야 한다고 말한다. 그런 제자들 앞에서 예수가 보인 행동은 표면적으로만 보면 굴욕과 좌절로 보일 수 있지만, 결국 폭력과 악을 동일한 폭력과 악으로 갚지 않는 비폭력적 혁명의 가능성을 보여준 새로움이었다는 것이다.[24] 요더는 예수의 새로운 태도가 그 어떤 폭력으로도 짓밟을 수 없는 생명과 평화, 하나님 나라의 궁극이라고 보았기 때문이라고 설명한다.

제12부

십자가 위에서

예수가 유대 지도자들에게 끌려갈 때 예수 곁에 남은 이는 아무도 없었다. 그토록 열광하던 제자도, 추종자도 오간 데 없었다. 예수를 그리스도라 고백하던 베드로조차 참혹적이고 굴욕적으로 자신과 예수와의 관계를 거부하는 발언을 쏟아내고 말았다.

예수가 심문당한 과정은 세 단계로 나뉜다. 첫 번째는 대제사장 안나스 앞에서 벌어진 재판이고, 두 번째는 여전히 어둠이 쌓여 있을 때 가야바와 산헤드린 공회 앞에서 받은 형식적인 심문이며, 세 번째는 다음 날 이른 아침, 동일한 법정에서 벌어진 간략한 절차에 의한 승인이다.

이러한 산헤드린 공회의 예수 고소는 위법적이기 그지없다. 고소를 당한 예수의 죄목을 입증하는 제대로 된 증인이 한 명도 없었다는 점도 그렇고, 유대 법정에서 예수를 어떤 율법의 위반으로 고소해야 할지 뚜렷한 기준조차 없었다는 점도 그렇다. 하지만 예수는 이 모든 위법적이고 부당한 재판의 도가니 속에서 침묵한다. 유대 종교의 최고위원회인 산헤드린은 로마 총독에게 예수의 처벌 권한을 위임한다. 산헤드린에는 그 당시 로마 치하에서 사형을 언도할 수 있는 직접적 권한이 없었기 때문이다.

빌라도는 뼛속까지 자신의 잇속만을 챙기는 정치인이었다. 그는 군중의 마음을 원했고, 식민지 백성들의 우매함을 달래줄 수만 있다면 어떤 부조리도 저지르는 사악함으로 살아왔다. 그런 빌라도에게 예수의 카리스마는 어떻게 보였을까? 유대 군중의 폭동을 유발할지도 모른다는 위협의 상징으로만 느꼈을까? 빌라도는 유대인들의 요구를 거부하여 폭동이 일어나 자신의 위신이 실추되는 것을 용납할 수 없었다. 그랬기에 어떤 죄도 짓지 않은 예수를 십자가 처형에 내모는 그야말로 말도 안 되는 선택을 했다.

십자가로 인한 죽음은 서서히 진행되는 편이다. 그 고통은 며칠 동안 지속된다. 마지막에 찾아오는 고통의 절정은 질식이다. 희생자는 가슴을 들어 숨을 쉬지 못할 정도로 허약해지며, 극한의 고통 속에서 죽어간다. 예수는 그러나 다른 이보다도 훨씬 빨리 죽음을 맞이한다. 이유인즉슨 십자가에 못 박히기 전 로마 군병들에게 끔찍한 매질을 당한 탓이다. 또한 두 손과 두 발이 밧줄을 사용해 매달지 않고 대못을 박아버리는 과격한 처벌로 인해 예수의 죽음은 아주 빨리 찾아온다.

유대교에서 나무에 매달린 채 죽임을 당하는 형벌은 하나님께 저주를 받았다고 간주되는 자만이 받는 형벌이다. 구약 율법은 그런 죽음을 맞이한 이를 절대 용서받을 수 없는 죄인으로 규정했다. 하지만 당시 사람들도, 지금의 우리도 알고 있다. 병든 자를 고치고 가난한 자와 함께한 것이 절대 죄가 될 수 없다는 것을.

부당한 재판의 시작

재판장에 선 예수

(마가복음 14:53-54, 요한복음 18:12-14, 19-23)

저희가 예수를 끌고 대제사장에게로 가니 대
제사장들과 장로들과 서기관들이 다 모이더라
베드로가 예수를 멀찍이 좇아 대제사장의

집 뜰 안까지 들어가서 하속들과 함께 앉아
불을 쬐더라

마가복음 14:53-54

이 재판에 의미가 있는가

처음부터 이 재판은 모든 초점이 예수를 제거할 목적을 가지고 열렸
다. 그러므로 예수에게서 신성모독이니, 극악한 범죄 행위 색출이니
하는 말이나 행동은 예수의 감정을 상하게 하지도 못했을 것이다.

대제사장에게 끌려간 예수는 산헤드린 세 당파의 대표자인 대제사
장과 장로, 그리고 율법학자 들과 마주한다. 베드로가 멀찍이서 예수

의 뒤를 따르고는 있지만 그에게 충성심이 남아 있지는 않다. 베드로는 이미 예수를 방관하고 있었던 것이다. 그는 사람들이 불을 쬐고 있는 대사제의 바깥뜰에서 사람들과 한데 어울린다. 예루살렘의 봄날 밤은 싸늘하다. 그 냉기가 예수를 둘러싼 죽음의 기운을 고조시킨다. 예수는 그 누구의 보호도 받지 못하고 대제사장 앞에 서게 되었다. 처음부터 법이나 정의, 도덕 같은 최소한의 어떤 것도 무시하는, 부당하고 사악한 재판장에 예수 그리스도가 선 것이다.

보수 칼뱅주의 신학자 헤르만 바빙크는 베드로가 예수를 방관한 원인은 부족한 믿음 탓이라고 이해한다. 베드로가 아직 오순절 성령을 받기 전이므로 영적인 가치를 충분히 이해하지 못했다는 것이다. 바빙크는 베드로의 회개와 가룟 유다의 자살이 믿음의 여부에 따른 결과라고 이해한다. 예수를 세 번 부인한 베드로나 예수를 종교 권력가에게 팔아넘긴 유다나 예수를 배신한 것은 같지만, 베드로는 회개함으로써 사도가 되었고, 유다는 자살함으로써 영원히 저주를 받게 되었다고 말한다. 그는 자살은 자기 의가 낳은 비극이며, 타락한 인간의 나약함을 인정하지 않는 죄악으로 절대 용서받을 수 없는 죄라고 단언한다.

반면 진보 예수연구가 게르트 타이센은 베드로의 배신 대목은 비평학적 관점에서 볼 때 후기 교회에서 나중에 덧붙인 창작물이라고 말한다. 하지만 타이센 역시 베드로의 배신을 나약하고 제도와 체제에 순응하는 인간의 전형임을 밝히는 데 주력한 이야기로 이해한다.[1]

한편 베드로를 중심으로 재편된 후기 교회에서는 베드로의 인간적인 측면을 부각한다. 인간은 매우 나약한 존재이지만, 새로운 해방 운동은 인간의 손에 의해 이뤄질 수밖에 없기 때문이다.

나는 그리스도다

예수의 진술

(마가복음 14:55-65)

대제사장들과 온 공회가 예수를 죽이려고 그를 칠 증거를 찾되 얻지 못하니
이는 예수를 쳐서 거짓 증거하는 자가 많으나 그 증거가 서로 합하지 못함이라
어떤 사람들이 일어나 예수를 쳐서 거짓 증거하여 가로되
우리가 그의 말을 들으니 손으로 지은 이 성전을 내가 헐고 손으로 짓지 아니한 다른 성전을 사흘에 지으리라 하더라 하되
오히려 그 증거도 서로 합하지 않더라
대제사장이 가운데 일어서서 예수에게 물어 가로되 너는 아무 대답도 없느냐 이 사람들의 너를 치는 증거가 어떠하냐 하되
잠잠하고 아무 대답도 아니하시거늘 대제사장이 다시 물어 가로되 네가 찬송받을 자의 아들 그리스도냐
예수께서 이르시되 내가 그니라 인자가 권능자의 우편에 앉은 것과 하늘 구름을 타고 오는 것을 너희가 보리라 하시니
대제사장이 자기 옷을 찢으며 가로되 우리가 어찌 더 증인을 요구하리요
그 참람한 말을 너희가 들었도다 너희는 어떻게 생각하느뇨 하니 저희가 다 예수를 사형에 해당한 자로 정죄하고
혹은 그에게 침을 뱉으며 그의 얼굴을 가리우고 주먹으로 치며 가로되 선지자 노릇을 하라 하고 하속들은 손바닥으로 치더라

마가복음 14:55-65

예수는 왜 죽을 줄 알면서도 굽히지 않고 답했을까

앞서 세 당파에 대한 언급이 있었으므로 '온 산헤드린'이라는 표현에서 최고 법원인 대법정의 정식 총회가 열렸음을 알 수 있다. 기록에 따르면 이 총회는 70명의 회원과 의장인 대사제를 포함하여 총 71명으로 구성되었다고 한다.[2] 정치적 명운을 결정할 때에나 열릴 법한 이 총회가 예수를 심판하기 위한 증거를 찾기 위해 열렸다. 사람들은 각자 거짓으로 증언해댔으므로 그 증언이 일치할 리도 없었지만, 어차피 그 증거는 법률적 근거가 부족해도 상관없을 터였다. 이들의 부당함은 구약성서 시편의 가르침을 떠올리게 한다. "거만한 사람들이 나에게 달려들며 포악한 사람들이 이 목숨을 노리고 있습니다." 고난받는 의인에 관한 시편이다.

예수를 죽이려는 음모에서 시작된 증언들은 약속이라도 한 듯 서로 엇갈리고, 어느 것 하나 일치하지 않는다. 증인재판의 성격을 가진 유대교적 재판 절차의 특성상 죄인을 단죄하고 죽이려면 두세 사람의 증언이 일치되어야 한다고 기록되어 있다.[3] 하지만 예수 말의 심오함과 하늘의 것과 땅의 것을 구분 없이 사용하는 어법의 독특함으로 인해 성전 파괴 발언에 대한 증인들의 진술조차도 일치하지 않는다.

이렇게는 안 되겠다고 판단한 대사제가 예수에게 묻는다. "네가 찬송받을 자의 아들 그리스도냐?" 대사제의 이 세 번째 질문은 중요한 가치를 지닌다. 하나님 아들 칭호로서 그리스도를 사용했기 때문이다. 그로 인해 메시아는 하나님에 의해 선택되는 자임이 강조되었다. 예수가 만약 이 질문에 답한다면 그는 신성모독의 죄목으로 사형을 선고받을 것이다.

예수는 답을 피하지 않았다. 그는 단 한 번도 자신의 정체성을 부인한 적이 없었다. 목숨이 걸렸다 해도 그의 태도는 변한 적이 없다. 만약 예수가 대사제의 그 질문에 침묵했다면 그 재판은 끝났을지 모르지만, 예수는 굽히지 않고 답했다.

　대제사장은 그 대답을 듣고 옷을 찢었다. 어떤 사람의 신성모독이 입증되면 재판관들은 유대교 랍비들의 구전이 집대성되어 있는 책인 미슈나에 따라 그들의 옷을 찢어야 했다.[4] 옷을 찢는 행위를 통해 예수의 신성모독이 입증되었음을 고하는 표시를 하는 것이다. 예수의 메시아 고백은 예수의 유죄를 입증하기 위해 일치된 증거를 찾던 산헤드린 의원들의 초조함을 덜어주었다. 대제사장은 예수가 한 말을 근거로 사형을 선고했다.

　산헤드린 의원들은 예수의 얼굴에 침을 뱉고 뺨을 내쳤다. 침을 뱉는 것은 극한 경멸을 뜻한다.[5] 예수는 고난을 견뎌낸다. 예수는 구약성서 이사야서 50장 6절과 53절 7절에 나온 구절을 실현하려는 것처럼 고난받는 의인의 원형으로 나타나는 하나님의 종처럼 모욕을 견뎠다.

　보수 개혁주의 신학자 루이스 벌코프는 이 재판의 부당함이 궁극적으로 예수의 메시아됨, 즉 인류 구원자인 그리스도를 밝히기 위한 신의 섭리였음을 설명하는 데 중점을 둔다. 예수는 계속되는 종교 기득권자들의 부당하고 앞뒤가 맞지 않는 증언 속에서 충분히 벗어날 기회가 있었다. 그러나 그는 끝내 대제사장의 마지막 질문인 "네가 찬송받을 자의 아들 그리스도냐?"는 질문에 답함으로써 자신이 메시아임을 선포했다. 벌코프는 예수가 이 사건으로써 인류의 영원한 구세주임을 명백히 했다고 본다.

반면 민중 신학자 안병무는 예수의 그리스도 선언 사건을 영적이고 종교적 차원으로만 이해해서는 곤란하며, 이것을 당대의 종교적 허위와 위선, 권력욕으로 무장한 제도적 폭압에 맞선 사건으로 이해해야 한다고 주장한다. 재판을 형편없이 불공정하게 진행하며, 오직 자신들의 입맛에만 맞는 판결을 얻어내기 위해 애쓰는 권력가들의 작태에서 드러나는 것은 비루한 권력욕뿐이다. 안병무는 예수의 진술 배경이 후대에도 권력욕에 의해 좌우되는 법 체제가 지속되지 않도록 이를 바로잡으려는 의도에 있다며, 이 일은 정의와 평화의 왕인 그리스도가 선언한 사건이라고 이해한다.[6]

십자가에 못 박으시오

빌라도 앞에 선 예수

(마가복음 15:2-16)

새벽에 대제사장들이 즉시 장로들과 서기관들 곧 온 공회와 더불어 의논하고 예수를 결박하여 끌고 가서 빌라도에게 넘겨 주니

빌라도가 묻되 네가 유대인의 왕이냐 예수께서 대답하여 가라사대 네 말이 옳도다 하시매

대제사장들이 여러 가지로 고소하는지라

빌라도가 또 물어 가로되 아무 대답도 없느냐 저희가 얼마나 많은 것으로 너로 고소하는가 보라 하되

예수께서 다시 아무 말씀도 대답지 아니하시니 빌라도가 기이히 여기더라

명절을 당하면 백성의 구하는 대로 죄수 하나를 놓아 주는 전례가 있더니

민란을 꾸미고 이 민란에 살인하고 포박된 자 중에 바라바라 하는 자가 있는지라

무리가 나아가서 전례대로 하여주기를 구한대

빌라도가 대답하여 가로되 너희는 내가 유대인의 왕을 너희에게 놓아 주기를 원하느냐 하니

이는 저가 대제사장들이 시기로 예수를 넘겨준 줄 앎이러라

그러나 대제사장들이 무리를 충동하여 도리어 바라바를 놓아 달라 하게 하니

빌라도가 또 대답하여 가로되 그러면 너희가 유대인의 왕이라 하는 이는 내가 어떻게 하랴

저희가 다시 소리 지르되 저를 십자가에 못 박게 하소서

빌라도가 가로되 어찜이뇨 무슨 악한 일을 하였느냐 하니 더욱 소리 지르되 십자가에

못 박게 하소서 하는지라 빌라도가 무리에게 만족을 주고자 하여 바라바는 놓아 주고 예수는 채찍질하고 십자가에 못 박히게 넘겨주니라

군병들이 예수를 끌고 브라이도리온이라는 뜰 안으로 들어가서 온 군대를 모으고

마가복음 15:2~16

유대인의 왕은 누구인가

밤이 지나고 새벽 여명이 비치기 시작했다. 예수의 수난은 이제 새로운 국면을 맞이한다. 대사제들은 회의를 새벽에 개최했다. 새벽에 새로 소집된 산헤드린 회의에서 그들은 예수를 로마 총독 빌라도에게 넘겨 로마 군대의 힘을 빌려 예수를 제거하자고 결의했다. 이 과정에서 예수는 자신의 제자 및 지지자에게 철저히 배척당한다. 그토록 예수를 따르던 이들이 어디에도 보이지 않는다. 예수를 옹호하는 변론의 말조차 들을 수가 없다. 참으로 이상한 일이다.

빌라도가 로마 법정에 모습을 드러낸다. 그는 다섯 번째 식민지 지역인 유대의 총독으로서, 주후 26~36년에 통치한 자이다. 역사가 필로는 빌라도가 뇌물을 좋아하고 난폭하며 강탈을 일삼고 학대하고 무례하며 재판도 제대로 하지 않고 처형을 계속해대며 이를 데 없이 잔인한 인물이라 평가했다.[7]

그런 빌라도 앞에 예수가 섰다. 빌라도는 예수에게 "네가 유대인의 왕이냐?" 하고 물었다. 빌라도가 그렇게 물은 까닭은 예수가 그의 정치적 세력을 침해할지 우려했기 때문이다. 유대 전쟁이 일어나기 전부터 이미 수십 년 동안 왕이자 메시아라 자처하는 이들이 거듭 출현했

다. 빌라도는 예수가 그런 인물인지 아닌지를 물은 것이다. 예수는 그 대답에 "네 말이 옳도다." 하고 답했다.

하지만 예수가 말하는 '유대인의 왕'의 의미는 빌라도가 말하는 왕과는 의미가 다르다. 그 영적인 심오함을 이해하지 못한 빌라도는 예수를 심문했음에도 충분한 성과를 얻지 못했다. 그러자 대사제들이 개입했다. 그들은 군중을 선동해 빌라도에게 예수를 정치적으로 위험한 인물로 비치게 만들었다. 빌라도는 거듭 예수에게 소명 기회를 주지만 예수는 아무런 대답도 하지 않는다. 예수는 이때부터 십자가 위에서 죽음에 이를 때까지 침묵한다.

빌라도는 그런 예수의 모습을 보자 오히려 두려워졌다. 빌라도는 죄수의 일부를 사면해주는 절기와 축제의 관행에 따라 예수를 사면시키자고 조심스럽게 제안했다. 선동가들은 이런 빌라도의 태도를 정의로움이 아닌 정치적 야합으로 몰고 간다.[8] 대사제들은 백성들을 선동해가며 살인자 바라바를 사면시켜야 한다고 강하게 주장했다. 선동된 백성들은 한술 더 떠 예수에게 극형을 내려야 한다고 아우성쳤다. 이 아우성은 예수가 예루살렘에 입성했을 때, 종려나무 가지를 흔들며 '호산나'라고 외치던 함성을 떠올리게 한다. 아우성이라도 어쩜 이리 다를까.

결국 빌라도는 백성들의 민란과 소요를 두려워한 나머지 이 야합에 굴복하고 만다. 잔악무도한 살인을 저지른 바라바를 풀어주고 대신 예수를 십자가에 못 박으라고 명했다. 한쪽에는 살인자가 있고, 다른 한쪽에는 죄가 없는 하느님의 아들이 있다. 다른 사람이 받아야 마땅한, 범죄에 대한 형벌을 예수가 대신 받아야 하는 것이다.

예수는 사람들의 손에 넘겨지기 전, 태형의 고통을 감내한다. 보통

태형은 십자가형에 앞서 행해졌다. 태형은 뼛조각과 쇳조각이 달린 가죽채찍을 죄인 몸에 휘두르는 형벌이다. 태형과 십자가형은 노예와 촌사람, 즉 로마 시민권을 갖지 못한 사람들에게만 내려졌다. 예수는 산헤드린의 부당한 사형판결과 이를 집행한 빌라도, 그리고 이러한 정치 계급의 최상층을 떠받들고 있는 이름 없는 백성들의 세뇌당한 집단 무의식에 의해 노예와 종만이 감당하는 십자가형을 선고받았다.

보수 신학자 찰스 하지는 빌라도의 처형 장면에서 하늘의 왕, 하늘의 왕국보다 땅의 왕과 땅의 권력에 더 천착하고 애쓰는 타락한 인간의 전형과 그 전형이 낳은 극단적 이기심이 예수를 십자가 도상으로 내몰았다고 지적한다. 그런 맥락에서 하지는 예수의 십자가 짊어짐이 보편적인 모든 인간의 타락에서 비롯되었다고 본다. 빌라도가 로마로 상징되는 세상 권력을 대표해 예수의 십자가형을 언도했지만, 예수의 피흘림은 결국 타락한 인간의 죄를 사하기 위해 창세전부터 이미 결정된 하나님의 섭리였음이 명백하다는 것이다. 그러한 신성한 계획의 하나로 십자가 도상을 이해해야 한다고 주장한다. 십자가는 예수 공생애의 절정이며, 이를 통해 죄 사함이 완성된다는 것이 하지를 비롯한 보수 신학의 일관된 해석이다.

반면 진보 신학자 요셉 클라우스너는 처음부터 예수의 운명이 결정되어 있다는, 이른바 예수의 십자가 결정론을 비판적으로 해석한다. 예수가 죽을 수밖에 없던 이유는 모든 민중이 우매하고 악하기 때문도, 그들 마음에 욕망과 타락이 내재되어 있기 때문도 아니다. 예수의 죽음은 종교 체제의 전복, 식민지 체제의 전복이라는 두 가지 전복을 함께 촉발시킨 예수 운동이 가진 혁명성, 민중 봉기의 가능성에 초조함을 느낀 권력자들의 자기 방어가 만들어낸 비극이라고 말한다. 클라우스너는 빌라도의 이해관계는 예수가 여타 다른 열심당원들과 다르게 폭력이나 무력 사용 한 번 없이 수많은 식민지 백성을 궐기시킬 수 있는 힘이 있음을 보고 이를 막기 위해 십자가 처형을 언도한 것이라 이해한다. 로마 권력자인 빌라도가 민중 봉기의 가능성을 차단함으로써 자신의 권력을 지키기 위해 벌어진 일이라 보는 셈이다. 또한 종교 기득권자들이 자신의 기득권을 무너뜨릴 수 있는 예수를 제거하기 위해 벌인 일이라는 것이 클라우스너의 십자가 이해다.[9]

가시 면류관을 쓴 예수

희롱당하는 예수

(마가복음 15:17-20)

예수에게 자색 옷을 입히고 가시 면류관을 엮어 씌우고
예하여 가로되 유대인의 왕이여 평안할찌어다 하고
갈대로 그의 머리를 치며 침을 뱉으며 꿇어 절하더라
희롱을 다한 후 자색 옷을 벗기고 도로 그의 옷을 입히고 십자가에 못 박으려고 끌고 나가니라

마가복음 15:17-20

예수는 왜 가시 면류관을 써야 했는가

이제부터는 군인들이 무대에 등장한다. 그들은 예수를 조롱하고 모욕한다. 그들은 안토니아 수비대이거나 빌라도가 직접 카이사르에게서 데려온 군대인 듯하다. 유다 총독 휘하에는 그 지역에서 모집한 용병

밖에 없었고, 유대인들은 군대 복무에서 면제되었으므로 군인들은 모두 팔레스타인 사람들과 이방인들로 구성되어 있었다.[10]

조롱은 자색 옷과 가시 면류관을 씌우는 대목에서 극에 달한다. 자색 옷은 고대 로마에서 집정관 관리가 입던 진홍색 외투를 연상시킨다.[11] 면류관은 왕의 상징이다. 군인들은 자신들이 그토록 때리고 짓밟던 이에게 유대인의 왕이라고 부르며 조롱하고 야유한다. 침을 뱉는 경멸적인 행위를 하는 동시에 무릎을 꿇으며 경배하는 척한다.

그러나 이는 역설적으로 예수 본질에 대한 깊은 심층을 드러낸다. 예수의 가치는 그것을 믿는 자들만 알아볼 수 있음을 시사하기 때문이다. 예수를 조롱하던 행위가 오히려 예수 내면의 심층을 밝히는 일이 되어버렸다. 가시 면류관을 쓴 사람에게서 온전히 구원받기 위해서는 예수의 십자가 희생이 무엇을 의미하는지, 그 희생에 앞서 왜 침묵했는지 통찰해야만 한다.

이 장면은 예수에게 원래 예수가 입고 있던 옷을 입히는 것으로 막을 내린다. 잔인한 유희는 모두 끝났다. 이제 인간 예수에게는 가장 끔찍하고 처절한 순간만이 남았다.

예수를 희롱하고 조롱하는 장면을 보수 신학자 존 그레셤 메이첸은 이사야서에 등장한 고난의 종이 당하게 될 구약 예언의 성취로 본다. 예수는 자신의 메시아 됨에 대한 수난 과정을 묵묵히 감당함으로써 인류의 죄를 사하는 참그리스도임이 밝혀졌다고 본 것이다. 그는 이 과정을 기록한 성서 가르침을 믿음으로 받아들이며, 오늘을 살아가는 우리의 이기심과 타락한 마음을 돌아보는 것이 신앙생활의 바른 모본이라고 말한다.

반면 진보 사상가 함석헌은 예수가 조롱당하는 이 장면에서 물리적 폭력과 선동으로 일으키는 전형적인 민중 봉기와 예수 행보 사이의 결정적 차이가 드러난다고 말한다. 예수가 말하는 혁명의 가치가 폭력으로도 해결되지 않는 궁극적인 평화임을 밝히고자 했다는 것이다. 그런 맥락에서 함석헌은 예수가 뼛속까지 평화주의자였다고 말한다. 또한 그의 혁명은 또 다른 힘과 권력으로 기존의 권력을 갈아치우는 권력의 수평이동이 아닌, 권력 자체의 해체라는 점을 이 대목에서 분명히 한다고 해석한다.[12]

십자가에 못 박히다

골고다에서의 처형

(마가복음 15:21-26)

마침 알렉산더와 루포의 아비인 구레네 사람 시몬이 시골로서 와서 지나가는데 저희가 그를 억지로 같이 가게 하여 예수의 십자가를 지우고

예수를 끌고 골고다라 하는 곳에 이르러 몰약을 탄 포도주를 주었으나 예수께서 받지 아니하시니라

십자가에 못 박고 그 옷을 나눌쌔 누가 어느 것을 얻을까 하여 제비를 뽑더라

때가 제삼 시가 되어 십자가에 못 박으니라

그 위에 있는 죄 패에 유대인의 왕이라 썼고

마가복음 15:21-26

어떻게 또렷한 정신으로 십자가 처형으로 견딜 수 있었을까

예수를 도성에서 끌고 나가는 까닭은 성문 밖에서 처형하는 로마의 오랜 관습 때문이었다. 이 장면은 구약성서 레위기 24장 14절이나 민수기 15장 35절과 36절을 떠올리게 한다. 그 내용에 따르면 신성 모독

자나 안식일 위반자는 돌에 맞아 죽었다. 예수가 끌려 나갔다는 것은 곧 그가 백성들로부터 철저히 버림받고 축출되었음을 뜻한다.[13]

예수는 처형장인 골고다까지 끌려갔다. 골고다는 '해골의 곳'으로 번역되는 아람어로, 처형장은 사람들의 무덤지였다. 그들은 예수를 저주하고 제거하기 위해 그를 골고다로 끌고 간다. 십자가에 못 박히기 전 사람들은 예수에게 몰약, 즉 고통을 감소시키기 위한 마취제를 건넨다. 이 인도적 행위는 유대교 관습과 관련 있다. 예루살렘의 귀부인들은 사형수들에게 이런 마취제를 주었다고 한다.[14] 하지만 예수는 그것을 거부했다. 유대 땅에서 예루살렘을 향해 걸어갔던 것이 그의 자발적인 선택이었듯, 자신에게 주어진 고난을 어느 것에도 의존하지 않고 감내하기 위함이다.

그 후 예수는 십자가에 못 박힌다. 처형 절차에 대한 자세한 내용은 생략된 대신, 십자가에 달린 예수의 옷을 군인들이 나눠 갖는 장면이 묘사된다. 이는 시편 22편 17절과 18절의 처절한 탄원과 연결된다. "내가 내 모든 뼈를 셀 수 있나이다. 그들이 나를 주목하여 보고 내 겉옷을 나누며 속옷을 제비 뽑나이다." 하나님의 심판을 받은 자가 되어버린 예수는 옷마저 빼앗김으로써 마지막 남은 것 하나까지 모두 강탈당했다. 그는 이제 벌거벗겨진 채 십자가에 매달려 있다.

보수 신학은 십자가 처형 과정에서 예수가 포도주를 거부한 까닭은 술에 취하지 않으려는 예수의 또렷한 정신성을 입증해주는 것으로 이해하고 이를 믿음의 전형으로 본다. 진보 신학 역시 이 과정에서 나타난 맥락에 대해서는 보수 신학의 관점과 크게 다르지 않다.

오늘 네가 나와 함께 있을 것이다

예수와 함께 매달린 행악자들

(누가복음 23:39-43)

달린 행악자 중 하나는 비방하여 가로되 네가 그리스도가 아니냐 너와 우리를 구원하라 하되

하나는 그 사람을 꾸짖어 가로되 네가 동일한 정죄를 받고서도 하나님을 두려워 아니하느냐

우리는 우리의 행한 일에 상당한 보응을 받는 것이니 이에 당연하거니와 이 사람의 행한 것은 옳지 않은 것이 없느니라 하고

가로되 예수여 당신의 나라에 임하실 때에 나를 생각하소서 하니

예수께서 이르시되 내가 진실로 네게 이르노니 오늘 네가 나와 함께 낙원에 있으리라 하시니라

누가복음 23:39-43

강도의 회심이 뜻하는 바는 무엇인가

마가복음과 마태복음에서는 예수와 함께 십자가에 못 박힌 두 강도

모두 예수를 조롱하거나 저주했다고 되어 있지만 누가복음은 다르다. 누가복음은 두 강도 중 한 사람만이 군인들이 한 것과 비슷한 말로 예수를 모욕한 반면 다른 한 명은 예수를 옹호했다고 기록했다.

두 번째로 발언한 도둑은 합법적으로 자신에게 부과된 마땅한 형벌을 향후 그리스도인이 어떻게 받아들여야 할지를 모범적으로 보여준다. 그는 예수의 무죄를 다시 한 번 견고히 한다. 그는 첫 번째 강도가 하나님을 두려워하지 않는다고 비난하며, 예수가 잘못도 없이 형벌을 받는 것과 자신들은 다르다고 말한다. 자신의 형벌이 정당하다고 받아들이는 것은 일종의 참회이다. 그는 예수에게 자신을 기억해달라고 간청했다. 그러자 예수는 십자가에 못 박힌 상태에서도 그에게 "아멘." 하고 화답하며, 오늘 자신과 낙원에서 만나게 되리라 약속한다.

이 말은 구약 이사야서 51장 3절에 나오는 하나님의 백성들이 미래에 누리게 될 기쁨과 같은 것으로 이해되기에 충분하다. 미래의 낙원은 에덴의 동산과 동일시되곤 했는데, 그곳은 의롭게 죽은 사람들의 영혼이 안식을 취하는 곳이다.[15]

여기서 예수의 대답 중 주목할 만한 표현은 바로 '오늘'이라는 단어다. 예수는 두 번째 강도에게 오늘 낙원에 있으리라고 말했다. 이는 예수의 확고한 약속이다. 두 번째 강도의 간청은 예수가 다시 오게 되는 그 재림의 순간 생명을 얻게 되기를 바라는 희망을 표명한 것이고, 예수의 '오늘'이란 답변은 바로 그에게 즉각 낙원에 들어가게 될 소원을 들어주겠다는 확답인 셈이다.

보수 신학자 매튜 헨리는 마가복음이나 마태복음에서는 두 강도에게 별다른 담론을 부여하지 않았지만, 누가복음에서는 두 강도가 신앙과 불신앙의 차원을 상징한 점을 언급한다. 헨리는 누가복음에서 예수가 말한 '낙원'은 사후에 이르게 되는 '천국'의 개념이 아닌 인간의 삶에서 체험할 수 있는 것이라고 본다. 그런 맥락에서 인간이 살아가는 동안, 최후 심판이 있기 전에 자신을 믿고 신앙하는 구속 신앙을 가져야 한다고 목소리를 높인다.[16]

진보 신학자들 역시 예수가 언급한 '낙원'을 타계 후가 아니라 현실의 한복판에서 벌어지는 일이라고 보는 점에서 보수 신학과 의견을 같이한다. 하지만 진보 신학자들은 두 강도 이야기를 역사적 사실 여부나 신앙과 불신앙이라는 주제로 접근하지는 않는다.

진보 신학자 아라이 사사구는 두 강도의 상징이 갖는 메시지를 오늘을 사는 인간의 실존적 결단으로 이해한다. 인간의 결단은 부당함을 떨치고 나아가는 존재의 용기에 포섭되느냐, 아니면 용기를 잃은 채 그저 세상의 조류와 판단에 의해 순응하며 살아가느냐의 갈림길에서 선택하는 일이다. 사사구는 예수가 특별히 현실에 있는 '낙원'을 말한 이유도 천국과 안식은 누군가 거저 가져다주는 것이 아니라 존재가 자신 안에 참정신을 발견하고 이를 적극적으로 펼쳐냄으로써 해방에 이를 수 있기 때문이라고 생각한다.[17]

내가 목마르다

십자가에 매달린 예수

(요한복음 19:28)

이 후에 예수께서 모든 일이 이미 이룬 줄   대 내가 목마르다 하시니
아시고 성경으로 응하게 하려 하사 가라사

요한복음 19:28

타는 목마름으로

요한복음 19장 25절에는 십자가 도상 위에 선 네 명의 여인이 등장한다. 그들은 일제히 예수를 바라보았고 예수도 그들을 본다. 예수는 자신의 사랑하는 제자로 알려진 상징적 인물과 네 여인을 불러 모아 새롭게 모자 관계를 맺어준다. 이로써 이 땅에서 새로운 그리스도교 공동체의 가족 개념이 시작된다. 그 후 예수는 십자가 도상 위에서 목마름을 느낀다.

예수는 목마름 속에서 자기 백성을 구원하기 위한 마지막 사역을 행한 듯하다. 그는 절규 속에서 죽어갈 수밖에 없었음에도 자기에게 주어진 일을 하고 인간 사랑의 정신을 우리에게 보여주었다.

보수 신학은 예수의 목마름을 기록한 요한복음 맥락을 구약 예언의 성취로 이해한다. 시편 69편 21절의 말씀이 그것이다.

반면 진보 신학은 예수의 목마름 현상 자체가 갖는 인간적 고통에 주목한다.

어찌하여 나를 버리셨나이까

예수의 운명

(마가복음 15:33-37)

제육 시가 되매 온 땅에 어두움이 임하여 제구 시까지 계속하더니

제구 시에 예수께서 크게 소리 지르시되 엘리 엘리 라마 사박다니 하시니 이를 번역하면 나의 하나님 나의 하나님 어찌하여 나를 버리셨나이까 하는 뜻이라

곁에 섰던 자 중 어떤 이들이 듣고 가로되 보라 엘리야를 부른다 하고

한 사람이 달려가서 해융에 신포도주를 머금게 하여 갈대에 꿰어 마시우고 가로되 가만 두어라 엘리야가 와서 저를 내려 주나 보자 하더라

예수께서 큰 소리를 지르시고 운명하시다

마가복음 15:33-37

신은 정말 예수를 버렸을까

여섯 시경부터 깔리기 시작한 어둠은 아홉 시가 되자 더 짙어졌다. 예수가 매달린 골고다 언덕 위는 유독 어두웠을 것이다. 성경에 나오는

이 어둠은 슬픔의 표현이다. 누군가는 이 짙은 어둠을 악마 세력이 장악한 상태로 읽었고, 또 누군가는 하나님 아들의 끔찍한 죽음을 의미한다고 읽었다.

숨을 거두기 직전 예수는 "엘리 엘리 라마 사박디니", 즉 "어찌하여 나를 버리셨나이까?" 하고 절규한다. 이 말은 시편 22편의 서두에 등장하는 탄원의 외침이다. 이 외침이 마가복음에서는 예수가 십자가 도상에서 남긴 마지막 말이다. 그는 아홉 시에 이렇게 말하고 죽는다. 아홉 시는 어둠이 끝나는 때이다. 그렇다면 과연 예수는 절망 가운데서 죽었던 것일까? 이 버림받음에 대한 탄식을 어떻게 이해해야 하는가?

짙게 깔린 어둠은 곧 해가 뜨면 사라진다. 이 어둠은 동이 터오는 새로운 시작의 징표가 될 수도 있다. 예수가 죽지만 곧 그 어둠을 뚫고 부활의 역사가 일어나는 것처럼 말이다. 따라서 시편 22편 전체를 신학적으로 평가해보면 이 예수의 절규는 절망의 범주로만 이해되고 말지 않는다. 부활에 대한 확신이 있을 때 그 절규는 감사와 기쁨으로 돌변하게 될 것이다.[18]

모든 사람에게 버림받은 예수는 이렇듯 하나님에게서도 버림받는 마지막 순간까지 하나님께 탄식의 기도를 드림으로써 자신은 절대 하나님을 포기하지 않았음을 보여준다. 이 강렬한 외침은 결국 인간을 위한 것이다. 자신을 버린 인간의 편에서 우리를 버리지 말아달라고 외치는 하나님 아들의 절규이다.

보수 개혁주의 신학자 윌리엄 바클레이가 이해하는 "엘리 엘리 라마 사박다니"라는 외침은 인간의 죄악이 그만큼 크고 깊었음을 보여주는 증거라고 해석한다. 인간의 죄가 얼마나 끔찍했는가를 단적으로 보여준다는 것이다. 바클레이는 인간의 끔찍한 죄와 대비되는 무죄함, 그 무결함으로 예수가 궁극적으로 끔찍한 죄악에 사로잡힌 인간을 구원한 것이었음을 분명히 한다고 주장한다.[19]

  반면 민중 신학자 안병무가 본 예수의 절규는 겟세마네에서 골고다에 이르기까지 철저히 버림받은 신의 아들이 내뱉은 절망과 탄식으로, 전능한 신이 전혀 개입하지 않은 현실에서 철저히 패배당한 약자의 전형으로 묘사되었다고 말한다. 안병무는 이러한 비탄의 절규를 이후 부활한 예수가 찾아가는 곳, 갈릴리와 연결시킨다. 갈릴리는 현실에서 아무런 힘도 갖지 못하고 종교적으로도 저주받으며, 인정받지 못하는 비주류 세력의 장소였다. 안병무는 십자가 죽음에서의 예수 절규는 철저히 소외된 인간의 편에서 인간의 신을 향한 탄원이 낳은 마땅하고도 절박한 혁명에의 요청이라 이해한다.[20]

다 이루었다

십자가 죽음

(요한복음 19:30)

예수께서 신 포도주를 받으신 후 가라사대   이 돌아가시니라
다 이루었다 하시고 머리를 숙이시고 영혼

요한복음 19:30

그의 영혼은 어디로 가는가

마가복음과 마태복음에서의 외침, "엘리 엘리 라마 사박다니"와 누가
복음과 요한복음에서 말씀하신 "다 이루었다."는 말을 서로 상반된다
고 보기는 어렵다. 예수가 "다 이루었다."고 말씀하신 그 마지막 말의
핵심은 예언의 성취로 볼 수 있다. 하늘의 뜻을 받은 자신이 땅에 성육
하여 마지막 순간까지 주어진 일을 완성하여 아버지를 영광스럽게 했
다는 자기 확신이 결국 다 이루었다는 결말로 귀결된다는 것이다. 그

466   진보의 예수 보수의 예수

말 한 마디를 한 후 예수는 머리를 떨어뜨렸다. 머리를 숙이는 행위조차 복음서는 능동적인 동사의 주어로 활동했다. 예수는 죽음의 순간조차 능동적인 주체였다.

보수 신학자 존 브라운은 마가복음과 마태복음의 "엘리 엘리 라마 사박다니"와 누가복음과 요한복음에 나타난 "다 이루었다."는 표현을 모순으로 보지 않으며, 구약의 성취로 이해한다. 하지만 성서 비평의 대가 슈바이처는 성서비평적 관점에서 본 요한복음의 이 예수 진술은 후대 교회에서 첨가했을 가능성이 높다고 본다. 예수의 패배의식이 후대 교회의 교리화 작업에 방해나 걸림돌로 작용했기 때문이라는 것이다. 슈바이처는 이러한 교리화 작업의 퍼즐을 맞추기 위한 편집의 일환으로 "다 이루었다."는 예수의 진술을 끼워 넣었다고 본다.[21]

제13부

부활한 예수

과연 예수는 정말로 부활했을까? 예수의 부활은 오늘날 우리에게 어떤 의미로 다가오는가? 부활은 예수 언행의 절정이자 핵심 화두이다. 부활의 증언은 예수가 하나님의 아들임을 보여주는 가장 적극적이면서도 결정적인 사건이기 때문이다.

하지만 예수의 부활을 바라보는 현대 문명에 회의적인 시각이 많은 것이 사실이다. 부활 이후의 예수 언행은 복음서 기록자들이 전설에 따라 추론하여 창작한 결과물이라고 주장하는 목소리가 많다. 현대 신학자의 상당수는 제자들이 일종의 영적 경험을 체험하고, 그렇게 각자 느낀 영적 경험을 공유하여 그리스도의 정신이 지속됨을 확신했음을 의미한다고 주장한다. 그럼에도 그들은 예수의 불멸에 대해 이야기한다. 그 영혼이 계속 살아남았으며, 제자들은 바로 그 불멸의 영혼성을 경험했다고 말이다.

이제 마지막으로 남은 숙제는 예수의 몸이다. 몸의 부활에 대한 기록자들의 증언은 무엇인가? 그것조차 전설 이야기의 절정을 구성하기 위한 신화화의 일종이란 말인가? 부활이라는 불합리는 도리어 오늘날 우리에게 새로운 관점과 질문을 던진다. 우리에게 지금 주어진 과학의 논의조차 규범적인 것이 아닌 서술적인 것이며 가설을 통해 입증되는 선상에 있다면, 신의 초월이 가져다준 명백하고도 신비스러운 부활 사건 역시 규범이 아닌 서술이지만 그 서술 너머에서 우리에게 전무후무한 신비를 전할 수도 있지 않겠는가? 과연 이러한 질문이 우매하고 비과학적이라고만 할 수 있을까?

여전히 예수의 부활은 인류에게 숙제로 남아 있다. 부활 이후의 예수 언행에서 희망과 도전 정신을 품을 수 있기 때문이다. 희망은 단지 예수 육체의 삶이 끊어지지 않고 연명되었다는 데서 오는 기쁨이 아니다. 인간이 어떤 상황을 맞이해도 인간을 포기할 수 없는 예수의 절대 가치를 찾을 수 있다는 희망이다. 그 희망은 우리를 도전하게 만든다. 그 도전이 오늘날 우리를 살아 있게 한다. 온갖 부조리와 절망, 비극의 한복판에서도 그 희망 덕분에 우리는 살아 있을 수 있다.

온누리에 복음을 전하라

마가복음에서의 부활 예수

(마가복음 16:1-8)

안식일이 지나매 막달라 마리아와 야고보의 어머니 마리아와 또 살로메가 가서 예수께 바르기 위하여 향품을 사다 두었다가
안식 후 첫날 매우 일찍이 해 돋을 때에 그 무덤으로 가며
서로 말하되 누가 우리를 위하여 무덤 문에서 돌을 굴려 주리요 하더니
눈을 들어본즉 벌써 돌이 굴려져 있는데 그 돌이 심히 크더라
무덤에 들어가서 흰 옷을 입은 한 청년이 우편에 앉은 것을 보고 놀라매
청년이 이르되 놀라지 말라 너희가 십자가에 못 박히신 나사렛 예수를 찾는구나 그가 살아나셨고 여기 계시지 아니하니라 보라 그를 두었던 곳이니라
가서 그의 제자들과 베드로에게 이르기를 예수께서 너희보다 먼저 갈릴리로 가시나니 전에 너희에게 말씀하신 대로 너희가 거기서 뵈오리라 하라 하는지라
여자들이 몹시 놀라 떨며 나와 무덤에서 도망하고 무서워하여 아무에게 아무 말도 하지 못하더라

마가복음 16:1-8

우리는 나사렛 예수를 어디에서 찾아야 하는가

마가복음에 언급된 예수의 부활은 담담하고 간결하다. 마치 예수의 부활은 당연하다는 듯 어떤 미사여구도 사용하지 않는다. 예수는 무덤을 가로막은 돌, 그 무겁고 엄중한 생과 사의 경계를 강하게 밀어내고 여인들에게 처음으로 모습을 드러냈다.

마가복음에서는 막달라 마리아, 야고보의 어머니 마리아, 그리고 살로메가 등장한다. 물론 그들이 예수의 부활을 기대하고 무덤에 찾아갔던 것은 아니다. 그들은 예수의 죽음을 애도하기 위해 값비싼 향료를 구입하여 찾아갔다. 예수 부활의 현시 이전에 그 여인들은 예수의 무덤에서 빛나는 옷을 입은 천상적인 존재를 만난다. 그 청년은 예수의 죽음을 기리러 간 여인들에게 완전히 다른 차원의 말을 전한다. 부활한 예수가 갈릴리로 찾아갈 것이라고 한 것이다.

갈릴리는 복음서의 고향이자, 지상에서의 예수 활동이 가장 활발하고 역동적으로 이루어지던 중심지였다.[1] 예수가 지상 활동을 가잔 활발히 펼치던 지역에 부활한 예수가 등장한 것은 그가 완전한 인간이자 신이라는 사실을 알 수 있는 대목이다. 지상에서 활동한 존재와 십자가에 달린 자, 그리고 부활한 자를 동일한 존재라는 것을 믿을 때, 예수는 당시 제자들에게는 물론, 오늘날의 우리에게까지 완전한 존재로 이해될 수 있다.

그 뒤 예수는 가룟 유다가 빠진 열한 명의 제자가 모인 곳으로 직접 찾아가 자신의 정체를 드러낸다. 우연인지, 아니면 의도된 행동인지 예수는 그들이 식사하는 도중에 등장했다. 함께 먹고 마시는 자리에 부활한 예수가 모습을 드러낸 까닭은 예수가 모든 고투를 마치고 실제로 나타났을 때에도 여전히 인간의 차원을 이해하고 공감하고 있음을 의미한다. 교회 공동체에서는 이를 기리기 위해 성찬식이라는 행사를 이어오고 있다.[2]

마가복음에서 부활한 예수의 현시는 열한 명의 제자에게 보이는 것으로 그 마지막을 장식한다. 이는 예수의 공생애 동안 예수 사역을 지켜보고 함께 참여했던 제자들이 예수의 부활 역시 받아들여야 한다는 중요성을 강조하기 위함이었을 것이다.

예수는 십자가에 못 박힌 지 사흘 만에 다시 살아나 "제자들인 너희들보다 먼저 갈릴리에 가 있을 것이다."라는 말을 받아들이지 못한 제자들을 꾸짖는다. 하지만 이 꾸짖음마저 제자들에게는 경이로운 일이었을 것이다. 부활한 예수가 제자들의 눈앞에 실제로 발언하고 있는 모습이 제자들에게 얼마나 신비로운 일이었겠는가.

예수는 이들의 마음가짐이 무뎌진 것을 책망한다. 이는 앞으로 자신의 부활에 대한 확증을 실제로 느꼈던 것을 믿음으로 발전해 나가라는 의미일 것이다. 성서의 표상에 의하면, 마음은 하나님 말씀을 받아들이는 기관이며, 하나님을 향한 안테나이다.

종교개혁가 장 칼뱅이 이해하는 예수의 부활, 특히 마가복음에서의 예수 부활은 왕의 부활과 속죄의 완성에 초점이 맞춰진다. 이때의 왕은 메시아, 즉 하나님 아들 됨의 성립에 대한 예표이다. 칼뱅은 예수의 십자가가 모든 인류를 위한 속죄의 시작이라면, 예수의 부활은 모든 인류를 위한 속죄의 완성이라 본다. 다시 말해 예수의 부활을 모든 인류가 타락하여 고통받을 수밖에 없었던 모든 고통과 슬픔으로부터의 해방을 말하는 믿음의 사건으로 이해한 셈이다.

이러한 칼뱅의 부활에 대한 믿음은 곧 교회의 천국과 지옥에 대한 개념과 이어진다. 칼뱅은 예수의 부활이 갖고 있는 역사적 실제, 당시 수많은 사람이 목격하고 주목했던 그 부활의 역사성을 증거하고 그 역사성이 갖는 놀라움을 나누는 것이 곧 설교가 되어야 하고, 하나님 나라를 위한 전파가 되어야 하고, 교회의 존재 이유가 되어야 한다고 보았다. 이를 좀 더 근본주의적으로 풀어 보면, 십자가와 부활을 믿는 존재는 하나님 나라의 참여가 가능한 교회 안으로의 구원 역사에 동참하는 하나님 나라 백성이 될 것이며, 그렇지 못한 존재는 타락과 욕망의 불못에 영원히 빠지게 될 것이다. 이것이 발전된 교리가 바로 사후 세계를 결정짓는 천국과 지옥의 개념이다.[3]

진보 신학자들 중 일부 급진적인 입장에 서 있는 자들은 구약성서에 나오는 메시아의 완성을 위해 후대 기록자들이 허구로 남긴 신화적 이야기라고 생각한다. 그러한 점에서 예수의 부활은 또 다른 미신이며, 이는 어떤 미신이나 주술적 종교 행위도 거부하라던 예수의 가르침에 위배되는 것이므로 부활 자체에 큰 의미를 두지 말아야 한다고 주장한다.[4]

한편 이와 다른 입장을 가진 진보 신학자들도 있다. 부활이 사실이든 아니든, 부활에 담긴 의미의 중요성을 인지해야 한다고 주장하는 입장이다. 그들은 마가복음에서의 예수 부활을 갈릴리와 연관 지어 고찰한다. 예수가 부활한 뒤 갈릴리로 돌아간 이후 갈릴리가 비천하고 소외된 장소가 아니라 전복과 혁명의 새 역사를 쓰기 위한 장소로 거듭났다는 것이다. 이것을 민중의 해방을 향한 갈망에 대한 응답으로 보며, 갈릴리가 과거에는 소외되고 아집이 들끓었을지라도 새 역사를 위한 운동의 시발점이 되어야 한다고 주장한다.

여성 해방 신학자 메리 댈리는 예수의 무덤을 찾아갔던 이들이 남성 제자들이 아니라 막달라 마리아와 야고보의 어머니 마리아, 살로메였던 까닭에 대해 말한다. 이 세 여인이 단지 믿음 없는 마음으로 예수를 찾은 것이 아니라 예수의 수난 예고에 뒤따르던 "사흘 만에 일어날 것이라."는 회생의 표지를 믿고 신앙의 첫걸음을 내딛었다고 해석한다. 그녀들은 예수의 부활을 목격했다는 중요성이 있으므로 역사적 의의를 부과해야 한다는 것이 댈리의 주장이다.[5]

세상 끝 날까지 함께 있으리라

마태복음에서의 부활 예수

(마태복음 28:18-20)

예수께서 나아와 말씀하여 이르시되 하늘과 땅의 모든 권세를 내게 주셨으니 그러므로 너희는 가서 모든 민족을 제자로 삼아 아버지와 아들과 성령의 이름으로 세례를 베풀고 내가 너희에게 분부한 모든 것을 가르쳐 지키게 하라 볼지어다 내가 세상 끝 날까지 너희와 항상 함께 있으리라 하시니라

마태복음 28:18-20

예수의 약속은 지금까지도 유효한가

마태복음에 나타난 예수의 부활에 대한 사람들의 반응과 예수의 태도는 마가복음의 묘사와 큰 차이가 없다. 마태복음에 돌을 치워낸 빈 무덤에 모인 세 여인 앞에 예수보다 먼저 나타난 천사에 대해 좀 더 상세하게 묘사된 점과, 군인들에게 돈을 주며 예수의 육신이 사라진 데 대

한 알리바이를 마련하는 장면 묘사가 추가된 정도의 차이만 있을 뿐이다.

마태복음의 가장 마지막 대목에서 예수가 한 말을 살펴보자. 예수는 아버지와 아들과 성령의 이름으로 세례를 베풀고, 모든 것을 그들에게 가르쳐 지키게 하라는 과제를 남겼고, 세상 끝 날까지 우리와 함께 있으리라 약속했다. 여기서 예수가 언급한 세례의 뜻을 유대 종교의 전통의 형식을 이어나가라는 의미로 해석하기는 어렵다.[6] 예수의 세례는 전통과 형식을 넘어선 심오한 차원에 있다. 그것은 제자들이 하나님 나라를 가르치는 자임과 동시에 그 나라의 제자로서 자발적 복종의 삶을 시작하라는 의미다. 우리 곁에 항상 함께 있으리라는 약속으로 예수는 그 시작을 지지한다.

구원의 약속은 세상 끝 날까지 함께 있겠다는 약속과 궤를 같이한다. 부활한 예수는 이제 하나님 나라의 새로운 시작과도 같다. 부활한 예수는 승천하여 성령으로서 제자들 마음속에서, 오늘날 교회 공동체 속에서, 그리스도인 한 명 한 명의 마음속에서 새로운 시작인 하나님 나라의 복음을 전파할 것이다. 그 생명의 약속이 역사의 끝 날인 세상 끝 날까지 지속될 것이다. 그 강고한 약속의 말씀에 힘입어 2천 년이 지난 지금까지 기독교는 비록 여러 부침과 현실적 어려움에도 살아남았다.

개혁주의적 신학자 찰스 하지가 마태복음에서 부활을 통해 도출해낸 핵심은 족보 완성의 완벽한 입증과 복음 전파, 교회 구령 행위의 당위이다. 하지는 마태복음의 시작부터 족보로 시작하여 족보로 마무리된다고 본다. 처음 시작의 족보는 타락한 인간의 본성을 갖고 시작된 이른바 첫 사람 아담의 족보라면, 이 족보의 마지막인 예수는 인류의 구세주, 살려주는 사람인 마지막 사람 그리스도가 된다는 것이 하지의 해석이다. 하지는 마태복음 24장 18절에서 지상의 모든 족속을 제자로 삼아 아버지와 아들, 성령의 이름으로 세례를 주라는 명령을 교회의 대지상명령, 더 나아가 교회의 존재 이유로 승격시킨다. 여기서 하지는 모든 이를 제자로 삼아야 한다는 예수의 가르침을 지구상에 존재하는 모든 사람이 문화적 차이나 빈부 차이, 피부색, 인종, 가치관, 사상 등 아무리 큰 차이가 있어도 하나님의 자녀로서 하나님 나라에 들어가야 할 존재 이유가 있다고 말했다고 보고, 땅 끝까지 구원의 복음을 전파해야 할 사명을 교회 사명의 최상위에 두어야 한다고 주장한다.

이에 반해 진보 신학에서는 부활의 역사적 실제에 대한 믿음과 동의를 신앙의 출발점으로 보지 않는다. 그렇기 때문에 보수 신학에서 교회의 존재 이유로 강조하는 복음의 구령 사업을 보는 접근법에서도 상당한 차이를 나타낸다.

진보 신학에서는 주로 부활의 의미에 집중한다. 진보 신학자 노만 페린의 관점이 그중 하나이다. 페린은 마태복음 자체가 유대기독교의 교리적 전통 수립을 위해 본래의 원시복음으로 알려진 마가복음, 또는 예수 어록의 원자료로 알려진 Q복음서를 기반으로 편집된 텍스트라고 말한다.[7] 그 맥락에서 마태복음의 부활은 예수가 유대교가 추앙하는 족보의 완성자라는 관점에 치우쳐 있으며, 이는 예수 가르침의 순수한 의미를 훼손하기까지 한다고 주장한다.

페린은 부활의 의미, 그로 인한 예수의 대지상명령인 아버지와 아들, 성령의 이름으로 세례를 주라는 의미가 전투적이고 배타적인 종교 교리로서의 복음 전파가 아니라고 주장한다. 페린이 이해하는 부활 정신은 현실에서의 불평등, 자유를 억압하는 인간의 욕망이 낳은 체제, 현실적 억압과 부조리의 혁파를 위해 모든 이가 예수의 자유와 평화의 정신 계승으로 본다.

페린을 비롯한 진보 신학이 이해하는 복음은 타 문화권, 타 종교, 나와 생각이 다른 이들의 가치관을 존중하고 그 다름을 인정하면서 인간의 보편가치인 평등과 인권의 문제에 대해 연대하는 것, 그것이 바로 교회의 존재 이유임을 분명히 한다.

여기 먹을 것이 있느냐

누가복음에서의 부활 예수

(누가복음 24:13-32)

그 날에 그들 중 둘이 예루살렘에서 이십오
리 되는 엠마오라 하는 마을로 가면서
이 모든 된 일을 서로 이야기하더라
그들이 서로 이야기하며 문의할 때에 예수
께서 가까이 이르러 그들과 동행하시나
그들의 눈이 가리어져서 그인 줄 알아보지
못하거늘
예수께서 이르시되 너희가 길 가면서 서로
주고받고 하는 이야기가 무엇이냐 하시니
두 사람이 슬픈 빛을 띠고 머물러 서더라
그 한 사람인 글로바라 하는 자가 대답하여
이르되 당신이 예루살렘에 체류하면서도 요
즘 거기서 된 일을 혼자만 알지 못하느냐
이르시되 무슨 일이냐 이르되 나사렛 예수
의 일이니 그는 하나님과 모든 백성 앞에서
말과 일에 능하신 선지자이거늘

우리 대제사장들과 관리들이 사형 판결에
넘겨주어 십자가에 못 박았느니라
우리는 이 사람이 이스라엘을 속량할 자라
고 바랐노라 이뿐 아니라 이 일이 일어난 지
가 사흘째요
또한 우리 중에 어떤 여자들이 우리로 놀라
게 하였으니 이는 그들이 새벽에 무덤에 갔
다가
그의 시체는 보지 못하고 와서 그가 살아나
셨다 하는 천사들의 나타남을 보았다 함이라
또 우리와 함께한 자 중에 두어 사람이 무덤
에 가 과연 여자들이 말한 바와 같음을 보았
으나 예수는 보지 못하였느니라 하거늘
이르시되 미련하고 선지자들이 말한 모든
것을 마음에 더디 믿는 자들이여
그리스도가 이런 고난을 받고 자기의 영광

에 들어가야 할 것이 아니냐 하시고
이에 모세와 모든 선지자의 글로 시작하여
모든 성경에 쓴 바 자기에 관한 것을 자세히
설명하시니라
그들이 가는 마을에 가까이 가매 예수는 더
가려 하는 것같이 하시니
그들이 강권하여 이르되 우리와 함께 유하
사이다 때가 저물어가고 날이 이미 기울었
나이다 하니 이에 그들과 함께 유하러 들어

가시니라
그들과 함께 음식 잡수실 때에 떡을 가지사
축사하시고 떼어 그들에게 주시니
그들의 눈이 밝아져 그인 줄 알아 보더니 예
수는 그들에게 보이지 아니하시는지라
 그들이 서로 말하되 길에서 우리에게 말씀
하시고 우리에게 성경을 풀어 주실 때에 우
리 속에서 마음이 뜨겁지 아니하더냐 하고

누가복음 24:13-32

엠마오의 두 제자는 왜 예수를 못 알아보았을까

누가복음에서 나타난 예수의 언행 중 특기할 만한 부분은 엠마오 도
상에 걸어가는 두 제자와 나눈 예수의 세밀한 대화와 제자들의 식사
에 함께 참여하며 자신도 먹고 마시는 일에 동참했다는 점이다. 빈 무
덤이 여인들에 의해 목격된 것과 같은 날, 엠마오라는 동네를 향해 걷
고 있던 제자 중 두 사람에게 예수가 나타난다. 하지만 그들의 눈은 어
두워서 예수를 알아보지 못했다. 예수의 겉모습이 변했기 때문에 못
알아보았다기보다는 그 제자들의 마음속 장벽 때문에 보지 못했다. 그
두 사람에게 부활이라는 예수의 약속은 심연 속으로 가라앉아 있었을
것이다. 눈이 열리지 않았다는 것은 마음의 눈이 굳게 닫혔음을 뜻하
기도 하므로, 그들이 영적 어두움에 빠져 있음을 유추할 수 있다.
　예수는 계시된 하나님의 말씀이 어떻게 성취되었는가를 알려줌으
로써 그들을 일깨우고자 한다. 모세의 책에서부터 시작해 예언자들에
이르는 구약 내용을 개관하는 이유가 바로 거기에 있다. 그런 예수의

가르침을 전해 듣고서야 그들은 비로소 예수를 알아본다. 하지만 예수는 그 순간 그들의 눈앞에서 사라진다. 이 사라짐은 무엇을 의미하는가? 두 제자들은 갑자기 등장한 낯선 이가 예수라는 것을 그의 겉모습을 통해서가 아니라 그가 자신들에게 풀어준 성서의 뜻 해석을 통해서 확신하게 된다. 그들은 예수가 성경을 풀이해주실 때 마음이 뜨거워졌다고 말한다. 이는 이후 예수를 직접 만나보지 못한 이들도 마음이 뜨거워지는 신비로운 고양을 통해 부활의 임재를 강렬히 체험할 수 있음을 암시하는 것이기도 하다.

누가복음에서 가장 자세히 언급된 엠마오로 가는 두 제자 이야기를 보수주의 신학자 리처드 헤이스는 영적 개안이라는 주제로 접근한다. 영적 개안이란 예수의 부활이 가진 역사적 신비와 그 신비가 품고 있는 구약의 성취가 함께 이루어지는 신앙의 사건을 뜻한다. 헤이스는 엠마오의 두 제자가 부활한 예수를 제대로 알아보기 위해서는 믿음이 있어야 한다고 말한다. 바로 예수가 하나님의 약속대로 부활한다는 말에 대한 믿음이다. 당시 엠마오로 가는 두 제자는 예수가 십자가에 못박혀 죽었다는 슬픔에 사로잡혀 부활의 약속을 잊고 있었다. 예수가 이들을 깨우친 것은 오늘날 부활의 역사적 실제를 의심하거나 회의적으로 보는 모든 불신자에게도 경종을 울리는 깨우침의 현현이다.

 헤이스는 예수가 두 제자에게 구약 선지자들이 말했던 기록을 자세히 풀어주는 수고를 하는 까닭은 바로 두 제자로 하여금 구약이 가리킨 '기름 부음받은 구원자 그리스도'가 바로 자신임을 강조하기 위함이라고 말한다. 부활은 의심의 눈을 거둬내고 성경에 기록된 모든 것이 그리스도에 대한 기록임을 세세히 살피고 믿음으로써 완성되는 것이라고 헤이스는 생각한다.

진보 신학에서는 엠마오로 가는 두 제자의 절망과 그 절망으로부터의 돌아섬을 새 역사에 대한 의식화 과정으로 본다. 이때의 새 역사는 더 이상의 고통과 분쟁이 없는 현실의 도래를 말하는데, 진보 신학자들은 두 제자의 경우와 마찬가지로 여전히 예수 부활을 추상적이고 모호한 종교적 믿음의 대상으로 신앙하는 것 자체를 참된 부활의 의미에 눈뜨지 못한 영적 무지의 핵심이라고 이해한다.

그들에게 영적 무지는 죄 사함과 부활이라는 지극히 개인적이고 타계주의적인 믿음이다. 따라서 그러한 믿음은 결국 미신과 주술에 불과하다며, 미신에 사로잡힌 채 종교생활을 영위하는 자체가 눈이 열리기 이전의 두 제자라고 말한다. 그렇다면 진보 신학자들이 보는 눈을 뜬다는 것의 의미는 무엇일까? 그들은 예수의 가르침으로 인해 눈을 뜨는 과정이 예수 가르침이 구약이 지시하는 존재가 예수임을 믿는 것에 머무르지 않고, 예수 자신이 어떻게 인간의 해방 역사를 말하고 있는지에 눈뜨는 것, 그것을 생각하고 깨우치는 의식화의 힘이 곧 영적 개안이라고 본다.

보지 못하고 믿는 자들은 복되도다

요한복음에서의 부활 예수

(요한복음 20:25-29)

다른 제자들이 그에게 이르되 우리가 주를 보았노라 하니 도마가 이르되 내가 그의 손의 못 자국을 보며 내 손가락을 그 못 자국에 넣으며 내 손을 그 옆구리에 넣어 보지 않고는 믿지 아니하겠노라 하니라
여드레를 지나서 제자들이 다시 집 안에 있을 때에 도마도 함께 있고 문들이 닫혔는데 예수께서 오사 가운데 서서 이르시되 너희에게 평강이 있을지어다 하시고

도마에게 이르시되 네 손가락을 이리 내밀어 내 손을 보고 네 손을 내밀어 내 옆구리에 넣어 보라 그리하여 믿음 없는 자가 되지 말고 믿는 자가 되라
도마가 대답하여 이르되 나의 주님이시요 나의 하나님이시니이다
예수께서 이르시되 너는 나를 본 고로 믿느냐 보지 못하고 믿는 자들은 복되도다 하시니라

요한복음 20:25-29

도마의 믿음은 무엇인가

요한복음에서는 부활한 예수를 적극적으로 의심하는 인물, 도마를 등

장시킴으로써 예수의 부활이 지니는 의미를 한층 더 견고하게 한다. 도마는 예수가 십자가 형벌을 받아 죽음에 이르렀다는 것을 잘 알고 있었다. 제자 중에는 십자가 위에서 죽은 예수가 어떻게 부활했는지 의심하고 있던 사람도 있었을 것이다. 도마는 예수에게 직접 눈으로 그 증거를 확인해야겠다고 말했다. 그는 예수가 십자가상에서 죽은 바로 그 몸을 가지고 있지 않다면 부활이 아니라 생각했던 것 같다. 또한 도마는 유령이 출현했다는 식으로 예수 부활을 받아들이려 하지도 않았던 듯하다. 부활하신 그리스도는 눈으로 보거나 손으로 만져져서 이전의 그리스도, 즉 사흘 전 온 땅에 어두움이 깔렸던 그때, 모든 인류의 죄업을 홀로 짊어지고서 "엘리 엘리 라마 사박다니!"라 외치던 그 예수와 동일한 인물임을 확인하고 싶어 했다.

이러한 도마의 태도는 신앙 없음의 대표로 이해할 수도 있으나, 사실 이러한 의심에는 나름의 의미와 가치가 있다.[8] 도마는 예수의 손과 옆구리의 상처를 만져봄으로써 십자가에서 쏟아내던 피로 얼룩진 상흔임이 분명하다는 것을 확인했다. 도마의 의심은 결국 부정할 수 없는 신앙고백, "나의 주님이시요, 나의 하나님이시다."라는 고백으로 바뀐다. 예수는 그렇게 상처입고 버림받았던 그 모습 그대로 도마 앞에, 제자들 앞에, 그리고 오늘의 우리들 앞에 나타났다. 부활의 예수, 하나님의 아들 예수로 말이다.

요한복음에서 강조된 베드로에 대한 예수의 세 가지 질문, 사랑에 대해 종교개혁가 마틴 루터는 속죄받은 인간이 향해야 할 믿음의 도리를 깨달아야 한다고 말한다. 루터는 우리를 사랑해 자신의 목숨까지 내어준 예수의 사랑을 우리가 받아들이고 실천하기 위해서는 예수처럼 복음을 위해 자신의 목숨을 아끼지 않고 내어줄 수 있는 용기로 화답해야 한다고 주장한다. 그런데 루터는 그러한 용기가 의와 신념으로만 이뤄지는 것은 아니며, 오직 믿음으로써만 성취될 수 있다고 말한다.

진보 신학에서는 부활이 억압받고 고통받은 모든 백성의 탄식에 대한 하나님의 요청이며, 그 요청을 신념 안에서 의식하고 깨우친 자만 그 의미를 가질 수 있다고 본다. 베드로가 예수에게 던진 사랑에 대한 질문은 우리의 생각과 우리의 신념으로 우리의 현실에서 예수 부활이 모든 가난한 자를 위한 하나님의 응답이라는 사실에 눈을 뜨고 마음을 여는 적극적 행위라고 말한다. 진보 신학은 적극적 실천에 있어 가장 필요한 것은 인간의 주체적인 사고, 능동적이고 절박한 휴머니즘이라고 강조한다.

결론

함께하는 예수,
함께하는 우리

예수는 마태복음 마지막인 28장 20절을 통해 다음과 같이 말했다. "볼 지어다 내가 세상 끝 날까지 너희와 항상 함께 있으리라 하시니라."

함께하겠다는 말, 우리는 예수의 이 마지막 말을 통해 그가 어떤 삶을 살았으며, 우리에게 어떤 삶을 살아야 할지 선명히 보여주었다고 생각한다. 그것은 바로 함께하는 것이다.

예수는 하나님의 아들이었다. 하나님의 아들로서 예수가 하려 한 일은 무엇이었을까? 그것은 바로 인간을 창조한 하나님의 뜻을 전파하는 일이다. 창조주의 뜻을 피조물에게 이해시키고 싶은 의지, 그 의지를 하나님은 사랑이라고 말했다. 사랑하기 때문에 하나님을 당신 자신인 아들 예수를 피조물인 인간에게 열어 보인 것이다.

예수는 하나님의 아들이기도 하지만 인간의 아들이기도 했다. 그가 사람의 아들로서 하고 싶었던 말은 무엇일까? 사랑인 하나님이 우리 삶의 한복판으로 들어온 목적은 누군가를 꾸짖고 심판하기 위함이 아니다. 초월적인 신비도 아니다. 그 역시 사랑이었다. 이 사랑은 사람이 사람으로서 사랑하는 마음, 함께하는 마음이다. 서로의 숨결을 느끼고 주고받으며 내가 살아 있음을, 그리고 네가 살아 있음을 확인하는 마음. 예수는 그러한 마음으로 우리와 함께 살았고, 지금도 살고 있다.

예수의 언행을 통해 우리는 이 한 가지를 마음에 품을 수 있다. 사랑하는 것, 그것도 끝까지 사랑하는 것. 그것은 오직 곁을 떠나지 않고 함께하는 것이다. 서로가 서로를 붙잡고 살아가는 철저한 사랑의 연대이다. 예수는 이렇게 더불어 살아가는 우리의 마음 안에 함께하고 있다. 어제도 오늘도 내일도 영원토록. 사랑으로, 그 사랑으로 말이다.

참고문헌

총론

1) 폴 버호벤, 송설희 옮김,《예수의 역사적 초상》, 영림카디널, 2010, 54쪽.

2) 앞의 책, 54쪽.

3) 김균진,《역사의 예수와 하나님 나라》, 연세대학교출판부, 1994, 52쪽.

4) 앞의 책, 53쪽.

5) 폴 존슨, 김한성 옮김,《유대인의 역사 2》, 살림, 2005, 449쪽.

6) 앞의 책, 152쪽.

7) 존 도미니크 크로산, 김기철 옮김,《예수》, 한국기독교연구소, 2007, 143쪽

8) 존 디어, 김준우 옮김,《예수의 평화 영성》, 한국기독교연구소, 2008, 190쪽.

9) 존 포트만, 서순승 옮김,《죄의 역사》, 리더스북, 2008, 12쪽.

10) 니콜 라피에르, 이세진 옮김,《다른 곳을 사유하자》, 푸른숲, 2007, 193쪽.

11) 김균진,《역사의 예수와 하나님 나라》, 152쪽.

12) 앞의 책, 153쪽.

13) 김균진,《기독교 신학》, 연세대학교출판부, 2009, 63쪽.

14) 박경미,《서구 기독교의 주체적 수용》, 이화여자대학교출판부, 2006, 238쪽.

15) 테드 피터스, 김흡영 옮김,《과학과 종교》, 동연, 2002, 252쪽.

제1부

1) 김균진,《역사의 예수와 하나님 나라》, 152쪽.

2) 앞의 책, 153쪽.

3) 김균진,《기독교 신학 1》, 연세대학교출판부, 2009, 63쪽.

4) 박경미 외,《서구 기독교의 주체적 수용》, 이화여자대학교출판부, 2006, 238쪽.

제2부

1) 드니 프리케르, 최애리 옮김,《예수》, 웅진지식하우스, 2007, 105쪽.

2) Matthew Henry, *A Commentary on the Holy Bible*, Royal Publishers, Inc., 1979.

3) Johh Dominic Crossan, *The Historical Jesus*, HarperOne, 1993, pp.230~231.

4) 마틴 헹엘, 임진수 옮김,《신구약 중간사》, 살림, 2004, 69쪽.

5) G. Campbell Morgan, *Studies in the four Gospel*, Fleming H. Rerell Co., 1931.

6) Johh Dominic Crossan, *The Historical Jesus*, pp.9~10.

7) 윤선자,《축제의 문화사》, 한길사, 2008, 48쪽.

8) E. P. Sanders, *Jesus and Judaism*, Fortress Press, 1985, pp.164~165.

9) Henry Robert Reynolds, *The Gospel of St. John*, Grand Rapids, 2012.

10) Rosemary Ruether, *Liberation Theology*, Paulist Press, 1972, p.120.

11) 이우정 편역,《여성들을 위한 신학》, 한국신학연구소, 1985, 55쪽.

12) 리차드 미들턴, 브라이언 왈시, 김기현 옮김,《포스트모던 시대의 기독교 세계관》, 살림, 2007, 210쪽.

13) Anthony A. Hokema, *The Bible and the Future*, Grand Rapids, 1979.

14) 존 도미니크 크로산, 조나단 리드, 김기철 옮김,《예수의 역사》, 한국기독교연구소, 2000, 336쪽.

15) 앞의 책, 337쪽.

16) 자크 뒤켄, 고선일 옮김,《마리아》, 빗살무늬, 2005, 84쪽.

17) 박태식,《영화는 세상의 암호 1》, 늘봄, 2004, 273쪽.

18) Kevin J. Vanhoozer, *Is There a Meaning in This Text?*, Grand Rapids, 2009.

19) 루돌프 볼트만, 허혁 옮김,《요한복음서 연구》, 성광문화사, 1990, 139쪽.

20) 박태식,《예수의 논쟁사화》, 늘봄, 2009, 41쪽.

21) Albert Schweizer, *The Quest of The Historical Jesus*, Adam & Charles Press, 1945, pp.27~28.

22) Richard B. Hays, *The Moral Vision of the New Testament*, HarperCollins, 1996.

23) 최영실,《신약성서의 여성들》, 동연, 2012, 52~54쪽.

제3부

1) 김진호 외,《죽은 민중의 시대 안병무를 다시 본다》, 삼인, 2006, 286쪽.

2) J. Gresham Machen, *What is Faith?*, Banner of Truth Trust, 1992.

3) 안병무,《갈릴래아의 예수》, 한길사, 1993.

4) 김균진,《역사의 예수와 하나님 나라》, 154쪽.

5) 제임스 M. 로빈슨, 소기천 옮김,《역사적 예수에 대한 새로운 탐구》, 2008, 179쪽.

6) 김성태,《세계 교회사 1》, 바오로딸, 1995, 135쪽.

7) John Stott, *Contemporary Christian*, Inter Varsity Press, 1995.

8) 안병무, 《갈릴래아의 예수》, 45쪽.

9) 윤원근, 《유사 나치즘의 눈으로 읽는 프로테스탄트 윤리와 자본주의 정신》, 신원문화사, 2010, 195쪽.

10) 마르틴 헹엘, 박정수 옮김, 《유대교와 헬레니즘 2》, 나남, 2012, 232쪽.

11) 김광기, 《뒤르켐&베버》, 김영사, 2007, 80쪽.

12) Henry Barclay Swete, *The Gospel According to ST. Mark*, Macmillan New Testament Commentaries, 1927.

13) Norman Perrin, *Rediscovering the Teaching of Jesus*, SCM-Canterbury Press Ltd, 1967, pp.116~117.

14) 존 도미니크 크로산, 이대성 옮김, 《어두운 간격》, 한국기독교연구소, 2009, 101쪽.

15) William Barclay, *The Gospel of Mark*, The Westminster Press, 1956.

16) Johh Dominic Crossan, *The Historical Jesus*, pp.72~74.

17) 폴 존슨, 《유대인의 역사》, 386쪽.

18) 앞의 책, 387쪽.

19) 스캇 맥나이트, 안정임 옮김, 《금식》, IVP, 2011, 124쪽.

20) Reinhold Niebuhr, *An Interpretation of Christian Ethics*, Harper & Brothers, 1935.

21) 한국종교문화연구소 엮음, 《세계 종교사 입문》, 청년사, 2003, 429쪽.

22) John Murray, *Christian Baptism*, Prebyterian and Reformed Publishing, 1992.

23) 안병무, 《갈릴래아의 예수》, 79쪽.

24) Joseph Klausner, *Jesus of Nazareth*, Macmillan company, 1944, pp.262~263.

25) 채수일, 《하나님의 아름다움》, 동연, 2011, 194쪽.

26) G. Campbell Morgan, *Studies in the four Gospels*.

27) 아라이 사사구, 서남동 옮김, 《예수의 행태》, 1979, 71쪽.

28) 클라우스 S. 크리거, 김명수 옮김, 《예수는 실제로 무슨 말씀을 하셨을까》, 피피엔, 2010, 83쪽.

29) E. H. Roberstson, *Dietrich Bonhoeffer*, John Konx Press, 1967.

30) 테드 W. 제닝스, 박성훈 옮김, 《예수가 사랑한 남자》, 동연, 2011, 242~243쪽.

31) 이문철, 《통과의례와 성》, 평단사, 2000, 96쪽.

32) 최영실,《신약성서의 여성들》, 동연, 2012, 66~67쪽.

33) 김경재 외,《무례한 복음》, 산책자, 2007, 216쪽.

34) 레위기 20장 10절 참고.

35) Charles Hodge, *Systematic Theology vol.2*, Wm.B.Eerdmans Press, 2010, p.188.

36) 김경재 외,《무례한 복음》, 223쪽.

37) 최영실,《신약성서의 여성들》, 104~105쪽.

38) 안병무,《예수의 이야기》, 한길사, 1993, 145쪽.

39) 정대현,《다원주의 시대와 대안적 가치》, 이화여자대학교출판부, 2006, 260쪽.

제4부

1) 창세기 17장 8절 참고.

2) 김호경,《예수가 상상한 그리스도》, 살림, 2007, 23쪽.

3) 존 스토트, 정옥배 옮김,《존 스토트의 산상수훈》, 생명의말씀사, 2011, 25쪽.

4) 김홍기,《평신도를 위한 신학》, 이화여자대학교출판부, 2006, 170쪽.

5) 오드 시뇰, 정재곤 옮김,《팔레스타인》, 웅진지식하우스, 2008, 15쪽.

6) J. 카마이클, 西義之 옮김,《그리스도는 왜 피살되었는가?》, 基督新聞社, 1972, 213쪽.

7) 앙드레 라콕, 폴 리쾨르, 김창주 옮김,《성서의 새로운 이해》, 살림, 2006, 138쪽.

8) 정강길,《화이트헤드와 새로운 민중신학》, 한국기독교연구소, 2006, 230쪽.

9) 임걸,《한국 교회 신학사상》, 연세대학교출판부, 2008, 167쪽.

10) The Commission on Theological Concerns of the Christian Conferences of Asia, *Minjung Theology*, Zed Press, 1981, pp.156~157.

11) 강원돈,《물의 신학》, 한울, 1992, 124쪽.

12) 존 도미니크 크로산,《예수의 역사》, 244쪽.

13) 마커스 J. 보그, 김중기 옮김,《성경 새롭게 다시 읽기》, 연세대학교 출판부, 2004, 374쪽.

14) 다가와 겐조, 〈산상수훈에 붙여서〉,《월간 그리스도》, 1972년 11월호.

제5부

1) Rudolf Bultmann, *Jesus*, Mohr, 1926.

2) 김정훈,《예언서》, 바오로딸, 2006, 249쪽.

3) 존 도미니크 크로산,《어두운 간격》, 105쪽.

4) William Barclay, *The Gospel of Luke*, The Westminster Press, 1956.

5) 田川建三,《批判的主體の形成》, 洋泉社, 2009, 159쪽.

6) 박경미 외,《서구 기독교의 주체적 수용》, 86쪽.

7) 최영전,《성서의 식물》, 아카데미 서적, 1996, 237쪽.

8) 안병무,《갈릴래아의 예수》, 120~151쪽.

9) 데이비드 A. 드실바 , 김경식 외 옮김,《신약개론》, 기독교문서선교회, 2013, 245쪽.

10) 밀턴 프리드먼, 김병주 옮김,《화폐경제학》, 한국경제신문사, 2009, 66쪽.

11) Kenneth E. Bailey, *Poet and Peasant*, William B. Eerdmans, 1997.

12) J. Milton Yinger, *Religion in the Struggle for Power*, Russell & Russell, 1961, p.128.

13) 김진호,《죽은 민중의 시대 안병무를 다시 본다》, 57쪽.

14) Henry Alford, *The Greek Testament, The four Gospels*, Bell & CO., 1863.

15) 김진호,《죽은 민중의 시대 안병무를 다시 본다》, 58쪽.

16) 폴 존슨,《유대인의 역사》, 144쪽.

17) Marvin Richardson Vincent, *Word Studies in the New Testament*, Lightning Source Inc., 2004.

18) Ernst Käsemann, *New Testament Questions of Today*, SCM-Canterbury Press, 1969.

19) 김균진,《역사의 예수와 하나님 나라》, 61쪽.

20) Richard Lenski, *The Interpretation of St. Luke's Gospel*, Lutheran Book Concern, 1934.

21) Eta Linnemann, *Gleichnise Jesu. Einfuhrung und Auslegung*, Gottingen, 1969.

22) 정강길,《화이트헤드와 새로운 민중신학》, 167쪽.

23) I. Howard Marshall, *The Gospel of Luke*, Wm. B. Eerdmans Publishing Co., 1978.

24) 현영학,《예수의 탈춤》, 한국신학연구소, 1997.

제6부

1) John Stott, *Contemporary Christian*, pp.187~188.

2) Johann Albrecht Bengel, *Bengel's New Testament Commentary Vol. 1*, Kregel Pub., 1971.

3) 존 도미니크 크로산, 《예수》, 316쪽.

4) 월터 윙크, 박만 옮김, 《사탄의 가면을 벗겨라》, 한국기독교연구소, 2005, 124쪽.

5) William Hendriksen, *The Gospel of Mark*, Banner of Truth Trust, 1981.

6) 김진호, 《예수의 독설》, 삼인, 2008, 153쪽.

7) Otto Weber, *Foundations of Dogmatics Vol. 1*, Eerdmans Pub. Co., 1981, pp.464~465.

8) Archibald Thomas Robertson, *Word Pictures in the New Testament Vol. 5*, Harper & Brothers, 1930.

9) 존 도미니크 크로산, 조나단 리드, 《예수의 역사》, 48쪽.

10) 민수기 9장 6절~9장12절 참고.

11) John Calvin, A. W. Morrison trans., *Calvin's New Testament Commentary Vol. 3*, Grand Rapids, 1972.

12) 이화여대여성신학연구소, 《한국여성과 교회론》, 대한기독교서회, 1998, 212쪽.

13) 김상구, 《예수 평전》, 종교와비평, 2007, 128쪽.

14) Robert Letham, *The Work of Christ*, IVP Academic, 1993.

15) 레위기 19장 14절, 신명기 27장 18절 참고.

16) 존 도미니크 크로산, 조나단 리드, 《예수의 역사》, 59쪽.

17) 드니 프리케르, 《예수》, 87쪽.

18) Sinclair B. Ferguson, *The Holy Spirit*, IVP Academic, 1997.

19) Robert Walter Funk, *Honest to Jesus*, Harper San Francisco, 1996, pp.144~145.

20) John Owen, *The Holy Spirit*, Kregel Publications, 1973.

21) 김균진, 《역사의 예수와 하나님 나라》, 280쪽.

22) 박태식, 《예수의 논쟁사화》, 121쪽.

23) 앤서니 오히어, 김지현 옮김, 《기독교》, 김영사, 2008, 33쪽.

24) 박윤선, 《성경주석》, 영음사, 1974.

25) J. Milton Yinger, *Relogion in the Struggle for Power*, pp.152~153.

26) R. C. H. Lenski, *Interpretation of the New Testament*, Augsburg Fortress Pub, 2008.

27) 존 셸비 스퐁, 김준년 외 옮김, 《성경과 폭력》, 한국기독교연구소, 2007, 392쪽.

28) Henry Robert Reynolds, *The Gospel of St. John*.

29) Oscar Cullmann, *Christology of the New Testament*, Westminster John Knox

Press, 1996.

30) 테드 W. 제닝스, 《예수가 사랑한 남자》, 100~101쪽.

31) 앞의 책, 102쪽.

32) 김성태, 《세계 교회사 1》, 바오로딸, 1995, 95쪽.

33) Jeffrey A. Gibbs, *Matthew 11:2~20:34*, Concordia Publishing, 2010.

34) 현영학, 《예수의 탈춤》, 한국신학연구소, 1997, 278~279쪽.

제7부

1) 존 도미니크 크로산, 조나단 리드, 《예수의 역사》, 265쪽.

2) 맹용길, 《예수의 윤리》, 살림, 2008, 256쪽.

3) Robert Letham, *The Work of Christ*, p.291.

4) 오토 브루더, 주장돈 옮김, 《산 위의 마을》, 대한기독교서회, 1970, 126쪽.

5) 폴 리쾨르, 양명수 옮김, 《악의 상징》, 문학과지성사, 1999, 256쪽.

6) G. E. Ladd, *Theology of the New Testament*, Eerdmans, 1974.

7) 게르하르트 브라이덴슈타인, 박종화 옮김, 《인간화》, 대한기독교서회, 1971.

8) 한국교회사학연구회, 《한국 기독교 사상》, 연세대학교출판부, 1994, 14쪽.

9) 존 디어, 《예수와 평화 영성》, 41쪽.

10) 김경재 외, 《무례한 복음》, 152쪽.

11) D. A. Carson, Walter W. Wessel, Walter L. Liefeld *The Expositor's Bible Commentary Contributors to Volume 8*, Zondervan, 1984.

12) 이우정 편역, 《여성들을 위한 신학》, 224쪽.

13) 헬무트 틸리케, 이규준 옮김, 《그리스도와 삶의 의미》, 대한기독교서회, 1990.

14) E. P. Sanders, *Jesus and Judaism*, pp.158~159.

15) 앞의 책, 162쪽.

16) R. H. Lightfoot, *The Gospel Message of St. Mark*, Clarendon, 1950.

17) Emil Brunner, *The Great Invitation*, Westminster Press, 1955.

18) Graeme Goldsworthy, *According to the Plan*, IVP, 1991.

19) 게르하르트 에벨링, 허혁 옮김, 《신앙의 본질》, 기독교서회, 1969.

20) 제시 펜 루이스, 채천석 옮김, 《갈보리의 십자가》, 기독교문서선교회, 1998, 49쪽.

21) 존 도미니크 크로산, 《예수》, 248쪽.

22) Howard Marshall, *New Testament Interpretation: Essays on Principles and Methods, repr.*, Paternoster Press, 1977.

23) Dietrich Bonhoeffer, *Christ the Center*, HarperOne, 2009,

24) 김호경,《예수가 상상한 그리스도》, 35쪽.

25) G. Campbell Morgan, *Studies in the four Gospels*.

26) Johh Dominic Crossan, The Historical Jesus, 267쪽.

27) Anthony A. Hoekema, *The Bible and the Future*, Eerdmans, 1979.

28) 존 디어,《예수의 평화 영성》, 210쪽.

29) 앙드레 라콕, 폴 리쾨르,《성서의 새로운 이해》, 117쪽.

30) Ted Peters, *God-the World's Future*, Fortress Press, 1992, pp.141~142.

31) 제임스 M. 로빈슨,《역사적 예수에 대한 새로운 탐구》, 115쪽.

32) 로이드 기링, 이세형 옮김,《기로에 선 그리스도교 신앙》, 한국기독교연구소, 2005, 197쪽.

33) George R. Beasley-Murray, *John(Word Biblical Commentary)*, Word Books Pub, 1987.

34) 루돌프 불트만, 허혁 옮김,《요한복음서 연구》, 성광문화사, 1993, 443쪽.

35) J. G. 메이첸, 황영철 옮김,《기독교와 자유주의》, 복있는사람, 2013, 184쪽.

36) 로니 클리버, 맹용길 옮김,《현대신학사상 2》, 성광문화사, 1995, 104쪽.

37) 존 셀비 스퐁, 한성수 옮김,《영생에 대한 새로운 전망》, 한국기독교연구소, 2011, 210쪽.

38) John Murray, *Christian Baptism*, Prebyterian and Reformed Pub. Co., 1952.

39) Gustavo Gutiérrez, *A Theology of Liberation*, Orbis Books, 1971, pp.3~94.

40) Albert Schweizer, *The Quest of The Historical Jesus*, pp.39~40.

41) William Barclay, *The Gospel of Mark*.

42) 게르트 타이센 지음, 손성현 옮김,《역사적 예수》, 다산글방, 2002.

43) 폴 존슨,《유대인의 역사》, 212쪽.

44) Henry Barclay Swete, *The Gospel According to Mark*.

45) Gustavo Gutiérrez, *A Theology of Liberation*, pp.13~95.

46) Howard Clark Kee, *Jesus in History*, HJB. Inc., 1977, pp.142~143.

47) John Stott, *Contemporary Christian*.

48) Robert Walter Funk, *Honest to Jesus*, pp.198~199.

49) Norman Perrin, *Rediscovering the Teaching of Jesus*, p.148.

50) Jeremias, J., *New Testament Theology 1*, SCM, 1971.

51) 최진석 외,《불온한 인문학》, 휴머니스트, 2011, 97쪽.

제8부

1) 앙드레 라콕, 폴 리쾨르, 《성서의 새로운 이해》, 83쪽.

2) J. Gresham Machen, *What is Faith?*, p.249.

3) 한국기독자교수협의회, 한국교수불자연합회 엮음, 《현대사회에서 종교권력, 무엇이 문제인가》, 동연, 2008, 92쪽.

4) Raymond Brown, *The Community of the Beloved Disciple*, Paulist Press, 1979, p.92.

5) John Stott, *Contemporary Christian*, p.95.

6) James H. Cone, *Black Theology and Black Power*, Seabury Press, 1969, pp.1~101.

7) 조철수, 《랍비들이 풀어 쓴 창세신화》, 서해문집, 2008, 152쪽.

8) Gabriel Vahanian, *God and Utopia: The Church in a Technological Civilization*, Crossroad, 1977, pp.17~109.

9) 마틴 행엘, 《신구약 중간사》, 12쪽.

10) 장 칼뱅, 원광연 옮김, 《기독교강요-상》, 크리스챤다이제스트, 2009, 321쪽.

11) Gustavo Gutiérrez, Olive Wyon trans., *A Theology of Liberation*, pp.3~101.

12) 민경배, 《역사와 신앙》, 연세대학교출판부, 1998, 282쪽.

13) 아라이 사사구, 《예수의 행태》, 130~150쪽.

14) Maurice Goguel, *The Life of Jesus*, Macmillan Company, 1958, 239쪽.

15) Oscar Cullmann, *Jesus und die Revolutionären seiner Zeit*, J. C. B. Mohr, 1970.

16) Elisabeth Schuĺssler Fiorenza, *In Memory of Her: A Feminist Theological Reconstruction of Christian Origins*, SCM, 1995.

제9부

1) 톰 라이트, 강선규 옮김, 《내 주님 걸으신 그 길》, 살림, 2008, 139쪽.

2) 트램퍼 롱맨, 레이몬드 딜러드, 박철현 옮김, 《최신 구약개론》, 크리스챤다이제스트, 2009, 324쪽.

3) Johh Dominic Crossan, *The Historical Jesus*, p.356.

4) 안병무, 《갈릴래아의 예수》, 192쪽.

5) Carl F. Henry, *Remaking the Modern Mind*, Eerdmans, 1946.

6) Schubert M. Ogden, *Faith and Freedom*, Wipf & Stock Pub, 2005.

7) Johh Dominic Crossan, *The Historical Jesus*, 357쪽.

8) 앞의 책, 358쪽.

9) 클라우스 S. 크리거, 김명수 옮김,《예수는 실제로 무슨 말씀을 하셨을까》, 피피엔, 2010, 123쪽.

10) Robert H. Gundry, *Jesus the Word According to John the Sectarian*, Eerdmans, 2001.

11) Mary Daly, *Beyond God the Father*, Beacon Press, 1973.

12) John Hick, *The Metaphor of God Incarnate*, Westminster John Knox Press, 1993, 128쪽.

13) D. A. Carson, *Biblical Interpretation and the Church*, Paternoster Press, 1984.

14) John S. Dunn, *Time and Myth*, Lightning Source, 1979.

15) 한국교회사학연구회,《한국 기독교 사상》, 210쪽.

16) Gabriel Vahanian, *God and Utopia*, pp.82~115.

17) 김정훈,《역사서》, 바오로딸, 2007, 96쪽.

18) Richard B. Hays, *The Moral Vision of the New Testament*, HarperCollins, 1996.

19) 안병무,《해방자 예수》, 현대사상사, 1989.

20) Albert Schweizer, *The Quest of The Historical Jesus*, p.223.

21) James I. Packer, *Honouring the Written Word of God*, Paternoster Press, 1999.

22) 다가와 겐조, 김명식 옮김,《마가복음과 민중해방》, 사계절, 1983.

23) 아이버 포엘, 고봉환 옮김,《예수의 이름들》, 요나, 1998, 84쪽.

24) Kevin J. Vanhoozer, *Is There a Meaning in This Text?*, Zondervan, 1998.

25) Norman Perrin, *Rediscovering the Teaching of Jesus*, p.212.

26) Otto Weber, *Foundations of Dogmatics Vol. 1*, p.26.

27) Van Til C., *The Inspiration and Anthority of the Bible*, Presbyterian and Reformed Pub. Co., 1948.

28) 디트리히 본회퍼, 허혁 옮김,《나를 따르라》, 기독교서회, 1975, 84쪽.

29) Oliver O'Donovan, *Resurrection and Moral Order*, Inter-varsity Press, 1986.

30) 다가와 겐조,《마가복음과 민중해방》, 42~59쪽.

제10부

1) 사도행전 26장 17절, 66장 8절, 예레미아 22장 23절, 호세아 13장 13절, 미가 4장 9절~10절 참고

2) 앤드류 우드필드, 유원기 옮김,《목적론》, 계명대학교출판부, 2005, 231쪽.

3) Cranfield, C. E. B., *The Gospel According to Saint Mark*, Cambridge Univ. Press, 1963.

4) 한국교회사학연구회,《한국기독교 사상》, 53쪽.

5) 에텔베르트 스타우퍼, 高柳爭三根 옮김,《예수-그 사람과 歷史》, 日本基督敎團出版局, 1962.

6) 대니엘 부어스틴, 이민아 옮김,《창조자들》, 세종서적, 2000, 83쪽.

7) C. E. B. Cranfield, *The Gospel According to Saint Mark*, Cambridge Univ. Press, 1959.

8) William Pringle, *Commentary on a Harmony of the Evangelists, Matthew, Mark, and Luke Volume 2*, Calvin Translation Society, 1845.

9) 스티브 슐츠, 高柳爭三根 옮김,《Q. 福音書記者의 語錄資料》, 日本基督敎團出版局, 1962.

10) 마키 유스케, 최정옥 옮김,《시간의 비교 사회학》, 소명출판, 2004, 144쪽.

11) 대니엘 부어스틴,《창조자들》, 86쪽.

12) Vincent Taylor, *The Gospel According to St. Mark*, Macmillan, 1963.

13) 제임스 M. 로빈슨,《역사적 예수에 대한 새로운 탐구》, 180쪽.

14) Anthony A. Hokema, *The Bible and the Future*, Eerdmans, 1979.

15) J. 카마이클, 西義之 옮김,《그리스도는 왜 피살되었는가?》, 基督新聞社, 1972, 149~150쪽.

제11부

1) 존 도미니크 크로산,《예수》, 212쪽.

2) Eduard Schweizer, *Jesus*, SCM-Canterbury Press Ltd, 1971, p.82.

3) Carl E. Braaten, *The Future of God*, Harper & Row, 1969.

4) 한완상,《예수 없는 예수 교회》, 김영사, 2008.

5) 출애굽기 24장 11절 참고.

6) 톰 라이트, 이철민 옮김,《모든 사람을 위한 요한복음 2》, IVP, 2011, 192쪽.

7) 안병무,《해방자 예수》, 대한기독교서회, 1989, 54쪽.

8) C. S. 루이스, 장경철 외 옮김,《순전한 기독교》, 홍성사, 2001, 243쪽.

9) Elisabeth Schu̇ssler Fiorenza, *In Memory of Her*, p.12.

10) Walter Rauschenbusch, *A Theology for the Social Gospel*, Macmillan, 1917.

11) 류호준,《일상신학사전》, 포이에마, 2013, 211쪽.

12) 존 C. 라일, 박영호 옮김,《선한 길》, CLC, 2013, 134쪽.

13) 김용옥,《요한복음 강해》, 통나무, 2007, 388~389쪽.

14) 김균진,《기독교 조직신학 5》, 연세대학교출판부, 1999, 529쪽.

15) 박영호,《잃어버린 예수》, 교양인, 2007, 420~422쪽.

16) G. Campbell Morgan, *Studies in the four Gospel*.

17) 게르하르트 에벨링 에벨링,《신앙의 본질》, 110~145쪽.

18) Henry Robert Reynolds, *The Gospel of St. John*.

19) NCC 신학연구교수회 엮음,《민중과 한국신학》, 한국신학연구소, 1993, 237~276쪽.

20) 앞의 책, 237~276쪽.

21) 김경재,《아레오바고 법정에서 들려오는 저 소리》, 삼인, 2005, 184쪽.

22) 존 매쿼리,《인간이 되신 하나님》, 대한기독교서회, 1994.

23) 빅토르 퀴페르맹크, 정혜용 옮김,《유대인》, 웅진지식하우스, 2008, 40쪽.

24) 존 하워드 요더 , 서일원 옮김,《어린 양의 전쟁》, 대장간, 2012, 125쪽.

제12부

1) 게르트 타이센,《역사적 예수》, 다산글방, 2002.

2) 빅토르 퀴페르맹크,《유대인》, 68쪽.

3) 신명기 17장 6절 참고.

4) 한국종교문화연구소 엮음,《세계종교사 입문》, 492쪽.

5) 앞의 책, 493쪽.

6) 안병무,《갈릴래아의 예수》, 241~249쪽.

7) 르네 지라르, 김진식 옮김,《희생양》, 민음사, 1998, 189쪽.

8) 앞의 책, 195쪽.

9) Joseph Klausner, *Jesus of Nazareth*, Macmillan company, 1954, 339쪽.

10) 르네 지라르,《희생양》, 193쪽.

11) 톰 라이트, 정용성 옮김,《십자가를 향하여》, 말씀사랑, 2001, 192쪽.

12) NCC 신학연구교수회 엮음,《민중과 한국신학》, 277~286쪽.

13) 구약 레위기, 민수기 참고.

14) 한태동,《성서로 본 신학》, 연세대학교출판부, 2005, 50쪽.

15) 콜린 맥다넬, 고진옥 옮김,《천국의 역사 2》, 동연, 1998, 327쪽.

16) Matthew Henry, *A Commentary on the Holy Bible*, Thomas Nelson Inc., 1979.

17) 아라이 사사구,《예수의 행태》, 173~191쪽.

18) Joachim Gnilka, *Jesus of Nazareth: Message and History*, Hedrickson Publisher, 1997, pp.279~281.

19) William Barclay, *The Gospel of John 2*, St. Andrew Press, 1956.

20) 안병무,《갈릴래아의 예수》, 95쪽.

21) Eduard Schweizer, *Jesus*, pp.91~92.

제13부

1) James D. G. Dunn, *Jesus and the Spirit*, SCM Press, 1975, pp.114~115.

2) 앞의 책, pp.121~122.

3) John Calvin, *The Institutes of the Christian Religion*, Baker Academic, 1987, pp.281~283.

4) Richard A. Horsley, *Jesus and Empire*, Fortress Press, 2002, pp.125~126.

5) Mary Daly, *The Church and the Second Sex*, Beacon Press, 1986, pp.148~190.

6) E. P. Sanders, *Jesus and Judaism*, p.237.

7) Norman Perrin, *Rediscovering the Teaching of Jesus*, pp.155~156.

8) Ben Witherington, *The Christology of Jesus*, Fortress Press, 1990, pp.234~235.